W0418478

Eberhard Reuß
Hitlers Rennschlachten

Eberhard Reuß

Hitlers Rennschlachten

Die Silberpfeile unterm Hakenkreuz

Aufbau-Verlag

Mit 59 Abbildungen

ISBN-10: 3-351-02625-0
ISBN-13: 978-3-351-02625-7

1. Auflage 2006
© Aufbau-Verlag GmbH, Berlin 2006
Einbandgestaltung Therese Schneider
Druck und Binden
Druckerei C. H. Beck, Nördlingen
Printed in Germany

www.aufbau-verlag.de

Inhalt

Anhang

1.

Das Braune unter dem Silber
Eine Einleitung

»Wer spricht von Siegen? Überstehn ist alles.«
Rainer Maria Rilke

Silberpfeile schreiben heute wieder Renngeschichte. Die erfolgreichsten Grand-Prix-Boliden Ende der neunziger Jahre stammen aus dem Hause McLaren-Mercedes. Wenn deren Fahrer, wie ehedem Mika Häkkinen, David Coulthard oder inzwischen Kimi Räikönen und Juan Pablo Montoya, in Monte Carlo, Monza, Spa-Francorchamps oder auf dem Nürburgring starten, künden die Schlagzeilen von den mehr oder minder erfolgreichen Auftritten der Silberpfeile, als hätten sich die Zeiten nie geändert.

Denn das Silber auf den modernen Rennwagen, deren Benennung als »Silberpfeile« von der DaimlerChrysler AG sogar in markenrechtlicher Exklusivität benutzt wird (obwohl doch auch die Auto Union von 1934 bis 1939, und dies nachweislich *vor* Daimler-Benz, mit silbernen Rennwagen ausrückte), rührt mittlerweile vom Sponsor her. Mit Beginn der Formel-1-Saison 1997 hat der Reemtsma-Konzern die karmesinrot-weiße Livree von Philip Morris abgelöst, statt Marlboro-Logos wurden Reklameschriftzüge für West-Zigaretten auf der Verkleidung plaziert. Selbst nach dem neuerlichen Wechsel des Hauptsponsors im Verlauf der Saison 2005 ist die silberne Grundierung geblieben, bietet diese doch gewünschten Anlaß für schöne Reminiszenzen an längst vergangene Zeiten.

David Coulthard hat beim ersten Start der *neuen* Silberpfeile am 9. März 1997 in Melbourne gewonnen. Der erste Erfolg für McLaren nach 49 sieglosen Rennen – und der erste Triumph für Motorenlieferant Mercedes-Benz seit dem neuerlichen Grand-Prix-Comeback im Jahr 1993. Hatte ein gewisser Manfred von Brauchitsch 1934 auf dem Nürburgring beim allerersten Start eines silbernen Mercedes-Benz-Rennwagens nicht auch auf Anhieb gewonnen und zugleich den Grundstein für sämtliche Legenden gelegt?

Welch ein Glücksfall für moderne Marketingstrategen und clevere Sponsoren. Die gab es allerdings auch schon im Grand-Prix-Sport der dreißiger Jahre in Gestalt des NS-Regimes und seiner Propagandisten. Sie legten den Grundstein für die bis heute umjubelten Erfolge der Silberpfeile. Mit staatlichen Zuschüssen, Siegprämien und nationaler Heldenverehrung – bis in den Tod. Räder mußten rollen für den Sieg. Und bei besonders wichtigen Anlässen zierte die unschlagbar scheinenden Nationalrennwagen auch das Markenzeichen ihrer Gönner und Nutznießer – das Hakenkreuz.

Die Erinnerung an diese besondere Form von wechselseitiger Werbung ist lange Zeit unterblieben, wurde verdrängt, verschwiegen und verharmlost, denn die Mehrzahl der handelnden Personen kehrte nach 1945 wieder in die Fabriken und auf die Rennstrecken zurück. Sie alle sahen sich als zutiefst unpolitische Menschen. Wahrscheinlich war aber gerade dies die Voraussetzung, um sie für das NS-Regime einzuspannen. Und manche sollten noch Jahrzehnte nach der deutschen Katastrophe die Siege der Silberpfeile und den Autobahnbau als Bestätigung dafür nennen, daß damals doch nicht alles schlecht gewesen sei.

Mit seinen von dem Journalisten Harvey T. Rowe 1957 zuerst für eine 52teilige Illustriertenserie in der *Quick* verfaßten Erinnerungen, die 1958 nahezu unredigiert unter dem Titel *Männer, Frauen und Motoren* erschienen und denen 1959 noch ein zweiter Band *Herr über 1000 PS* folgte, wird der ehemalige Mercedes-Benz-Rennleiter Alfred Neubauer zum Bestsellerautor. Die Serie und die Memoiren, die Rowe 1970 noch einmal überarbeitete und zu einem stark gekürzten Band zusammenfaßte, prägten und verklärten zugleich das

Bild von den Rennfahrerhelden in den Silberpfeilen: »Jeder dieser Namen ist heute Geschichte – ein Teil der Geschichte des internationalen Automobilrennsports in seiner größten und schönsten Zeit.«[1]

So sind die Legenden und Mythen lebendig geblieben, werden als Teil des Markenimages gepflegt, obwohl sich DaimlerChrysler wie auch Audi inzwischen etwas offener mit ihrer Konzerngeschichte zu Zeiten der NS-Diktatur auseinandersetzen. Doch wenn am Rande moderner motorsportlicher Event-Kultur die Originale oder auch nur originalgetreue Nachbauten der Silberpfeil-Ära herausgerollt werden und wie einst ihre ohrenbetäubenden Auftritte absolvieren, dann obsiegt wieder die Faszination, die jene technischen Wunderwerke der dreißiger Jahre noch immer hervorrufen. Wie mag es erst den Zeitgenossen ergangen sein, als die Rennwagen von Mercedes-Benz und Auto Union von Sieg zu Sieg rasten und von vermeintlicher deutscher Überlegenheit kündeten?

»Der Nazismus hat alle Sportarten gepflegt, und rein sprachlich ist er von allen andern zusammen nicht derart beeinflußt wie vom Boxen; aber das einprägsamste und häufigste Bild des Heldentums liefert in der Mitte der dreißiger Jahre der Autorennfahrer: Nach seinem Todessturz steht Bernd Rosemeyer eine Zeitlang fast gleichwertig mit Horst Wessel vor den Augen der Volksphantasie.« Das notiert Victor Klemperer 1946 in *LTI – Lingua Tertii Imperii*, seiner Studie über die Sprache des Dritten Reiches. »Eine Zeitlang sind die Sieger im internationalen Autorennen, hinter dem Lenkrad ihres Kampfwagens oder an ihn gelehnt oder auch unter ihm begraben, die meistphotographierten Tageshelden. Wenn der junge Mensch sein Heldenbild nicht von den muskelbeladenen nackten oder in SA-Uniform steckenden Kriegergestalten der Plakate und Denkmünzen dieser Tage abnimmt, dann gewiß von den Rennfahrern; gemeinsam ist beiden Heldenverkörperungen der starre Blick, in dem sich vorwärtsgerichtete harte Entschlossenheit und Eroberungswille ausdrücken.«[2]

Zeichnen wir noch einmal die Geschichte von Hitlers Rennschlachten nach. Befragen wir die letzten Zeitzeugen, ziehen wir biographische Erinnerungen, zeitgenössische Quellen und Dokumente zu Rate. Korrigieren wir die Mythen, und kratzen wir dabei zwangsläufig auch am Lack der Rennlegenden. Denn unter dem alles überstrahlenden Silber findet sich so mancher braune Fleck, der nicht von Rost, sondern von verdrängter Geschichte herrührt.

2.
Motorsport vor der Machtergreifung

Jede Zeit schafft sich die Helden, die sie braucht. Im Jahrzehnt nach dem Ende des Ersten Weltkriegs beginnt auch in Deutschland die Hochkonjunktur der Sportidole. Die Fortsetzung kriegerischer Aggression mit anderen Mitteln in friedlichen Zeiten? Sublimierung? Oder eher Kapitalisierung? Fußball, Boxen, Leichtathletik, Auto- und Motorradrennen begeistern die Massen, Tageszeitungen und Fachpresse profitieren, produzieren Schlagzeilen und propagieren den »Zuschauersport«. Und Bert Brecht notiert 1928: »Der große Sport fängt da an, wo er längst aufgehört hat, gesund zu sein.«[3] Fritz Kortner, ein anderer prominenter Theatermann und Freund des Boxsports, nimmt Trainingsstunden bei Max Schmeling: »Es ist die Zeit! Was sich im Ring tut, spiegelt das Leben. So erbarmungslos, so wütend, wie ihr aufeinander losgeht, so erbittert kämpfen wir alle ums Dasein.«[4] Der Boxsport wird zur Metapher für das Auf und Ab der zwanziger Jahre, und Max Schmeling mutiert zum Inbegriff des nationalen Sporthelden, der die zerstrittenen Deutschen ein paar Runden lang vereint. Von linksradikalen Intellektuellen bis hin zu deutschnationalen Revanchisten und haßerfüllten Nazis. Den einen taugt das Sportidol zum Vorbild für die von Weltkrieg und Versailler Vertrag gedemütigte, am Boden liegende Nation. Die anderen schätzen das mutige, risikobereite Durchsetzungsvermögen des Faustkämpfers als antibürgerlich und geradezu befreiend. Dem Sportidol mögen solche Schlußfolgerungen eher fremd, gar nicht nachvollziehbar oder vielleicht auch völlig egal sein. Es will siegen, Erfolg haben. Manchmal auch um jeden Preis. Im Boxring wie auf der Rennstrecke.

Der Automobilsport ist zu Zeiten der Weimarer Republik allerdings ein recht exklusives Vergnügen. Das Spektakel mag zwar die Massen unterhalten, Massensport aber sind die Rennen deswegen noch lange nicht. Ganz im Gegensatz zu den Verhältnissen außerhalb des Deutschen Reichs, wo nicht nur große Stadien und Sporthallen, sondern bereits permanente Rennstrecken gebaut werden. In Berlin ist zwar 1921 die AVUS eröffnet worden. Doch diese Stadtautobahn, die ihren privaten Finanziers einmal Mautgebühren bescheren sollte, wird mangels Auslastung temporär als Rennstrecke genutzt. Neun Kilometer geradeaus, Wende in der engen Südkehre, auf der Gegenfahrbahn wieder neun Kilometer schnurstracks zurück und durch die weitgezogene Nordkurve das Ganze wieder von vorn. Die AVUS war damals die bescheidene deutsche Variante eines internationalen Trends, die gefährlichen Rennen von abgesperrten öffentlichen Straßen auf permanente Rundkurse zu verlegen. Von 1925 bis 1927 wird als Arbeitsbeschaffungsmaßnahme in der kargen Eifel der Nürburgring gebaut. Statt kalkulierter vier Millionen kostet die Rennstrecke am Ende 14,5 Millionen Reichsmark – aber weil der Staat Mehrheitseigner ist, fließen weiter Steuergelder, um den Rennbetrieb aufrechtzuerhalten.

Schon vor dem Weltkrieg haben nach diesem Schema nationale Automobilclubs und deren Lobbyisten vom Schlage nobler Herrenfahrer über einflußreiche Industriemagnaten bis hin zu wohlwollenden Behördenvertretern derartige Projekte auf den Weg gebracht. Die Brooklands-Bahn in England (1907) und der Indianapolis Motor Speedway in den USA (1911) sind die Vorbilder, denen nach dem Ende des Ersten Weltkriegs auf dem europäischen Festland mit neuen Rennstrecken in Monza vor den Toren Mailands und Montlhéry bei Paris nachgeeifert wird. Diese »Autodrome« sind von Tribünen umsäumt, schließlich sollen die neuen Rennarenen die Massen anlocken. Das Geschäft beginnt in den zwanziger Jahren gerade in Frankreich und Italien zu blühen, wo die blauen Bugattis und Delages mit den roten Alfa Romeos und Maseratis um die Vorherrschaft im Automobilsport kämpfen. Es sind die Jahre, in denen sich die Klasse der einsitzigen Rennwagen, der Grand-Prix-*Monopostos*, auf dem europäischen Festland zur schnellsten und spektakulärsten Formel entwickelt. Die Kaste adliger oder gutbetuchter Herren, die vor dem Weltkrieg noch mit vom Werk besoldeten »Einfahrern«, also zumeist rennfahrenden Ingenieuren, konkurrierte, ist zwar auch in den zwanziger und dreißiger Jahren bei den Großen Preisen präsent, zieht angesichts der immer diffizileren Rennwagentechnologie jedoch allmählich den kürzeren gegenüber der Fahrkunst von Spezialisten. Der Monegasse Louis Chiron in Frankreich, Tazio Nuvolari und Achille Varzi im Italien Mussolinis sind bis Anfang der dreißiger Jahre schließlich die höchstbezahlten Artisten am Volant, nationale Idole und selbständige Unternehmer in eigener Sache. Die ideale Verkörperung einer egozentrischen Ich-AG. Immer auf den eigenen Vorteil bedacht, stets um den besten Werksvertrag feilschend, das höchste Startgeld aushandelnd und auf den eigenen gesellschaftlichen Status achtend. Kurzum: Phänotypen heutiger Sportmillionarios.

In deutschen Landen erreicht diesen Status vor 1933 nur Rudolf Caracciola. Ein schmächtiger Hotelierssohn aus Remagen, der sich als Automobilverkäufer und Gelegenheitsrennfahrer bis zum Mercedes-Werksvertrag hochdient. Mit fünfundzwanzig Jahren gewinnt Caracciola den ersten Großen Preis von Deutschland 1926 auf der AVUS und wird von Presse und Publikum seitdem liebevoll »Caratsch« tituliert. »Es war das erstemal, daß ich mich mit Rennfahrern von internationaler Klasse gemessen hatte, nicht den allergrößten, aber doch mit großen Fahrern«, räsoniert Caracciola 1939 im Spätherbst seiner Karriere und nach dem deutschen Überfall auf Polen: »Gewiß, ich war stolz auf diesen Sieg, aber ich war mir klar darüber, daß ein solcher Sieg nichts bedeutete, daß man sich zehnmal, hundertmal, immer wieder bewähren mußte, um sich wirklich oben an der Spitze zu halten. Nur wenige haben das gekonnt. Die meisten waren nach einem kurzen Aufstieg wieder zurückgesunken in die Anonymität eines privaten Daseins, oder der Tod hatte sie mit knöcherner Hand von der Bahn gefegt. Wie aber hatten diese wenigen es geschafft? Unter welchen Bedingungen hatte sich die eiserne Garde der großen Fahrer durchgekämpft, und was war das Geheimnis ihrer Erfolge? Die Beantwortung dieser Frage führte zur Bescheidenheit: Ich erkannte, daß jeder Fahrer nur Teil eines großen Organismus war, des Werkes, das hinter ihm stand. Das Werk schuf die Voraussetzungen des Sieges. Die hochgezüchteten Hirne seiner Ingenieure, der auf Präzisionsarbeit gedrillte Stab seiner Mechaniker, die geballte Kapitalmacht in der Hand eines großen Wirtschaftsführers, die auch über Zeiten der Niederlage hinwegtrug, das alles waren unsichtbare Mithelfer des Fahrers, die Sieg oder Niederlage entscheidend mitbestimmten.«[5] Der siegreiche Rennfahrer, nur ein Rädchen im großen Getriebe?

Benz und Daimler in Finanznöten

Das Automobil bleibt in den zwanziger Jahren das luxuriöse Spielzeug und Fortbewegungsmittel einiger Gutbetuchter. Doch gibt es im Deutschen Reich in Relation zu anderen Industrienationen nur sehr wenige dieser wohlsituierten »Autler«. Rein statistisch kommt 1926 im Vaterland der Herren Benz und Daimler auf 100 Einwohner ein einziges Auto, während diese Relation in Großbritannien und Frankreich bereits bei 100 zu 3,2 und in den USA gar bei 100 zu 21,7 liegt. Der verlorene Weltkrieg und eine Inflation haben die deutschen Automobilbauer ins Schleudern gebracht.

Noch vor 1914 hatten vornehmlich Daimler in Stuttgart – unter dem Markennamen Mercedes – und Benz in Mannheim automobilsportliche Erfolge und zugleich Ruhm und Ehre für das Vaterland eingefahren. Der unter der Regie von

Dr. Hans Nibel konstruierte »Blitzen Benz« eroberte 1911 mit dem Amerikaner Bob Burman am Lenkrad den absoluten Geschwindigkeitsweltrekord, 228 km/h, während Christian Lautenschlager die siegreiche Mercedes-Mannschaft anführte, die 1914 beim letzten französischen Grand Prix vor Kriegsbeginn triumphierte. Siege und Rekorde auf der Rennstrecke waren damals entscheidende Kaufargumente, belegten sie noch viel unmittelbarer technische Kompetenz für den Serienbau. So ist es denn nur konsequent, daß die beiden Unternehmen sich nach Kriegsende wieder über eine Beteiligung am internationalen Rennsport zu positionieren versuchen.

Motorsportliche Erfolge sind jedoch auch in den Jahren der Weimarer Republik eine Geldfrage. Die revolutionären Benz-Tropfenwagen mit Mittelmotor und Schwingachsen, entwickelt von Rennleiter Willy Walb und seinen Konstrukteuren Fritz Nallinger und Hans Nibel, kommen 1923 beim italienischen Grand Prix in Monza zu einem vielversprechenden Einsatz. Fernando Minoia und Fritz Hörner landen mit den kompressorlosen, nur 90 PS mobilisierenden Benz-Rennwagen auf den Plätzen vier und fünf. Doch im Gefolge der Inflation von 1923 und akuten Kapitalmangels bleibt den Mannheimern auf Druck der Banken ein Jahr darauf nur noch der Weg in die »Interessengemeinschaft« mit der ebenfalls in finanzielle Schieflage geratenen Daimler-Motoren-Gesellschaft. Unter maßgeblichem Einfluß der Deutschen Bank vollzieht sich im Sommer 1926 die Fusion der beiden bis dato konkurrierenden Unternehmen. Die motorsportlichen Aktivitäten verantwortet bereits seit 1924 allein der schwäbische Zweig des neuen Doppelkonzerns. In Untertürkheim wird damals mehr Wert auf die Konstruktion von Kompressormotoren gelegt denn auf Feinheiten in der Fahrwerksgestaltung. Verantwortlich für den Rennbetrieb des Daimler-Zweiges ist seit 1923 als Technischer Direktor der damals 47jährige Ferdinand Porsche. Den hat man als Nachfolger von Paul Daimler verpflichtet, weil der Sohn des Firmengründers nach heftigen Auseinandersetzungen im Vorstand zu Horch nach Zwickau gewechselt ist.

Porsche gilt vielen als genialer »Motorenmann«, andere beklagen seinen Hang zu anspruchsvollen, aber auch sündhaft teuren Konstruktionen. Seit seinen beruflichen Anfängen bei den österreichischen Firmen Lohner und Austro-Daimler träumt ausgerechnet dieser stets großzügig kalkulierende Ingenieur von einem einfachen und für breite Bevölkerungsschichten bezahlbaren Automobil – und baut doch gleichzeitig riesige Kanonentransporter, mit denen er sich im Ersten Weltkrieg als Rüstungsfachmann bei einem Betrieb in der Wiener Neustadt profiliert. Das kommt Porsche bei seinem Wechsel zu Daimler zupaß, wo er sich neben Rennsport und Serienautomobilbau sogleich auch Entwicklungsaufträgen für das Heereswaffenamt widmen darf. Streng geheim natürlich, denn die Versailler Verträge verbieten den deutschen Konzernen das zuvor so lukrative Rüstungsgeschäft. So entstehen unter Regie von Ferdinand Porsche gepanzerte Kampf- und Geländewagen, Kettenfahrzeuge und ein 300 PS starker Flugmotor.[6] Zuvor darf Porsche allerdings noch einen Grand-Prix-Rennwagen nach der damals gültigen 2-Liter-Formel für Daimler bauen.

Am 19. Oktober 1924, beim Gran Premio d'Italia auf der Monza-Bahn, debütieren seine neuen Mercedes-Achtzylinder M218 mit Kompressor. Die Leistung von rund 170 PS bei 7000 U/min macht die vier Rennwagen auf Anhieb zu ernsthaften Aspiranten auf den Sieg. Doch das heikle Fahrverhalten der Boliden bereitet Probleme, Graf Louis Zborowski verunglückt in der Lesmo-Kurve tödlich. Ein Bremsdefekt? Ein Ölfleck? Ein Reifenschaden? Die Ursache bleibt fraglich. Mercedes-Spitzenfahrer Giulio Masetti ist zuvor schon mit gebrochener Benzinleitung ausgeschieden, während Direktor Max Sailer nach Zborowskis Unfall die verbliebenen Wagen von Christian Werner und dem Duo Alfred Neubauer/Otto Merz zurückzieht. Die Neukonstruktion wird nie wieder bei einem internationalen Grand Prix starten, alle weiteren Ambitionen Porsches, für die neuformierte Daimler-Benz AG nochmals einen Rennwagen zu bauen, schmettert 1926/27 eine Mehrheit im Vorstand aus Kostengründen ab.

Die verbliebenen M218-Grand-Prix-Typen werden indes zu Sportwagen umgebaut. Zwei Exemplare tauchen 1926 beim ersten Großen Preis von Deutschland auf der AVUS auf, der mit Blick auf die Beteiligung deutscher Fabrik-Teams ausschließlich für Sportwagen ausgeschrieben worden ist. Die beiden verkappten Mercedes-Rennwagen werden von dem 26jährigen Adolf Rosenberger und von dem ein Jahr jüngeren Rudolf Caracciola gefahren. Direktor Max Sailer, Konstrukteur Ferdinand Porsche und der künftige Mercedes-Benz Rennleiter Alfred Neubauer sind dabei, als in der Schlußphase des völlig verregneten Rennens Caracciola mit dem Achtzylinder-Kompressor auf den Geraden eisern Tempo 200 hält und den Sieg herausfährt. »Es gehört ein todesverachtender Schneid dazu, um bei einem derart unmodernen Bahnrennen mit so großen Geschwindigkeiten auszufahren«, bewundert die Fachzeitschrift *Das Auto* diese Leistung. Doch keine zehn Jahre später wird eine völlig neue, von Porsche und Nibel initiierte Baureihe deutscher Rennwagen mehr als 600 PS mobilisieren, mit Tempo 340 über die AVUS rasen und eine ganze Nation in Begeisterungstaumel versetzen.

Doch das Spektakel birgt Risiken. Schon beim Training zu diesem ersten deutschen Grand Prix gibt es einen Toten zu beklagen, ehe es am Rennsonntag zu weiteren schweren Unfällen kommt: Adolf Rosenberger gerät bei Tempo 150 von der Strecke, sein Wagen schleudert in eine Zeitnehmerkabine und tötet auf der Stelle drei Streckenhelfer. Der Unglücksfahrer und sein an Bord befindlicher Mechaniker Curt Coquelline kommen mit schweren Verletzungen noch relativ glimpflich davon. Und wir werden dem rennfahrenden Geschäftsmann Rosenberger aus Pforzheim Anfang der dreißiger Jahre in einer anderen Rolle begegnen – als Kompagnon von Ferdinand Porsche.

Der ehemalige Chefkonstrukteur der Daimler-Benz AG hat den Machtkampf gegen seinen von Benz gekommenen Kontrahenten Nibel verloren und den Konzern nach heftigen Differenzen verlassen müssen. Porsches 1928 auslaufender Vertrag ist nach Auseinandersetzungen um seine zum Teil mangelhaften, vor allem aber allzu aufwendigen und verlustbringenden PKW- und LKW-Modelle nicht mehr verlängert worden. Im Anschluß wird auch noch um finanzielle Verbindlichkeiten Porsches gegenüber der Daimler-Benz AG prozessiert.[7] Der bloßgestellte Techniker wechselt verbittert zu den österreichischen Steyr-Werken. Doch im Gefolge geht die Hausbank von Steyr bankrott, und das angeschlagene Automobilwerk wird vom direkten Konkurrenten Austro-Daimler übernommen. Dieser jedoch gehört zum Daimler-Benz-Konzern, der mit seinem ehemaligen Technischen Direktor nichts mehr zu tun haben möchte.

Ferdinand Porsche macht sich notgedrungen selbständig und gründet die »Dr. Ing. h. c. F. Porsche GmbH, Konstruktion und Beratung für Motoren- und Fahrzeugbau«. Die Zeit der automobilen Gründerväter Marke Benz und Daimler ist damals längst vorbei, schon vor der Jahrhundertwende sind es Großfinanziers und Banken, die bestimmen, wer Automobile baut. Zu hoch sind die fälligen Investitionen. Doch dank der politischen Zeitläufte in Deutschland und Porsches persönlichen Verstrickungen mit den Herren des NS-Staates wird aus der bescheidenen Stuttgarter Garagenfirma ein veritabler Autokonzern. Auf 30000 Reichsmark beläuft sich das Stammkapital 1930. Gründervater Porsche hält damals 70 %, sein Schwiegersohn Anton Piëch 15 %, und die restlichen 15 % hat Adolf Rosenberger erworben, der zugleich als Kaufmännischer Direktor des Unternehmens fungiert. Daß der frühere Mercedes-Benz-Werksfahrer Jude ist, stört damals nicht.

Die kritische Öffentlichkeit zu Zeiten der Weimarer Republik hat da viel eher Probleme mit dem Sinn der Autorennen – zumal nach vier Toten gleich beim ersten Großen Preis von Deutschland: »AVUS Caesar – morituri te salutant!« kommentiert die Tagespresse, doch die Anhänger der todgeweihten Gladiatoren lassen sich ihr Rennen und ihre Strecke nicht vermiesen. In der *Allgemeinen Automobil-Zeitung* vom 31. Juli 1926 meldet sich Baron Ernst Günther von Wentzel-Mosau zu Wort, auf Sportwagen von Benz und Mercedes selbst erfolgreich dem Rennsport verbunden: »Ein gewisser Kreis von Menschen und auch ein Teil der Presse (der sich ewig gleich bleibende) haben anläßlich der eingetretenen Unglücksfälle sich bewogen gefühlt, eine wenig schöne Polemik zu führen und Schlagworte tendenziöser Art zu prägen. Ja man hat sogar der Rennleitung den Vorwurf gemacht, daß sie das Rennen nicht abgebrochen hat, und man hat laut in die Welt hinein geschrieen, daß die AVUS für Rennen absolut untauglich sei. Wenn man im neuen Deutschland auch nach keiner Richtung hin verwöhnt ist, so dürfte heute bereits feststehen, daß all diese Schreier ungerufen und ohne Sachkenntnis geurteilt haben. – Selbstverständlich sind die eingetretenen Unglücksfälle schwer zu bedauern, und keiner wird dies mehr tun, als die Rennleitung und die AVUS-Direktion. Keiner von beiden Teilen konnte aber im voraus ahnen, daß derartige Unfälle überhaupt eintreten könnten. Pflicht derjenigen, die heute den Mund über Todesfälle und dergleichen aufreißen, wäre es gewesen, wenn sie die AVUS für untauglich gehalten hätten, vorher ihre Stimme zu erheben, denn nachher kann jeder schreien.«[8] So schreibt und denkt die fronterfahrene Elite des nicht minder elitären Rennsports keine acht Jahre nach dem Ende des großen Krieges. Und lobt die Rennveranstalter des noblen »Automobilclub von Deutschland« dafür, »daß sie trotz aller auf sie einstürmender Ereignisse und der Rufe nach Abbruch des

Rennens genug Verantwortungsgefühl und Nerven gehabt haben, die Schlacht bis zu Ende durchzuführen«. Fast drei Jahre nach dem ersten Großen Preis von Deutschland stirbt Baron von Wentzel-Mosau an den Folgen eines Rennunfalls beim Stendaler Kilometerrennen. Die Legende weiß zu berichten, daß der Herr Baron am Volant seines Mercedes-Benz SSK mit Tagesbestzeit und 173 km/h Schnitt bereits das Ziel durchrast hatte, als im Streckenauslauf ein unvorsichtiger Zuschauer die Piste überquerte, so daß das ebenso selbstlose wie abrupte Ausweichmanöver mit dem tödlichen Überschlag des adligen Herrenfahrers endete.

Das schöne Rennfahrerleben

»Kai brachte jeden Tag auf der Bahn zu. Die Dinge hier waren in einen engen Bogen gespannt und gut zu übersehen. Wenn man die Hand ausstreckte, hatte man sie bereits, und es kam nur darauf an, sie festzuhalten. Da war ein Wagen, in dem ein Motor rumorte, den man bändigen und belauern mußte, um ihm seine beste Leistung abzugewinnen. Das war eine Aufgabe, knapp, fest, ehrlich, ohne das Schillern und das Ungewisse fischleibig glatter Gefühle. Man konnte Ehrgeiz daran setzen, ohne sich zu verirren«, schreibt Erich Maria Remarque in seiner Geschichte *Station am Horizont* über den Rennfahrer und Lebemann Kai.[9] Ein Fortsetzungsroman, der 1927/28 alle 14 Tage in der Illustrierten *Sport im Bild. Das Blatt der guten Gesellschaft* erscheint. Keine zwei Jahre später wird Remarque durch seinen Antikriegsroman *Im Westen nichts Neues* schlagartig berühmt und von den Nazis verfemt. Remarque ist damals Chefredakteur bei *Sport im Bild*, einer Zeitschrift aus dem Scherl-Verlag des nationalkonservativen Hugenberg-Konzerns. Das Magazin berichtet über Mode und Gesellschaft, Literatur und Kunst – und Rennsport. Damals durchaus kein Widerspruch, denn das Automobil ist nun einmal Luxusgut, die Rennen sind noch »Herrensport«. Kai, der Protagonist Remarques, ist der Exponent einer zutiefst trägen, verwöhnten Gesellschaft, rastlos zwischen der Rivalität der Rennbahn und der Leidenschaft zu gleich drei Frauen hin und her gerissen. Ein bisweilen grauenvolles Stück Literatur, aber zugleich ein stimmiges Zeitgemälde, das dem Typus des Playboy-Rennprofis Farbe verleiht. Die Fahrer sind gesellschaftlich herausgehoben, stammen aus High Society und Upper Class. Mit solch exzentrischen Figuren kann man eigentlich keinen Staat machen, schon gar nicht einen im Sinne der kruden völkischen NS-Ideologie. Allerdings: Mögen sich diese vornehmen Herren auch überdeutlich von den ordinären SA-Schergen unterscheiden, so lassen sich doch ihr tollkühner Mut und ihre todesverachtende Brillanz propagandistisch gebrauchen. Zugleich findet sich in Ehrgeiz und Eitelkeit der umhätschelten Stars eine gemeinsame Schnittmenge mit den Nazigrößen und ihrer Entourage. So werden aus den noblen PS-Helden nach 1933 populäre Idole ihrer Zeit. Wer unter den Bewunderern es völkisch-bodenständiger liebt, der findet seine Vorbilder damals eher bei den nicht minder publikumsträchtigen, dafür aber von Habit und Komment doch ziemlich vulgären Motorradrennen. Deren Akteure rekrutieren sich fast durchweg aus einfacheren sozialen Milieus. Die Nazipropaganda aber macht sie am Ende alle gleich, und so zählen zu den »Helden der Rennschlacht«, die das NS-System als nationale Vorbilder propagiert und korrumpiert, auch die noblen Autorennfahrer der Weimarer Zeit namens Rudolf Caracciola, Hans Stuck oder Manfred von Brauchitsch, die alle drei übrigens schon lange vor der NS-Machtergreifung den automobilbegeisterten Naziführer persönlich kennengelernt haben. Ihr Ruhm, ihre Erfolge und ihre Beliebtheit werden nach 1933 schließlich von einer jüngeren Generation weitaus volkstümlicherer Spitzenfahrer wie Hermann Lang und Georg »Schorsch« Meier erreicht und im einzigartigen Ausnahmefall von Bernd Rosemeyer sogar bei weitem übertroffen. Nicht von ungefähr aber haben Rosemeyer, Lang und Meier ihre Lehrjahre im Rennsport auf dem Motorrad begonnen.

Doch egal, ob vor oder nach 1933, Rennfahreridole sind allenthalben abgehobene Stars: Als Hans Stuck 1932 die erfolgreiche Tennisspielerin und Journalistin Paula von Reznicek ehelicht, amtieren Fliegerheld Ernst Udet und Kronprinz Wilhelm von Preußen als Trauzeugen. Und auch das Geld fliegt ihnen zu: Rudolf Caracciola beispielsweise kassiert vertragsgemäß die Hälfte der Siegprämie des Großen Preises von Deutschland auf der AVUS. Das sind 8000 Reichsmark, die er als Grundstock für seine eigene Mercedes-Benz-Niederlassung am Berliner Ku'damm verwendet. Zur Orientierung: Ein Facharbeiter in Untertürkheim kommt damals auf einen Stundenlohn von 90,5 bis 94,5 Pfennig bei einer Wochenarbeitszeit von 52 bis 54 Stunden. Caracciola residiert seit Anfang der 30er Jahre in der Schweiz in einer Villa in Arosa. Seinem ersten großen Erfolg fügt »Caratsch« mit und für Mercedes-Benz kontinuierlich weitere Siege hinzu, gewinnt 1927 das Eröffnungsrennen auf dem Nürburgring, dortselbst 1928 und 1931 den Großen Preis von Deutschland, vor allem aber auch internationale Motorsport-Klassiker wie die irische Tourist Trophy 1929 und in Italien – als erster Ausländer überhaupt – die Mille Miglia 1931. Im selben Jahr beziffern sich Caracciolas Einkünfte laut Rennleiter Alfred Neubauer auf 180000 Reichsmark. Der durchschnittliche Jahreslohn eines Facharbeiters der Daimler-Benz AG beläuft sich damals auf etwa 2 485 Reichsmark.[10]

Im Gefolge von Wirtschaftskrise und Entlassungen verliert allerdings auch der prominenteste Vertreter des Untertürkheimer Konzerns seinen Job: Die Daimler-Benz AG stellt 1932 aus finanziellen Gründen ihre werksseitigen Motorsportaktivitäten ein, weshalb Caracciola zu Alfa Romeo wechselt und in dem italienischen Einsitzer noch im selben Jahr den Großen Preis von Deutschland gewinnt. Anlaß für Automobilclubs und Autoindustrie, massiv um Subventionen für den Bau eines »deutschen Nationalrennwagens« zu werben.

Rudolf Caracciolas Abgang zu Alfa Romeo ist auch für die ganz gewöhnlichen Rennfreunde im Deutschen Reich eine Art nationaler Affront. Auf der AVUS werden sie 1932 ihren Caratsch dafür auspfeifen und dem 26 Jahre jungen Manfred von Brauchitsch zujubeln, der mit einem plumpen und schwergewichtigen, mit Stromlinienkarosserie verkleideten Mercedes-Benz SSK dem großen Landsmann im grazilen italienischen Rennwagen ein Schnippchen schlägt und den Abtrünnigen auf Platz zwei verweist. Das Kürzel SSK steht – völlig unpolitisch – für »Super-Sport kurz«, also für die von Hans Nibel nochmals überarbeitete Variante des ebenso legendären wie sündhaft teuren SS-Sechszylinder-Sportwagens, den ehedem Ferdinand Porsche für die Untertürkheimer entwickelte. Dank Kompressor leistet das Gefährt bis zu 300 PS, wiegt jedoch selbst in der leichtesten Ausführung immer noch 1400 kg. Auf anspruchsvollen, kurvenreichen Strecken und unter normalen Bedingungen keine Konkurrenz für die fast 600 Kilo leichteren Rennkonstruktionen von Alfa Romeo, Maserati und Bugatti.

Von Brauchitschs siegreiches Gefährt, im Berliner Volksmund liebevoll als »Zigarre« und »Gurke« bezeichnet, glänzt an eben jenem 22. Mai 1932 übrigens in silberner Rennfarbe, ein »Zeppelin auf Rädern«, dessen torpedoartigen Karosseriekörper Freiherr Reinhard von Koenig-Fachsenfeld entworfen hat. Ein unförmiges Geschoß, das Rundfunkreporter Dr. Paul Laven in seiner Schlußreportage vom AVUS-Rennen dennoch im Überschwang der Gefühle zum »silbernen Pfeil« deklariert und damit auf ungeahnte Weise begriffsbildend wird.

Von Brauchitsch siegt auf einem Mercedes-Benz – um so bedeutsamer wird dieses Resultat vor dem Hintergrund, daß es für die Daimler-Benz AG in diesen Zeiten kaum Grund zum Jubeln gibt. Die einzige deutsche Automobilfirma, die noch in größerem Stil werbewirksamen Rennsport betrieben hat, befindet sich sechs Jahre nach der Fusion schon wieder in der Krise. Kein halbes Jahrhundert nach der Erfindung von Carl Benz ist das Automobil in deutschen Landen ein Luxusgut geblieben, das in Relation zu dem zwar betuchten, aber zahlenmäßig überschaubaren Kundenkreis von viel zu vielen Unternehmen mit viel zu hohen Kosten produziert wird. Der ohnehin überschaubare Absatzmarkt für Automobile ist in Zeiten der Weltwirtschaftskrise völlig zusammengebrochen. Selbst die Internationale Automobil- und Motorrad-Ausstellung in Berlin wird abgesagt, während allein im Juli 1932 im Deutschen Reich 132000 Kraftfahrzeuge von ihren Besitzern aus Kostengründen abgemeldet werden. Die Absatzkrise der Kfz-Industrie erreicht einen Negativrekord: 1932 werden in Deutschland nur noch 43430 PKW (Höchststand 1928: 108029) und 36272 Motorräder (Höchststand 1928:160782) produziert, die Zahl der Beschäftigten ist auf 34392 gesunken (Höchststand 1928: 83751). Weltweite Zölle bis hin zu Einfuhrverboten schränken die Exportmöglichkeiten ein. Von ehedem 64 Automobil- und Motorradherstellern in Deutschland haben bis 1932 nur 26 überlebt.

Fordismus und Absatzkrise

Um das vor diesem Hintergrund immer größere Frohlocken der Konzernchefs über die der Automobil- und Motorradindustrie so wohlgesonnene Nazipartei besser begreifen zu können, ist eine kleine Exkursion in die ökonomische Vorgeschichte vonnöten. Denn die Wirtschaftskrise trifft die deutschen Autoproduzenten um so härter, als sie schon zuvor die technischen Neuerungen bei der PKW-Fertigung verschlafen haben. Die amerikanische Konkurrenz produziert weitaus billiger und effizienter. Im Jahr 1925 benötigt die Ford Motor Company 400 Arbeitsstunden, um ein Standardmodell zu fertigen, in Deutschland kalkuliert man dafür fünfzigmal soviel Zeit ein. Im Gefolge der Inflation hat lediglich Opel reagiert: Nach der zwischenzeitlichen Werksschließung werden alle Modellreihen eingestellt und auch der Rennbetrieb aufgegeben. Im Mai 1924 startet dafür die Serienproduktion des neuen 4-PS-Typs, der zunächst ausschließlich als Zweisitzer in grüner Farbe mit Spitzheck zum Kampfpreis von 4500 Reichsmark lieferbar ist – der preisgünstigste der großen Mercedes-Wagen kostet damals rund 20000 Reichsmark. Der kleine grüne Opel firmiert bald unter dem Kosenamen »Laubfrosch« und verkauft sich derart sensationell, daß Opel trotz erfolgreicher Rationalisierung der Produktion binnen drei Jahren die Mitarbeiterzahl von 2400 auf 7600 erhöhen muß, um die Nachfrage befriedigen zu können. Nach und nach entstehen Modellvarianten, so daß sich am Ende der siebenjährigen Produktionsdauer die Gesamtzahl der gebauten 4-PS-Wagen auf 119484 beläuft, für die damaligen Verhältnisse ein immenser Erfolg. Ende der zwanziger Jahre ist Opel mit einem Marktanteil von 40% der größte Automobilhersteller in Deutschland, ein Fanal für die überkommene deutsche Maschinenbautechnik in der Auseinandersetzung mit dem amerikanischen Fordismus. Als die Familie Opel zur Jahreswende 1928/29 ihr inzwischen in eine AG umgewandeltes Unternehmen – unter heftiger Empörung in Deutschland – an die amerikanische General Motors Corporation verkauft, engagiert sich postwendend auch Henry Ford: Am 2. Oktober 1930 legt der amerikanische Auto-König höchstpersönlich zusammen mit Oberbürgermeister Konrad Adenauer den Grundstein für die Kölner Ford-Werke. Wie zuvor bei Opel in Rüsselsheim setzt die nach amerikanischem Vorbild standardisierte Fließbandproduktion Maßstäbe.

Dagegen sucht die Mehrzahl der deutschen Automobilhersteller ihr Heil weiter in teuer zugeschnittener Werkstattware mit Blick auf den individuellen Geschmack betuchter Kunden. Bis weit in die 30er Jahre hinein bleibt es bei Mischformen der Produktion zwischen Fließband und Manufaktur. »Die Amerikaner hingegen«, bemerkt Werner Oswald, der große Chronist des deutschen Automobilbaus, »fuhren längst massenproduzierte Autos für Jedermann, billig im Preis, wirtschaftlich im Betrieb, zuverlässig, dauerhaft, bequem, gefällig in der äußeren Form und leicht zu handhaben. Auch sie hatten ihre Schwächen, doch alles in allem waren sie dem damaligen Grobzeug der deutschen Automobilindustrie überlegen. Da half kein Appell an den nationalen Stolz, kein Ruf nach hohen Zöllen, und schon gar nicht half die unglückselige Hubraumsteuer, die uns bis auf den heutigen Tag erhalten blieb.«[11]

Die Daimler-Benz AG profitiert zunächst noch von den Folgen ihrer Fusion. Der Vorstandssprecher der Deutschen Bank, Dr. Emil Georg von Stauß, hat als Aufsichtsratsmitglied der Daimler-Motoren-Gesellschaft zusammen mit Dr. Wilhelm Kissel, dem Finanzvorstand von Benz & Cie., die Weichen für die Verschmelzung der Firmen gestellt. Beide Manager bestimmen fortan auch die strategischen Entscheidungen des neuen Konzerns.[12] Dabei agiert Kissel de facto seit 1926, nominell erst ab 1933 als Vorstandsvorsitzender der Daimler-Benz AG. Deren Hauptaktionär ist die Deutsche Bank, die zusammen mit der Dresdner Bank und der Commerzbank den Aufsichtsrat dominiert und mit von Stauß auch den Vorsitzenden stellt. Der Banker amtiert zudem als Aufsichtsratsvorsitzender der Bayerischen Motoren-Werke, welche schon mit der früheren Interessengemeinschaft von Benz und Daimler einen »Freundschaftsvertrag« geschlossen hatten. BMW-Gründer und Generaldirektor Franz Josef Popp will neben Flugzeugmotoren und Motorrädern auch Automobile fertigen, was mit Hilfe von Krediten der Deutschen Bank durch den Aufkauf der Fahrzeugfabrik Eisenach gelingt. Die produziert in Lizenz des britischen Austin-Konzerns den Kleinwagen Dixi, der unter BMW-Regie bald auch im Daimler-Benz-Karosseriewerk Sindelfingen gefertigt wird. Die Sicherung des Standorts durch Kooperation und Kapitalverflechtung hat Tradition in der deutschen Automobilindustrie, lange bevor dafür der Begriff »Deutschland AG« geprägt worden ist.

Zwischen München und Untertürkheim gibt es zwar

Konkurrenz und Interessenkonflikte bei der Entwicklung von Flugzeugmotoren, doch unter dem Druck der wirtschaftlichen und politischen Ereignisse werden sich Daimler-Benz und BMW sogar zu einer Abstimmung ihrer PKW-Produktionslinien durchringen. Schon zuvor sitzt BMW-Chef Popp im Aufsichtsrat der Daimler-Benz AG, deren Direktor Kissel seinerseits dem BMW-Aufsichtsrat angehört. Beide Herren verkehren auch im privaten Umfeld miteinander, zu ihrem Freundes- und Bekanntenkreis zählt selbstredend Emil Georg von Stauß. Gemeinsam bemühen sich die Herren um das, was damals in ganz unverfänglichem Ton als »Deutsch-Erhaltung« der Automobilindustrie propagiert wird. Zu dieser Parole gehört auch, daß Kissel, Popp und von Stauß sich mit den von ihnen gelenkten Unternehmen im Motorsport zu engagieren gedenken – und dies im firmeneigenen wie im nationalen Interesse. Kundenklientel und Markenimage fordern und fördern diese Politik selbst in schwierigen Zeiten.

Zwar haben der stete Personalabbau und die hohen Preise für Luxusautos dem neu geschaffenen Daimler-Benz-Konzern in den Jahren 1928/29 Umsätze von 26,85 bzw. 27,76 Millionen RM beschert. Doch die Produktionszahlen sind vergleichsweise bescheiden geblieben: Viel mehr als 10000 Automobile werden im Jahr nicht gefertigt, und die weitverzweigten Produktionsstätten des Konzerns sind gerade mal zur Hälfte ausgelastet. 1927 liegt die Zahl der Arbeiter und Angestellten der Daimler-Benz AG bei 18124, zwei Jahre später nur noch bei 14281 Mitarbeitern, ehe die Weltwirtschaftskrise Ausmaß und Tempo der Entlassungen auf ungeahnte Weise verschärft. Ende 1930 weist die Firmenstatistik nur noch 9786 Beschäftigte aus, im März 1932 ist mit 4958 Arbeitern und Angestellten der absolute Tiefstand erreicht. Jetzt *muß* etwas geschehen.

Bankier von Stauß vertritt seine Interessen und die der Deutschen Bank als Aufsichtsrat nicht nur bei Daimler-Benz und BMW, sondern auch bei der UFA und der Lufthansa. Zudem gehört er seit den Septemberwahlen 1930 als Mitglied der nationalliberalen Deutschen Volkspartei dem Reichstag an und kämpft um Subventionen respektive Steuererleichterungen für deutsche Unternehmen. Der Lobbyist wird nicht müde, für ein Programm der »nationalen Motorisierung« zu werben, das die Rettung der deutschen Kraftfahrzeugindustrie mit Hilfe staatlicher Unterstützung durch Straßenbau und Maßnahmen zur Absatzförderung von PKW, vor allem aber den Abbau von Sondersteuern propagiert. Zugleich sollen Nutzfahrzeug- und Flugzeugbau im nationalen Interesse durch staatliche Rüstungsaufträge gestärkt werden. Genauso haben es in Italien Mussolini und seine Faschisten vorexerziert.

Und für ähnliche Zielsetzungen rührt auch die NSDAP die Trommel. Die Nazipartei hat bei der Reichstagswahl im September 1930 ihren Stimmenanteil von 2,6 % auf 18,3 % steigern können. Von Stauß hat keine Berührungsängste, knüpft als einer der ersten Wirtschaftsführer Kontakte zu Nazigrößen, allen voran zu Hermann Göring. Dem läßt er bald auch Geldspenden zuteil werden. Und von seinem ersten persönlichen Treffen mit Hitler im Frühsommer 1931 ist von Stauß derart begeistert, daß er sogleich in die NSDAP eintreten will, was Göring dem Bankier aber mit der Begründung ausredet, er sei als Mitglied der DVP für die nationalsozialistische Bewegung viel wertvoller. Und dies gilt auch in den Jahren nach der NS-Machtergreifung. Damit zählt der 1942 verstorbene von Stauß zu »der reaktionären Gruppe von Industriellen und Finanzgewaltigen, die Hitler vor seinem Aufstieg zur Macht finanzielle Unterstützung leisteten und ihm dann in den Sattel halfen«,[13] urteilt nach Kriegsende die Finanzabteilung der US-Militärregierung für Deutschland im Rahmen ihrer Ermittlungen gegen die Deutsche Bank.

Zur gesellschaftlichen Entourage des Herrn von Stauß zählen neben Industrieführern, prominenten Nazis und UFA-Stars auch Persönlichkeiten des deutschen Rennsports. Nach dem Sieg im AVUS-Rennen gehört auch der 26jährige Nachwuchs-Rennfahrer Manfred von Brauchitsch zum Freundeskreis des Bankiers.[14] Und für Ferdinand Porsche handelt von Stauß einen außergerichtlichen Vergleich mit der Daimler-Benz AG aus. Obendrein rät der Bankier seinem Freund und Konzernchef Wilhelm Kissel, Porsche doch in beratender Funktion wieder an den Stern von Untertürkheim zu binden, schon um den begabten Konstrukteur von der Konkurrenz fernzuhalten. Ein Ratschlag, der vorerst noch an den Einwänden von Direktor Dr. Hans Nibel, dem Nachfolger Porsches als Chefkonstrukteur der Daimler-Benz AG, scheitert. Von Stauß mag Porsche auch dazu animiert haben, sich mit seinem Konstruktionsbüro selbständig zu machen. Der spätere Schöpfer von Hitlers Volkswagen macht sich jedenfalls schon im Sommer 1930 bei von Stauß und Kissel anheischig, »das Problem des für die Masse bestimmten billigen Wagens in entsprechender Größe«[15] zu lösen. Doch adäquate Projekte, die sein Büro später auch Zündapp und NSU andient, gehen nicht in Serie.

Wie gut, daß Adolf Rosenberger, der weltläufige Kaufmann, Mitgesellschafter und Geschäftsführer von Porsches Stuttgarter Konstruktionsbüro, einem exklusiven Berliner Herrenclub angehört und von daher unter anderem auch Baron Klaus Detlof von Oertzen kennt. Der ist Vorstand beim Automobilhersteller Wanderer in Chemnitz und kommt über Rosenberger mit Porsche ins Geschäft. Dessen etwa 30köpfige Konstrukteursmannschaft darf ein Serienmodell zum Sport-Cabrio veredeln. Und weil der automobile Zweig des eher als Büromaschinenfabrik bekannten Mischkonzerns ein neues, werbewirksames Image braucht, sollen Porsches Leute 1931 gleich noch ein Rennwagenprojekt für die neue Grand-Prix-Formel in Angriff nehmen.

Idealerweise gehört Ferdinand Porsche dem handverlesenen Kreis von Fachleuten an, die im Auftrag des Weltverbandes der Automobilclubs AIACR Ende 1931 ein neues Reglement erstellen werden. Mit Beginn der Saison 1934 dürfen Grand-Prix-Rennwagen nur noch maximal 750 Kilogramm wiegen. Das jeweils vor Ort bei der Fahrzeugabnahme an der Strecke zu überprüfende Limit bezieht sich auf das Leergewicht des Fahrzeugs, also ohne Treibstoff, Öl, Wasser und Reifen.

Die aktuellen Grand-Prix-Boliden sind da deutlich schwerer, weshalb die Funktionäre beim damaligen Stand der Technik rechnen, daß die neuen Konstruktionen über wesentlich leichtere und kleinere Motoren verfügen müssen, um das Gewichtslimit einhalten zu können. In der Theorie bedeutet das weniger Hubraum und um die 250 PS Höchstleistung. Daß die deutschen Rennwagen dann bereits im Verlauf der ersten Saison dieser 750-Kilogramm-Formel dank Leichtbauweise und Kompressortechnik tatsächlich fast doppelt so viele Pferdestärken mobilisieren werden, liegt völlig außerhalb des zeitgenössischen Vorstellungsvermögens und wird die Erfolge und damit den Mythos der Silberpfeile begründen helfen.

Der Entwurf für seinen neuen Rennwagen, den Porsche schließlich 1932 vorlegt, ähnelt sehr dem Benz-»Tropfenwagen« aus dem Jahr 1923. Kein Wunder, hat doch Geschäftspartner Adolf Rosenberger diesen ungewöhnlichen Mittelmotor-Rennwagen selbst gefahren und damit sogar 1925 beim Solitude-Bergrennen gewonnen. Nicht von ungefähr plaziert nun auch Porsche den Fahrer vor den Motor des Rennwagens. Der über beste Beziehungen zu Unternehmerkreisen verfügende Geschäftsmann Rosenberger mag zwar »weder Konstrukteur noch Erfinder« gewesen sein: »Seine Erfahrung als Rennfahrer war jedoch für Dr. Porsche wertvoll. In diesen Erfahrungen liegt der Beitrag (...) [Rosenbergers] zu der Entwicklung des Rennwagens.«[16]

Mit den Plänen ihres revolutionären Mittelmotor-Rennwagens müssen Porsche und Rosenberger zwischenzeitlich allerdings schon wieder hausieren gehen, weil der Wanderer-Konzern zum Sanierungsfall geworden ist. Der Hauptaktionär des Chemnitzer Unternehmens, die Deutsche Bank – und in persona Daimler-Benz-Aufsichtsrat von Stauß –, plädiert für Verkauf oder Liquidation, obwohl sich die Wanderer Werke und ebenso die krisengeschüttelte Konkurrenz von Horch und Adler pikanterweise der Daimler-Benz AG als Fusionspartner andienen. Doch von Stauß & Co. scheinen sich in der Krise nicht noch mit weiteren maroden Autoherstellern belasten zu wollen, die Daimler-Benz AG und die mit ihr eng verbundene BMW AG sollen auf dem deutschen Markt allein gegen die »amerikanische Konkurrenz« von Opel und Ford überleben.

Die deutsche Automobilgeschichte verläuft dann aber doch ganz anders, weil der Landtag von Sachsen einspringt und Mitte Februar 1932 eine Bürgschaft in Höhe von sechs Millionen Reichsmark gewährt, um über 8000 Arbeitsplätze bei den angeschlagenen sächsischen Automobilbauern Audi, DKW, Horch und Wanderer zu retten. Am 28. Juni 1932 – per Vertrag rückwirkend zum 1. November 1931 – fusionieren die vier Unternehmen unter dem Dach einer Holding, die den Namen Auto Union AG trägt und als Firmensymbol vier verschlungene Ringe aufweist. Gemeinsam werden sie damit im Deutschen Reich auf einen Schlag zum schärfsten Konkurrenten für Daimler-Benz. Und die künftige Rivalität der beiden Unternehmen wird ihren prägnantesten Ausdruck im Motorsport finden, wo die Silberpfeile aus Zwickau und Untertürkheim fortan um Siege und Subventionen konkurrieren – die Blaupausen für die Auto-Union-Rennwagen wird pikanterweise der ehemalige Technische Direktor der Daimler-Benz AG liefern. Ferdinand Porsches für Wanderer konzipiertes Rennwagen-Projekt geht an den neu formierten sächsischen Autokonzern über.

Nur ein paar Kilometer von Porsches Konstruktionsbüro entfernt, wird auch die Chefetage der krisengeschüttelten Daimler-Benz AG von der künftigen Rennwagen-Formel inspiriert. Auch hier soll der Bau eines deutschen Grand-Prix-Boliden als Werbevehikel dienen – und dafür sollen staatliche Subventionen organisiert werden. Der spektakuläre Sieg von Brauchitschs beim AVUS-Rennen ist für Chefkonstrukteur Nibel idealer Anlaß, um noch vor Ort Reichsverkehrsminister Treviranus anzusprechen. Drei Tage später führen die beiden Herren ein Telefonat über finanzielle Beihilfen. Noch geht es nur um Verbesserungen des veralteten SSK-Sportwagens für weitere Einsätze: »Nach Mitteilung des Herrn Treviranus sollen M 220000,– bereits sichergestellt sein, er will jedoch versuchen, uns einen Beitrag von M 110000,– + 180000,– zukommen zu lassen«, vermerkt Nibel in einer Aktennotiz.[17] Bei Mercedes-Benz mag man sich ähnlich wie die Reichsregierung mit ihrer Deflationspolitik »Hundert Meter vor dem Ziel« wähnen, doch nur fünf Tage später, am 30. Mai 1932, wird das zweite Kabinett Brüning gestürzt, und auch Verkehrsminister Treviranus verliert sein Amt. »Das System befindet sich im Fall«, frohlockt NSDAP-Chefpropagandist Goebbels.[18] Noch am selben Tag darf Hitler bei Reichspräsident Hindenburg vorsprechen, das SA-Verbot fällt, der Reichstag wird aufgelöst, und für den 31. Juli werden Neuwahlen anberaumt. Die Hitlerbewegung scheint kurz vor ihrem Ziel der Machteroberung.

Der greise Hindenburg hat zuvor allerdings, gelenkt von Reichswehrgeneral Kurt Schleicher, eine Minderheitsregierung als »Kabinett der nationalen Konzentration« eingesetzt und Franz von Papen zum Reichskanzler ernannt, Paul Freiherr von Eltz-Rübenach wird neuer Verkehrs- und Postminister. Der ausgewiesene Eisenbahnfachmann und strenge Katholik gehört auch noch den folgenden Regierungen an, bleibt selbst nach dem 30. Januar 1933 unter den Nazis im Amt, ehe er dann doch demissionieren muß, weil er Anfang 1937 wegen der nationalsozialistischen Übergriffe auf die Kirchen die Annahme des »Goldenen Parteiabzeichens« verweigert.

Die Zeiten sind bewegt, die Massenarbeitslosigkeit erreicht ihren Höhepunkt, doch Hans Nibel fragt am 20. Juni 1932 beim neuen Reichsverkehrsminister Eltz-Rübenach trotzdem an, »ob es nicht möglich wäre, daß wir zur Neu- und Weiterentwicklung unserer Rennwagen eine Unterstützung des Reiches erhalten könnten, da es uns leider nicht möglich ist, aus eigenen Mitteln die außerordentlich kostspielige Weiterentwicklung der Rennwagen vorzunehmen. Soviel uns bekannt ist, werden die italienischen und französischen Fabriken, die Rennwagen bauen, seitens ihrer Regierung unterstützt, da die internationalen Rennen über die Propaganda für die betreffende Automobilmarke hinaus eine große Propaganda für die Industrie des betreffenden Landes bedeuten.«[19] Nibel spricht vier Tage später persönlich im Ministerium vor, schickt noch zwei weitere Briefe in Sachen Finanzhilfe, ehe von Eltz-Rübenach am 30. Juni die endgültige Absage formuliert: »Zu meinem Bedauern muß ich bestätigen, daß die für eine Neukonstruktion erforderlichen Mittel von vorneherein unaufbringbar sind. Aber auch die Beschränkung auf Erfolg versprechende Verbesserungen der Konstruktion würde Geldmittel in einer Höhe beanspruchen, die dem Reichsverkehrsministerium bei der überaus gespannten Finanzlage und der schärfsten Kürzung der Haushaltsmittel leider nicht zur Verfügung stehen. Hinzukommt, daß das Ministerium in zurückliegenden Zeiten günstigerer Finanzlage sowohl beim Rechnungshof des Deutschen Reichs als auch beim Haushaltsausschuß des Reichstags wegen der Verausgabung von Beihilfen, die der Förderung der deutschen Automobilindustrie auf dem Wege über Automobilrennen dienen sollten auf sehr starke Bedenken und Beanstandungen gestoßen ist. Solchen Widerständen muß in der gegenwärtigen Lage noch mehr Rechnung getragen werden.«[20]

Die politische Lage nach dem Kabinettswechsel hat die Hoffnungen auf staatliche Zuschüsse vorerst beendet. Für derartige Subventionen bedarf es erst eines Regimes, das den Propagandawert künftiger deutscher Rennsiege besser zu schätzen, weil für sich zu nutzen weiß. In dieser Hinsicht werden der Automobilfreund Hitler und seine nicht minder motorsportbegeisterte Gefolgschaft zum Segen für die nationalen Rennambitionen der Konzernchefs in Untertürkheim und Zwickau.

Wieviel soll dieses Rennwagenprojekt denn überhaupt kosten? Genaue Zahlen sind zwar tabu, aber am 11. Juli 1932 nennt Geheimrat von Opel in der Vorstandssitzung des Reichsverbands der Automobilindustrie zur großen Verärgerung Wilhelm Kissels erstmals eine Hausnummer: Rund eine Million RM sei für den Bau eines deutschen Nationalrennwagens zu veranschlagen. Eine in der Tat exorbitant hohe Summe, wenn wir dazu in Relation setzen, daß die Daimler-Benz AG 1932 gerade noch in der Lage ist, Investitionen in einer Höhe von insgesamt etwa 490000 RM zu tätigen. Am Ende dieses miserablen Geschäftsjahres beziffern Kissel & Co. für den Stern von Untertürkheim einen Bruttoverlust von 10,92 Millionen RM.[21] Halten wir also an dieser Stelle ausdrücklich fest: Ohne Hilfe von außen, ohne Anschubfinanzierung wird das Rennwagen-Projekt von Mercedes-Benz nicht in die Gänge kommen.

Daß am 17. Juli 1932 der deutsche Spitzenfahrer Caracciola ausgerechnet mit einem italienischen Alfa Romeo den Großen Preis von Deutschland auf dem Nürburgring gewinnt, nimmt Daimler-Benz-Aufsichtsratschef von Stauß zum Anlaß, kurz vor den Reichstagswahlen das Thema Rennwagensubventionen noch einmal beim Ministerium ins Gespräch zu bringen, nun allerdings über den Reichsverband der Deutschen Automobilindustrie und dessen Vorsitzenden Robert Allmers. Doch auch dieses Unterfangen scheitert, ebenso wie ein Versuch der gerade erst gegründeten Auto Union AG, die sich mit Schreiben vom 12. August

1932 an den Reichsverkehrsminister wendet und darin gleichfalls um finanzielle Unterstützung für den Rennwagenbau bittet.

Das Rennen um Subventionen

Nun konkurrieren also zwei deutsche Automobilkonzerne um nicht vorhandene staatliche Beihilfen für den Bau von zwei verschiedenen deutsche Nationalrennwagen, für die es weder seriöse Konstruktions- noch Kostenpläne gibt. Und von Untertürkheim und Zwickau aus werden noch weitere Strippen gezogen: Der Automobilclub von Deutschland e.V. und der Allgemeine Deutsche Automobil Club e.V. sollen gemeinsam zu einer »Sammlung zum Bau deutscher Rennwagen« aufrufen. Wobei sich der etwas elitärere AvD insgeheim für die Interessen der Daimler-Benz AG einzusetzen scheint. In einem von AvD-Präsident Fritsch in Teilen überarbeiteten Entwurf schreibt der AvD-Funktionär Juhasz am 15. September 1932: »Jeder vaterländisch denkende Volksgenosse vermag zu helfen, wenn er der Nationalspende für deutsche Rennwagen einen Beitrag nach seinen Kräften zufließen läßt. Auch klein ist die Gabe willkommen. Es muß, wegen des starken ausländischen Vorsprunges, unverzüglich ans Werk gegangen werden, und im Jahre 1933 schon, da wir Benz, dem einen vom deutschen Erfinderpaar des Automobils, ein Denkmal weihen, wieder deutsche Rennwagen geben.«[22] Dieses Papier schickt Juhasz von Stauß zu und vermerkt in einem Begleitbrief: »Die Motivierung der Notwendigkeit von Automobilrennen halte ich für unbedingt erforderlich, um dem Einwand zu begegnen (er wird sicherlich kommen!), ob denn Sammlungen für Rennwagen in der gegenwärtigen Notzeit das Dringendste wären.«

Von Stauß trifft sich alsbald mit den Spitzen des AvD, um diesen den Finanzbedarf für den »Nationalrennwagen« Marke Mercedes-Benz zu erläutern. Auf 720000 RM hat Vorstandschef Kissel inzwischen die Kosten veranschlagt.

Weitere Details hat von Stauß bei von Brauchitsch zu erfragen versucht, ohne Erfolg, jedoch hat der neue Hoffnungsträger am deutschen Rennfahrerhimmel darüber – »ohne mich zu fragen«, so von Stauß – an Alfred Neubauer geschrieben. Der ist zwar Rennleiter der Daimler-Benz AG, wird damals jedoch von der Auto Union umworben.

AvD-Präsident Konsul von Fritsch hält auch 720000 RM für viel zu hoch gegriffen und begründet dies mit dem durchaus plausiblen Argument, »daß Konstrukteure und Arbeiter für den Bau des Rennwagens doch sowieso da seien und daraus keine Belastung für Daimler-Benz entstehen könne«. Aber der clevere Bankier pariert solche Attacken: »Ich habe ihm [i. e. Fritsch] erwidert, daß die Konstruktion und der Bau der Wagen so langwierig sei, daß wertvolle Mitarbeiter auf lange Zeit ihren anderen eigentlichen Aufgaben entzogen würden und daß man dies selbstverständlich in vollem Umfange berechnen müsse. Außerdem habe ich darauf hingewiesen, daß Daimler die Einrichtungen ja sowieso kostenlos zur Verfügung stelle und auch nichts für den Goodwill verlange. Aber die baren Auslagen müsse man ja doch wirklich in Anrechnung stellen. Ich habe die Diskussion schließlich mit dem Hinweis abgebogen, daß die genannte Ziffer als berechtigt akzeptiert werden müsse.«[23]

Kissel schenkt seinem Geschäftsfreund von Stauß reinen Wein ein. Das ganze Rennwagenprojekt wird wesentlich teurer, die bereits von Geheimrat von Opel ausgeplauderte Summe trifft tatsächlich zu: »Wenn man die Sache richtig aufziehen soll, dann ist auch kaum mit einem geringeren Betrag durchzukommen; denn es gehört nicht allein die Entwicklung und Erprobung eines Wagens dazu, sondern die sofortige Herstellung von etwa 4–5 Wagen, die dann auch alle tüchtig eingefahren werden müssen. Wir wissen aus Erfahrung, daß solche Spezialwagen nie auf den ersten Anhieb gelingen, sondern daß sie verschiedentlich und mehrfach geändert und verbessert werden müssen, bis sie in ein Rennen geschickt werden können. Nach diesen Erfahrungen muß man wohl mit einer Summe von rd. RM 1000000,– rechnen. Eine Detaillierung des Betrages zu geben, würde ich nicht empfehlen, da solche Unterlagen sehr leicht in den Besitz Dritter kommen können und dadurch allerlei Schwierigkeiten verursacht werden können. Ich wäre Ihnen daher dankbar, wenn Sie auch weiterhin, wie Sie es bereits getan haben, sich nicht bewegen ließen, Details selbst zu geben oder uns veranlassen, solche zu geben, weil wir so unsere Position nur schwächen können. Ich würde empfehlen, auch mit unseren Freunden, wie die Herren von Brauchitsch, Stuck etc., über Details nicht zu sprechen. Ich nehme an, daß Sie mit meiner Ansicht einiggehen und nehme ferner an, daß Sie auch damit einverstanden sind, wenn ich Herrn Neubauer bitte, aus den gleichen Gründen keine Einzelaufschlüsse zu geben. Unsere Herren Rennfahrer wissen ja, daß allein die Änderung des SSK-Wagens, Modell 1931 in das Modell 1932 uns über RM 150000,– für drei Fahrzeuge gekostet hat. Wir werden also auch mit unserer Erklärung, daß eine Neukonstruktion, welche in 4–5 Exemplaren rennfertig gemacht werden muß, eine Ausgabe von rd. RM 1000000,– erfordert, durchkommen.«[24]

Der Vorstandschef der angeschlagenen Daimler-Benz AG benötigt für den Bau seines deutschen Nationalrennwagens so viel Geld, daß neben dem AvD nun auch der ADAC in die Spendenaktion eingebunden werden soll. Wenn die beiden konkurrierenden Clubs gemeinsame Sache machen, sollen die eingesammelten Erlöse aber selbstverständlich nur der Daimler-Benz AG zugute kommen. Daß sich der Konzern mit der Annahme solcher Spenden auch in Abhängigkeiten und Verpflichtungen begibt, ist Kissel dabei durchaus bewußt: »Wenn die Behandlung der Beschaffung von Mitteln für den Bau von Rennwagen, so wie sie jetzt inszeniert wird, auch manche Bedenken wegen der Auswirkungen, die in Zukunft entstehen können, auslösen muß, so verbleibt doch noch ein erhebliches Aktivum, das für die Aktion spricht.«[25]

Am 29. September kommt es in Berlin zu einer Besprechung zwischen den Präsidien von AvD und ADAC mit Kissel und Nibel. Den beiden Chefs aus Untertürkheim hat Rennleiter Neubauer inzwischen berechnet, daß Konstruktion und Bau von fünf Grand-Prix-Rennwagen samt zwei Reservewagen genau 1,112 Millionen Reichsmark kosten würden.[26] Der Spaß wird immer teurer. Und dies, obwohl Neubauer die Einzelbeträge ziemlich geschönt hat. Der Bau eines Rennwagens wird auf nur 70000 RM beziffert, für einen »erstklassigen Fahrer« wird gerade mal ein Salär von 48000 RM angesetzt. Rudolf Caracciola hat bei Mercedes-Benz in der Rennsaison 1931 das Vierfache dieses Betrages kassiert, dank seiner üppigen Beteiligung an Startgeldern und Siegprämien. Die Rennen bieten Fahrern und Firmen tatsächlich lukrative Verdienstmöglichkeiten – aber nur im Erfolgsfall. Den jedoch wollen Kissel und Nibel unter weitgehendem Verzicht auf eigene finanzielle Risiken mit Hilfe von staatlichen und privaten Subventionen vorfinanzieren.

Doch trotz emsiger Bearbeitung ziehen die Funktionäre von AvD und ADAC nicht mit und konfrontieren die Mercedes-Benz-Manager mit unangenehmen Fragen: Was passiert, wenn die Spendenaktion nicht eine Million Reichsmark, sondern vielleicht nur eine Viertelmillion einspielt? Kann Daimler-Benz auch dann den Bau eines Nationalrennwagens garantieren? Freiherr von Brandenstein (AvD) gibt im Namen der beiden Automobilclubs zu bedenken, daß diese »keinerlei Bindungen zu irgendeiner Firma über die Verwendung der Gelder jetzt bereits eingehen könnten, daß beide Clubs in dieser Beziehung vollkommen frei wären und, wenn sie es für richtig halten, beispielsweise auch Hanomag den Betrag geben könnten«. Welch ein Affront! Den Kleinwagenhersteller Hanomag, der bis dato mit dem Bau von Billigprodukten mit dem bezeichnenden Kosenamen »Kommißbrot« hervorgetreten ist, in eine Reihe mit der noblen Daimler-Benz AG zu stellen!

Dabei ist der einzige Konkurrent um die Fördermittel

längst bekannt, die neu gegründete Auto Union, für die bekanntlich kein Geringerer als Ferdinand Porsche die Pläne schmiedet. Für künftige Renneinsätze hat der sächsische Konzern bereits den Porsche-Freund und Mercedes-Benz-Fahrer Hans Stuck an der Angel. Mit Alfred Neubauer will sogar ein weiterer leitender Mitarbeiter der Untertürkheimer zur Konkurrenz wechseln, was Kissel mit einem Honorarnachschlag gerade noch verhindern kann. Dafür verpflichtet die Auto Union Anfang 1933 als neuen Chef ihrer Rennabteilung Willy Walb, die bisherige Nummer zwei der Mercedes-Benz-Renntruppe.

Aus der Untertürkheimer Unternehmenszentrale ist auch Pressechef Dr. Richard Voelter bereits zum 1. Oktober 1932 für 850 RM monatlich als Werbeleiter zu DKW nach Zwickau gewechselt.[27] Voelter wird fortan die sportlichen Erfolge der Auto Union propagandistisch umsetzen, denn deren Rennabteilung ist direkt der Werbeabteilung des Konzerns unterstellt. Der neue Werbeleiter, Jahrgang 1892, promovierter Jurist und als Rittmeister Weltkriegsteilnehmer, ist ein schneidiger Herr, findet sich auch in Friedenszeiten regelmäßig zu militärischen Reserveübungen ein – und gehört nicht zuletzt seit 1925 der NSDAP an. Wie seine Ehefrau Else »Els« Voelter, die sich gern als »erste Nationalsozialistin Württembergs« bezeichnen läßt. Das umtriebige Ehepaar öffnet den braunen Parteigenossen schon vor 1933 so manche Tür bei Daimler-Benz. Denn auch über Richard – ihren dann schon wieder Ex-Gatten – heißt es in einer Beurteilung der Wehrbezirksbehörden in Chemnitz vom 25. Juni 1936 anerkennend: »Dr. Voelter hat sich bereits seit langen Jahren im Sinne der Nationalsozialistischen Deutschen Arbeiterpartei betätigt.«

Selbst als sich Richard Voelter 1931 scheiden läßt und seine neue berufliche wie eheliche Zukunft in Sachsen startet, bleibt die verlassene Else in der Obhut des Sterns von Untertürkheim. Die geschiedene Frau Voelter verkauft nach der NS-Machtergreifung in Kooperation mit der Stuttgarter

Werksniederlassung Fabrikwagen zu Sonderkonditionen an Nazigrößen. Ab 1938 wird sich Els Voelter obendrein auch noch an »Arisierungen« jüdischer Unternehmen beteiligen.[28] Els und Richard Voelter sind es denn auch gewesen, die bereits im September 1926 ihren Parteiführer Adolf Hitler am Rande des Solitude-Rennens der Mercedes-Benz-Mannschaft und deren damaligem Chefkonstrukteur Porsche vorgestellt haben. Hitler ist ein großer Autofreund, vor allem aber auch guter Kunde und Verehrer der starken Kompressorwagen der Daimler-Benz AG. Dafür hat ein anderer Nazi der frühesten Stunde gesorgt, Jakob Werlin, auch er im Sold von Mercedes-Benz. Als Leiter der Niederlassung München einer der wichtigsten und erfolgreichsten Automobilverkäufer des Konzerns und zugleich erster Türöffner und Kontaktmann zu den Spitzen der NSDAP.

Hitlers Autohändler

Im April 1921 tritt der Kaufmännische Angestellte Jakob Werlin seinen Posten als Filialleiter der Firma Benz & Cie. in München an. Werlin, am 10. Mai 1886 in Andritz in der Steiermark geboren, hat bei den Puch-Automobilwerken in Graz gelernt, arbeitet als Filialleiter ein paar Jahre in Budapest, ehe er sich 1914 als Kriegsfreiwilliger zu den Waffen meldet und es bis zu seiner Entlassung 1917 zum Vize-Feldwebel bringt. Danach verkauft er wieder Automobile, diesmal für die Hansa-Lloyd-Werke in Essen, ehe er nach München wechselt und dort auf ungeahnte Weise berufliche, private und politische Interessen miteinander verknüpft und Karriere macht.

Die Niederlassung von Benz & Cie. samt Garagen befindet sich in der Schellingstraße 39. Im selben Gebäude hat auch die Druckerei von Adolf Müller ihr Domizil. Müller druckt für den Franz-Eher-Verlag, den Parteiverlag der NSDAP, Bücher, Broschüren und auch den *Völkischen Beobachter*. So geschieht es zwangsläufig, daß sich Werlin und der drei Jahre jüngere Naziführer kennenlernen und bald blendend verstehen. Gemeinsame Autobegeisterung und österreichische Wurzeln tun ein übriges. Mit den Worten: »Hier bring ich Dir eine Kundschaft«[29], soll Druckereibesitzer Müller ihm Hitler vorgestellt haben, schreibt Werlin Jahrzehnte später. Der in München bereits berühmt-berüchtigte Naziführer wird sich nach zwei Automobilen der doch etwas weniger renommierten Selve-Werke nun bei Jakob Werlin tatsächlich seinen ersten großen Benz zulegen. In seiner grandios geschönten Lebensbeichte versucht sich der frühere NS-Multifunktionär Werlin vier Jahrzehnte später als höchst erfolgreicher, dabei jedoch völlig unpolitischer Lobbyist für die Sache des Automobils darzustellen: »Ich hatte nie einen Hehl aus meiner Bekanntschaft zu Hitler gemacht und aus meiner Beraterfunktion, die das ganze Kapitel Motorisierung umfaßte. Ich war jetzt auch bereit, meinen Kopf hinzuhalten. Das stimmt: Ich habe mit allen Mitteln, die mir zur Verfügung standen, z. B. den Autobahnbau gefördert, Hitlers Volkswagenpläne durchzusetzen geholfen. Ich war der Mitbegründer des VW-Werkes, wo ich konnte habe ich den Rennsport gefördert, der den deutschen Silberpfeilen in den 30er Jahren Sieg und Ruhm und den Firmen weltweite Absatzerfolge brachte.« Das klingt prahlerisch, entspricht aber durchaus den Tatsachen. Werlin gehört bald zur engsten Hitler-Entourage in München, handelt fortan als »persönlicher Vertrauensmann des Führers« in allen Kraftfahrangelegenheiten, tritt 1932 in die SS ein und schafft 1933 den Karrieresprung vom ehemaligen Autoverkäufer zum Vorstandsmitglied der Daimler-Benz AG.

Seit Januar 1942 amtiert er als Generalinspekteur des »Führers« für das Kraftfahrwesen und verkehrt dabei regelmäßig in den von Hitlers Truppen eroberten Gebieten in Polen und der Sowjetunion. Zugleich gehört das Vorstandsmitglied der Daimler-Benz AG als SS-Oberführer dem persönlichen Stab von Himmler an.[30] Ob Werlin vom Völkermord an den europäischen Juden und von deutschen Kriegsverbrechen gewußt hat, ist nie Gegenstand öffentlicher Betrachtungen gewesen. Statt dessen gibt der inzwischen wieder als Daimler-Benz-Vorstandschef installierte Wilhelm Haspel seinem früheren Kollegen für dessen Spruchkammerverfahren am 29. Januar 1947 eine »Ehrenerklärung« ab und lobt darin sogar die »außerordentlichen Verdienste« Werlins um den Konzern. Haspel selbst trägt seit 1942 als direkter Nachfolger Wilhelm Kissels an der Spitze der Daimler-Benz AG unter anderem auch die Verantwortung für den Einsatz von Zwangsarbeitern im Konzern. Nach Kriegsende muß er zwischenzeitlich aus dem Unternehmen ausscheiden, darf aber dann doch wieder auf den Chefsessel zurück. Schließlich war Haspel nicht in der NSDAP gewesen und ist – auch dank Werlins Fürsprache bei Hitler – Konzernchef in Untertürkheim geworden, obwohl seine Ehefrau nach den Maßstäben der Nazis als »Halbjüdin« galt.

Nach Kriegsende wird Werlin im Mai 1945 umgehend von der US-Armee in ein Internierungslager gesperrt. Die Spruchkammer hat ihn, den SS-Obersturmführer und Parteigenossen Nr. 3208977, unter die Kategorie »Hauptschuldige« eingereiht. Bis zum 9. November 1949, sinnigerweise dem 26. Jahrestag des Hitler-Putsches, bleibt des »Führers« Autohändler in Haft. Danach kehrt Werlin in sein angestammtes Metier zurück, um mit allerhöchstem Segen aus Untertürkheim bald wieder Autos zu verkaufen. Im Jahr 1950 gründet er die Firma Jakob Werlin & Söhne – als offizielle Mercedes-Benz-Vertretung mit Niederlassungen in Rosenheim und Traunstein.[31]

Ein treuer Kunde von Daimler-Benz

Hitler legt Wert auf Repräsentation. Dazu gehören auch große Automobile – Symbole für Kraft und Stärke, Macht und Überlegenheit. Schon Anfang der zwanziger Jahre hat seine Partei ihrem »Führer« einen Dienstwagen samt Chauffeur gestellt. Hitlers Autofetischismus unterscheidet den radikalen Selbstdarsteller schon in seinen Anfängen deutlich von allen anderen Akteuren auf der politischen Bühne der Weimarer Republik. Daß die moderne deutsche Autorepublik der fünfziger, sechziger und siebziger Jahre letztlich tief in der Zeit der NS-Diktatur wurzelt, ist nicht zuletzt das Resultat von Hitlers automobilem Sendungsbewußtsein.

Wie hieß es in den Anfängen der alten Bundesrepublik so schön: Mit dem »ersten Benz« signalisiert der Käufer seinen persönlichen Erfolg. Wie muß dieses Symbol erst zu Zeiten gewirkt haben, als das Automobil wirklich noch ein unerschwingliches Luxusgut gewesen ist? Im Spätsommer 1923 jedenfalls verkauft Jakob Werlin einen von Konsul Geo Semler, München, nicht übernommenen Benz-Neuwagen, »Typ 10/30 PS offen blaulack schwarzleder«, an »Herrn Adolf H.«. Die Inflation läuft zwar auf Hochtouren, doch Hitler hat großzügige Gönner und kann eine Anzahlung in Höhe von 10000 Schweizer Franken tätigen, schiebt sodann 100 US-Dollar nach, womit »nunmehr noch Dollars 101,45 zu entrichten sind, damit die im Auftragsformular vorgesehene, sofort in Noten zahlbare Summe von Dollars 2000,– erreicht wird«.[32]

Bereits am 30. Oktober verkauft Werlin seinem Landsmann aus der Ostmark einen zweiten, noch größeren Benz, einen 16/50 PS-Typ »offen«. Als Verkaufspreis quittiert er der NSDAP 135000000000000 (hundertfünfunddreißig Billionen) Mark als »in bar bezahlt«. Tatsächlich fließen jedoch zu wesentlich günstigerem Kurs eingetauschte niederländische Gulden und zwar per Scheck in Höhe von fl. 5000. Der verbleibende Restbetrag von fl. 1000 soll binnen 14 Tagen gezahlt werden. Hitler und seine NSDAP umgehen dabei die Zahlung von Luxussteuer. Diese wird im fiktiven Verkaufspreis von 19200000000000 Mark dem angeblichen Käufer, der Firma Franz Eher Nachfolger, ausgewiesen. Der Vorgang stößt allerdings beim Finanzamt Mannheim auf Interesse, worauf die Benz-Zentrale ihren emsigen Verkäufer Werlin in einem Schreiben vom 18. Februar 1924 hinweist.

Unterdessen muß Automobilfreund Hitler vorerst auf seine beiden neu angeschafften Benz-Wagen verzichten, weil er im Gefängnis der alten Festung Landsberg in Untersuchungshaft einsitzt. Nach seinem blutig gescheiterten Putsch vom 9. November 1923 werden die beiden NSDAP-Dienstfahrzeuge bei Werlin in der Garage der Benz-Niederlassung München abgestellt, ehe sie dort am 8. Januar 1924 von den bayerischen Behörden beschlagnahmt werden. Am 1. April 1924 wird Hitler zu fünf Jahren Haft verurteilt, doch der unter lächerlich mildem Vollzug weiter in Landsberg einsitzende Naziführer denkt schon wieder daran, einen neuen Benz anzuschaffen. Hitler bestellt Werlin zur Audienz in die Haftanstalt und bespricht am 12. September 1924 mit dem Autohändler seines Vertrauens die neuesten Angebote, um tags darauf dem beflissenen Münchener Niederlassungsleiter zu schreiben: »Ich würde Sie nun bitten, mir nach der eingetroffenen Rückantwort aus Mannheim gefälligst mitteilen zu wollen, zu welchem Preis ich den 11/40 bzw. den 16/15 Wagen haben könnte und ob auch ein 11/40 sofort lieferbar wäre. Den grauen Wagen, den Sie zur Zeit in München haben, bitte ich aber auf alle Fälle solange reservieren zu wollen, bis ich über mein Schicksal (Bewährungsfrist?) die notwendige Klarheit habe.«[33]

Seine großbürgerlichen Gönner versorgen den inhaftierten Naziführer mit Barem, während der in seiner »Hochschule Landsberg« nicht nur an *Mein Kampf* schreibt, sondern sogar Zeit und Muße gefunden haben soll, um aerodynamische Profile für künftige Kraftfahrzeuge zu zeichnen, welche er dem Unternehmen nach seiner Entlassung zur Verfügung gestellt habe – was die Haushistoriker der Daimler-Benz AG allerdings eher ins Reich der Legende verweisen.[34] Verbürgt hingegen ist, daß Werlin anläßlich von Hitlers Haftentlassung am 20. Dezember 1924 einen großen Benz-Wagen der Niederlassung München bereitstellt, um seinen Parteivorsitzenden abzuholen. Daß außer Druckereibesitzer Müller und Hitler-Leibfotograf Heinrich Hoffmann auch Werlin zugegen war, um das Gefährt womöglich sogar persönlich zu lenken, ist von den Werlin-Söhnen Hans und Otto allerdings mehr als vier Jahrzehnte später bestritten worden.

Wie auch immer, die innigen Geschäftsbeziehungen und die gemeinsame Leidenschaft für Mercedes-Benz-Automobile begründen eine lebenslange Männerfreundschaft. Werlin gehört zu den wenigen Auserwählten, die jederzeit Zugang zu Hitler haben. Und er wird dies weidlich nutzen. Begeben wir uns auf die frühen Schleimspuren des Erfolgs und zitieren aus Werlins Briefwechsel mit seinem zu steten Sonderwünschen neigenden und über zeitliche Verzögerungen ziemlich ungehaltenen Kunden. Anno 1925 liest sich das so: »Sehr geehrter Herr Hitler! Nach meiner Rückkunft von Untertürkheim möchte ich Ihnen heute über den Stand und den Umfang der Arbeiten Ihres Wagens einen kurzen Bericht geben. Ihr Brief ist in Untertürkheim nicht ohne Eindruck geblieben, und Sie dürfen versichert sein, daß die Daimler-Motoren-Gesellschaft sich die größte Mühe gibt, die Arbeiten mit tunlichster Beschleunigung zu erledigen. Herr Direktor Gross wird Ihnen noch persönlich in der Sache schreiben, falls dies nicht schon geschehen ist. An dem Wagen werden sämtliche Verbesserungen, die inzwischen herausgekommen sind, vorgenommen. Sie werden einen Wagen bekommen, den sie in Bezug auf Leistung und Gangart nicht wieder erkennen werden.«[35] Natürlich dauert das alles etwas, aber Werlin versichert Hitler: »Wenn wir Sie mit der Lieferzeit nicht zufrieden stellen konnten, so hoffe ich bestimmt, daß Sie an dem Wagen wieder jene kindliche Freude haben werden, die Sie bei der Lieferung des Wagens hatten.«

Auch nach der Fusion von Benz und Daimler bleibt Werlin in München am Ball. So wie in der Konzernzentrale Stuttgart auch die Voelters und andere Gleichgesinnte, etwa Betriebsleiter Carl Werner, der für Wahlkämpfe und Parteiveranstaltungen der Nazis schon mal kostenlos Firmenwagen zur Verfügung stellt. So wie dies dann auch Vorstandschef Wilhelm

Kissel für geboten hält. Daß Ende 1933 von den damals sieben Vorstandsmitgliedern der Daimler-Benz AG bereits drei der NSDAP angehören, spricht Bände.[36] Parteigenosse Nummer Vier wird Kissel, der sich trotz des seit dem 1. Mai 1933 geltenden Aufnahmestopps noch am 1. März 1934 nachträglich in die Partei einreihen darf. Allerdings ist er ja auch immerhin schon Mitglied der SS.

Nicht von ungefähr gibt es also schon geraume Zeit vor der NS-Machtergreifung manch kleine Gefälligkeit. Auch Göring, Goebbels und Strasser werden bei Neuwagenkäufen Sonderrabatte gewährt, und als die »kindliche Freude« des Naziführers getrübt zu werden droht, schickt die Daimler-Benz AG in Person von Rudolf Caracciola schon mal ihren prominentesten Angestellten vorbei, um in München nach dem Rechten zu sehen.

Rennfahrer zu Gast bei Hitler

Es geht um den neuesten Mercedes-Benz, den Typ 770, einen Reihen-Achtzylinder mit 7,7 Liter Hubraum, den größten, schwersten und teuersten Personenwagen des Konzerns, der als »Großer Mercedes« mit dem damals aufsehenerregenden und weitaus exklusiveren Maybach-»Zeppelin«-Zwölfzylinder konkurrieren soll. 1931, im ersten Produktionsjahr des 770er Mercedes-Benz, werden gerade mal 42 Exemplare gefertigt. Einer der Käufer ist Adolf Hitler, zur Finanzierung des stolzen Preises von 38000 Reichsmark sind auch Daimler-Benz-Anzeigen im *Völkischen Beobachter* verrechnet worden. Doch die Karosse wird – angeblich aufgrund einiger Sonderwünsche des prominenten Auftraggebers – nicht pünktlich ausgeliefert, so daß der verärgerte Kunde versöhnt werden muß. Rudolf Caracciola persönlich überführt also Hitlers neuen 770er im Auftrag von Direktor Kissel nach München.[37] Und so kutschiert der berühmte Rennchauffeur den inzwischen nicht minder prominenten Hitler und dessen

Nichte Angela »Geli« Raubal durch München und Umgebung und ist damals angeblich eher beeindruckt von der Schönheit der Frau Raubal als vom politischen Format des Naziführers. Allerdings wird Caracciola diese Ansicht erst nach 1945 kundtun und sich damit in guter Gesellschaft befinden. Und dies wohl ebenso mit seiner kleinen Ergebenheitsadresse am Ende seiner von Oskar Weller ausformulierten Rennfahrererinnerungen, die bis 1943 immerhin in über 80000 Exemplaren Verbreitung gefunden haben: »Wir sehen im Rennsport eine der herrlichsten Bejahungen des Lebens, die es gibt. Und dafür, daß im neuen Deutschland die Kraftfahrt, besonders aber der Rennsport, wieder zu Ehren gekommen ist, haben wir Adolf Hitler zu danken. Es war mir vergönnt, mit mehr als zweihundert Siegen der erfolgreichste Rennfahrer zu werden. Wenn der Sieg der Waffen errungen ist, wird der Führer auch wieder den Befehl zum Kampf der Rennwagen geben. Dann werden wir aufs neue antreten und unseren Dank beweisen – durch die Tat …!«[38]

Die ebenso beliebte wie gleichwohl banale Kalauerfrage, ob denn der »Führer« auch einen »Führerschein« besaß, haben indes sowohl Caracciola als auch andere rennfahrende Kurzzeitchauffeure Hitlers unbeantwortet gelassen. Manfred von Brauchitsch behauptet nach dem Ende der Nazidiktatur, Hitler habe bei einer Fahrzeugvorführung verlangt, nicht schneller als mit Tempo 60 kutschiert zu werden. Eine Geschwindigkeit, bei welcher er jedenfalls gerade noch aufrecht stehend den Jubel seiner »Volksgenossen« entgegenzunehmen vermochte. Autofreund Hitler ist jedenfalls Mitglied im ADAC gewesen. Für die Jahre 1926 bis 1931 finden sich im Bayerischen Hauptstaatsarchiv unter der ADAC-Mitgliedsnummer 56180, Abteilung Eins, Gau X b, entsprechende Clubausweise für »Adolf Hitler, Schriftsteller«, die »Unterstützung bei Todesfall infolge Unfalls mit dem eigenen Kraftfahrzeug« gewähren sollten.[39]

Ob mit oder ohne eigenen Führerschein, gesichert ist Hitlers außergewöhnliche Vorliebe für Mercedes-Benz-Automobile. Er bleibt bis zum Ende treuer und prominentester Kunde des Untertürkheimer Konzerns, der ihm auch eine Ausstellung widmet, auf der die Original-Dienstwagen aus der »Kampfzeit« zu bestaunen sind: »Insgesamt legte der Führer im Kampfe um Deutschland bis zur Machtergreifung über eine Million Kilometer zurück. Diese Entfernung entspricht dem 23fachen des Erdballes.«[40] – Das schreibt Werlin am 18. Februar 1936 an Hitlers Adjutanten Wiedemann.

Konsequenterweise findet Hitler Gefallen am Motorsport, was auch auf andere Naziführer abfärbt, die sich um die pompösen Inszenierungen seiner Rennschlachten noch sehr verdient machen werden. Lange vor Caracciola und von Brauchitsch, nämlich fast ein Jahrzehnt vor der NS-Machtergreifung, lernt Hitler ein anderes künftiges Rennfahreridol kennen. Als Gast von Hans Stuck auf dessen Hofgut Sterz in Oberbayern. Der studierte Landwirt und Ex-Offizier Stuck, um 1900 geborener Sproß einer renommierten badischen Industriellenfamilie, mütterlicherseits dem gleichfalls badischen Reichsfreiherrengeschlecht derer von Villiez entstammend, schildert das Ganze in seinen Anfang der siebziger Jahre erschienenen Memoiren als eher zufällige Begegnung. Stuck lernt in München Hitlers Chauffeur Julius Schreck kennen, schließt Freundschaft, weiß aber natürlich überhaupt nicht, wer dessen »Chef« ist. Da Schreck leidenschaftlicher Waidmann gewesen sei, habe ihn Stuck zur Jagd nach Sterz eingeladen. Und bei dieser Gelegenheit sei völlig überraschend auch Hitler »so im Mai 1925« zu Besuch gekommen. Er habe den Gast in die Halle geführt, ihm Zeitungen und Zeitschriften in die Hand gedrückt und ihm gesagt, er könne alles unternehmen, wozu er Lust habe. Dann habe Stuck sich umgezogen und sei mit Schreck auf die Pirsch gegangen. Bis spät in die Nacht sei Hitler allein geblieben.[41]

Lief das alles wirklich so zufällig ab? Stuck verkehrt in den besten Kreisen der Gesellschaft, ist mit Kronprinz Wilhelm und Fliegerheld Ernst Udet befreundet. Und da lädt ein solcher Herr wie Stuck einen simplen Chauffeur zur Jagd ein?

Noch dazu eine Type wie Julius Schreck, seit April 1925 »SS-Mann Nr. 1«, brutaler Schläger und Antisemit, 1919 schon im Freikorps Epp bei der blutigen Niederschlagung der Münchener Räterepublik mit dabei, danach für die Nazis mit Überfällen und Mordanschlägen aktiv, einschlägig vorbestraft wegen Sachbeschädigung, Diebstahl und Körperverletzung.[42] So einer wie Julius Schreck ist mit dem noblen Hans Stuck befreundet? Und bringt dann rein zufällig und überhaupt nicht verabredet den Herrn Hitler mit zu Besuch?

Tatsächlich wird Hans Stuck von seiner Bekanntschaft mit Adolf Hitler stets auf erstaunliche, in seinen Memoiren aber nicht immer vollständig beschriebene Weise profitieren. Wenn gar nichts mehr geht, gibt es immer noch den »Führer«. Und der hat ein Herz für seine Rennfahrer. Auch und gerade für Hans Stuck, der von 1927 bis 1930 für Austro-Daimler überall in Europa bei Bergrennen Sieg auf Sieg herausfährt – und im Gefolge der Weltwirtschaftskrise keinen Rennvertrag mehr bekommt. In München trifft Stuck nach eigenem Bekunden wieder ganz zufällig Julius Schreck, und der vermittelt ihm einen Gesprächstermin bei Hitler: »Ich erzähle ihm, daß Austro-Daimler in Wien die Fabrik geschlossen hat, daß Mercedes-Benz keine Wagen zu Rennen schickt. Da sind noch Alfa Romeo in Italien, Bugatti in Frankreich. Ausland natürlich. Fremde Wagen. Hitler hört es sich an, nachdenklich, mit Falten an der Nasenwurzel. *Ich habe Geld*, sagt er. *Aber ich brauche jeden Pfennig. Unser Kampf verschlingt alles. Wir werden an die Macht kommen.* Mit einem eigenartig leeren und doch zwingenden Blick sieht er mich an. *Sie sind ein guter Fahrer. Sie sind ein ausgezeichneter Fahrer, Herr Stuck. Wenn ich an die Macht komme …* Er dreht sich um und blickt auf die Wand – auf ein Bild an der Wand. Auf ein Bild von Friedrich dem Großen. – Dann wendet sich Hitler mit einem Ruck wieder mir zu. *Ich kann Ihnen keinen Rennwagen vermitteln, Herr Stuck. Noch nicht. Aber eines verspreche ich Ihnen: Wenn Sie mit keinem ausländischen Wagen für ausländische Firmen fahren, dann sollen Sie von mir einen*

Wagen haben – sobald wir an die Macht gekommen sind. Dann wird Ihnen das Reich einen Rennwagen zur Verfügung stellen, Herr Stuck.«[43]

Der so Angesprochene schreibt, damals darüber nur leise in sich hineingelächelt zu haben: »Bei Gott, ich habe es für Spaß gehalten, den ernsten Spaß eines Phantasten. – Ein Reichsrennwagen!« Allerdings fährt Hans Stuck tatsächlich – aus welchen Gründen auch immer – selbst als Privatfahrer weiterhin nur auf nationalen Fabrikaten. Nach Austro-Daimler steigt er auf Sportwagen von Mercedes-Benz um. Ina Merck, die Gattin von Ernst Merck, dem Besitzer der gleichnamigen Pharmawerke in Darmstadt, und auch Kronprinz Wilhelm haben sich bei der Daimler-Benz AG dafür eingesetzt, daß Stuck einen SSK bekommt und seinen Ruf als »Bergkönig« weiter festigen kann. Zur Seite steht ihm inzwischen Paula von Reznicek, geborene Heimann. Sie gilt als Deutschlands beste Tennisspielerin, ist noch mit dem Journalisten Burkhard von Reznicek verheiratet, schreibt für renommierte Zeitungen und Gesellschaftsjournale und kennt Gott und die Welt. Der smarte Rennfahrer und die tennisspielende Journalistin werden ein Paar, heiraten Ende 1932 in Berlin im Rathaus Charlottenburg. Die Eheleute erweisen sich als geniale Vermarktungsstrategen in eigener Sache, Paula kümmert sich wie ein Manager um ihren Hans. Eine erfolgreiche Beziehung, die nach 1933 unter den Druck der politischen Verhältnisse gerät, als sich die Reichskulturkammer um Klärung bemüht, ob Frau Stuck nach den Begriffen der nationalsozialistischen Rassenideologie als »nicht arisch«, als »Halbjüdin« oder »Jüdin« zu gelten habe.[44]

Ehemann Hans Stuck verfolgt inzwischen zusammen mit Ferdinand Porsche und Auto Union das einst angeblich so belächelte Projekt »Reichsrennwagen« – und wird dabei seine Kontakte zu Hitler ins Spiel bringen. Zunächst mit Blick auf staatliche Subventionen, im Verlauf der NS-Diktatur schließlich aber auch für seine Ehefrau und seine weitere Karriere als Rennfahrer.

Auch die Daimler-Benz AG aktiviert im Krisenjahr 1932 ihre Kontakte zu den Nazis. Die NSDAP hat immer mehr Stimmen und Anhänger gewonnen, es scheint absehbar, daß die Hitler-Partei bei einer Regierungsumbildung bald an verantwortungsvoller Stelle in der Reichspolitik ein Wörtchen mitreden darf. Wie gut für die Interessen des Untertürkheimer Konzerns, daß es einen Jakob Werlin gibt. Der berichtet Direktor Kissel am 14. Mai von einem Gespräch mit Hitler: »Ich habe natürlich nicht unerwähnt gelassen, daß wir der Partei jederzeit das größte Entgegenkommen bewiesen haben und einzelne Fälle angeführt.« Andere Unternehmen können das wohl nicht von sich behaupten, »während wir schon seit Jahren die Verbindung mit der NSDAP in Erkennung der zukünftigen Entwicklung stets überall aus Liebe zur Sache gehegt und gepflegt hätten«.[45] Und Kissel schreibt denn auch am 18. Mai an Werlin zurück: »Jedenfalls haben wir keine Veranlassung, in der Aufmerksamkeit, die wir bisher Herrn Hitler und seinen Freunden zugewendet haben, nachzulassen; er wird sich auch [...] ebenso auf uns verlassen können, wie in der Vergangenheit.«

Vorbehalte oder gar Berührungsängste gibt es im Interesse des Unternehmens nicht. Als Manfred von Brauchitsch am 22. Mai sensationell für Mercedes-Benz das AVUS-Rennen gegen den abtrünnigen Rudolf Caracciola und dessen Alfa Romeo gewinnt, hat die Daimler-Benz AG endlich wieder einen namhaften deutschen Rennfahrer, den sie für ihr Projekt »Nationalrennwagen« nach München in Marsch setzen kann. So darf denn wohl auf Vermittlung von Werlin der junge von Brauchitsch – dessen Onkel ein paar Jahre später von Hitler zum Chef der Wehrmacht befördert wird – das erste Mal persönlich und ganz privatissime in München beim Führer der Nazipartei vorsprechen: »Mit möglichst knappen Sätzen trug ich ihm meine Gedanken vor, erklärte ihm, daß meine Firma für die Entwicklung und Herstellung eines modernen

Rennwagens etwa zwei Millionen Mark benötige. Ich brachte meine Hoffnung zum Ausdruck, daß er mit seinen Möglichkeiten im nationalen Sportinteresse diese Summe beschaffen könne. Er hörte sich das alles sehr genau an. Dann erhob er sich, steckte beide Hände in die Hosentaschen und ging einige Male auf und ab. Schließlich begann er zu antworten. Er versprach mir, dafür zu sorgen, daß die deutsche Automobilindustrie in die Lage versetzt würde, international wieder konkurrenzfähig zu werden. Plötzlich riß er die Hände aus den Taschen und begleitete seine Worte mit wilden Gesten. Er vergaß die Rennwagen und sprach mit einer Begeisterung und einem großen Fanatismus wie vor einem großen Publikum von seinen gewaltigen Plänen zur Schaffung einer großdeutschen Nation. Mit einigem Staunen hörte ich mir das an. Ich hielt ihn für einen Phantasten, der diese Ziele nie erreichen würde, aber ich war irgendwie begeistert und spürte die Suggestivkraft in den Augen dieses Mannes. Mir fiel auf, daß viele seiner Gedanken an unserem Familientisch am Halleschen Tor schon eine Rolle gespielt hatten, noch ehe an ihn überhaupt zu denken war. Nur daß damals eben immer von Seiner Majestät die Rede war. Und jetzt sprach hier einer von sich selbst wie meine Verwandten vom Kaiser, dessen Namen sie immer nur geflüstert hatten. Am Ende seiner politischen Ausführungen über die Rolle der deutschen Nation unter seiner Führung vergaß er nicht, die Rennwagen zu erwähnen.«[46]

Hitler will sich in Sachen Rennwagenbau-Förderung zu gegebener Zeit mit Werlin in Verbindung setzen. Weil von Brauchitsch aber nichts weiter davon hört, macht er sich nach eigenem Bekunden etwa ein halbes Jahr später – also kurz vor der NS-Machtergreifung – selbst zum Obersalzberg auf. Angeblich »spontan« und »unangemeldet« will der Rennfahrer auf Hitlers Berghof erschienen sein, worauf der vielbeschäftigte Hausherr sich sogleich Zeit genommen habe, um eine halbe Stunde lang fast nur über Rennwagen zu diskutieren. Obendrein werden dem Gast die Paladine des Naziführers vorgestellt: Göring, Goebbels, Streicher, Röhm, Heß, Himmler, alles, was in der Partei Rang und Namen hat. Dazu Hoffotograf Hoffmann nebst SS-Sturmführer Schaub, dem Hausmeister und Hundebetreuer seines Herrn. Von Brauchitsch kommt im Interesse der Daimler-Benz AG, und Hitlers frohe Kunde lautet: »Ihre Firma bekommt das Geld in dem Augenblick, wenn ich an der Macht bin.«[47]

Womit der Naziführer kurioserweise gleich bei zwei deutschen Rennfahrern – von Brauchitsch und Stuck – und ungeahnt auch bei zwei deutschen Automobilkonzernen im Wort steht, was die Finanzierung eines »Nationalrennwagens« anbelangt. Denn Hans Stuck hat inzwischen die Seiten gewechselt und antichambriert nicht mehr für Mercedes-Benz, sondern für die vereinten Interessen der Auto Union.

3.
Rennsport im Dienst des Regimes

Mit dem 30. Januar 1933 und der sogleich für den 5. März festgesetzten Neuwahl zum Reichstag übernehmen SA und NSDAP die Herrschaft über die Straße. Hitler nutzt die Macht als Reichskanzler und Regierungschef zum Ausbau und zur Sicherung seiner Diktatur. Er propagiert dies als notwendig, um ungehindert seine Visionen für das deutsche Volk in Angriff zu nehmen. Und so viele sind willig und machen mit den Nazis gemeinsame Sache – ob aus voller Überzeugung oder einer Teilidentität der Interessen heraus. Ob vom »Führermythos« überwältigt oder vom Kalkül verführt, eigene Vorteile und Machtteilhabe zu sichern.[48] Ob bürgerliche, adlige oder militärische Eliten, ob Beamte, Angestellte, Arbeiter oder Arbeitslose. Allen wird Schritt für Schritt, Tag für Tag ein Stück mehr an Kooperation und Opportunismus, an Mitmachen und Wegsehen abverlangt – und mit kleinen wie großen Vergünstigungen belohnt. Es ist die hohe Zeit für Karrieristen, »Märzgefallene«, Mitläufer und Profiteure des Naziregimes. Der Beginn der Verführung und Verlockung, die allen zusammen mit dem schönen Schein der Wiederherstellung nationaler Größe schmackhaft gemacht wird. Und der Motorsport jener Jahre wird zum Mikrokosmos dieser Verhältnisse, in denen sich nicht nur die Rennfahrer schneidig und geschickt wie auf den Pisten auch durch die Tücken der Diktatur zu schlängeln vermögen. Als verhätschelte Idole eines ebenso verlogenen wie verbrecherischen Systems. Die Naziführung legt Wert auf pompöse Theatralik und öffentliche Affirmation, gewährt dafür im Gegenzug relativen Freiraum und ungeahnte Vorteile. So wird der Berufsrennfahrer im Dritten Reich zum Phänotyp des vermeintlich völlig unpolitischen Zeitgenossen und mutiert gerade dadurch zum

Profiteur der NS-Politik. Der nationale wie wirtschaftliche Aufschwung, den Hitler den Deutschen verheißt, wird temporär eintreten und im Zeichen massiver Aufrüstungspolitik nicht zuletzt der deutschen Automobilindustrie zu danken sein, die mit Hilfe staatlicher Aufträge neue Produktionsrekorde aufstellt. Und die Werksrennfahrer von Mercedes-Benz und Auto Union werden mit Siegen in ihren Silberpfeilen dazu beitragen, dem NS-Regime Ehre und Anerkennung zu zollen und zugleich auch äußeren Glanz zu bescheren.

Die automobilfreundliche Diktatur

Der 11. Februar 1933 wird zum Schlüsseldatum für das Verhältnis zwischen NS-Regime und deutscher Autoindustrie. Es ist der Tag, an dem Hitler in Berlin die Internationale Automobil- und Motorrad-Ausstellung eröffnet und damit als erster Reichskanzler überhaupt dieser Leistungsschau seine Aufwartung macht, um dort sein Programm der »nationalen Motorisierung« zu verkünden: Wegfall der Kraftfahrzeugsteuer, Senkung der Unternehmenssteuern sowie staatliche Förderung von Straßenbau und Rennsport sind klare Signale, daß im Staate Hitlers Kraftwagen und Automobilkonzerne eine Schlüsselrolle spielen werden. Die NS-Propaganda wird daraus mit Erfolg den Führermythos vom originären »Schöpfer der Autobahnen« stilisieren, auch wenn der Münchener Straßenbauingenieur und NS-Parteigenosse Fritz Todt damals nur die schon seit den zwanziger Jahren existenten HaFraBa-Pläne des gleichnamigen Vereins zur Vorbereitung der Autostraße »Hansestädte–Frankfurt–Basel« im Sinne eines Arbeitsbeschaffungsprogramms aufgegriffen hat.

Aber was zählen solche Zusammenhänge, wichtig ist allein, daß der neue Reichskanzler ein Freund der Motorisierung ist, weshalb der Reichsverband der deutschen Automobilindustrie auch bald eine »Führerspende« in Höhe von

300 000 RM initiiert. Ein Jahr nach der Machtergreifung wird Hitler schließlich den »Volkswagen« propagieren, das für jedermann erschwingliche Automobil. Auch dafür gibt es zwar Vorläufer, doch erst der deutsche Diktator will den PKW-Traum einer ganzen Nation vom Kopf auf die Räder stellen. Auch gegen den anfänglichen Widerstand der zunächst wenig begeisterten Industrie und ihres Dachverbands.

Der Mann, der diesen Volkswagen konstruieren wird, hat sich schon beizeiten bei Hitler gemeldet, sogleich nach dessen Rede am 11. Februar 1933. Ferdinand Porsche persönlich bedankt sich in einem Telegramm beim neuen Reichskanzler: »Als Schöpfer vieler namhafter Konstruktionen auf dem Gebiete des deutschen und des österreichischen Kraft- und Luftfahrtwesens und mehr als 30 Jahre mitkämpfend um den heutigen Erfolg beglückwünsche ich Euer Exzellenz zur tiefgründigen Eröffnungsrede der *Deutschen Automobilausstellung*. Ich hoffe, daß es mir und meinen Mitarbeitern weiterhin und in erhöhtem Maße vergönnt bleibt: Dem deutschen Volke unser Wollen und Können zur Verfügung zu stellen.«[49]

Wer so artige Zeilen schickt, dem kann getrost Audienz gewährt werden: Drei Monate später, am 10. Mai 1933, treffen sich Porsche und Hitler in der Reichskanzlei.[50]

Positionskämpfe

Der persönliche Porsche-Freund und designierte Werksfahrer für die Auto Union, Hans Stuck, berichtet in seinen Erinnerungen von einem Telefonanruf, der ihn einen Monat nach dem 30. Januar 1933 erreicht haben soll: »Hier Adolf Hitler. Herr Stuck, ich habe Ihnen seinerzeit gesagt, daß Ihnen das Reich hilft, einen Rennwagen zu bauen, wenn ich an die Macht komme. Nun, es ist soweit. Ich habe verfolgt, daß Sie Deutschland die Treue gehalten haben. Sie haben auf einem deutschen Wagen für Deutschland schöne Erfolge gehabt. In

Brasilien und Argentinien. Bitte machen Sie mir die notwendigen Vorschläge. Wenn Sie soweit sind, kommen Sie zu mir!«[51]

Wenn es diesen Anruf tatsächlich gegeben hat, stellt sich die Frage, ob Hitler denn nichts von Stucks Wechsel von Mercedes-Benz zur Auto Union gewußt hat? Denn allen verfügbaren Quellen zufolge will der neue Reichskanzler und NSDAP-Führer die staatlichen Subventionen ausschließlich den Untertürkheimern zukommen lassen. Viel wahrscheinlicher ist, daß Stuck selbst seine Bekanntschaft mit Hitler zugunsten von Porsche, Auto Union und eigenen Interessen als designierter Spitzenfahrer des neuen Rennstalls ins Spiel gebracht hat.

Hitler hat am 11. Februar 1933 definitiv verkündet, daß es für den Bau eines deutschen Nationalrennwagens staatliche Subventionen geben wird. Nun erst zeigen sich Daimler-Benz wie auch Auto Union entschlossen, ihre Rennwagenprojekte auf den Weg zu bringen. Am 27. Februar einigen sich Porsche und der Vorstand der Auto Union prinzipiell über einen Vertrag. Am 7. März trifft man sich zu einer ersten Arbeitsbesprechung in Zwickau, denn dort im Horch-Werk soll der neue Rennwagen gebaut werden. Die politische Konstellation erweist sich inzwischen als günstiger denn je. Denn nach der Reichstagswahl vom 5. März sitzen die Nazis fest im Zentrum der Macht. Jetzt geht es darum, die automobile Leidenschaft des Reichskanzlers für sich zu nutzen.

Am 10. März erhält Daimler-Benz-Chef Kissel einen Anruf von Konsul Fritsch. Der AvD-Vizepräsident hat Post vom Reichsverkehrsministerium bekommen: Für die nationale Rennwagensammlung der Automobilclubs findet sich noch ein Restposten aus dem abgelaufenen Haushaltsjahr in Höhe von 100000 RM. Zusammen mit den zuvor zugeteilten 50000 RM aus der Staatskasse sowie weiteren 90000 RM, die private Spender aufgebracht haben, macht das unterm Strich schon fast eine Viertelmillion! Fritsch kündigt Kissel an, aus dem Etat des Reichsverkehrsministers für 1933 noch eine weitere Beihilfe in Höhe von 300000 RM erbitten zu wollen. Hans Stuck habe bereits bei Fritsch vorgesprochen, doch der AvD-Vizepräsident beteuert gegenüber Kissel, keine Dotierung einer »anderen Firma« zu betreiben.[52]

Höchste Alarmstufe bei Mercedes-Benz – die Auto Union versucht, über die wieder aufgewärmte Rennwagen-Spendensammlung des AvD die staatlichen Fördermittel zu kassieren! Weshalb Kissel am 14. März in einem zehnseitigen Schreiben das Präsidium des Automobilclubs von Deutschland warnt: Allein die Daimler-Benz AG sei berechtigt, diese Subventionen einzustreichen. Und Porsche bekommt auch sein Fett weg: Im Gegensatz zu den Neulingen der Auto Union habe man es nicht nötig, eigene Leistungsfähigkeit durch Reklame mit einem sogenannten genialen Konstrukteur unter Beweis stellen zu müssen. Tags darauf schreibt der Mercedes-Benz-Direktor in ähnlich scharfem Ton an den für die Rennwagen-Zuschüsse zuständigen Reichsverkehrsminister: »Wir sind *die* deutsche Firma, die nach dem Kriege in der schwersten Zeit, wo es galt, den deutschen Namen wieder hochzubringen, aus eigener Kraft und eigenen Mitteln das Ansehen der deutschen Automobilindustrie nicht nur mit großem Erfolg verteidigt hat, sondern auch wieder zur Weltgeltung gebracht hat. Es würde deshalb dem Rechtsempfinden aller Deutschen widersprechen, wenn die Mittel, welche durch eine Sammlung zusammengebracht werden, und welche das Reich zu geben bereit ist, noch verteilt würden.« Und deshalb verlangt Kissel baldige Unterrichtung, »ob und in welchem endgültigen Ausmaß wir mit der Unterstützung des Reiches in Bezug auf unser Vorhaben rechnen können. Daß wir eigene Mittel nicht aufwenden können, wird Sie nicht überraschen, da uns unsere laufenden Verpflichtungen voll in Anspruch nehmen.« Und um etwaige Zweifel gar nicht erst aufkommen zu lassen, droht der Chef der Daimler-Benz AG unverhohlen mit dem Willen Hitlers: »Wir glauben, die Ansicht des Herrn Reichskanzlers zu kennen und glauben zu wissen, daß wir unsere Pläne so schnell wie möglich in die Tat umsetzen sollen.«

Ehrensache, daß am 15. März Kissel auch an den »hochverehrten Herrn Reichskanzler Adolf Hitler« schreibt. Rund eine Million Reichsmark würde es kosten, um das deutsche Ansehen durch den Bau von zunächst etwa fünf Mercedes-Benz-Rennwagen zu fördern. Kissel bittet Hitler mit Blick auf die Konkurrenz um direkte staatliche Subventionierung ohne Umweg über die Rennwagen-Spendensammlung von AvD und ADAC – den damals noch nicht gleichgeschalteten Automobilclubs: »Die Zuwendungen würden wir nicht auf einmal benötigen, sondern laufend während dieses Jahres. Da unsere Marke bei sportlichen Veranstaltungen im Verlauf der Geschichte unserer Firma häufig und bedeutsam für die Förderung des Ansehens des deutschen Namens beigetragen hat, würden wir unser ganzes Können daransetzen und uns eine Ehre daraus machen, wenn es uns ermöglicht würde, auch im künftigen Sport die deutsche Fahne vertreten zu können.«

Mercedes-Benz verfügt zwar dank Jakob Werlin wohl über die besseren Drähte zum Reichskanzler, doch die Auto Union scheint sich ihres Einflusses beim Reichsverkehrsministerium ebenso sicher zu sein und schließt am 17. März mit der »Hochleistungs-Fahrzeugbau GmbH« Ferdinand Porsches einen Vertrag ab, der bis zum geplanten Auslaufen der neuen 750-Kilogramm-Rennformel im Jahr 1936 gilt. 75000 Reichsmark erhält Porsche für Planung und Begleitung der Konstruktion eines Rennwagens, der folgende Bedingungen zu erfüllen habe: »1.) Der Motor muß 250 PS bei 4500 Touren haben. 2.) Das Gewicht des kompletten Fahrzeuges soll im Jahre 1933 unter 800 kg unbereift und trocken, und muß im Jahre 1934 entsprechend dem internationalen Reglement unter 750 kg liegen. [...] 3.) Der komplette Wagen muß sich bei einer ununterbrochenen Fahrt von 10 Runden auf der AVUS, Berlin, bewähren und dabei in jeder Geraden die Höchstgeschwindigkeit von 250 Stundenkilometer erreichen.«[53]

Auf die Empfindlichkeiten – oder Eitelkeiten? – des beauftragten Konstrukteurs hat der sächsische Autokonzern ebenfalls vertragliche Rücksicht zu nehmen: »Der Wagen muß unter einer von der Auto Union gewählten Bezeichnung mit dem Zusatz *Typ Porsche* laufen und gemeldet werden.« Was die Auto Union indes später – sehr zum Ärger von Porsche – unterlaufen wird. Umgekehrt kommt dem findigen Techniker ein anderer Passus bis ins Jahr 1936 hinein sehr zugute: »Sollten für den Bau von Rennwagen innerhalb der Vertragsdauer staatliche – oder Club-Subventionen oder von dritter Seite gegeben werden, so erhält die Auto Union diese Subventionen zunächst allein, bis sie einen Gesamtbetrag von RM 100 000,– (Einhunderttausend Reichsmark) erhalten hat. Jede weitere diesen Betrag übersteigende Summe von staatlichen oder Club-Subventionen oder solchen von dritter Seite wird dann zur Hälfte zwischen der Auto Union und der Dr. Porsche GmbH geteilt.«

Die Auto Union wird Porsche tatsächlich bis zum Juni 1936 aus diesen staatlichen Beihilfen insgesamt 492 428,50 RM erstatten.[54] Ein erklecklicher Teil der Subventionen des NS-Staates ist also gar nicht beim sächsischen Automobilkonzern gelandet, sondern in die Taschen von Porsche geflossen! Das bemerkt mit dreijähriger Verspätung auch das Reichsverkehrsministerium. Ministerialdirektor Brandenburg moniert am 16. Mai 1936 in einem Schreiben an die Auto Union: »Mit einer solchen Regelung, die auf die Zeit vor der Machtergreifung zurückgehen soll, kann ich mich nicht einverstanden erklären. Ich kann auch für die Zukunft Ihrer Firma nur unter der Voraussetzung Mittel bewilligen, daß Sie Ihren Vertrag mit Dr. Porsche von der Frage der Reichsbeihilfe lösen.«

Das gibt der Auto Union die Handhabe, sich von ihrem teuren Auftragskonstrukteur zu trennen. Den hält dies jedoch nicht davon ab, bis in die Saison 1937 – die Gültigkeit der 750-Kilogramm-Rennformel wird nämlich noch um ein Jahr verlängert – auch ohne Bezahlung der Auto Union bei den wichtigsten Rennen und Rekordfahrten des Konzerns anwesend zu sein. Porsche braucht finanziell nicht zu darben, für sein Stuttgarter Konstruktionsbüro hat er bis dahin schon wieder ganz andere lukrative Aufträge an Land gezogen: Trotz aller Widerstände aus nahezu allen Vorstandsetagen der Kraftfahrzeugkonzerne wie auch des Reichsverbandes der Deutschen Automobilindustrie darf Porsche den Wunschtraum Hitlers verwirklichen und den Volkswagen bauen. Nebenbei wird sich des »Führers« Lieblingskonstrukteur auch wieder auf Honorarbasis bei der Daimler-Benz AG für den Bau eines Spezialwagens verdingen, der Jagd auf den absoluten Geschwindigkeitsweltrekord für Landfahrzeuge machen soll. Ein »nationales Projekt«, auf das an anderer Stelle noch einzugehen sein wird, während wir nun wieder unseren Blick auf das Frühjahr 1933 richten und das Duell um staatliche Subventionen für den Bau deutscher »Nationalrennwagen« verfolgen.

Ein Konzern entrüstet sich

Stets hat Daimler-Benz-Vorstandschef Kissel in Berlin um volle Kostenübernahme für den Untertürkheimer »Nationalrennwagen« gebeten und dafür einen Gesamtbetrag von mindestens einer Million Reichsmark genannt. Doch am 4. April 1933 teilt Ministerialdirektor Brandenburg mit, daß für das Mercedes-Benz-Projekt höchstens 300000 bis 400000 RM zur Verfügung gestellt werden können.[55] Offensichtlich sind im Reichsverkehrsministerium die Weichen gestellt worden, daß auch die Auto Union aus staatlichen Töpfen subventioniert werden soll.

Per Eilboten schickt Kissel am 6. April ein Schreiben an Brandenburg, bittet um »ausreichende Mittel«, die auch »nicht auf einmal, sondern sukzessive im Laufe dieses Jahres« überwiesen werden könnten – und verpaßt der Konkurrenz und Planer Porsche einen Seitenhieb: »Zum Bau von Rennwagen, welche nicht nur unsere Marke, sondern die ganze deutsche Nation in schweren Rennen vertreten sollen, gehören nicht nur Konstrukteure; es ist dazu der ganze Geist und die ganze Einstellung eines Hauses erforderlich, das über entsprechende Erfahrungen verfügt.«[56]

Tags darauf wendet sich Mercedes-Benz-Chefkonstrukteur Nibel an Reichsverkehrsminister Freiherr von Eltz-Rübenach mit der Bitte, »doch dafür zu sorgen, daß die Gelder so verteilt werden, wie es im Interesse der Erreichung des Zieles, einen guten deutschen Rennwagen zu schaffen, unerläßlich ist«.[57] Mit Blick auf die Auto Union kritisiert er, ohne den Namen der mißliebigen Konkurrenz auch nur ein einziges Mal zu erwähnen, daß sich »eine weitere Firma meldete, die offenbar aus Prestige-Gründen den Bau von Rennwagen aufnehmen will, zumal sich ihr damit die Möglichkeit bietet, mit Mitteln des Staates auf einem ihr bisher vollständig neuen Gebiet Erfahrungen zu sammeln. Wir würden es als eine große Ungerechtigkeit unserer Firma gegenüber betrachten, wenn diese Firma, die bisher die Vertretung der deutschen Industrie in den schweren Rennen des In- und Auslandes uns überließ, nunmehr, da das Reichsverkehrsministerium sich in sehr dankenswerter Weise entschlossen hat, den deutschen Automobilsport zu fördern, um die nationalen Interessen zu unterstützen, in der gleichen Weise behandelt würde wie wir, die wir bisher schon aus eigener Kraft die deutschen Farben im Autosport im In- und Ausland mit großem Erfolg vertreten haben.«

Kissel läßt am 7. April durchblicken, »daß unsere sämtlichen Kräfte mobil gemacht werden, um einen Rennwagentyp in entsprechenden Exemplaren zu schaffen, der beste Aussichten auf Erfolg hat«.[58] Diese martialische Ankündigung ist an Carl Eduard Herzog von Sachsen-Coburg-Gotha gerichtet, den von Eltz-Rübenach inzwischen zum »Beauftragten für das Kraftverkehrswesen« ernannt hat. Der einflußreiche herzogliche SA-Gruppenführer und künftige NSKK-Ehrenführer hat sich bereits vor der NS-Machtergreifung einen Namen als Mitbegründer und Vorsitzender der »Verbrauchergemeinschaft Deutscher Kraftfahrzeuge« gemacht und will die deutschen Staatsbürger zur unbedingten Bevorzugung deutscher Erzeugnisse erziehen. Dieser umtriebige Funktionär und Vorzeige-Adlige der Nazipartei erweist sich als Freund der Auto Union und empfiehlt Kissel in Sachen Rennwagen-Subventionen »mit deutschem Gruß« am 11. April : »Da bereits ein Antrag in gleicher Richtung seitens der Auto Union vorliegt, würde es aber wohl zweckmäßiger sein, wenn die beiden interessierten Firmen sich untereinander verständigen würden.«[59] Eine Anregung, die sich der Daimler-Benz-Chef indes in seinem Antwortschreiben vom 20. April verbietet: »Wir sind die älteste Autofabrik der Welt«, beginnt Kissel seine empörte Suada und wettert gegen die sächsische Konkurrenz: »Es würde unseres Erachtens deshalb dem Rechtsempfinden aller Deutschen widersprechen, wenn die Mittel, welche das Reich zu geben bereit ist, noch aufgeteilt würden an eine Firma, die sich mit dem Bau von Rennwagen noch nicht befaßt hat.«[60]

Gegenüber seinen Freunden und Aufsichtsräten von der Deutschen Bank, Blinzig und von Stauß, empört sich Kissel über Konsul Fritsch vom AvD und »einige weitere maßgebende Herren dieses Clubs«, welche die Auto Union animiert hätten, Rennwagen zu bauen: »Dieser miese AvD, den man schon längst in Essig und Öl hätte auflösen sollen, hat nichts anderes zu tun, als gegen die Firma, also unsere Gesellschaft, zu arbeiten, von der er eigentlich seit Kriegsende beinahe ausschließlich gelebt hat.«[61] Kissel schreibt sich in Rage und sinnt auf Rache: »Wenn erst einmal unsere neuen Rennwagen fertig sind und in großen Rennen laufen, wünschte ich mir, daß dann auch der Porsche-Wagen liefe, und daß wir ihn dann so abfertigten, wie wir es mit anderen Marken im Laufe der Geschichte des Rennsports getan haben. Da Herr Stuck zur Auto Union übergegangen ist, haben wir uns was Hübsches zurechtgedacht, nämlich, wir haben Herrn Caracciola veranlassen können, zum AVUS-Rennen am 21. Mai d. Js. auf unseren SSK-Wagen zu melden. Wir verwenden den Wagen des Herrn Stuck, den wir gestern für RM 16000,– zurückgekauft haben. Auf den Preis werden die Schulden des Herrn Stuck und seiner Gattin, die rund RM 14000,– betragen, verrechnet, der Rest wird Herrn Stuck in bar ausgezahlt. Der Stucksche Wagen ist seit heute Mittag hier im Werk. Wir werden den Wagen für das AVUS-Rennen noch rechtzeitig fertig stellen können, so daß zur Überraschung Vieler Herr Caracciola mit dem SSK-Wagen fährt, mit welchem Herr Stuck hätte fahren sollen, wenn er sein Wort nicht gebrochen hätte. Vielleicht will es ein gütiges Geschick, daß Herr Caracciola bei diesem Rennen den ersten Preis holt. Dann können wir aus der Sache viel machen. Ein Club, dessen Namen ich an dieser Stelle nicht nennen will, hat sich aus Begeisterung für die Durchführung dieser Sache bereit erklärt, an dem Kauf des Wagens Stuck mindestens RM 5000,–, wahrscheinlich aber sogar RM 8000,– zu tragen.«

Das Malheur eines Spitzenfahrers

Eigentlich fährt der große Caracciola in der Saison 1933 auf eigene Rechnung. Zusammen mit seinem monegassischen Kollegen Louis Chiron hat der Deutsche einen privaten Rennstall aus der Taufe gehoben, was bei Startgeldverhandlungen für Einsätze ihrer beiden Alfa Romeo P3 von Vorteil ist. Ein Jahr vor Inkrafttreten der 750-Kilogramm-Formel sind die Startfelder bei den Grand-Prix-Rennen weiter geschrumpft. Caracciolas Gastspiel für seinen altbewährten Arbeitgeber vor heimischem Publikum wäre also die absolute Sensation. Zumal der eigentlich hoffnungslos veraltete SSK auf der schnellen Berliner AVUS dank einer speziellen Stromlinienverkleidung gegen die Konkurrenz von Alfa Romeo, Bugatti und Maserati sogar eine Siegchance hätte. So wie dies Manfred von Brauchitsch noch im Vorjahr ausgerechnet gegen Caracciola vorexerziert hat.

Aber alles kommt ganz anders. Und irgendwie entbehrt es nicht einer gewissen Pikanterie, daß der beste deutsche Rennfahrer ausgerechnet am 20. April 1933, an Hitlers Geburtstag also, beim Training zum Grand Prix von Monaco schwer verunglückt: Caracciola schleudert mit seinem Alfa Romeo P3 in eine Steintreppe und zieht sich schwerste Verletzungen zu. Der rechte Oberschenkelknochen ist zertrümmert, die Gelenkkugel zersplittert, die zeitgenössische Chirurgenkunst gelangt an ihre Grenzen. Ob »Caratsch« überhaupt wieder Rennen fahren wird, ist mehr als zweifelhaft. Sein rechtes Bein bleibt infolge der Operationen fünf Zentimeter kürzer, Caracciola wird sich zeit seines Lebens nur noch humpelnd und unter großen Schmerzen fortbewegen können. Deutschlands bester Rennfahrer fehlt der Daimler-Benz AG also nicht nur beim AVUS-Rennen 1933, sondern steht möglicherweise auch nicht mehr für einen Einsatz des künftigen Nationalrennwagens zur Verfügung.

Auto Union auf Besuch in der Reichskanzlei

In dem frisch sanierten und neu formierten sächsischen Autokonzern steckt viel Staatsgeld. Und da mischen längst Regierungsstellen und regionale Parteigrößen mit. Allen voran Gauleiter Martin Mutschmann, der Prototyp des selbstherrlichen und korrupten Naziprovinzfürsten, der am 5. Mai 1933 von seinem Führer zum Reichsstatthalter in Sachsen ernannt wird. Mutschmanns persönlicher Adjutant, SS-Standartenführer Loos, wird im Februar 1934 in den ganz im nazistischen Sinne ausgerichteten Aufsichtsrat der Auto Union aufrücken und als direkter Verbindungsmann zur Parteispitze fungieren. Im Interesse von Sachsens Naziführern liegt es also, daß auch die Auto Union Zuschüsse für ihr Rennwagenprojekt kassiert. Weil Hitler aber Mercedes-Benz favorisiert, muß die Lage bei einer persönlichen Audienz bereinigt werden. Wie bekommt die Seilschaft der Auto Union einen Termin beim Reichskanzler?

Dank Hans Stuck! Behauptet der Rennfahrer vier Jahrzehnte nach dem Treffen in der Reichskanzlei in seinen Memoiren. Er tritt dabei keineswegs als unbedeutender Mittelsmann auf. Vor der Audienz bei Hitler findet sich Porsche in der Charlottenburger Wohnung des Rennfahrers ein, präsentiert ihm die Konstruktionszeichnungen und spricht sodann gemeinsam mit Stuck beim »Führer« vor: »Hitler stellt Fragen wie ein Autofachmann, wie einer, der sich Tag für Tag nur mit Autos befaßt hat.« Der Herr Reichskanzler zeigt sich sehr angetan von den Rennwagen-Plänen: »Der Wagen wird gebaut, Professor Porsche! – Und Sie werden ihn fahren, Herr Stuck. [...] Veranlassen Sie alles weitere [...] An Geld wird es nicht fehlen.«[62]

So ist das aber wohl nicht gelaufen. Stuck läßt unerwähnt, daß bei der Audienz auch Auto-Union-Vorstandsmitglied Baron Klaus Detlof von Oertzen zugegen war. Der frühere Manager der Wanderer-Werke ist NSDAP-Mitglied und bittet seinen Parteiführer und Reichskanzler um Finanzhilfen. Da hat von Oertzens angestammter Herrenclub-Freund und ehemaliger Spiritus rector des Rennwagenprojektes, Adolf Rosenberger, als Jude keine Chancen mehr, weiter in vorderster Reihe mitzumischen. Auch nicht bei Geschäftspartner Porsche. Von Oertzen weiß aus eigener Erfahrung nur zu gut, was da Sache ist, schließlich ist der Auto-Union-Chef mit einer »nicht-arischen« Frau verheiratet. Im hohen Alter von 94 Jahren erinnert er sich 1987 an das Treffen mit Hitler. Die von der Audi AG autorisierte offiziöse Firmengeschichte der Auto Union zitiert von Oertzen: »Wir hatten schon vorher bei verschiedenen Nazigrößen um Unterstützung für den Rennwagenbau nachgefragt. Wir wußten, daß Hitler dabei war, Daimler-Benz Geld zu geben. [...] Da bin ich dann zu seinem Stellvertreter Rudolf Heß gegangen. Er und ich waren alte Flugzeugpiloten, und wir kannten uns vom Weltkrieg her. Ich bat Heß, uns einen Termin bei Hitler zu verschaffen.«[63] Und das klappt tatsächlich, von Oertzen datiert in seinen Erinnerungen diese Audienz allerdings irrtümlicherweise auf Anfang März, nicht aber auf den 10. Mai 1933: »Zu diesem Gespräch nahm ich Dr. Porsche und den Rennfahrer

Hans Stuck mit, der war mit Hitler persönlich bekannt und ich nicht. Der sollte zwischen uns vermitteln. Wir kamen also zu dritt. Mit Hitler kam nur sein Sekretär, der hat dann alles aufgeschrieben, was wir miteinander gesprochen haben. [...] Im Verlauf des Gespräches hat Hitler meinen Wunsch nach einer Kapitalunterstützung für die Auto Union-Rennwagen abschlägig beschieden und am Schluß seiner Ausführungen gesagt: *Geben Sie sich keine weitere Mühe!* Dann habe ich mein Herz in beide Hände genommen und habe zu ihm gesagt: *Sie wissen, Herr Reichskanzler* (ich habe ihn niemals *Mein Führer* genannt), *es ist nicht so furchtbar lange her, da wurden Sie aus der Festungshaft mit einem Mercedes in Landsberg abgeholt. Sie sagten, daß Sie wieder mit Ihrer Parteiarbeit anfangen wollten. Die Presse sagte zu Ihnen:* Herr Hitler, geben Sie sich keine Mühe, wir werden niemals wieder auf Sie hören, der Fall ist für Sie erledigt. [...] *Dasselbe sagen Sie jetzt zu mir, ich solle mir keine Mühe geben wegen des Rennwagens, ich solle aufgeben. Aber das tue ich nicht, ich gebe mir sehr wohl Mühe. Das ist meine Pflicht den zehntausend Arbeitern gegenüber.* Daß ich solches gesagt habe, das hat mir Hitler übelgenommen. Er hat mich zweimal groß angeschaut, ließ mich nach meiner verbalen Frechheit links liegen und drehte sich Dr. Porsche zu [...] und fragte ihn, wie er den Rennwagen bauen wolle. Das war eine lange Diskussion und Hitler war technisch interessiert und hatte auch allerlei Kenntnisse, die man bei ihm nicht vermutet hätte. Dann beendete er das Gespräch und sagte: *Sie werden von mir hören.* Nach drei Tagen hatten wir schon die Erlaubnis, den Rennwagen bauen zu dürfen. [...] Hitler hat den Bau unseres Rennwagens unterstützt. Aber das hat er nicht mir zuliebe getan, sondern Porsche zuliebe.«

Denn auch nach der Audienz der Herren von Oertzen, Porsche und Stuck ist der Reichskanzler und Nazi-Führer eher geneigt, die staatlichen Subventionen allein der Daimler-Benz AG zukommen zu lassen. Staatssekretär und NSDAP-Parteigenosse Hans Heinrich Lammers verfaßt am 11. Mai

1933, also einen Tag nach dem Empfang der Auto Union-Delegation in der Reichskanzlei, ein Gesprächsprotokoll und zitiert darin Hitlers Entschluß, daß bei internationalen Rennen, »deren Beschickung zur Erreichung einer Weltgeltung für Deutschland allein in Frage käme, auf die Dauer nur eine Firma auftreten könne. Die zur Verfügung stehenden Mittel müßten auf die eine Firma konzentriert werden.«[64]

Doch innerhalb des Reichsverkehrsministeriums sind die Entscheidungen längst etwas anders getroffen worden. Minister von Eltz-Rübenach hat Lammers bereits am 28. April 1933 mitgeteilt: »Das Ringen um die Wiedergewinnung der Weltgeltung für den deutschen Kraftwagen liegt im Interesse der gesamten deutschen Automobilindustrie, so daß alle aussichtsvollen Projekte [...] gefördert werden sollten.«[65] Am Ende gibt es zwischen dem ministeriellen Haushaltsrecht und dem Machtwort des Reichskanzlers einen bemerkenswerten Kompromiß, der Jahr für Jahr beibehalten wird: Sowohl Daimler-Benz als auch die Auto Union erhalten finanzielle Beihilfen für den Rennwagenbau, die Untertürkheimer Werksmannschaft allerdings meistens etwas mehr als die aus Zwickau.

Was haben die Silberpfeile wirklich gekostet?

Daß in Hitlers neuem deutschen Reich Steuergelder für den Rennsport fließen werden, ist aber allemal ausgemachte Sache. In einer internen Anweisung kündigt Vorstandschef Kissel am 29. April 1933 unter dem Vermerk »Betrifft: Rennwagen« den leitenden Mitarbeitern seiner Rennabteilung an: »Wir werden demnächst einen erheblichen Reichszuschuß für den Bau eines neuen Rennwagentyps erhalten.«[66] Für diese Beihilfen wird ein eigenes Konto eingerichtet, von dem alle angefallenen Ausgaben für die Entwicklung der Neukonstruktion abgerechnet werden sollen. Der Aufwand an Personal, Material und Maschinen ist dabei genau wie schon bei der – ebenfalls staatlicherseits gesponserten – »Entwicklung der Marine- und Flugmotoren« mit einem »Regiezuschlag«, also einer Art Nutzungsgebühr für den Gebrauch vorhandener Anlagen und Arbeitskraft, zu verrechnen. Dieser Zuschlag beläuft sich bei Mercedes-Benz wie bei der Auto Union auf stattliche 250 %, was damals bei derartigen »Behördengeschäften« üblich ist und auch mit höherem Aufwand für derartige Sonderentwicklungen begründet wird.[67]

Das hat jedoch zur Folge, daß sich die von beiden Rennställen gegenüber den Behörden angegebenen Unkosten für Bau und Einsatz ihrer Nationalrennwagen entsprechend erhöhen. Eine fiktive Rechnung, um an möglichst hohe staatliche Zuschüsse zu kommen? Maschinen und Personal sind doch sowieso vorhanden. Und die Aufwendungen für den Rennbetrieb lassen sich steuerlich als Werbekosten absetzen. Oder man legt diese Ausgaben einfach auf die Verkaufspreise der eigenen PKW-und LKW-Produktpalette um. Genau dies praktiziert die Daimler-Benz AG explizit bei ihren Planungen für den Rennbetrieb im Kriegsjahr 1940. Wobei sich prompt das Oberkommando des Heeres beschwert und nur 50 % »Regiezuschlag« zahlen will, wogegen sich die Daimler-Benz AG wehrt.[68] Die Millionenbeträge, welche Mercedes-Benz und Auto Union ab 1933/34 von Saison zu Saison für Bau und Einsatz ihrer Rennwagen – und im Falle des sächsischen Konzerns auch für dessen DKW-Rennmotorräder – berechnen und den Behörden des NS-Staats gegenüber geltend machen, sind also mit Vorsicht zu genießen, wenn sie nicht sogar grundsätzlich einen eher fiktiven Kostenrahmen darstellen.

Ohne den Anreiz massiver finanzieller Anschubhilfe des NS-Regimes im Jahr 1933 wären aber weder die Daimler-Benz AG noch die Auto Union AG willens und in der Lage gewesen, ihre ehrgeizigen Rennwagenpläne derart schnell in die Tat umzusetzen. Der wirtschaftliche Aufschwung der deutschen Autoindustrie, mit steuerlichen wie propagandistischen Wohltaten vom NS-Regime aktiv begleitet, hätte es dann zwar ermöglicht, Konstruktion und Einsätze der Silberpfeile auf Dauer aus eigenen Ressourcen zu finanzieren. Doch daß der NS-Staat für die Rennaktivitäten auch noch Saison für Saison satte Prämien und Subventionen zahlt, gilt den Konzernchefs bald als selbstverständliche staatliche Dankesgabe, die ebenso höflich wie bestimmt Jahr für Jahr erbeten wird, stets unter der routinierten Klage, daß der Aufwand für den Rennsport immens gestiegen sei und der motorsportliche Einsatz für die deutsche Sache eigentlich ohne Hilfe des Reiches kaum noch zu leisten wäre.

Dabei erscheinen die Rennsportaktivitäten in Untertürkheim und Zwickau finanziell durchaus überschaubar. Der Aufwand, den die Auto Union für ihre Rennabteilung betreibt, beträgt netto zwischen 0,7% (1937/38) bis höchstens 0,92% (1936/37) des Gesamtumsatzes des Unternehmens. Selbst zu Beginn der Grand-Prix-Beteiligung liegt die entsprechende Marge im Rechnungszeitraum 1933/34 nur bei 0,85%. Da jedoch die Umsätze der Auto Union zumindest bis 1938 Jahr für Jahr kräftig steigen – nicht zuletzt dank massiver Rüstungsaufträge und lukrativer Behördenwagengeschäfte –, kann auch das Budget der Rennabteilung in Zwickau mitwachsen und damit der technische Aufwand: Im Verlauf der Grand-Prix-Saison 1934 verfügt die Auto Union über fünf fahrbereite Wagen, 1935 sind es schon sieben, und 1936 stehen in Zwickau bereits zwölf dieser 16-Zylinder-Boliden parat. Mercedes-Benz kann 1934 schon auf sechs W25-Rennwagen zurückgreifen und verfügt im Jahr darauf sogar über insgesamt acht fahrbereite Grand-Prix-Modelle.

Auch die Untertürkheimer bewegen sich mit ihrem Budget mehr oder minder in den Grenzen von etwa einem Prozent des jährlichen Konzernumsatzes. Doch der fällt in absoluten Reichsmarkbeträgen nach 1935 deutlich höher aus, weil die Geschäftstätigkeiten wesentlicher stärker wachsen und weitaus mehr von der massiven Aufrüstung des NS-Staates profitieren, als dies bei der sächsischen Konkurrenz der Fall ist. 1933 liegt die Daimler-Benz AG mit einem Jahresumsatz von 100,9 Millionen RM noch hinter der Auto Union AG, die für ihren Rechnungszeitraum 1933/34 einen Umsatz von 116 Millionen RM bilanziert. 1936 liegen die Untertürkheimer bei 295,1 Millionen RM, die Sachsen bei 235 Millionen RM. 1937 steigert die Daimler-Benz AG ihren Umsatz auf 399,1 Millionen RM, während die Auto Union AG im Bilanzzeitraum 1937/38 auf 276,4 Millionen RM kommt. Nicht von ungefähr haben die Zwickauer ab der Rennsaison 1938 denn auch eklatante Schwierigkeiten, mit dem finanziellen wie technischen Aufwand der Rennabteilung von Mercedes-Benz mithalten zu können.

Dank der von den Nazis im Zuge ihrer Kriegsvorbereitung verordneten Kontingentierung von Rohstoffen findet bei den Autokonzernen wesentliches Produktionswachstum außerhalb von Rüstungsaufträgen nur noch statt, wenn sich für die eigene Fahrzeugpalette Exportmöglichkeiten ergeben. Insofern sind die deutschen Rennsiege in aller Welt nur allzubald das probate Mittel, um im Ausland die Werbetrommel für den Kauf deutscher Automobile zu rühren. Doch jeder Sieg der Silberpfeile kündet zugleich vom Erfolg des neuen Nazideutschland – was die Exportgeschäfte nicht einfacher macht. Ihre *politische* Werbung für den NS-Staat lassen sich die Herren der Daimler-Benz AG und der Auto Union aber von Jahr zu Jahr bis in die Zeit des Kriegsbeginns hinein gut bezahlen.

Zu den direkten Zuschüssen gesellen sich auch noch je nach Rennerfolg weitere Siegprämien. Unterm Strich summiert sich das im Fall der Auto Union von 1933 bis Kriegsbeginn auf einen Gesamtbetrag von über 2,75 Millionen Reichsmark. Bezogen auf die jeweiligen Rennetats machen die staatlichen Subventionen zwischen 19,5 % bis 28,4 % des jährlichen Budgets der Zwickauer Rennabteilung aus. Mercedes-Benz kommt zwar auf ähnliche Margen, liegt aber 1933/34 sogar bei noch wesentlich höheren Prozentsätzen. Auch in absoluten Zahlen kassieren die Untertürkheimer deutlich mehr Zuschüsse – bis 1941 insgesamt mehr als vier

Millionen RM, und das nicht allein aufgrund größerer Rennerfolge, sondern auch dank bevorzugter Behandlung.

Addiert man den absoluten finanziellen Aufwand der beiden Rennabteilungen im Zeitraum von Anfang 1933 bis ins Jahr 1941 hinein, so errechnet der Automobilhistoriker Peter Kirchberg für die Auto Union einen Gesamtbetrag von rund 15 Millionen Reichsmark, während er für Mercedes-Benz auf eine um etwa 50 % höhere Summe kommt.[69] Eine ganz genaue Zahl nennt Wilfried Feldenkirchen, beziffert die Rennkosten der Daimler-Benz AG auf insgesamt 18,246 Millionen Reichsmark, bezieht diese Zahl allerdings nur auf den Zeitraum von 1935 bis 1940.[70] Womit nicht nur die Rennbudgets für die Jahre 1933/34 fehlen, sondern auch die letzte »staatliche Beihilfe für den Motorsport« in Höhe von 350 000 RM, datierend aus dem Februar 1941, unberücksichtigt bleibt. Was der Einstieg der Daimler-Benz AG in die 750-Kilogramm-Rennformel gekostet hat, wissen wir allerdings aus einem Schreiben von Vorstandschef Kissel, der am 1. März 1935 bei NSKK-Führer Adolf Hühnlein um Beihilfen in Höhe von etwa einer Million RM für die laufende Saison bittet. Kissel erwähnt dabei auch die Höhe der gesamten Ausgaben für den Zeitraum von 1933 bis 1934: »Bis Ende vergangenen Jahres beliefen sich die Kosten auf rund 2,2 Mill. RM. Sie setzen sich zusammen aus der Konstruktion, dem Bau und der Erprobung von Rennwagen, der Beteiligung an Rennen, der Übertragung der bei Rennen gewonnenen Erfahrungen und die Ausführung der Rennwagen, aus dem Aufwand für die Fahrer selbst und für das Hilfspersonal, ebenso wie aus den allgemeinen Unkosten, die uns aus der Beteiligung an dem Rennsport überhaupt entstanden sind.«[71] Womit wir also den gesamten finanziellen Aufwand der Daimler-Benz AG in Sachen Rennsport von 1933 bis 1941 auf eine Summe von mehr als 20,5 Millionen RM beziffern können. Unterm Strich sind das gut fünf Millionen mehr, als die Auto Union AG im gleichen Zeitraum für ihre Renneinsätze aufgewendet hat.

Nicht minder interessant an dem besagten Brief Kissels an Hühnlein sind die Angaben des Konzernchefs über die in den Jahren 1933/34 gezahlten Zuwendungen für den Rennbetrieb der Daimler-Benz AG: »Das Reich hat uns, wie Ihnen nicht unbekannt sein dürfte, insgesamt rd. RM. 907000,– Beihilfe gewährt. An Vergütungen seitens Privater, insbesondere seitens der an Rennen interessierten Firmen, und von Clubs haben wir einen Beitrag von rd. RM. 310000,– erhalten, so daß die Rennsaison bis Ende 1934 mit einer Zubuße von rd. RM. 1217000,– abschließt.« Das heißt nichts anderes, als daß in den Anfängen der neuen 750-Kilogramm-Formel fast 60 % des Mercedes-Benz-Rennbudgets fremdfinanziert wurden. Von den 2,2 Millionen Reichsmark Gesamtkosten der Silberpfeil-Debütjahre 1933/34 hat allein der NS-Staat mehr als 40 % der Aufwendungen der Untertürkheimer Rennabteilung bezahlt. Unerwähnt läßt Kissel übrigens die zusätzlichen Einkünfte durch Startgelder und Siegprämien der Veranstalter. Dabei sind gerade die Auftritte außerhalb des Deutschen Reichs lukrativ, weil sie fremde Währungen in die Kasse bringen. Geldgewinne, mit denen die beiden konkurrierenden Unternehmen ihre ausländischen Spitzenfahrer bezahlen können und zugleich die rigorosen Devisenbeschränkungen des NS-Staats umgehen. Eine Finanzquelle, die freilich Ende der dreißiger Jahre allmählich zu versiegen droht, weil angesichts der Übermacht der Silberpfeile immer weniger ausländische Clubs und Veranstalter gewillt sind, weiterhin Rennen nach der aktuellen Grand-Prix-Formel auszuschreiben und damit der deutschen Motorsport-Propaganda Plattform und Prämien zu bieten.

Wenn es um die Höhe der Subventionen des NS-Staats geht, sind die beiden Konkurrenzunternehmen sogar in der Lage, gemeinsame Sache zu machen und sich mit Blick auf erwünschte Zuschüsse gegenseitig zu unterrichten. Kissel schickt jedenfalls am 1. März 1935 nach telefonischer Übereinkunft eine Abschrift seines Hühnlein-Briefes an von Oertzen. Dieser sendet drei Tage später »zur gleichen vertraulichen

Behandlung« den Durchschlag seines eigenen Bittbriefs zurück, den er noch am selben Tag an NSKK-Führer Hühnlein gerichtet hat: »Wir haben bis Ende 1934 die ungeheure Summe von RM 2219428,– für unsere Rennwagen aufgewendet.«[72] Interessanterweise ist das ein Betrag, der ziemlich genau den 2,2 Millionen RM entspricht, die Kissel als Aufwand der Daimler-Benz AG geltend gemacht hat. An staatlichen Beihilfen hat die Auto Union indes bis Ende 1934 deutlich weniger erhalten als die Untertürkheimer, nämlich 692857 Reichsmark. Aus nicht weiter differenzierten Einnahmen von Zubehörfirmen und Veranstaltern sind noch 262000 RM hinzuzurechnen, »sodaß wir an Geldern aus fremder Hand RM 954857,– erhielten, während wir aus eigener Tasche in den Jahren 1933/34 die Summe von RM 1273571,– aufgewendet haben«. Von Oertzen beziffert gegenüber Hühnlein den Aufwand für die kommende Saison 1935 auf circa 1,95 Millionen RM, Kissel hat als Jahresbudget 2,1 Millionen RM genannt. Und ebenso ähnlich klingen auch die wehklagenden Begründungen der Herren Direktoren für die so dringend benötigten Beihilfen: »Sie, sehr geehrter Herr Korpsführer, wissen, welche Aufgaben unserem Unternehmen, auch von Seiten anderer Ministerien, gestellt worden sind, die wir neben unserem normalen Geschäft und der Fabrikation unseres Typenprogramms zu erfüllen haben. Sie wissen ferner, daß gerade die Auto Union als kerndeutsches Unternehmen in erster Linie den durch amerikanische Kapitalmacht ausgeübten Druck (Opel) auszuhalten hat und wir in der Kleinwagenklasse die Stellung des reindeutschen Automobils zu verteidigen haben.« Schreibt der mit einer Jüdin verheiratete von Oertzen in einer Diktion, die weiß, was in diesen Zeiten gefragt ist. Auch Kissel trifft den Klageton des notleidenden nationalen Unternehmens in Sachen Rennsportengagement zu einer Zeit, als die Daimler-Benz AG ihr Geschäftsjahr 1934 mit dem besten Ergebnis der Konzerngeschichte abgeschlossen hat: »Wenn es auch grundsätzlich richtig ist, daß wir uns selbst eine gewisse Beteiligung auferlegen sollen, so bitten wir doch zu verstehen, daß diese sich im Hinblick auf unsere anderen, verlustbringenden Aufgaben nur in bescheidenen Grenzen halten kann. Wir gestatten uns, nur darauf hinzuweisen, daß man von unserem Industriezweig und von unserer Firma in erster Linie eine außerordentlich scharfe Steigerung des Exportes mit Recht verlangt, wodurch uns aber erhebliche, steigende Verluste entstehen. Die Geschäftslage in unserer Industrie ist durch die Förderung, die sie durch die Reichsregierung, besonders aber durch unseren Führer und Kanzler Adolf Hitler erfährt, gewiß als gut anzusprechen; dennoch sind, was nicht verschwiegen werden darf, die Preise äußerst scharf bemessen, so daß sie nur einen ganz minimalen Gewinn zulassen, auch sind eine Reihe anderer, erheblicher Ausgabenfaktoren, welche die Erfolgsrechnung stark beeinflussen, unvermeidbar.«[73]

Daß die beiden Konzerne bis in die erste Kriegsphase hinein unverdrossen Zuschüsse und Prämien vom NS-Staat erbitten und kassieren, hat Methode und liegt von Anfang an im Kalkül. *Do ut des!* spricht der Lateiner und weiß um die ewige Weisheit des *manus manum lavat!* – eine Hand wäscht die andere, und Subventionen gibt nur derjenige, der dafür auch eine Gegenleistung erhält. Beide Seiten profitieren. Von Regierungsaufträgen wie von staatlichen Zuschüssen, von deutschen Rennerfolgen wie von nationaler Propaganda. Geschäfte auf Gegenseitigkeit.

Die Verlockungen des großen Geldes

Manche der motorsportlichen Führungskräfte schwanken im Frühjahr 1933 noch, bei welchem Unternehmen sie bessere Perspektiven sehen. Daimler-Benz-Vorstandschef Kissel wittert Gefahr von der sächsischen Konkurrenz und setzt auch die Mehrkosten für prominentes Personal auf das neu eingerichtete Konto für die staatlichen Subventionen: »Wie bekannt, sollte Herr Neubauer von der Auto Union engagiert werden. Im Hinblick auf unsere Absicht, uns an großen Rennen zu beteiligen, haben wir Herrn Neubauer unbedingt halten müssen, was nur möglich war, daß wir ihm ein entsprechend höheres Gehalt und auch sonstige Vergünstigungen zugesprochen haben. Die Differenz zwischen dem, was Herr Neubauer früher bezogen hat und dem, was er nun von uns bekommt, ist ebenfalls als Sonderausgabe auf das Rennwagen-Konto zu setzen. Das gleiche gilt auch für Herrn Walb.«[74] Doch jener Willy Walb, hinter Alfred Neubauer der zweite Mann in der Untertürkheimer Rennabteilung, hat bereits einen Monat zuvor, am 27. März 1933, klammheimlich einen Vertrag bei der Auto Union unterschrieben. Der damals 43jährige Ex-Rennfahrer darf sich auf ein Monatsgehalt von 750 RM plus 100 RM Aufwandsentschädigung freuen, obendrein erhält er die lukrative Zusage, jeweils fünf Prozent von allen Startgeldern, Siegpreisen und Lieferantenprämien einstreichen zu dürfen.[75] Doch schon tags darauf plagen den unlängst verwitweten Auto-Union-Rennleiter in spe schwere Zweifel. Schließlich ist er seit zwanzig Jahren bei Benz und Daimler-Benz in Lohn und Brot: »Nicht zuletzt durch den Gewissenskonflikt, in dem ich mich meiner Firma gegenüber […] befinde, erlitt ich einen Nervenzusammenbruch, der es mir unmöglich macht, an die mir zugedachten Aufgaben heranzugehen«, teilt Walb per Einschreiben vom 28. März 1933 der Auto Union mit. Einen Tag später reicht er ein ärztliches Attest nach und bittet im beigefügten Begleitbrief, »mit meinem Eintritt nicht mehr zu rechnen. Mein körperlicher und seelischer Zustand macht es mir unmöglich, künftig eine Tätigkeit auszuüben, wie Sie mir eine solche zugedacht haben.« Immerhin, die Auto Union schafft es, den enervierten Witwer wieder zu beruhigen. Aufgrund der Kündigungsfristen könne Walb ja ohnehin nicht vor dem 1. Juli 1933 nach Zwickau wechseln. Und so mag sich am 2. Mai 1933, dem Tag, an dem die Nazis die Gewerkschaften und Angestelltenverbände zerschlagen, im Daimler-Benz-Vorstandsbüro in Untertürkheim wohl eine dramatische Szene abgespielt haben.

Denn kaum hat Wilhelm Kissel per Rundschreiben als Kostenstelle für die Rennaufwendungen der Herren Neubauer und Walb »in gleicher Weise die Nummer 9210010 festgelegt«,[76] reicht letzterer auch schon seine Kündigung ein.

Wer da von Verrat oder gar Judas-Lohn des armen Walb sprechen mag, der darf nicht vergessen, daß es auch schon 1933 im Rennsport nicht nur um Sieg und Ehre, sondern vor allem um Macht und noch mehr um sehr viel Geld gegangen ist. Für das zweite Halbjahr 1933 und das erste Halbjahr 1934 kommt der neu verpflichtete Rennleiter auf ein Salär von 20581,30 RM, davon stammen 10200 RM aus Gehaltszahlungen, jedoch sage und schreibe 10381 RM sind Prämien![77] Aber Walbs Pendant bei der Daimler-Benz AG ist mindestens ebenso geschäftstüchtig: Am 29. Juli 1937 sowie nochmals am 14. September 1937 fordert Alfred Neubauer mehr Geld. Am 20. Oktober 1937 folgt die Ablehnung durch Kissel, er erinnert Neubauer an die desolate Saison 1936, als Mercedes-Benz aufgrund mangelnder Konkurrenzfähigkeit die Renneinsätze zwischenzeitlich sogar eingestellt hatte: »Trotz des ungünstigen Ausgangs der Rennen im vergangenen Jahr belief sich Ihr Einkommen immerhin noch auf annähernd RM 25000,–, eine Vergütung, die, gemessen an den Bezügen der anderen Männer, die hervorragend an der Entwicklung der Rennwagen beteiligt sind, als sehr reichlich angesprochen werden muß. Sie dürfen nicht verkennen, daß auch die Rennfahrer im vergangenen Jahr, eben wegen der ungünstigen Ergebnisse, geringere Einnahmen gehabt haben. Durch die Ihnen bewilligte Gewinnbeteiligung sollen Sie ja gerade auch an den Erfolgen beteiligt werden. Die Rennabteilung hat in diesem Jahr gut abgeschnitten, so daß Sie den Ihnen zugesprochenen Höchstsatz Ihres Einkommens mit RM 30000,– erreichen. Darüber hinaus können wir Ihnen aber die im vergangenen Jahr nicht verdienten Beträge in diesem Jahr nicht außerdem vergüten.«[78]

Ziehen wir ein Zwischenfazit und lassen dabei auch die exorbitant höheren Einkünfte der Spitzenrennfahrer nicht außer acht – das Drei- bis Fünffache dessen, was etwa Rennleiter Neubauer verdient –, so stellen wir fest, daß bereits im Frühjahr 1933 üppige Besoldungen und Prämien ausgehandelt werden. Dies aber nicht zuletzt in Erwartung des finanziellen Segens, den das NS-Regime alsbald zu verteilen gedenkt. Insofern scheinen die Rennabteilungen der beiden Konzerne ein getreues Abbild des neuen Deutschland zu sein, das derart um Protektion durch die neuen Machthaber heischt, daß letztere zur Abwehr von Opportunisten am 1. Mai 1933 einen Aufnahmestopp für die NSDAP verkünden. Zu diesem Zeitpunkt zählt die Nazipartei etwa 2,5 Millionen Mitglieder, von denen rund 1,6 Millionen erst seit dem 30. Januar eingetreten sind.

Das erste Todesopfer einer neuen Ära

Während die Auto Union im Frühjahr 1933 nur Porsches Pläne präsentieren kann, bietet sich Mercedes-Benz die handfeste Chance, den Spitzen des neuen Staates ebenso wie den sächsischen Parvenüs zu demonstrieren, was jahrzehntelange Erfahrung im Rennsport bedeutet. Zwei stromlinienverkleidete Mercedes-Benz SSK sollen beim internationalen AVUS-Rennen am 21. Mai 1933 um den Sieg fahren. Manfred von Brauchitsch sitzt in seinem Vorjahreswagen, dessen Blechkleid wie bei seiner damaligen Siegesfahrt in silberner Farbe glänzt. Der Platz am Volant des zweiten, weiß lackierten Stromlinien-SSK muß indes nach Rudolf Caracciolas schwerem Unfall in Monte Carlo umbesetzt werden. Als Ersatzmann wird von Rennleiter Neubauer der 44jährige Otto Merz reaktiviert. Dieser schwäbische Routinier hat zwar schon seit fast zwei Jahren kein Rennen mehr bestritten, doch personelle Alternativen gibt es nicht: Ein ebenso bedenkliches wie symptomatisches Zeichen, denn auch für die künftigen deutschen Nationalrennwagen finden sich von Anfang an zuwenig geeignete Rennfahrer-Kandidaten aus heimischen Landen. Dafür darf Mitte Mai 1933 der wackere Merz das mit Verspätung fertiggestellte Renngefährt auf eigener Achse vom Werk Untertürkheim nach Berlin überführen. Tags darauf, beim ersten Training für das AVUS-Rennen, verunglückt der altgediente Daimler-Benz-Werksrennfahrer tödlich, als sein SSK auf regennasser Fahrbahn ins Schleudern gerät und sich überschlägt.

Der tragische Unfall von Merz überschattet das Rennen, ist für die Untertürkheimer aber kein Grund, um den zweiten Wagen vom Start zurückzuziehen. Zuviel steht auf dem Spiel, denn am Rennsonntag hat sich die Elite des neuen Regimes als Besucher auf der Ehrentribüne versammelt. Hitler ist zwar nicht zugegen, dafür geben sich Reichspropagandaminister Goebbels, der preußische Ministerpräsident Göring und Prinz August Wilhelm von Preußen die Ehre. »Auwi«, der viertgeborene Sohn des exilierten Kaisers, trägt die schmucke Uniform eines SA-Oberführers. Gemeinsam heben die hohen Herren den rechten Arm und singen beim Hissen der Hakenkreuzflagge das Horst-Wessel-Lied mit. Das Flaggenszenario samt NSKK-Truppenaufmarsch wird künftig noch perfekter werden, ebenso wie die begeisterten Zuschauerreaktionen. Aber die internationalen Gäste dieses Rennens bekommen damals schon einen Vorgeschmack auf das, was sich auf der doch angeblich ganz unpolitischen und völkerverbindenden Ebene des Sports in Nazideutschland so alles propagandistisch ausschlachten läßt. Und auch Ernst Udet fliegt ein, wie weiland in den Bergfilmen von Arnold Fanck. Wo ist bloß Leni Riefenstahl?

Das erste große Rennspektakel unter dem Hakenkreuz nimmt seinen Lauf, doch peinlicherweise kann Mercedes-Benz noch nicht mithalten. Der silberne SSK mit von Brauchitsch landet nach mehreren Reifenschäden abgeschlagen auf dem sechsten Platz, während zum ersten Mal in der Geschichte der AVUS-Rennen ein ausländischer Fahrer auf einem ausländischen Fabrikat gewinnt! Der Italiener Achille Varzi triumphiert in einem Bugatti mit einem Rekordschnitt von 206,9 km/h.

Welch Blamage für die Untertürkheimer! Doch welch ein Segen, daß bereits drei Tage nach dem Fiasko auf der AVUS aus der Wilhelmstraße 80 in Berlin die frohe, lang ersehnte Botschaft für die Direktion der Daimler-Benz AG kommt. Reichsverkehrsminister von Eltz-Rübenach bewilligt am 24. Mai 1933 »zur Förderung des Baues neuer deutscher Rennwagentypen eine Beihilfe von 500000,– RM«.[79] Mit Rücksicht auf die gespannte Finanzlage darf diese Summe zunächst nur »in Teilbeträgen, je nach Fortgang des Baues der Wagen« abgerufen werden. Diese Modalitäten gelten zwar auch für die Auto Union, allerdings kassiert der sächsische Autokonzern nur 300000 RM.

Für Auto-Union-Generaldirektor Dr. Richard Bruhn kein Grund zum Ärger, schreibt er doch am 29. Mai 1933 an Ferdinand Porsche: »Damit haben wir die endgültige Bestätigung über den Erfolg vornehmlich unserer gemeinsamen Aktion beim Herrn Reichskanzler erhalten, und wir nehmen gern nochmals die Gelegenheit wahr, Ihnen unsere Genugtuung über den Erfolg unserer gemeinsamen Bestrebungen zum Ausdruck zu bringen, daß wir nun seitens des Reiches auch hinsichtlich der materiellen Unterstützung beim Bau neuer deutscher Rennwagentypen mit unserer hauptsächlichsten Konkurrenz *gleichgeschaltet* wurden. Jetzt wollen wir mit allen Kräften danach streben, das gesetzte Ziel mit bestem Erfolg zu erreichen, wobei es selbstverständlich in ganz besonderem Maße auf Ihre unentwegte und tatkräftige Mitarbeit ankommt.«[80] Und auch Porsche nimmt in seiner Antwort vom 2. Juni 1933 die »Gleichschaltung« mit der Konkurrenz »mit großer Befriedigung« zur Kenntnis.

Daimler-Benz-Vorstandschef Kissel richtet am 30. Mai 1933 gleich mehrere Dankschreiben an die staatlichen Gönner, grußt dabei den hochverehrten Reichskanzler noch »Mit vorzüglicher Hochachtung« und informiert am selben Tag in einem vertraulichen Schreiben auch Direktor Alfred Blinzig, der für die Deutsche Bank im Aufsichtsrat der Daimler-Benz AG sitzt: »Wenn dieser Bescheid auch nicht ganz unserem Gesuch entspricht [...], so bedeutet die Entscheidung doch immerhin eine außerordentlich willkommene Unterstützung. Wir haben uns bei dem Herrn Reichsverkehrsminister und auch bei dem Herrn Reichskanzler für die Entscheidung bedankt; außerdem haben wir noch der Form wegen auch Herrn Ministerialdirektor Dr. Brandenburg und ebenso seiner Hoheit dem Herzog von Mecklenburg, Präsident des AvD, unseren Dank ausgesprochen, obschon wir wissen, daß die beiden letztgenannten Stellen sich auch für die Auto Union verwendet haben.« Und was die weitere Finanzierung anbelangt, läßt Kissel unverblümt durchblicken: »Wir werden bemüht sein, mit dem uns zugeteilten Betrag möglichst weit zu kommen, behalten aber im Auge, zu gegebener Zeit ein erneutes Gesuch einzureichen, wenn die Herstellung der für die künftigen Rennen ins Auge gefaßten fünf Fahrzeuge eine weitere Unterstützung nötig macht.«[81]

Die Maske der Harmlosigkeit

Bereits am 28. Mai 1933, vier Tage nachdem der neue Staat Hitlers seine Subventionsbewilligungen verschickt hat, startet die deutsche Motorrad- und Automobilrennfahrerelite gegen internationale Konkurrenz auf dem Nürburgring. Das Rennen wird zur Bühne für die NS-Propaganda, auch wenn die geplanten nationalen Rennwagen noch gar nicht am Start sind: »Dieses 11. Eifelrennen war aber mehr als ein Sporttag gewöhnlicher Ordnung. Es wurde durch den Besuch des Preußischen Ministerpräsidenten Göring, zu einem Großtag des neuen Sportgedankens«, schwärmt Schriftleiter Hans Bretz, »es war die glänzendste Manifestation des neuen Deutschlands, das seine Gäste nicht nur würdig empfängt, sondern ihnen gleichzeitig Gelegenheit bot, auf einem berühmten und internationalen Boden die Kräfte mit Deutschlands Fahrern und Maschinen zu messen, zum Beweis dessen, daß wir bereit sind, in friedlichem Kampf mit allen Völkern der Welt zu leben und für eine bessere Weltordnung zu wetteifern. Und so sah man an diesem Tag zum ersten Mal viele tausend neue Funktionäre. Es war alles darauf vorbereitet, diesen Großtag organisatorisch gleichfalls zu einem Tag erster Ordnung zu gestalten! ADAC, Nürburgringverwaltung, Polizei, SA, SS und Stahlhelm hatten sich so die Hände gereicht und in verständnisvoller Zusammenarbeit alles getan, um diesen Tag würdig zu begehen. Daß alles so ausgezeichnet verlief, daß es möglich war, hunderttausend Besucher einen ganzen Tag lang in vollster Spannung zu halten, daß es möglich war, den Zu- und Abgang dieser großen Massen reibungslos abzuwickeln, ist der beste Beweis für den Geist der Zusammenarbeit aller Kreise, auch wiederum ein Zeichen des neuen Deutschland!«[82]

Und Reporter Franz Guthausen stellt im parteipolitisch scheinbar unverdächtigen Magazin *Der Nürburgring* damals über die Schlußphase jenes Eifelrennens 1933 ausdrücklich fest: »Der Zustrom zu der Tribüne, zur Promenade und den Terrassenplätzen wächst sogar an. Es ist die fünfte Nachmittagsstunde. Zwischen dem Zielhaus und den die Ungeduld der Helfer bergenden Ersatzteillagerboxen stehen seit dem Morgen ohne Ablösung in bewundernswerter Ausdauer ein SS-Sturm als Ehrenwache und der Musikzug der 28. Standarte der SA. Halb konzentriert sich das Interesse des Publikums auf die Rennvorgänge, dann aber auch auf *das* Ereignis, welches das Programm ankündigt. Ein deutlicher Hinweis auf das Einst und Jetzt war schon gegeben worden durch das Aufziehen der schwarzweißroten und Hakenkreuzflagge am Morgen, durch das einminütige Gedenken des für Deutschland gestorbenen Albert Leo Schlageters und durch das viele Braun auf allen Plätzen.«

Nein, unpolitisch ist dieser Motorsport im Dritten Reich von Anfang an nicht. Mit Schlageter, dem »Märtyrer des Ruhrkampfes«, fast auf den Tag genau zehn Jahre zuvor von den französischen Besatzern wegen Sabotage und Spionage unter empörtem Protest der deutschen Öffentlichkeit standrechtlich erschossen, wird jetzt die Brücke zwischen dem »Zweiten Kaiserreich« und dem neuen »Dritten Reich« geschlagen. Und so wird vor über 100000 Zuschauern auf dem Nürburgring noch einmal in der ehemals preußischen Provinz der »Tag von Potsdam« nachgespielt, die alten Eliten der Vorkriegsgesellschaft und die neuen braunen Horden machen Staat und gemeinsame Sache in Verantwortung für die Nation. Nur daß in der Eifel statt Reichspräsident Hindenburg mit Herzog Carl Eduard von Sachsen-Coburg und Gotha, mit AvD-Sportpräsident Konsul Fritsch, mit Nürburgring-GmbH-Geschäftsführer Major a. D. Döhmer und dem vollzähligen ADAC-Präsidium die erste Garnitur der deutschen Motorsport-Funktionäre angetreten ist, um zwar nicht mit dem Reichskanzler, aber immerhin doch mit der Nummer zwei des Regimes, Hermann Göring, den nationalen Schulterschluß in Szene zu setzen. Göring ist damals in Personalunion preußischer Ministerpräsident, Reichsminister der Luftfahrt und Reichsjägermeister. In einem Mercedes-Benz SS rollt er aus Neuenahr in Richtung Start und Ziel heran, während das Rennen bereits läuft. Göring wird von einer illustren Nazi-Entourage in regierungsamtlicher Funktion begleitet, einem Gefolge, von dem so mancher Kopf bei der deutschen Wiederaufrüstung und der Entfesselung des Zweiten Weltkrieges noch von sich reden machen wird. Da ist der ehrgeizige, arbeitswillige und intelligente Erhard Milch, dank seiner Jagdfliegererfahrungen und Verbindungen zur Industrie schon unmittelbar nach der NS-Machtergreifung stellvertretender Reichskommissar für die Luftfahrt, seit Anfang Mai Staatssekretär und NSDAP-Parteigenosse und Ende 1941, nach Ernst Udets Selbstmord, beherrschender Luftwaffen-Organisator und Generalfeldmarschall, 1947 von einem US-Militärgericht zu lebenslanger Haft verurteilt und bereits 1954 wieder auf freiem Fuß. Auch Oberst Walter von Reichenau, seit Hitlers Machtübernahme Chef des Ministeramts im Reichswehrministerium, begleitet Göring. Von Reichenau übt den ehrgeizigen Schulterschluß zwischen Armee und Politik. Er wird gut ein Jahr später das offene Staatsverbrechen decken, das die Nazis als Niederschlagung des angeblichen Röhm-Putschs deklarieren. Jener von Reichenau billigt alsbald die militärische Ausbildung der SS und rechtfertigt am Ende auch die Verbrechen von Wehrmacht und Einsatzgruppen während des Rußlandfeldzuges. So wie er das Blutbad, das die SS an den Juden von Kiew anrichtet, als »Notwendigkeit der harten, aber gerechten Sühne am jüdischen Untermenschen« tituliert. Von Reichenau, der vermeintlich so unpolitische Spitzenoffizier, muß sich für all dies leider nicht mehr verantworten, weil er 1942 nach einer Flugzeugbruchlandung ums Leben kommt.

Wer nennt die Namen und die Funktionen all dieser noblen Herren und weiterer Militärs, die an diesem 28. Mai 1933 mit Göring das XI. internationale Eifelrennen besuchen? Die Spitzen der Gesellschaft, zu denen auch noch ein Regierungspräsident, ein Oberpräsident, ein Ministerialrat, ein Landrat, ein Bürgermeister sowie zahlreiche ehemalige Jagdflieger zählen, kurzum die alten Eliten, die sich mit den neuen Machthabern eingelassen haben, um vereint und gemeinsam Staat zu machen. »Ihr habt erkennen müssen, wie das neue Deutschland heißer, leidenschaftlicher zum Sport und besonders auch zum Automobilsport steht«, dröhnt Göring nach dem Rennen auf dem Podium bei Start und Ziel zum Publikum am Nürburgring, und seine markigen Worte werden gleichzeitig im Reichsrundfunk übertragen: »Wertvoll aber ist für uns dieses Ereignis, weil das neue Deutschland zeigen konnte, daß das, was man von ihm behauptet, nicht wahr ist. Daß man es erkennen konnte, daß die Deutschen, die Deutschland draußen verleumden, kein Recht besitzen im Namen Deutschlands zu sprechen. Die Gäste werden erkannt haben, daß es ein Deutschland ist, in dem jeder einzelne wieder friedlicher in die Zukunft blickt, daß es einen inneren Frühling erlebt hat. Das deutsche Volk will friedlichen Wettbewerb.«

Weshalb Göring auch gut mit dem italienischen Sieg beim Eifelrennen leben kann. Tazio Nuvolari gewinnt mit einem Alfa Romeo, den im Auftrag des verkappten italienischen Staatskonzerns die private Scuderia Ferrari einsetzt. Deren Besitzer, Enzo Ferrari, wird sich 1934 der faschistischen Partei anschließen und den Titel eines *Commendatore* einheimsen.[83]

Nicht von ungefähr haben Mussolinis Faschisten bereits beizeiten motorsportliche Erfolge in ihre politische Propaganda eingebunden. Im Italien des »Duce« werden bis Anfang der dreißiger Jahre neue Schnellstraßen mit einer Gesamtlänge von immerhin etwas mehr als 500 Kilometern gebaut, darunter die ersten vierspurigen Autobahnen. Auch wenn es in den Anfängen des faschistischen Regimes in ganz Italien gerade mal rund 170000 PKW gibt. Zum Schutz der überschaubaren italienischen Autoindustrie werden 1930 die Einfuhrzölle verdoppelt. Und Mussolini stellt auch Geld für die Grand-Prix-Einsätze des Sportwagenherstellers Alfa Romeo zur Verfügung. Motorsport wird in Italien dank der Faschisten bald zur nationalen Aufgabe, Mussolini selbst hat 1927 die Mille Miglia aus der Taufe gehoben. Die »Tausend Meilen« auf öffentlichen Straßen quer durch Italien mit Brescia als Start- und Zielort avancieren zum spektakulärsten und bedeutendsten Langstreckenrennen der Welt. Der Staat des »Duce« stellt für das Großereignis Jahr für Jahr 25000 Ordnungskräfte bereit. Mussolinis Schwiegersohn, Graf Ciano, stiftet Namen und Pokal für ein weiteres Rennspektakel, das in Montenero bei Livorno gefahren wird. Und Fliegeridol Italo Balbo, ehedem einer der Strategen von Mussolinis »Marsch auf Rom«, zwischenzeitlich aber in der Gunst des »Duce« gesunken und deshalb 1934 als Gouverneur nach Libyen abgeschoben, wird sich mit der Organisation des neu aufbereiteten Autorennens um den Gran Premio di Tripoli wieder in nachhaltige Erinnerung bei seinen italienischen Landsleuten auf dem europäischen Festland bringen.

Achille Varzi und insbesondere Tazio Nuvolari sind die Idole der Nation im Italien Mussolinis, das Heldenverehrung und Technikkult ganz im Stile der Futuristen nun als faschistisches Herrschaftsinstrument umsetzt. Rennwagen und Flugzeuge, Krieg und Kampf werden zu den beliebten Sujets nationalen Heldenkults. Und ein gefeierter italienischer Poet prägt all diese Machoposen der faschistischen Diktatur: Gabriele D'Annunzio, Jahrgang 1863, der begnadete Barde heroischen Nihilismus' Marke Nietzsche und zugleich ebenso mondäner wie militanter Ästhet. Zusammen mit Mussolini agitiert er für eine faschistische Machtergreifung in Rom, was der »Duce« dem Dichterfürsten späterhin mit Besuchen, Bargeld, Orden und Fürstentiteln zu danken weiß. Da ist es denn nur konsequent, wenn auch Nuvolari, der heldenhafteste Rennfahrer Italiens, bisweilen zu nationalen Gipfeltreffen in die Poeten-Villa »Il Vittoriale« am Gardasee eingeladen wird. D'Annunzio schickt Nuvolari ohnehin vor und nach Renneinsätzen regelmäßig Telegramme, schwülstig-poetische Glückwünsche und Aufmunterungen, die bei Begegnungen am Gardasee auch schon mal zu einer Art von Initiationsritual ausarten, wenn Nuvolari dort etwa am 28. April 1932 D'Annunzios persönlichen Befehl empfängt, demnächst auf Sizilien das Rennen um die Targa Florio zu gewinnen. Dazu gibt es als Erinnerungsstück ein Foto des Poeten mit persönlicher Widmung für Nuvolari, den »Mantuesen von gutem Geblüt«.

Selbstredend gewinnt er 1932 die Targa Florio und wird auch zeitlebens bei seinen Renneinsätzen einen Talisman tragen, eine Brosche in Form einer Schildkröte. Die verkleinerte Nachbildung eines persönlichen Glücksbringers, den ihm der Dichter vermacht hat, quasi als Ehrenbezeugung von Held zu Held, mit den Worten »das langsamste Tier für den schnellsten Rennfahrer«. Die goldene Schildkröte wird von Nuvolari treulich gehütet und bewahrt, der Rennfahrer läßt sogar seinerseits Repliken herstellen, die er an gute Freunde verteilt. Nuvolari und D'Annunzio, zwei Poeten ganz unterschiedlicher, aber nicht ganz unähnlicher Metiers. Alles im Dienste der Nation. Und damit auch der Faschisten. So wie späterhin der »Duce« in Nuvolaris siegreichem Alfa Romeo zum Probesitzen für Fotopresse und Propaganda Platz nehmen darf. Gerade der italienische Faschismus legt Wert auf *bella figura*, ist stets bestrebt, einen imposanten Eindruck zu machen. Wird aber auch darin ebenso grandios scheitern wie seine späteren, noch viel brutaleren Epigonen im Reich Hitlers. Doch gerade mit seinem ohnehin schon maßlos überzogenen Gestus der Macht wird der italienische Faschismus zum Vorbild für die ästhetisch noch weitaus dilettantischeren Nazis. Auch deren Häuptlinge verehren Kampf und Krieg, huldigen der zukunftsweisenden Technik und sind doch im Kern die erklärten Feinde der Moderne, die sie indes ausgerechnet mit den Mitteln zeitgenössischer Modernität – also hochentwickelter Technik und Massenmanipulation – zurückzudrängen versuchen. Ein eigentümliches Gebräu, dessen berauschende Wirkung den nüchternen Blick auf die tatsächlichen Verhältnisse trübt. In der Verehrung und Vereinnahmung deutscher Rennheroen und deutscher Ingenieurkunst bietet der Motorsport den Nazis die ideale Plattform, um sich auf der vermeintlichen Höhe der Zeit als erfolgreiche und fortschrittliche Gestalter des neuen Deutschland darzustellen und sich zusammen mit den triumphierenden deutschen Rennfahrern und ihren unschlagbaren Automobilen als Sieger der Geschichte in Szene zu setzen.

Aber vorerst ist es nicht soweit, noch sind die deutschen Wunderwaffen auf vier Rädern Gedankenspiele, Blaupausen und Entwürfe in Stuttgart und Zwickau. Noch dominieren die Italiener die internationale Szene, weshalb in Ermangelung siegfähiger neuer deutscher Nationalrennwagen der für Juli terminierte Große Preis von Deutschland kurzerhand gestrichen wird. Was allerdings auch daran liegt, daß der AvD als Veranstalter gleichgeschaltet worden ist. Die von NS-Funktionären beherrschte neue »Oberste Nationale Sportbehörde« – kurz ONS – tritt fortan bei allen Rennen in Deutschland als Veranstalter auf.

Als Präsident der staatlichen ONS amtiert von Anfang an NSKK-Führer Adolf Hühnlein, der sich denn auch konsequent als »Führer des deutschen Kraftfahrsports« titulieren läßt. Hühnlein richtet die nationalen Motorsportaktivitäten des Jahres 1933 voll und ganz auf das Spektakel »2000 Kilometer durch Deutschland« aus. Eine Art von deutscher Mille Miglia, nur noch größer und aufwendiger gedacht, mit Start am 22. Juli in dem für deutsche Verhältnisse damals noch weitaus mondäneren Baden-Baden. Binnen extrem knapp gesetzter Zeitlimits geht es in rasender Fahrt über öffentliche Straßen kreuz und quer durch das Reichsgebiet. Je nach Motorrad- und Wagenklasse sind Durchschnittsgeschwindigkeiten im Bereich von 100–80 km/h vonnöten, um in höchstens 20 bis 34 Stunden nonstop über die Etappenorte Stuttgart, Ulm, Augsburg, München, Nürnberg, Bayreuth, Hof, Chemnitz, Dresden, Berlin, Magdeburg, Braunschweig, Hameln, Köln, Nürburgring, Kaiserslautern und Mannheim wieder zurück nach Baden-Baden zu gelangen. Eine Tortur, die mit vielen Unfällen endet: 103 von 176 gestarteten Automobilen, 81 von 212 Motorradfahrern und gerade mal vier von 35 Seitenwagengespannen erreichen in Wertung das Ziel. Und Korpsführer Hühnlein preist den Geist der 2000-km-Deutschlandfahrer: »Diese haben Übermenschliches geleistet. Echter Motor-SA-Geist war lebendig, der selbstlos um der Ehre willen kämpft. Wir brauchen diese harte, einsatzwillige Sportjugend, die sich selbst schwersten Zerreißproben von Mensch und Maschine unterwirft, wenn es gilt, deutsche Kraft und deutsche Arbeit der Welt zu offenbaren.«[84]

Wer im Motorsport Augen und Ohren hat, der sieht, was sich da in diesem neuen Deutschland zusammenbraut. Seit einer Woche ist das Deutsche Reich durch das »Gesetz gegen die Neubildung von Parteien« ein Einparteien-Staat. Die NSDAP hat das Monopol – und die Stimmung eines

Großteils der Bevölkerung auf ihrer Seite. Die Spitzen der deutschen Automobilindustrie sind bei den »2000 Kilometern« an der Seite der motorsportbegeisterten NS-Funktionäre vertreten und schicken allesamt Werksmannschaften zu dieser irrwitzigen Fahrt, die es aufgrund des Organisationsaufwandes und der Unfälle letztlich nur zu zwei Auflagen bringen wird. Und natürlich tauchen jene Rennfahrer auf, die künftig in den Silberpfeilen kämpfen werden und dabei manchmal sogar ihr Leben für die Nation und die Fabrik opfern.

Da findet sich der Routinier Ernst Henne, Jahrgang 1904, der erstmals 1929 und dann wieder 1930, 1932, 1936 und 1937 den absoluten Geschwindigkeitsweltrekord für Motorräder verbessert und dabei mit seiner BMW die Bestmarke von anfangs 216,75 km/h auf schließlich 279,5 km/h steigert. Ein Weltrekord, der bis 1951 Bestand haben wird. In Ermangelung erfahrener deutscher Rennasse verpflichtet die Daimler-Benz AG Henne für die Saison 1934 als weiteren Kandidaten für den neuen deutschen Nationalrennwagen aus Untertürkheim. Mit August Momberger (Jahrgang 1905), Hermann Prinz zu Leiningen (1901) und Ernst Günther Burgaller (1896) startet die Auto Union bei den »2000 Kilometern« und wird dieses Trio neben Hans Stuck in ihrem ersten Grand-Prix-Jahr einsetzen, während bereits die nächste Generation der Werksfahrer des sächsischen Rennstalls in den Personen von Ernst von Delius (1912), Rudolf Hasse (1906), Uli Bigalke (1910) und Georg Meier (1910) in der Wertungsliste der »2000 Kilometer durch Deutschland« aufscheint.

Auch Auto-Union-Vorstand und Parteigenosse von Oertzen selbst sitzt am Volant eines Horch und kommt ins Ziel ebenso wie der kleine DKW des künftigen Führers der NSKK-Motorbrigade Sachsen, Sturmbannführer Paul Leins. Der 34jährige Hobby-Rennfahrer und NS-Funktionär kümmert sich auf dem Sachsenring bei Hohenstein-Ernstthal um die Organisation des Großen Preises von Deutschland für

Motorräder. Damit auch die deutschen Rennwagen ihren Heim-Grand-Prix baldmöglichst in Sachsen austragen, macht sich Lein mit Erfolg für den Bau des »Großdeutschlandrings« bei Dresden stark. Dort sollen erstmals im Juli 1940 die Silberpfeile starten. Was die Entfesselung des Zweiten Weltkriegs indes verhindert. Der inzwischen zum NSKK-Obergruppenführer aufgestiegene Lein fällt als Oberleutnant eines Panzerregiments in den ersten Tagen des Polenfeldzugs. Auf einem weiteren Werkswagen der Auto Union, einem Wanderer, ist mit NSKK-Meldelizenz Ferry Porsche, Jahrgang 1909, noch innerhalb der Sollzeit ins Ziel gelangt. Ein anderer hochbegabter junger Ingenieur namens Rudolf Uhlenhaut (1906) gilt sogar als talentierter Rennfahrer und steuert noch unter AvD-Lizenz einen Werkswagen der Daimler-Benz AG, die selbstredend auch offiziellen NSKK-Trupps Fabrikwagen zur Verfügung gestellt hat. Der schneidige, motorsportbegeisterte SS-Hauptsturmführer Viktor Brack hat ebenfalls solch ein firmeneigenes Gefährt aus Untertürkheim erhalten. Der persönliche Freund und zeitweilige Chauffeur Heinrich Himmlers avanciert in naher Zukunft zum »Stabsleiter in der Kanzlei des Führers«, gibt zuvor im Mercedes-Benz tüchtig Gas, so wie er dies ganz anders und im übelsten Doppelsinn des Wortes ab 1940 in den Euthanasie-Anstalten unternimmt, wo unter seiner Leitung erstmals auch Zyklon B für die Massentötung von Menschen eingesetzt wird. Mit mobilen »Gaswagen« sammelt Brack dabei einschlägige Erfahrungen, die er sodann beim Aufbau der Vernichtungslager im Osten zur Verfügung stellt. Im Anschluß an den Nürnberger Ärzteprozeß wird Brack von einem US-Militärgericht zum Tode durch den Strang verurteilt und am 2. Juni 1948 in der Haftanstalt Landsberg am Lech hingerichtet, dort, wo sein ähnlich automobilbegeisterter »Führer« sich vierundzwanzig Jahre zuvor von Jakob Werlin noch in der Haft beim Kauf eines neuen Benz-Wagen hat beraten lassen.

So liefert die Siegerliste der »2000 Kilometer durch Deutschland« 1933 mehr als nur Namen und Resultate, sie weckt Assoziationen und stiftet Verbindungen und läßt sich als bemerkenswertes Konzentrat deutscher Motorsportgeschichte lesen. Auf der Ehrentafel findet sich der künftige Firmenpatron neben dem kommenden NS-Verbrecher, stehen Distinguierte und Distanzierte, Mitmacher und Mitläufer, Opportunisten und Überzeugungstäter. Gewiß kann man diese Individuen nicht alle über einen Kamm scheren, aber eines haben sie doch gemein – die Begeisterung für den Rennsport. Und diese rasende Leidenschaft, dieser von Nervenkitzel und Männlichkeitsritualen begleitete Enthusiasmus bringen für einige Jahre das zusammen, was in vielen Fällen eigentlich von Geburt und Herkunft, von Handeln und Denken vielleicht gar nicht zusammengehören dürfte. In der Zeit großer motorsportlicher Erfolge und lang ersehnter nationaler Auferstehung nach der Schmach von Versailles ist es selbst für das zeitgenössische Publikum nur schwer zu unterscheiden, was da gespielte Pose oder doch echte Überzeugung sein mag. Die große braune Propagandasoße ergießt sich über alle motorsportlichen Aktivitäten. Und jetzt, wo es endlich etwas zu siegen gibt, wollen sie alle mit dabeisein. Wie fast alle in diesem Land, in dem so viele so gutwillig glauben, daß alles besser wird.

Der NSKK-Führer marschiert voran

Aus den »Motor-Sturmabteilungen« hat SA-Obergruppenführer Adolf Hühnlein noch im Juni 1933 im Auftrag Hitlers das bereits seit 1931 bestehende »Nationalsozialistische Kraftfahrkorps« (NSKK) ausgegliedert und zu einer selbständigen NS-Organisation außerhalb der SA formiert. Hühnlein läßt alsbald alle Kraftfahrer-Vereine und Automobilclubs gleichschalten. Allen voran den willigen ADAC, der wie alle anderen im Deutschen Automobil-Club (DDAC) aufgeht. Womit Hühnlein zum höchsten Herrn im nationalen Kraftfahrtwesen aufsteigt.

Der ehemalige Berufssoldat, geboren am 12. September 1881 im oberfränkischen Neustädtlein, ist nach dem Ersten Weltkrieg als Erster Generalstabsoffizier im Freikorps Epp an der blutigen Beseitigung der Münchener Räteregierung ebenso beteiligt wie an der Niederschlagung linksgerichteter Aufstände im Ruhrgebiet. Hühnlein tritt für kurze Zeit in die Reichswehr ein, nimmt dort als Major seinen Abschied und beteiligt sich am 9. November 1923 am Hitler-Putsch, landet dafür fünf Monate in Untersuchungshaft, zunächst in Stadelheim und schließlich ebenfalls in Landsberg bei seinem »Führer«, für den er als nicht sonderlich intelligenter, aber um so treuerer Parteisoldat 1925 in die oberste SA-Führung eintritt. Rhetorisch unbegabt, gilt Hühnlein als Mann der Tat, was ihm höchste Ehrungen einträgt – vom »Blutorden« bis zum »Goldenen Parteiabzeichen«. Sein NSKK wird bis Kriegsbeginn rund 500000 Mann stark sein und vor allem den motorisierten Transport von Kriegsgut und Truppennachschub für die Front organisieren.

Als Angehöriger dieses Korps kann man kostenlos den Führerschein erwerben, für die entsprechende Anleitung der »männlichen Jugend« gründet Hühnlein mit kräftiger finanzieller Unterstützung der deutschen Autoindustrie eigene NSKK-Motorschulen. Dort werden die Jugendlichen in Technik, Gebrauch und Reparatur von Motorrädern und Automobilen unterwiesen, und dies natürlich nicht zum rennsportlichen Einsatz, sondern als paramilitärische Vorbereitung für den Kriegsfall. In der Eifel wird bereits im Juni 1933 die »Motor-SA-Schule Nürburgring« aus der Taufe gehoben, Vorbild für alle anderen der mehr als hundert Motorschulen, die schließlich unter NSKK-Regie betrieben werden.[85]

Als Präsident der »Obersten Nationalen Sportbehörde für die deutsche Kraftfahrt« kontrolliert und lenkt Adolf Hühnlein obendrein den gesamten Motorsport im Deutschen Reich. Nicht zuletzt agiert der NS-Funktionär als ONS-Chef für eine de facto staatliche Organisation in den eigentlich nur nationalen Clubs und Vereinen vorbehaltenen

Weltverbänden für Automobil- und Motorradsport. Rennsport im Reich Hitlers ist politisch, und Hühnlein erweist sich als tüchtiger Nazi. Schon sehr frühzeitig führt er den »Ariernachweis« ein. Im Sommer 1933 verschickt die ONS neue Antragsformulare. Für »Juden und andere Nichtarier« gibt es künftig keine Rennlizenz mehr.

Ausgebremst und umgebracht

Das bedeutet auch das Ende der Sportkarriere von Leo Steinweg aus Münster. Denn der erfolgreiche DKW-Motorrad-Rennfahrer ist Jude. Schon am 1. April 1933 hat er in das Schaufenster seines Motorradgeschäftes ein Schild hängen müssen: »Deutsche kauft nicht bei Juden!« Im Mai 1933 gewinnt Steinweg bei einem Bahnrennen in Elberfeld in der 175er und in der 250er-Klasse, verkneift sich aber, bei der Siegerehrung den rechten Arm zum Hitlergruß zu heben. Noch hat die Verweigerung keine Konsequenzen, Steinweg fährt weiter Rennen, erinnert sich seine Ehefrau Emmy, »bis er im Juli 1933 ein *Lizenzformular für die Ausübung des Rennsportes für das Jahr 1934* erhielt. Darin wurde die Frage gestellt, ob er Arier sei, und noch andere Fragen. Aber diese eine Frage war niederschmetternd für ihn. Er wurde blaß, und mit zitternden Händen gab er mir das Papier. Ich sah nur das Wort *Arier*, und wußte, daß es für ihn die Gewißheit bedeutete, seinen geliebten Beruf aufgeben zu müssen – und das war entsetzlich für ihn. Er zerriß das Formular und verschwand mit seinem Privatmotorrad.«[86] Der Beginn eines langen Leidensweges von Flucht und Verfolgung, der den jüdischen Rennfahrer in die NS-Vernichtungsmaschinerie führt. Kurz vor Kriegsende wird Leo Steinweg im KZ Flossenbürg erschossen.

Mit Blick auf internationale Sportgesetze und ausländische Berichterstattung legen die NS-Motorsportfunktionäre hingegen nie ihr Veto ein, wenn »nichtdeutsche Nichtarier« bei den großen internationalen Rennen auf dem Nürburgring oder auf der AVUS starten. Weshalb sogar noch am 23. Juli 1939 beim ersten und letzten Großen Preis von Großdeutschland René Dreyfus mit seinem französischen Delahaye auf den vierten Platz fahren kann. Auch andere prominente Rennfahrer jüdischer Abstammung, wie Guy Moll und Laszlo Hartmann, sind in Nazideutschland unbeanstandet und gegen die Konkurrenz der Silberpfeile Rennen gefahren. Während der ehemalige Mercedes-Benz-Werksfahrer und Porsche-Finanzier Adolf Rosenberger aus Pforzheim seine zwischenzeitlich unterbrochene Rennkarriere endgültig aufgeben muß.

Im Streit um Entschädigung

Nach dem Krieg streitet er deswegen mit der Bundesrepublik Deutschland um eine Entschädigung.[87] Letztlich vergebens. Da nützt es ihm nicht einmal, daß er Zeugen aus dem ehemaligen Auto-Union-Rennstall benennt, die beweisen könnten, daß nicht nur Hans Stuck im November 1933 bei den ersten Testfahrten des neuen Grand-Prix-Rennwagens auf dem Nürburgring seine Runden drehte. Adolf Rosenberger behauptet, selbst gefahren zu sein. Auf Anhieb nur zwei Sekunden langsamer als der große Stuck! Was wäre gewesen, wenn? Mehr als 100000 Reichsmark hätte er als Werksrennfahrer verdienen können, klagt Rosenberger. Aber Hühnleins »Arier-Paragraph« und die NS-Rassenpolitik vereiteln den Renneinsatz eines deutschen Juden in einem Silberpfeil. Statt dessen wird Rosenberger am 5. September 1935 wegen »Rassenschande« verhaftet und am 23. September aus dem Pforzheimer Untersuchungsgefängnis direkt in das KZ Kislau eingewiesen. Vier Tage später wird er entlassen und muß 53,40 RM als Kosten für »Schutzhaft« entrichten.

Ferdinand Porsche und sein Sohn Ferry behaupten später, sie hätten dafür gesorgt, daß ihr ehemaliger Kompagnon bald wieder freigelassen wurde. Adolf Rosenberger streitet das ab, geholfen habe ihm damals allein Hans von Veyder-Malberg.

Der Mann, der nach der NS-Machtergreifung bis auf weiteres die Rosenberger-Anteile an der Firma Porsche übernimmt, weil die Porsches ihren jüdischen Geschäftsführer aus dem Unternehmen gedrängt haben. Behauptet Rosenberger und legt dar, daß Veyder-Malberg damals nur als »Strohmann« aufgetreten ist. Demnach hat Rosenberger tatsächlich erst am 30. Juli 1935 seinen Geschäftsanteil an Porsche junior durch notariellen Vertrag abgetreten – genauer: wegen seiner jüdischen Abstammung abtreten *müssen*.[88]

Beim Amtsgericht Stuttgart hat Adolf Rosenberger am 30. November 1949 ein sogenanntes Rückerstattungsverfahren angestrengt, um seine Anteile zurückzuerhalten. Der Ex-Rennfahrer ist während der NS-Diktatur u. a. in Paris und London als Auslandsrepräsentant für die Firma Porsche tätig gewesen. Ohne kaufmännische Erfolge – behaupten die Anwälte von Ferdinand und Ferry Porsche. Das habe an den mangelhaften Konstruktionen und fehlenden Patentrechten des großen Erfinders gelegen, erwidert Rosenberger.

Als Jude hat er Mitte der 30er Jahre in Nazideutschland keine rechtliche Handhabe mehr, um sich gegen staatlich verordnetes Unrecht wehren zu können. Rosenbergers Kinopalast samt Haus und Grundbesitz in Pforzheim wird arisiert, auch die Aufträge von Porsche bleiben schließlich aus. Weil Rosenberger keine Geschäfte tätigt und nur Geld kostet? Das machen jedenfalls die Anwälte der Konstrukteursfamilie geltend, räumen allerdings auch ein, daß die NS-Behörden Druck gemacht hätten, Porsche solle sich von seinem jüdischen Angestellten trennen. War das tatsächlich der Fall? Oder hat man diese Personalie bei Porsche in vorauseilendem Gehorsam oder gar aus eigenem Antrieb erledigt?

Das behauptet Alan Arthur Robert, vormals Adolf Rosenberger. Ein paar Jahre nach Ende des Zweiten Weltkrieges ist er nach Deutschland zurückgekehrt und hat die Porsches in Stuttgart aufgesucht. Was hat er gewollt? Ferry Porsche behauptet, Rosenberger habe verlangt, »daß wir ihn mit 200000,– DM abfinden sollten; er wollte uns die Hälfte dieser

Summe *unter der Hand* zurückzahlen. Er argumentierte, daß die 200 000,– DM steuerlich absetzbar seien, da es sich um Entschädigung handele. Dieser Vorschlag war jedoch für uns unannehmbar, da sich dadurch unsere Firma der Steuerhinterziehung schuldig gemacht hätte. Wir einigten uns auf einen Kompromiß. Wir gaben ihm kostenlos einen neuen Volkswagen und mehrere Tausend Mark.«[89] Als Ferry Porsche diese Version Ende der siebziger Jahre in Buchform veröffentlicht, gibt es keinen Widerspruch mehr. Alan Arthur Robert alias Adolf Rosenberger ist bereits am 6. Dezember 1967 im Alter von 67 Jahren in Los Angeles gestorben.

Versetzen wir uns noch einmal in das Jahr 1949 zurück, als sich der Familienclan Porsche/Piëch schon wieder obenauf befindet. Ihr exklusives Sportwägelchen auf VW-Basis wird sich in gewissen gesellschaftlichen Kreisen bestens verkaufen. Knapp zwei Jahre sind vergangen, seit Ferdinand Porsche gegen Kaution wieder aus französischer Haft freigekommen ist. Der von ihm ehedem im Auftrag Hitlers geschaffene Volkswagen wird jetzt in Wolfsburg produziert, dem früheren KdF-Werk Fallersleben. Der KdF-Wagen ist zum VW-Käfer mutiert, entwickelt sich zum Bestseller – und beschert dem Konstrukteur und seinen Angehörigen bereits schöne Tantiemen. Der Treuhänder der alliierten *property control* beziffert den Wert der in Stuttgart befindlichen Porsche-Unternehmen am 21. Juni 1948 auf 1,178 Millionen DM. Doch die Familien Porsche und Piëch können ihre Stuttgarter Firma vorerst nicht selber weiterführen, denn Adolf Rosenberger ist wieder aufgetaucht und hat gegen den Familienclan ein Wiedergutmachungsverfahren in Gang gebracht. Er verlangt fünfzehn Prozent der Firmenanteile. Das, was ihm einmal gehört hat, vor der NS-Machtergreifung.

Fast ein Jahr lang werden Schriftsätze gewechselt, Gerichtstermine anberaumt und wieder verschoben. Rosenberger lebt in den USA, und die gegnerischen Anwälte verstehen auf Zeit zu spielen. Medizinische Akten aus dem Entschädigungsverfahren für Rosenbergers »arisierten« Besitz in Pforzheim belegen, daß der frühere Porsche-Geschäftsführer seit Jahren gesundheitlich angeschlagen ist.[90] Alan Arthur Robert hat Herzprobleme. Folgen eines Schlaganfalls, dessen Ursache sein amerikanischer Arzt auch auf Mißhandlungen im KZ Kislau zurückführt, was ein deutscher Staatsanwalt im Jahr 1961 indes mit Hilfe eines »Ferngutachtens« ausschließen läßt, das ein Heidelberger Mediziner allein aufgrund der vorliegenden Akten fertigt, ohne den Patienten jemals persönlich gesehen oder gar untersucht zu haben.

Im Jahr 1949 mag sich Rosenberger also fragen, wieviel Zeit ihm bleibt, um eine im fernen Deutschland erst noch mühsam zu erstreitende Entschädigung genießen zu können? Er hat keine Nachkommen. Seine künftige Frau ist wie er 49. Auch sie kinderlos. Anne heißt sie, stammt ebenfalls aus Pforzheim, man kennt sich aus Porsches Stuttgarter Konstruktionsbüro, wo sie als Sekretärin gearbeitet hat – auch sie ist emigriert und 1939 in die USA ausgewandert. Zusammen mit ihrem Mann Berthold Metzger, der 1946 gestorben ist. Vier Jahre danach heiratet die verwitwete Anne Metzger, geborene Junkert, Adolf Rosenberger, inzwischen Alan Robert.

Viel Geld und Vermögen scheinen die beiden in den USA nicht besessen zu haben. Er arbeitet aushilfsweise in einem Car Shop, die Steuerkarte verzeichnet auf Jahre hinaus eher bescheidene Einkünfte. Als der Entschädigungsprozeß gegen Porsche endlich ins Rollen kommt und auf den 29. September 1950 vor der Wiedergutmachungskammer des Landgerichts Stuttgart terminiert wird, einigen sich am selben Tag auf Vorschlag des Gerichts beide Parteien auf einen Vergleich. Adolf Rosenberger erhält von Porsche 50000 DM und einen PKW, wahlweise sofort einen VW in Luxusausführung zum Preis von 5450 DM oder bis spätestens zum 1. Juli 1951 einen Porsche-Sportwagen zum Preis von 9850 DM. Damit sind alle Ansprüche Rosenbergers gegenüber der Firma Porsche abgegolten.

4.
Hitlers Rennschlachten

Wer nach 1933 weiter international Motorsport betreiben will, muß dem NSKK oder einer anderen nationalsozialistischen Organisation angehören. Ausgenommen sind davon lediglich Bedienstete von Polizei und Wehrmacht. Ein Passus, der für eine Persönlichkeit wie Georg »Schorsch« Meier, den herausragenden BMW-Motorrad-Rennfahrer und zeitweiligen Auto-Union-Werksfahrer, damals nicht unbedeutend gewesen ist: »Ich kam ja als erfolgreicher Geländefahrer von der Polizei zur Wehrmacht, und als ich dann auch bei den Straßenrennen gewonnen hab', ham's alleweil g'sagt, komm' nei in die Partei oder in das NSKK, aber ich hab' immer nein g'sagt, bin schön bei der Wehrmacht geblieben. Als ganz normaler Feldwebel, der für die Rennen mit BMW und Auto Union freig'stellt worden ist. Die ham' mich dann zwar den ganzen Krieg über nicht befördert, so daß ich 1945 wohl der dienstälteste Feldwebel der ganzen Wehrmacht gewesen bin. Aber ich glaub', ich hab's richtig gemacht.«[91]

Bis auf Meier sind alle deutschen Spitzenrennfahrer einer NS-Organisation beigetreten. Bernd Rosemeyer, der beste und beliebteste Rennfahrer jener Epoche, ist Mitglied der SS gewesen wie auch die erfolgreichen Privatrennfahrer Bobby Kohlrausch und Huschke von Hanstein. Die Mehrzahl der übrigen Motorsportidole hat sich damals dem NSKK angeschlossen. Das Nationalsozialistische Kraftfahrkorps ist im nachhinein von vielen als »eher unpolitische Vereinigung von Kraftfahrsportfreunden« dargestellt worden. Manche haben im nachhinein die Abkürzung NSKK mit »Nur Säufer, keine Kämpfer« ironisiert und damit zugleich die Nazigesinnung von Hühnlein und Konsorten verharmlost.

Diese Lesart hat nicht zuletzt nach 1945 in den entsprechenden Spruchkammerurteilen ihren Niederschlag gefunden, insofern als ein hoher NSKK-Rang allenfalls als Kriterium für Mitläufertum gewertet wurde. Und je später das Verfahren aufgenommen wurde bzw. je länger es dauerte, desto folgenloser ist die NSKK-Mitgliedschaft am Ende geblieben. Zumal zuvor schon die Nürnberger Kriegsverbrecher-Prozesse eine derartige Sichtweise der Spruchkammerjustiz unbeabsichtigt bestärkt haben, indem das NSKK – wie übrigens auch die SA und die Reiter-SS – von dem alliierten Tribunal nicht als verbrecherische Organisation eingestuft wurde. Diese Einschätzung des Internationalen Gerichtshofs mag zwar in erster Linie aus verfahrenstechnischen Gründen getroffen worden sein, schließlich war ja zunächst gegen die Hauptkriegsverbrecher zu ermitteln. Gleichwohl hat sich dadurch das Verdikt gehalten, das NSKK sei eher Tummelplatz harmloser Automobil- und Motorradfreunde gewesen. Erst in jüngster Zeit ist diese Sichtweise deutlich korrigiert worden.[92]

Das NSKK beteiligte sich in vorderster Reihe an den Verbrechen an der jüdischen Bevölkerung im Zusammenhang mit der sogenannten Reichskristallnacht. Im Krieg verantwortete das NSKK nicht nur die Logistik für Transport und Nachschub, sondern besorgte gemeinsam mit Polizei-Bataillonen auch die »Befriedung des Hinterlandes im Osten«. Hinter dieser verräterischen Formulierung verbergen sich unter anderem Einsätze von NSKK-Einheiten, die sich als »Hilfspolizei« in Polen wie später auch in der Ukraine und Rußland an Deportationen und Exekutionen von Juden beteiligten. Was die einschlägigen Akten in Ludwigsburg bei der Zentralen Stelle der Landesjustizverwaltungen zur Aufklärung nationalsozialistischer Verbrechen belegen, hat Adolf Hühnlein im Geleitwort für das NSKK-Erinnerungsbuch *Wir waren mit in Polen* bereits im Frühjahr 1940 antizipiert: »Es war noch nie die Art des NSKK, die Hände in den Schoß zu legen und untätig abzuwarten, bis ihm eine Aufgabe wie eine reife Frucht zufiel. Wo es gilt zuzupacken, ist das Korps im alten Kampfgeist zur Stelle. So war es nur selbstverständlich, daß das NSKK auch in Polen mit dabei war und in Erfüllung der ihm in den befreiten Provinzen und im Generalgouvernement erwachsenen Aufgaben seinen Mann gestanden hat.«[93]

Mitläufer und Profiteure

Die Rennfahrerhelden, ohnehin an diesen Verbrechen nicht beteiligt, werden trotzdem nach 1945 mit Blick auf die Vorkriegsaktivitäten des NSKK die Rolle des Korps sowie dessen Anführers Hühnlein und erst recht ihr eigenes Verhalten geflissentlich verharmlosen und herunterspielen. Sie sind nahezu ausnahmslos Mitglieder des NSKK gewesen. So wie auch der spätere Bundeskanzler Kurt Georg Kiesinger, Franz Joseph Strauß, der Großverleger Franz Burda, der Althistoriker Alfred Heuß, der Politologe Theodor Eschenburg und viele andere honorige Deutsche. Weil das NSKK so »harmlos« war? Oder nicht auch deshalb, weil Automobile und Motorräder, Motorsport und Männerfreundschaft abenteuerlustige Söhne des großen wie des kleinen Bürgertums unter das NSKK-Banner lockten? Antisemiten und Nazis, Spießer und Honoratioren, jung und alt vereint von der Faszination für deutsche Technik und deutsche Rennsiege? Auch solche Gemeinsamkeiten und Teilidentitäten von Interessen mögen die gern beschworene – oder doch nur behauptete und gar nicht vorhandene – »moralische Resistenz« der vermeintlich besseren Kreise ins Wanken gebracht haben.

Die deutschen Motorsporthelden befinden sich also in bester Gesellschaft. Und wer Rennen fahren will, der macht sich über den Nationalsozialismus möglicherweise nicht allzuviel Gedanken. Hauptsache, man ist unter den Gewinnern. Paul Pietsch hat mehr als sechs Jahrzehnte nach seinen Renneinsätzen während der NS-Diktatur eingeräumt: »Ich war dann halt auch Mitglied beim NSKK. Aber erst viel später hab' ich mir gesagt: Junge, du schädigst dich. Dann bin ich halt nach Italien, bin dort viel für Maserati gefahren.«[94]

Wobei Pietsch allerdings nicht zur ersten Garde der deutschen Silberpfeil-Piloten zählte. In der Rennsaison 1935 war er zwar Werksfahrer bei Auto Union, hat sich danach aber mangels Erfolgen wieder als Privatfahrer betätigen müssen, ehe er sich 1939 mit seinem spektakulärem Auftritt in einem Maserati beim ersten Großen Preis von Großdeutschland auf dem Nürburgring erneut ins Blickfeld von Mercedes-Benz und Auto Union rückte. So blieben Pietsch aber permanente, weil an Rennerfolge geknüpfte Beförderungen innerhalb des NSKK erspart.

Die gleichgeschaltete deutsche Presse mußte diese Dienstgrade allerdings durchaus ernst nehmen und sie schließlich stets in ihrer Motorsportberichterstattung erwähnen, um klar zu signalisieren, für wessen Ruhm und Ehre die Rennfahrer auch von Erfolg zu Erfolg rasten. Wenn heute der jeweilige Sponsor benannt wird, so siegte etwa beim letzten Europameisterschaftslauf der Rennwagenklasse vor Kriegsbeginn, dem Großen Preis der Schweiz am 20. August 1939, der NSKK-Hauptsturmführer Lang vor dem NSKK-Staffelführer Caracciola, dem NSKK-Sturmführer von Brauchitsch und dem NSKK-Truppführer Müller.

Einer, der sich damals an diese zeitgenössische Nomenklatur gehalten hat oder hat halten müssen, ist der einflußreiche Berliner Journalist Siegfried Doerschlag, der bereits im Juni 1932 seinen dann auch während der NS-Diktatur florierenden Informations- und Nachrichtendienst für Verkehr und Motorisierung (»DDD – Der Doerschlag-Dienst«) gegründet hat. Doerschlag formuliert am 27. Oktober 1946 einen Entlastungsbrief an von Brauchitsch für dessen Spruchkammerverfahren: »Wenn Manfred von Brauchitsch Nazi von 1933 gewesen sein sollte, so wohl unter derselben Suggestion, unter der alle großen Rennfahrer: Caracciola, Rosemeyer, Stuck, Lang, Hasse, von Delius u. a. mehr oder weniger *ZWANGSLÄUFIG* zum NSKK geschlagen wurden und dann, nach jedem Sieg, vom Korpsführer Hühnlein feierlich vor den Tausenden von Zielbesuchern *befördert* wurden. [...] Was sie im Innern dachten, war eine ganz andere Sache«, urteilt Doerschlag und erklärt das politisch geschmeidige Verhalten der Rennfahrer aus der »Psychose der Hühnlein-Zeit und der Autorenn-Hausse« heraus. Er münzt dies in direkte Entlastung für von Brauchitsch um: »Auch im Sport gab's eben Diktatur, ein Spitzenfahrer wie Sie mußte mit den Wölfen heulen.«[95]

Der eine mag das allerdings etwas lauter als der andere getan haben. Und dies manchmal auch nicht nur aus bewußtem Kalkül, sondern vielleicht sogar eine Zeitlang aus innerer Überzeugung. Und so einer war allem Anschein nach eben doch auch Manfred von Brauchitsch. Der Sproß norddeutschen Niederadels hat sich 1923, lange vor Beginn seiner Rennfahrerkarriere, als Pionier der »Brigade Ehrhardt« angeschlossen. Die war 1920 am Kapp-Putsch gegen die Republik beteiligt und ist zudem bei der Niederschlagung kommunistischer Aufstände zum Einsatz gekommen. Namensgeber Korvettenkapitän Hermann Ehrhardt hat den rechtsradikalen Geheimbund »Organisation Consul« gegründet, zu dessen Lasten die Mordanschläge auf den Zentrumspolitiker Matthias Erzberger und Reichsaußenminister Walther Rathenau gehen. Von Brauchitsch wird sinnigerweise wegen eines Motorradunfalls zum Berufsrennfahrer und nicht zum Berufsoffizier wie sein Onkel Walther von Brauchitsch, der es unter Hitler zum Generalfeldmarschall und Oberbefehlshaber des Heeres bringt. Wobei der »Führer« auch dabei behilflich ist, von Brauchitschs erste Frau zur Scheidung zu überreden. Der Diktator übernimmt obendrein die Kosten des Verfahrens, weshalb der wieder auf Freiersfüßen wandelnde Spitzenmilitär alsbald seine neue Flamme Charlotte Rüpper ehelichen kann, eine begeisterte Nationalsozialistin. Wer Verwandte mit derart guten Beziehungen zum NS-Regime hat, kann es für sich wie alle deutschen Militärs halten: Die dürfen schon vor 1933 qua Gesetz keiner Partei angehören und selbst nach 1933 nicht einmal der NSDAP – und können dadurch völlig »unpolitisch« bleiben. So ist auch der rennfahrende von Brauchitsch nicht Mitglied der NSDAP, tritt aber dem NSKK bei, um weiter seiner temporeichen Berufsleidenschaft frönen zu können.

Wie ihn hat es auch den knapp anderthalb Jahre älteren Großbürgersohn Robert »Bobby« Kohlrausch zu den Freikorps gezogen, und im Gegensatz zu von Brauchitsch ist der junge Robert nach eigenem Bekunden mit dabeigewesen, als es gegen den politischen Feind ging: »In den Kommunisten-Unruhen 1919–1922 war ich Zeitfreiwilliger in Eisenach und gehörte während der Spartakisten-Putsche dem Freikorps der Marburger-Studenten an, welcher Thüringen von den Spartakisten befreite.«[96] Bald darauf setzt Kohlrausch seine Berufsausbildung an Technischen Schulen und Hochschulen fort, arbeitet zwischenzeitlich als Motorrad-Versuchsingenieur bei den Wanderer-Werken in Chemnitz und entdeckt zugleich ein neues Steckenpferd, das wie seine Freikorpseinsätze auch einen ganzen Kerl fordert: »Während meiner Studienjahre war ich auf motorsportlichem Gebiete sehr erfolgreich, beteiligte ich mich 1923–1929 als Motorradfahrer an Wettbewerben. Von 1929 bis heute nahm ich als Wagenfahrer an Rennen u. Gelände- sowie Zuverlässigkeitsfahrten teil u. konnte ca. 90 erste Preise bei nationalen u. internationalen Wettbewerben erringen.« Seit Dezember 1932 gehört Kohlrausch unter der Mitgliedsnummer 209 008 der SS an und behauptet in seinem am 12. Februar 1936 verfaßten Lebenslauf: »So bin ich der erfolgreichste SS-Fahrer im deutschen Motorsport.«

Ein ganz besonderer Fall

Womit der damalige SS-Untersturmführer Kohlrausch geflissentlich ignoriert, daß der fünf Jahre jüngere, aber schon ranggleiche SS-Untersturmführer Bernd Rosemeyer für die Auto Union bereits Grand-Prix-Rennen fährt und zum Saisonende 1935, am 29. September in Brünn, sogar seinen ersten Großen Preis, nämlich den der Tschechoslowakei, gewonnen hat. Rosemeyer ist gerade auf rasante Weise dabei, sich zum größten Sportidol der deutschen Jugend aufzuschwingen. Der »blonde Bernd« erobert in tollkühnem, dabei ebenso lässigem wie draufgängerischem Stil die Herzen der Deutschen. Allenfalls Boxidol Max Schmeling erreicht damals einen ähnlichen Stellenwert. Bernd Rosemeyer aber ist einzigartig. Und er gehört der Organisation an, die nach den Maßstäben des NS-Staats die Elite Deutschlands vereint.

Nach eigenem Bekunden ist der Rennfahrer bereits 1932 in die SS eingetreten, in die SA »zwei Monate vorher«,[97] und muß als SS-Obersturmführer für seine am 13. Juli 1936 geplante Hochzeit mit der bekannten Fliegerin Elly Beinhorn einen »Fragebogen zum Verlobungs- und Heiratsgesuch« ausfüllen: »Ich, Bernd Rosemeyer, wurde als Sohn des Fabrikanten Wilhelm Rosemeyer und seiner Ehefrau Louise, geb. Funke, am 14. Oktober 1909 zu Lingen an der Ems geboren. Von meinem 6. Lebensjahr besuchte ich die 8klassige Volksschule dortselbst. Danach trat ich in die Lehre bei meinem Vater ein um das Mechaniker-Handwerk zu erlernen, welche ich mit Auszeichnung bestand. Während der Lehrzeit besuchte ich die Gewerbliche Fortbildungsschule. Mit dem 16. Lebensjahre machte ich meine Führerscheine 1, 2 und 3b. Dann war ich an verschiedenen Stellen als Volontär tätig. Mit dem 21. Lebensjahr widmete ich mich dem Motorrad-Rennsport, den ich bis zum Jahre 1934 mit viel Erfolg betrieb. Dann kam ich in den Auto-Rennstall der Auto Union, um Deutschland im In- und Ausland zu vertreten, und wo ich jetzt noch bin. Im Herbst letzten Jahres erlernte ich in Johannisthal noch das Fliegen.« Von besonderem politischem Engagement für den Nationalsozialismus zeugen diese Zeilen des damals sechsundzwanzigjährigen SS-Obersturmführers nicht unbedingt, und in dem besagten SS-Fragebogen beantwortet Rosemeyer die Frage nach seinem Glaubensbekenntnis ausdrücklich mit »katholisch«. Viel Gedanken an die Politik scheint der junge Rennfahrer demnach nicht verschwendet zu haben, aber sein Gespür für seinen Status als Spitzensportler der Nation muß untrüglich gewesen sein. Als Mitglied der SS ist er nach Aktenlage dem persönlichen Stab Himmlers zugeteilt. Unter den Bedingungen des NS-Regimes hat diese Art von SS-Mitgliedschaft Rosemeyer immense Vorteile beschert, nämlich Schutz und Privilegien, Freiraum und Freiheiten für sein privates Leben. Ohne daß dafür lautstarke politische Lippenbekenntnisse nötig gewesen wären. Sein zeitweiliger Fahrerkollege bei der Auto Union, Paul Pietsch, hat das sechs Jahrzehnte später nüchtern kommentiert: »Na ja, der Rosemeyer war damals in der SS, mit jedem Sieg haben die ihn befördert, zum Schluß war er dann halt SS-Hauptsturmführer. Aber was soll er machen? Wenn ihnen das Regime damals so was bietet, sollen sie nein sagen? Da wären sie ja so was von daneben gewesen!«[98]

Weshalb aber ist Rosemeyer der SS beigetreten? Nach eigenem Bekunden sogar schon vor der NS-Machtergreifung, worauf auch seine SS-Nr. 214952 und seine ehemalige SS-SA Nr. 101162 hindeuten,[99] auch wenn ihn seine SS-Stammkarte erst ab November 1933 als »SS-Anwärter« aufführt. Professor Bernd Rosemeyer junior, der seinen Vater nicht mehr persönlich hat kennenlernen können, schreibt: »Was meinen Vater angeht, so weiß ich auch nur aus Erzählungen meiner Mutter, daß er über den Lingener Sportverein, für den er einmal Motorrad fuhr, zur SS gekommen ist, ohne daß er groß um seine Meinung gefragt wurde. Abgesehen davon konnte zu dieser Zeit sicher kein Sportler die weitere Entwicklung des Regimes voraussehen. Somit kann ich verstehen, daß er sich nicht groß gewehrt hat. [...] Meine Mutter hat sich mit diesen Fragen nie sehr intensiv beschäftigt und mit ihren stolzen 96 Jahren erinnert sie sich an vieles nicht mehr.«[100] Der Sohn des Rennfahrers, bekannter und erfolgreicher Sportmediziner in München, betont zudem ausdrücklich: »Sowohl mein Vater als auch meine Mutter waren an ihrem Sport, nicht jedoch an der Politik interessiert.«

Was in derart großen politischen Umbruchszeiten wie den Jahren der NS-Diktatur allerdings ein kunstvoller Spagat gewesen sein muß. Bringt es die Logik eines totalitären Systems wie des Nationalsozialismus doch mit sich, daß alles als »politisch« ausgelegt und aufgefaßt wird. Auch das Nichthandeln, das Dulden und das Stillhalten. »Man hilft, eine Fassade mit aufzubauen von einem normalen netten Deutschland, mit dem sich leben läßt und das ja so in Wirklichkeit nicht existiert«, schreibt dazu in persönlicher Rückschau Sebastian Haffner, der Ende August 1938 nach England emigriert, weil er zu seiner »nichtarischen« Braut steht – und weil er als Jurist und Publizist in diesem Unrechtsstaat nicht mehr mitmachen will. Auch die großen und kleinen Rennspektakel in der Eifel, auf der AVUS und andernorts im Nazireich sind schöne Täuschungen und Selbsttäuschungen potemkinschen Ausmaßes. Prächtige Fassaden für eine brutale Diktatur.

Aufrüstung für die Rennstrecke

Als im Mai 1933 auf der AVUS und am Nürburgring die italienische Rennfahrerelite noch ihre eklatante Überlegenheit und die ihrer französischen Bugatti- und italienischen Alfa-Romeo-Rennwagen demonstriert, machen sich in den Versuchsabteilungen in Untertürkheim und in Zwickau die Ingenieure, Meister und Facharbeiter ans Werk. Während die sächsischen Grand-Prix-Neulinge auch aus Kostengründen beim Bau ihrer Rennwagen weitgehend von den technischen Möglichkeiten der Serienfertigung bei Horch abhängig sind und sich bei der Verwendung von Maschinen und Material stark auf vorhandene Kapazitäten im Werk stützen müssen, kann die Rennmannschaft der schwäbischen Konkurrenz weitgehend autark, vor allem aber mit höheren Budgets arbeiten.

Beide Werksrennställe stützen sich auf eine auserlesene Schar handwerklicher Könner, auf Klempner und Schlosser, die mit nachgerade uhrwerksmäßiger Genauigkeit regelrechte Kunstwerke der Feinmechanik herstellen. Ein kleines Beispiel für Aufwand und Präzision, mit der von Hand gearbeitet wird: Die Zahnräder im Flügelantrieb der Kompressoren dürfen maximal ein Hundertstelmillimeter Spiel aufweisen. So landet quasi zwangsläufig die Handwerker- und Facharbeiterelite der Unternehmen im Versuch bzw. in der Rennabteilung. Dort entstehen verschworene Betriebsgemeinschaften, Einheiten technisch hochspezialisierter Männerbünde, die binnen kürzester Zeit auf Neuentwicklungen der Konkurrenz reagieren müssen und damit zur Speerspitze neuer Technologien werden. Der permanente Zweikampf der beiden Unternehmen verschärft die Anstrengungen und sorgt dafür, noch schneller noch bessere Lösungen zu finden. Wobei die Silberpfeile ein Leistungsniveau erreichen, mit dem man der ausländischen Konkurrenz schon bald und auf Jahre hinaus überlegen sein wird. Doch hinter all diesen technischen Wunderwerken stehen Menschen mit ihren Stärken und Schwächen. Der Ehrgeiz von Fahrern, Ingenieuren und Mechanikern, gepaart mit der Aussicht auf Erfolge, genährt von Idealismus, Technikbegeisterung, Stolz, Geltungsbedürfnis und auch von deutscher Überlegenheitsideologie, bringt nachgerade gruppendynamische Prozesse in Gang – und stellt die technikbegeisterte Elite unter zusätzlichen Druck, der wiederum den inneren Zusammenhalt dieser Rennsportspezialisten fördert. Insofern ähneln die Grand-Prix-Rennen als anspruchsvollste Kategorie des internationalen Motorsports durchaus den Bedingungen, wie sie der moderne, industrialisierte Krieg für Entwicklung und Produktion von neuen Waffensystemen erzeugt. Permanenter Zeit- und Leistungsdruck bei schier unbegrenzter Nutzung von technischen wie finanziellen Ressourcen. Planen, Erproben und Einsetzen für den »Endsieg«, ob auf der Rennstrecke oder an der Kriegsfront. Die Grenzen verwischen, weil die technologische Denkweise des Ingenieurs stets die gleiche bleibt. Die Auftritte der Silberpfeile – das sind Hitlers Rennschlachten.

Nicht von ungefähr wird ab 1939 das Gros all jener hochqualifizierten Fachleute nahtlos in die Rüstungszweige der Konzerne wechseln und dort weitermachen. Daimler-Benz-Cheftechniker Fritz Nallinger entwickelt dann mit seinen Ingenieuren anstelle von Silberpfeilen neue Flugzeugwaffen, konstruiert sogar noch in der Endphase des verlorenen Krieges einen »Amerika-Bomber« für deutsche Vergeltungsangriffe auf New York. Selbst die deutschen Rennfahrerprofis bringen ihre Erfahrungen aus dem Motorsport ein: Manfred von Brauchitsch betätigt sich vorübergehend als Panzer-Testfahrer, während sein Stallgefährte Hermann Lang mit einem umgebauten Rennwagen Versuche fährt. Sein ehemaliger Silberpfeil soll als rasende Startrampe für Raketen und Düsenjäger dienen.

All das nimmt im Jahr 1933 seinen Anfang: Die neue 750-Kilogramm-Rennformel zwingt die Konstrukteure der beiden deutschen Nationalrennwagen zum ausgiebigen Einsatz hochwertiger Leichtmetallegierungen. Das kostet viel Geld und erfordert mehr Kenntnisse als damals im Rennsport üblich. Von Anfang an wird daraus ein gigantisches Abenteuer, denn dank konsequenter Leichtbaukunst und hochentwickelter Kompressortechnik können gewaltige Motoren von bis zu sechs Litern Hubraum und mehr als 600 PS in die einsitzigen Rennwagen verpflanzt werden. Mächtige Triebwerke, mit Kompressor und Spezialtreibstoff auf schiere Leistung getrimmt, mit welcher die damalige Fahrwerkstechnik kaum Schritt zu halten vermag. Radaufhängungen, Federbeine, Schwingungsdämpfer und vor allem die Reifen sind im Grunde nicht in der Lage, die brachiale Gewalt der neuen Motoren ohne Leistungsverluste auf die Pisten zu übertragen. Fahrer wie Techniker bewegen sich auf absolutem Neuland und agieren dabei weniger nach System als eher nach der Methodik von Versuch und Irrtum. Auto-Union-Chefingenieur Robert Eberan von Eberhorst läßt 1939 bei einer Tagung des Vereins Deutscher Ingenieure durchblicken: »Es muß bekannt werden, daß der Entwicklungsstand der heutigen Rennwagen kein Forschungsprodukt, sondern das Ergebnis eines vorsichtigen Herantastens an die Grenzleistung von Maschine, Mensch und Material ist. Der rasche Entwicklungsfluß im Rennwagenbau zwingt uns, über den Erfolg zu neuen Entwicklungsaufgaben überzugehen, ehe es in der Zeit überhaupt möglich wäre, alle forschungsmäßigen Versuchsgrundlagen zu schaffen, die in den Grenzgebieten einfach fehlen.«[101]

Bei aller Gemeinsamkeit der technischen Strategie – viel PS, wenig Gewicht – setzen die beiden rivalisierenden Konzerne beim Fahrwerk auf völlig unterschiedliche Grundkonzepte. Die Auto Union bleibt der damals unorthodoxen, aber von Porsche bevorzugten – und wohl vom Benz-Tropfenwagen inspirierten – Mittelmotoranordnung von Anfang bis zum Ende der Silberpfeil-Ära treu. Während Mercedes-Benz unter der Regie von Hans Nibel und Fritz Nallinger – beide hatten interessanterweise 1923 bei Benz besagten Tropfenwagen konstruiert! – ganz konservativ auf das damals übliche Frontmotorkonzept setzen und es auch in diesem Fall bis zum kriegsbedingten Ende des Rennbetriebs beibehalten. Um die technischen Konsequenzen auch dem geneigten Laien verständlich zu machen: Mit den Rennwagen von Mercedes-Benz können sich Spitzenfahrer auf Anhieb gut zurechtfinden. Mit den Silberpfeilen der Auto Union ist dies etwas schwieriger. Notorisch übersteuernd, neigt das Heck des sächsischen Rennmodells dazu, sofort ins Kreiseln zu geraten und von der Strecke zu rutschen. Wenn die Umstellung auf das ungewöhnliche Fahrverhalten des Mittelmotorwagens aber – wie im Fall von Bernd Rosemeyer – gelingt, so wird die zumeist überlegene Motorleistung der schwäbischen Silberpfeile mehr als kompensiert.

Die ausgefeilte Kompressortechnik katapultiert indes beide deutsche Rennwagen in bis dahin ungeahnte PS-Regionen. Porsche wählt als Aggregat ein V-16zylinder-Triebwerk mit zunächst 4,4 Liter Hubraum und einem Rootskompressor. Die Zylindereinheiten werden dadurch kleiner, was wegen des günstigen Verhältnisses von Oberfläche zu Volumen in der

Theorie weniger thermische Probleme und daher auch stärkere Belastungsmöglichkeiten verspricht. Auf dem Papier rechnen die Ingenieure mit einer Leistung von zunächst 280 PS bei 4 500 U/min. Im Vergleich zu den etwa 215 Pferdestärken der damals dominierenden Alfa-Romeo-8zylinder ein beachtlicher Fortschritt. Anfang 1938 – und damit fast am Ende seiner Entwicklung – ist dieser für die Auto Union konzipierte Motor auf 6,5 Liter Hubraum vergrößert und mobilisiert 560 PS bei erstaunlich niedrigen 5 000 U/min. Das sind schon damals technologische Quantensprünge, die einen wesentlichen Teil jener Faszination erklären helfen, die diese silbernen Rennwagen bei ihren Einsätzen in aller Welt ausgelöst haben. Und um das Zahlenspiel zu komplettieren: Bei Mercedes-Benz setzen Nibel und Kollegen auf einen Reihen-8zylinder mit zunächst 3,4 Liter Hubraum, der, mit einem Kompressor bestückt, 325 PS bei 5500 U/min abgibt. Nach gut fünf Jahren Entwicklung werden diese 8zylinder aus Untertürkheim 5,7 Liter Hubraum aufweisen und bei 5 800 U/min an die 650 PS leisten. All dies erreichen die Ingenieure in Untertürkheim wie in Zwickau unter Einsatz von Kompressoren, die mit immer höherem Ladedruck arbeiten, und mit Hilfe ausgeklügelter Treibstoffmischungen auf Basis von Benzol und Alkoholverbindungen. Nicht zuletzt aber mit den technischen Grundlagen und Möglichkeiten großer Autokonzerne und deren Zulieferindustrie. Da gibt es Vollschwingachsen, hydraulische Bremsen, spezielle Rennreifenmischungen und andere technische Innovationen. Diesem von deutscher Seite mit staatlicher Unterstützung betriebenen Aufwand werden die italienischen, französischen und englischen Rennmanufakturen auf Dauer nichts mehr entgegenzusetzen haben. Um einen Begriff aus dem Boxsport zu gebrauchen: Die Silberpfeile siegen durch technischen K.o.

Der erste Rennwagen der Auto Union – zum Leidwesen des sächsischen Konzerns von der zeitgenössischen Presse als »P-Wagen« nach seinem Konstrukteur Porsche bezeichnet – besteht aus 1622 Einzelteilen. Bis die alle gegossen, gefertigt und zusammengefügt sind, vergeht über ein halbes Jahr. Die 60 Mann starke Rennabteilung arbeitet im Dreischichtbetrieb 24 Stunden pro Tag, ehe im Oktober 1933 der erste Prototyp montiert ist.

Auf öffentlichen Straßen rings um das Horch-Firmengelände beginnen die ersten Probeläufe. Die auffällige Rennverkleidung aus Duraluminium bringt nur 45 Kilo auf die Waage und verleiht dem Fahrzeug eine außergewöhnliche Silhouette. Der silberfarbene »P-Wagen« wird unter strenger Geheimhaltung verladen und absolviert am 13. November seine erste Testfahrt auf der Südschleife des Nürburgrings. Tags zuvor hat sich das Naziregime in einer »Reichstagswahl« mit NSDAP-Einheitsliste vom wahlverpflichteten Volk bestätigen lassen: Bei einer Beteiligung von 95,2 % stimmen 92,2 % für die Hitler-Partei, 7,8 % der abgegebenen Stimmen sind ungültig. Die Weichen sind gestellt, auch bei der Auto Union, wo Rennleiter Walb höchstpersönlich bei den ersten Fahrversuchen den Prototyp steuert. Die Grand-Prix-Neulinge aus Sachsen kommen mit ihrem Nationalrennwagen etwas schneller in die Gänge als die eigentlich erfahrenere Konkurrenz in Untertürkheim. Denn der neue Mercedes-Benz W25 dreht erst am 18. November auf dem Werksgelände die ersten Runden. Bei seiner ersten öffentlichen Präsentation schimmert die schnittige Verkleidung des Rennwagens unlackiert in rohsilberner Aluminiumhaut. Die Konkurrenz mag mit ihrem P-Modell zwar eher auf der Rennstrecke sein, die Untertürkheimer aber führen den W25 noch vor der ersten ernsthaften Testfahrt ihrem größten Sponsor vor. Hitler weilt zu wichtigen Sitzungen seiner Partei im »Braunen Haus«, weshalb der

Rennbolide gleich nach Neujahr nach München verfrachtet wird und großen Eindruck hinterläßt. Goebbels notiert am 4. Januar 1934 in sein Tagebuch: »Mit Hitler im Kaffee. Er ist rührend nett zu mir. Bei Mercedes neuen Rennwagen angeschaut. Ein Wunderwerk. Erste Klasse!«[102]

Die Auto Union kontert mit der ersten offiziellen Testfahrt am 12. Januar 1934 auf der AVUS. Was der Porsche-Konstruktion nicht nur Zeitungsschlagzeilen, sondern auch den Beistand von Parteiprominenz wie Hitler-Adjutant Brückner, NSKK-Führer Hühnlein, Reichssportführer von Tschammer und Osten sowie einiger Herren aus dem Reichspropagandaministerium beschert. Mit Spitzengeschwindigkeiten von weit über 250 km/h übertrifft Hans Stuck locker die im Vertrag zwischen der Auto Union und Porsche vereinbarten Anforderungen an den neuen Rennwagen. Die Presse schwärmt vom »Flugzeugrumpf auf Rädern«. Der weit vorn und sehr tief plazierte Fahrersitz und das lange, spitzflossenartige Heck brechen in ihrer Anmutung mit allen bis dato üblichen Konzepten des Rennwagenbaus. Dieser silberne Pfeil auf Rädern nährt die nationalen Hoffnungen auf große Rennsiege.

Ferdinand Porsche nutzt die Gunst der Stunde und schickt am 17. Januar 1934 ein Exposé an das Reichsverkehrsministerium. Darin schlägt er wieder den Bau eines Volkswagens vor. Ähnlich wie das Radio mit dem im August 1933 vorgestellten Volksempfänger soll nun auch das Automobil für weite Kreise der Bevölkerung erschwinglich und populär gemacht werden. Als voraussichtlichen Preis für seine Konstruktion mit einem 26 PS starken Boxermotor im Heck nennt Porsche 1500 Reichsmark. Keine drei Monate später kommt es zum Treffen zwischen Porsche und Hitler. Und Vermittler Jakob Werlin ist ebenfalls mit dabei. Porsche konstruiert für die Konkurrenz von Auto Union zwar einen Rennwagen, doch das Vorstandsmitglied der Daimler-Benz AG interessiert sich wie sein Unternehmen ebenfalls für das Kleinwagenprojekt.

In diesem neuen, der Motorisierung wie dem Bau von Autobahnen und nicht zuletzt dem Rennsport so aufgeschlossenen Deutschland scheint der Weg für technischen Fortschritt geebnet. Es sind herrliche Zeiten für das, was Presse und Propaganda gleichermaßen als »deutsche Ingenieur- und Werkmannschaft« preisen. Strahlende Zeiten, in denen das metallische Silber der neuen Nationalrennwagen die traditionelle deutsche Rennfarbe Weiß im Grand-Prix-Sport ersetzen wird.

Auf dem politischen Parkett lassen sich Anfang 1934 eher Pluspunkte sammeln als auf der Rennstrecke. Mercedes-Benz bangt um seinen Fahrer Nummer eins: Rudolf Caracciola hat sich von den Folgen seines Rennunfalls in Monte Carlo noch nicht erholt. Der humpelnde Meisterfahrer leidet unter Schmerzen und hat bislang noch keine Testfahrten absolviert. Zu allem Überfluß trifft den Rekonvaleszenten ein fürchterlicher Schicksalsschlag, als seine Ehefrau Charlotte am 4. Februar 1934 auf einer Skitour in Arosa bei einem Lawinenunglück ums Leben kommt. Caracciola ist bis auf weiteres nicht mehr ansprechbar, und die Daimler-Benz AG hat ein ernsthaftes Problem.

Ihr einziger verfügbarer Werksfahrer, Manfred von Brauchitsch, unternimmt bereits am 18. Januar 1934 in Italien die ersten ernsthaften Versuchsfahrten im W25: »Während der Wintermonate hatten die Ingenieure und Mechaniker in unermüdlicher Arbeit ein Wunderwerk zusammengebaut – einen Einsitzer. Ich war dazu ausersehen, auf der Autostrada von Mailand nach Varese mit diesem silbergleißenden Fahrzeug die ersten *Gehversuche* zu machen.«[103] Der W25 ist also keineswegs weiß lackiert, hat von Brauchitsch in seinem allerersten in der DDR erschienenen Erinnerungsbuch im Jahr 1953 notieren lassen, knapp zwei Jahrzehnte nach den Ereignissen. Merken wir uns das gut mit Blick auf spätere Legenden.

Das erste direkte Aufeinandertreffen der beiden deutschen Rennställe folgt Tage später auf der Grand-Prix-Strecke in

Monza, wo am 21. Januar 1934 auch die Konkurrenz von der Auto Union eintrifft und mit Willy Walb, Hans Stuck und Hermann Prinz zu Leiningen bis zum 2. Februar ein umfangreiches Versuchsprogramm durchexerziert. Mercedes-Benz hingegen muß bald zusammenpacken, nachdem von Brauchitsch vermutlich wegen eines Reifenschadens von der Piste fliegt. Der Fahrer kommt mit dem Schrecken davon, doch der einzige verfügbare W25 ist derart beschädigt, daß er vor Ort nicht mehr repariert werden kann.

Auch im fernen Berlin sind die staatlichen Geldgeber hellhörig geworden. Ministerialdirektor Brandenburg schreibt im Auftrag des Reichsverkehrsministeriums am 25. Januar 1934 einen Brief an Daimler-Benz-Vorstandschef Kissel und will wissen, wie weit der Bau der Rennwagen gediehen ist, vor allem aber auch, wer sie fahren soll. Am 30. Januar, auf den Tag genau ein Jahr nach der NS-Machtergreifung, schreibt Kissel weder »mit deutschem Gruß« noch mit »Heil Hitler!«, sondern schlicht »Mit vorzüglicher Hochachtung« an den Herrn Reichsminister zurück, verschweigt aber bezeichnenderweise den Unfall von Monza: »Der Wagen ist wieder in unserem Werk und wird nach Vornahme einiger kleiner Änderungen in etwa 14 Tagen zur Vornahme weiterer Versuchsfahrten wieder nach Oberitalien verfrachtet werden.«[104] Der Herr Direktor versucht die staatlichen Stellen zu beschwichtigen: »Die Ergebnisse unserer Versuchsfahrten waren durchaus befriedigend. Wir konnten uns davon überzeugen, daß die Straßenlage des Wagens eine ausgezeichnete ist.« Und umgeht auch geschickt das heikle Thema Rennfahrerverträge: »Die Fahrerfrage ist noch nicht endgültig geklärt; sobald dies der Fall sein wird, werden wir uns erlauben, Ihnen darüber zu berichten.«

Fast eine halbe Million Reichsmark hat die Daimler-Benz AG bis dato vom NS-Staat geschenkt bekommen, aber der zweite W25-Typ, der tatsächlich schon Mitte Februar fertiggestellt worden ist, kann vom Reichsverkehrsministerium trotzdem noch nicht besichtigt werden. Kissel behauptet in einem weiteren Schreiben vom 22. März 1934, »daß der zweite Rennwagen erst morgen fertig wird«.[105] Und weil das gute Stück sofort zu weiteren Testfahrten nach Oberitalien verbracht werden muß, kann die fällige Besichtigung erst nach Ostern stattfinden. Wobei Kissel aber nicht vergißt, dezent und beiläufig die nächste fällige Beihilfe in Höhe von 50000 Reichsmark einzufordern. Diesmal übrigens »Mit deutschem Gruß«. Die nächste Bitte für einen weiteren Nachschlag aus der Staatskasse wird am 14. April folgen.

Direktor Kissel hat allerdings wohlweislich verschwiegen, daß es bei neuerlichen Testfahrten auf dem Nürburgring schon wieder einen Unfall gab. Diesmal hat es den jüngst verpflichteten BMW-Motorrad-Weltrekordmann Ernst Henne erwischt, der mit dem W25 im Streckenabschnitt »Bergwerk« von der Piste gerast ist.[106] Henne wird aus dem silbernen Wagen geschleudert und landet bewußtlos, den Kopf vornüber, in einem nahe gelegenen Bach. Eine Bäuerin rettet den hilflosen Rennfahrer vor dem Ertrinken. Möglicherweise ist er beim Gasgeben von dem abrupten Einsatz des Kompressors überrascht worden, auch andere Rennfahrer berichten von diesem vehementen, überaus gewöhnungsbedürftigen Kraftschub. Doch Konstrukteur Nibel teilt am 12. April in einem Schreiben an Staatsrat von Stauß, der mächtigen Eminenz im Daimler-Benz-Aufsichtsrat, über Hennes Unfall bei 160 bis 170 km/h nur lakonisch mit: »Ursache: Ehrgeiz.«[107]

Da läuft es bei der Konkurrenz aus Sachsen weitaus besser. Hans Stuck stellt am 6. März 1934 auf der AVUS gleich drei Weltrekorde auf: einen Schnitt von 217,110 km/h über die Stundendistanz, 217,018 km/h über 200 Kilometer und 216,875 km/h über 100 Meilen. Auf den langen Geraden der Stadtautobahn-Rennstrecke hat Stuck dabei Spitzengeschwindigkeiten von über 265 km/h herausgefahren. Wenige Tage vor Eröffnung der Internationalen Automobil- und Motorradausstellung in Berlin gehören die Schlagzeilen damit den Zwickauern, kaum zur Freude der düpierten Konkurrenz, die wegen der wachsenden Unsicherheit um ihren angeschlagenen Spitzenmann Caracciola ernsthafte Sorgen hat, mit dem verbliebenen Rest des »rein deutschen Rennstalls« noch zu reüssieren, und nun also kurzerhand den sechsunddreißigjährigen Luigi Fagioli als Werksfahrer verpflichtet. Der altgediente Haudegen hat freilich nicht das fahrerische Format seiner Landsleute Varzi und Nuvolari, die sind aber längst anderweitig gebunden. Noch sehen diese beiden Nationalhelden des faschistischen Italien ohnehin keinen Grund, sich auf Avancen deutscher Rennställe einzulassen, die weder über ausreichende Devisen zur Bezahlung noch über Erfahrung im erfolgreichen Einsatz von echten, weil einsitzigen Grand-Prix-Rennwagen verfügen.

Stete Forderung und dauernde Annahme finanzieller Wohltaten aus dem Etat des Reichsverkehrsministeriums setzen die Herren in Untertürkheim ebenso wie ihre Kontrahenten in Zwickau unter besonderen Druck. Denn wer zahlt und Strippen zieht, will natürlich mitreden. Das gilt nicht nur für die Ministerialbürokratie, sondern auch für die NS-Funktionäre, allen voran NSKK-Führer Hühnlein. Am 19. April 1934 treffen sich die Herren von Daimler-Benz und Auto Union in Berlin bei der ONS, um gemeinsam das Rennprogramm für das Jahr 1934 abzustimmen. Antreten werden beide deutschen Rennställe bei den Großen Preisen von Frankreich (1. Juli), Deutschland (15. Juli), der Schweiz (26. August), Italien (9. September), Spanien (23. September), Brünn in der Tschechoslowakei (30. September) und zum Gran Premio di Roma (auf den 14. Oktober terminiert, aber schließlich abgesagt), dazu beim Rundstreckenrennen um die Coppa Acerbo in Italien (15. August) sowie bei den Bergrennen am Kesselberg in Österreich (17. Juni), am Klausenpaß in der Schweiz (5. August) und natürlich beim Großen deutschen Bergpreis in Freiburg im Breisgau (19. August). Die Termine liegen zwei, manchmal nur eine Woche auseinander und erfordern einen enormen logistischen Aufwand, den Auto Union wie Mercedes-Benz allmählich mit deutscher Präzision und Gründlichkeit bewältigen lernen. Zudem winken je nach internationaler Wertigkeit der Rennen noch zusätzliche staatliche Prämien aus dem Reichsverkehrsministerium: Bei »Gruppe I«-Veranstaltungen, also internationalen Grand-Prix-Rennen, sind für die ersten beiden Plätze 10000 bzw. 5000 Reichsmark ausgelobt, bei »Gruppe II« bringen diese Plazierungen 7000 bzw. 3000 Reichsmark. Dabei sind Renneinsätze im Ausland ohnehin lukrativ wegen der Devisen. So sind Auto Union wie Mercedes-Benz bisweilen mit jeweils drei verschiedenen LKW-Transporttrupps zeitgleich in Europa unterwegs, um mit ihren silbernen Rennwagen pünktlich zur Rennstrecke oder schon wieder zur fälligen Aufbereitung der Boliden ins Werk zu gelangen. Diese mustergültige Perfektion ist während der ersten Saison der Silberpfeile noch im Entstehen, verdankt sich später aber vor allem der großen Menge an Material: In ihren besten Zeiten verfügen beide Rennställe jeweils über mindestens zwölf einsatzbereite Wagen, ein immenses Aufgebot, das die ausländische Konkurrenz immer stärker auf die Verliererstraße bringen wird.

In der Saison 1934 hingegen können die beiden deutschen Rivalen selbst im Idealfall jeweils nur auf höchstens drei bis vier fahrbereite Silberpfeile zurückgreifen. So kommt es bisweilen zu technischen wie organisatorischen Engpässen, welche beide Rennställe auf den eigentlich vorgesehenen Start beim belgischen Grand Prix am 29. Juli verzichten lassen. Anders sieht es bei der Teilnahme an Bergrennen aus, die mit wesentlich geringerem Aufwand zu bewerkstelligen ist: So bringt der in diesem Metier führende, als »Bergkönig« gefeierte Hans Stuck das Kunststück fertig, in der Saison 1934 entgegen der Absprache mit der ONS noch bei zwei zusätzlichen Bergrennen zu starten und zu gewinnen, während die Konkurrenz aus Untertürkheim durch Abwesenheit glänzt.

Bei der Abstimmung all dieser Termine am 19. April in Berlin bleibt freilich unübersehbar, daß sowohl Auto Union als auch Mercedes-Benz relativ spät in das internationale

Renngeschehen eingreifen werden. Am 2. April ist bereits der Grand Prix von Monaco ohne deutsche Beteiligung gelaufen und von Guy Moll in einem Alfa Romeo vor seinem Stallgefährten Louis Chiron gewonnen worden. Und eine Exkursion nach Afrika zum nächsten wichtigen Grand Prix, der am 6. Mai in Tripolis stattfindet, steht ebenfalls nicht zur Debatte. Auch dieses Rennen wird zu einem grandiosen Triumph für Alfa Romeo mit Varzi, Moll und Chiron auf den ersten drei Plätzen. Klare Sache für NSKK-Führer Hühnlein, die ONS und das Reichsverkehrsministerium ist vielmehr, daß die Premiere der neuen deutschen Rennwagen unbedingt in Deutschland stattfinden muß. Mit Blick auf öffentliche Propagandawirkung und »Heimvorteil« wird der erste Start für das AVUS-Rennen am 27. Mai in Berlin festgesetzt. Bereits eine Woche darauf muß auf dem Nürburgring das Eifelrennen bestritten werden. Fürs erste gilt es gegenüber den ausländischen Fabrikaten aufzuholen, verkündet Hühnlein die Parole auf der Pressekonferenz vor dem AVUS-Rennen: »Mag's kommen, wie es will! – Mag uns das Glück hold sein oder nicht! – Was tut das! – Deutsche Fahrer kämpfen wieder auf deutschen Maschinen!« Auch NSKK-Mann und Mercedes-Benz-Werksrennfahrer Ernst Henne weiß: »Wir werden auf Leben und Tod fahren müssen, wenn wir die Ausländer übertreffen wollen.«[108]

Doch ausgerechnet diese beizeiten mit Veröffentlichung des internationalen Rennkalenders absehbare und von den NS-Rennfunktionären angepeilte Doppelpremiere stellt die Mercedes-Benz-Rennabteilung vor größte Probleme, wie Kissel am 26. April dem Reichsverkehrsminister mitteilt. Man ist mit der Vorbereitung der Wagen schlicht in Verzug geraten. Eine angepeilte Verschiebung des AVUS-Rennens ist jedoch aufgrund der schon lange vorher fixierten internationalen Renntermine nicht möglich. Weshalb Kissel in höchster Not andeutet, »daß unsere Beteiligung zum mindesten fraglich sei, umsomehr, als uns mitgeteilt wurde, daß die AVUS bis zum 20. Mai, also 7 Tage vor dem Rennen,

nicht fahrbar ist. Nachdem uns jedoch nun ermöglicht wurde, trotz der gesperrten einen Bahnseite Proben anzustellen, wollen wir nichts unversucht lassen, Vorbereitungen für das AVUS-Rennen zu treffen, und wir werden die Reifenerprobungen sowohl auf deutschen als auch ausländischen Reifenfabrikaten vornehmen. Von dem Ausgang unserer Versuche auf der AVUS wird es abhängen, ob wir an dem AVUS-Rennen teilnehmen können. Sobald wir darüber klar sehen, werden wir uns erlauben, Sie zu benachrichtigen.«[109]
Auch die Fahrerbesetzung bleibt noch offen, »weil die Teilnahme des Herrn Caracciola bis heute noch ungeklärt ist«.

Die Räder müssen rollen

Mittlerweile aber hat sich das NS-Regime in eine ernsthafte Existenzkrise manövriert. Meldungen aus allen Teilen des Reiches versetzen Hitler und Konsorten in Alarm: Von einem deutlichen Stimmungsumschwung berichten Gestapo und Parteispitzel, die »nationale Erneuerung« hat der Masse der Deutschen keine materielle Verbesserung beschert. In den Reihen der vulgären Parteiarmee, der SA von Ernst Röhm, kursieren bereits lautstarke Parolen, die eine »zweite Revolution« fordern, während Wirtschaft und Industrie unter dem Dirigismus des NS-Staats mit chronischem Rohstoffmangel zu kämpfen haben. Propagandaminister Goebbels startet am 11. Mai eine reichsweite, acht Tage dauernde Pressekampagne »gegen Miesmacher, Kritikaster und Hetzer«. Das Naziregime gerät international in eine immer isoliertere Position. Die deutschen Exportziffern sinken, trotz fehlender Devisen steigen die Importe, der Wert der Reichsmark geht auf Talfahrt, statt Aufschwung droht Flaute. Die konservativen Kräfte um Franz von Papen, die Hitler und die Nazis erst an die Schalthebel der Macht befördert hatten, um dann von den neuen braunen Herren des Landes so zügig kaltgestellt zu werden, wittern noch einmal Morgenluft, zumal sich die

Reichswehrspitze gegen die Bedrohung durch eine »Volksarmee« nach Art der SA wendet. Ein Machtvakuum scheint sich plötzlich aufzutun, denn der greise Hindenburg hat sich sterbenskrank auf sein Gut in Ostpreußen zurückgezogen, sein nahes Ende wird im April 1934 öffentlich bekannt. Es muß etwas passieren. Mehr als ein Jahr nach der Machtergreifung beginnt Hitler seinen Machterhalt noch einmal neu zu organisieren. Positive Ablenkung der zweifelnden »Volksgenossen« tut dem NS-Regime gut, nationale Erfolge sind gefragter denn je. Und so bildet denn auch der erste Auftritt der neuen deutschen Rennwagen ein kleines, aber feines Mosaiksteinchen in dem schönen Bild, das die NS-Propaganda von den angeblich so grandiosen Errungenschaften des Hitler-Staates zusammenschustert.

In der deutschen Öffentlichkeit sind die Erwartungen vor dem Start der silbern glänzenden Wunderwagen aber auch deshalb so hochgestimmt, weil die Rennabteilungen in Zwickau und Untertürkheim großes Stillschweigen betreiben und die ohnehin gleichgeschaltete Presse nur an wenige Informationen herankommt. Die politisch unverdächtige *Allgemeine Automobil-Zeitung* beschreibt in ihrer Berliner Ausgabe in einem Nachbericht zum AVUS-Rennen, wie offen und bereitwillig ausländische Fahrer und Techniker über ihre neuen Rennwagenkonstruktionen Auskunft erteilen, während die beiden deutschen Firmen sich komplett abschotten: »Warum aber waren die Mercedes-Benz- und die Auto-Union-Wagen beim Training stets von Schnüren und einer engen Sperrkette aus SA-Soldaten umgeben? Reizt das nicht zu Gerüchten? Alle anderen Firmen gaben den Hubraum ihrer Motoren an, und nur die Deutschen verheimlichten ihn.«

Die Geheimniskrämerei um ihre Rennwagen werden indes sowohl Daimler-Benz wie Auto Union bis zum Ende des »Dritten Reichs« weiter pflegen und perfektionieren. Mit Hilfe gezielt lancierter (Fehl-)Informationen qualifiziert sich Alfred Neubauer als begnadeter Nebelkerzenwerfer, während sich hinter dem breiten Rücken des beleibten Oberingenieurs ganz andere Dinge abspielen, über die der kernige Dampfplauderer erst lange nach 1945 und dann auch nur in immer neuen Anekdoten zu erzählen weiß. Jedoch wie ehedem ohne Garantie auf absolute Wahrheit. »Im Anfang war alles furchtbar geheim«, erinnert sich denn auch Rudolf Caracciola noch mitten im Zweiten Weltkrieg an diese Art von Öffentlichkeitsarbeit: »Niemand durfte Genaueres über den neuen Rennwagen erfahren. Das Hubvolumen, die Drehzahl, die Leistung des Motors, die Anordnung von Lenkung, Federung, Getriebe – nichts durfte darüber gesagt oder geschrieben werden.«[110]

Am 24. Mai, einem Donnerstag, beginnen morgens die Trainingsfahrten für das AVUS-Rennen. Und der Lärm und die Geschwindigkeit dieser neuen, silbernen Rennwagen verändern mit einem Schlag die bisherige Wahrnehmung des Publikums. Die NS-Strategie der schieren Überwältigung findet fortan ihre motorsportliche Entsprechung in der Art, wie die neuen Nationalrennwagen auftreten: der futuristisch anmutende Auto Union, dessen V-16zylinder-Triebwerk so mächtig dumpf und tief dröhnt, weil der Kompressor zwischen Vergaser und Motor geschaltet ist, und demgegenüber der akustisch wie optisch kontrastierende Frontmotor-Rennwagen von Mercedes-Benz, dessen 8zylinder ebenso markant wie schrill aufkreischt, weil der Rootskompressor die Luft direkt in den Vergaser und von dort in den Motor hineinbläst. Eine geballte Synästhesie aus brüllendem Lärm, rasendem Tempo, gleißendem Metall und stechendem Geruch, der an verbrannte Mandeln erinnert und vom Rhizinusöl im Treibstoff herrührt. Diese silbernen Geschosse elektrisieren die Zuschauer entlang der Rennstrecke und erst recht die wortgewaltig dröhnenden Rundfunkreporter. Bei der ersten Direktübertragung von der AVUS am Freitagvormittag sind es Walther Beumelburg, Eduard Roderich Dietze, Christian Pfeil und Hugo Morero, deren Stimmen sich überschlagen, wenn sie gegen den Lärm anschreien, um dann trotz aller vollmundigen Begeisterung schließlich doch vollends zu verstummen, wenn wieder mal Rudolf Caracciola am Ende der beiden langen Autobahngeraden durch den Grunewald auf die Süd- oder Nordkehre zurast.[111]

Ja, der große Caratsch probiert es doch: »Ein wunderschöner, milder Frühlingstag. Der Silberfisch wurde auf die Bahn geschoben«, erzählt Caracciola: »Daß der Wagen schnell sein würde, hatte ich erwartet. Dafür war er ja schließlich auch gebaut worden. Daß er gleich so schnell war, viel schneller als alle Rennwagen, die ich je in meinem Leben gefahren hatte, war schön und erfreulich. Was mich aber wirklich frappierte, war die enorme Beschleunigung. So etwas hatte ich noch nicht erlebt. Wenn ich das Gaspedal ein bißchen scharf durchtrat, flog das Ding mit mir gleich ein paar Hundert Meter weit durch die Landschaft. In diesem Wagen waren unheimliche Kräfte verborgen. Zu dieser Leistung gehörte auch ein guter Ton: Das Kompressorgeheul, schrill, aufreizend, schneidend, war auf Kilometer zu hören – das war ein Ton, den man bald auf allen Rennstrecken Europas hören und für lange Zeit im Gedächtnis behalten würde.«[112]

Und jenes kreischende Tremolo seines silbernen Rennwagens ähnelt dem schrillen Aufheulen deutscher Sturzkampfbomber, deren Lärm keine sechs Jahre später in der Deutschen Wochenschau von ganz anderen Siegen künden wird. Keine Frage: Dieser überwältigende, lärmend-laute Grand-Prix-Rennsport wird für den Nationalsozialismus die ideale Bühne, um vermeintliche deutsche Überlegenheit spektakulär in Szene zu setzen. Ein martialisches Vorspiel, das allerdings auch von Mißtönen begleitet wird.

Silberne Zeiten

Auto Union und tatsächlich auch Mercedes-Benz sind auf der AVUS mit je drei Wagen für Stuck, Momberger und von Leiningen bzw. Caracciola, Fagioli und von Brauchitsch vertreten. Beim Freitagstraining fährt Stuck mit einem Schnitt von 245 km/h einen neuen inoffiziellen Rundenrekord heraus, während Caracciola am Vortag mit 230 km/h der Schnellste des Fahrer-Terzetts von Daimler-Benz war. Zwar bluffen die PS-Helden etwas, zumal die Startaufstellung damals noch per Los ermittelt wird, doch ihre Zeiten sind zumindest ein Anhaltspunkt für die Kräfteverhältnisse. »Immer mehr verstärkt sich aber der Eindruck, daß die deutschen Wagen eine Siegchance haben, wenn sie durchhalten«, vermeldet voller Begeisterung die *Berliner Illustrierte Nachtausgabe* am Samstag, dem 26. Mai 1934, auf der Titelseite ihrer 2. Ausgabe unter der Schlagzeile: »Die letzten Trainingsfahrten vor der großen Motorschlacht auf der AVUS« und präsentiert darunter ein Bild mit den drei silbernen Auto-Union-Rennwagen. Sind wir an dieser Stelle mit Blick auf die später verbreitete Silberpfeil-Legende aber ganz genau und schauen auch auf andere zeitgenössische Schwarzweißfotografien. Denn die lassen ebenfalls den Schluß zu, daß auf der AVUS nicht nur die sächsischen Rennwagen, sondern auch die W25 in silberner Farbe geglänzt haben. Seien sie aus blankem Aluminium gewesen, auf Hochglanz poliert, möglicherweise mit Klarlack oder gar mit silbernem Lack bepinselt – die neue Rennwagengeneration aus Untertürkheim trägt metallischen Glanz zur Schau, auch wenn im Falle des W25, den Manfred von Brauchitsch auf der AVUS fährt, die beiden hinteren Drahtspeichenfelgen weiß lackiert zu sein scheinen, während diese am Mercedes-Benz von Luigi Fagioli eindeutig als silbern zu identifizieren sind.[113] Womöglich sind diese Radfelgen ja einige der letzten weißen Relikte aus den Anfängen der Untertürkheimer Neukonstruktion. Doch spätestens beim ersten Auftauchen des sächsischen Konkurrenzproduktes dürfte den Technikern der Daimler-Benz AG aufgegangen sein, daß die von Porsche-Mitarbeiter Erwin Kommenda für die Auto Union erdachte Verkleidung aus Duraluminium auch in ihrer metallisch belassenen Farbgebung dem Grundgedanken der neuen 750-Kilogramm-Rennformel folgt. Konsequente Gewichtsreduzierung wird zum Schlüssel für den Rennsieg. Der auffällige Silberglanz der Aluminiumhaut entsteht durch gründliche Politur und ermöglicht weitgehend den Verzicht aufwendiger Lackierung, spart mithin also auch zwei, drei Kilo, welche die damals gebräuchlichen Nitrolacke beschert hätten, die in mehreren Schichten aufgetragen werden mußten. Kein Wunder also, daß auch die neuen W25 ihre Testfahrten beizeiten in metallisch glänzendem Silber absolvieren.

Die gewohnte und damals international per Reglement vorgegebene Farbe für deutsche Rennwagen ist weiß, aber weder auf der AVUS noch beim nächsten Rennen auf dem Nürburgring und nicht einmal während des allerersten Auslandsstarts beim französischen Grand Prix in Montlhéry ist die silberne Lackierung ein Thema, das in der zeitgenössischen Presse national wie international besondere Erwähnung fände. Da wird von den ausländischen Beobachtern schon eher beobachtet und beiläufig beschrieben, daß den silbernen Boliden aus Zwickau bei ihrem Start in Frankreich neben der inzwischen ja wieder schwarzweißroten Reichsflagge am langgezogenen Stromlinienheck auch eine Hakenkreuzflagge aufgepinselt worden ist. Ansonsten wird es als völlig normal und geradezu selbstverständlich gesehen, daß die deutschen Rennwagen in silberner Livree starten. Und ganz besonders hartnäckige Zweifler unter den Nachgeborenen sollten bedenken, daß schon seit den mittelalterlichen Ritterturnieren die Farbe Silber als »heraldisch weiß« gilt. Was der Zunft der Wappenkundler schon immer recht gewesen ist, mag auch den nachgeborenen Rittern des Rennsports taugen. Ist nicht ein Manfred von Brauchitsch schon 1932 und auch 1933 jeweils mit einem silbernen Stromlinien-SSK beim AVUS-Rennen gestartet? Wer also will da kleinliche Vorschriften geltend machen gegen diese engagierten Deutschen, die sich 1934 anschicken, nicht nur die politischen, sondern auch die rennsportlichen Verhältnisse radikal umzukehren? Was weiß ist und was nicht, bestimmen in diesem neuen Deutschland ohnehin dieselben Herren, die in letzter Instanz auch darüber entscheiden, wer Staatsfeind ist und wer nicht. So hat das Sagen im deutschen Motorsport denn auch die von den Nazi-Rennfunktionären dirigierte ONS. Dort sitzen auf Ernennung Hühnleins ausgewählte Vertreter des Reichsverkehrsministeriums, des Reichsinnenministeriums, des Reichspropagandaministeriums, des Auswärtigen Amtes, Repräsentanten des Heeres und des Reichsverbandes der Automobilindustrie. Diese partei- und staatspolitisch beherrschte Behörde vertritt nun auch die deutschen Interessen im Weltverband AIACR. Letztere eigentlich völlig unpolitische Vereinigung von 19 nationalen Automobilclubs hat sich der Macht des Faktischen im Hitler-Reich gebeugt. Per Satzungsänderung wird mit der ONS erstmals eine staatliche Behörde in die Vereinigung der wichtigsten nationalen Automobilclubs aufgenommen.

Um also bereits an dieser Stelle von der erst viel später in den fünfziger Jahren geschaffenen Silberpfeil-Legende Abstand zu nehmen: Nein, die scheinbar neue deutsche Rennfarbe Silber ist der zeitgenössischen Presse, dem Publikum und den Rennfunktionären schon seit den ersten Testfahrten der neuen Nationalrennwagen ein gewohnter Anblick. Nichts wirklich Neues und demzufolge auch keiner besonderen Erwähnung wert.

Eine peinliche Premiere

Für wirkliche Aufmerksamkeit, ja regelrechte Aufregung und Empörung vor dem AVUS-Rennen sorgt vielmehr der ebenso überraschende wie abrupte Startverzicht der Daimler-Benz AG, der den Zuschauern erst am Sonntagmorgen mitgeteilt wird. Von Schwierigkeiten mit der Kraftstoffzufuhr ist die Rede, aber so ganz genau weiß man das auf den Rängen entlang der Rennstrecke nicht. Nur eines ist klar: Der Rückzug ist für den Konzern eine peinliche Angelegenheit. Noch am 25. Mai 1934, also am Freitag vor dem AVUS-Rennen, hat Staatssekretär Königs in Vertretung von Reichsverkehrsminister von Eltz-Rübenach eine kurze Notiz an die Direktion in Untertürkheim geschickt: »Nachdem ich Ihnen im vorigen Jahre eine namhafte einmalige Konstruktionsbeihilfe für die Entwicklung eines neuzeitlichen Rennwagens zur Verfügung stellen konnte, habe ich auch in diesem Jahre Mittel für die Förderung des Rennwagenbaus vorgesehen. Die Entschließung über die Bewilligung der Mittel möchte ich mir für die Zeit nach dem AVUS-Rennen am 27. Mai d. Js. vorbehalten. Im Anschluß an dieses Rennen werde ich die Oberste Nationale Sportbehörde für das deutsche Kraftfahrwesen bitten, mir nach Fühlungnahme mit der Automobilindustrie Vorschläge über die Zuerkennung von Beihilfen zu machen.«[114] Und nun tritt die Daimler-Benz AG gar nicht erst zum erforderlichen Leistungsbeweis auf der AVUS an!

Chefkonstrukteur Nibel versucht schon am Sonntag am Rande des Rennens in einem Gespräch mit Ministerialdirektor Brandenburg die Wogen zu glätten, am Montag telefoniert er noch einmal mit dem Spitzenbeamten, ehe schließlich am Mittwoch, dem 30. Mai, Direktor Kissel höchstpersönlich mit »Heil Hitler!« ein Schreiben an den Reichsverkehrsminister nachreicht, welches auch von Nibel unterzeichnet wird. Darin bemühen sich die Herren ebenso wortreich wie gewunden um Schadensbegrenzung, zugleich aber beleuchtet dieser Brief eindrucksvoll die technischen Bedingungen, unter denen damals Spitzenrennsport betrieben wurde. Weshalb wir denn ausnahmsweise in aller Ausführlichkeit daraus zitieren wollen: »Wir hatten aber auch bei der Abgabe der Meldung wieder darauf hingewiesen, daß unsere Teilnahme an dem Rennen fraglich sei, da unsere Versuche auf der AVUS noch nicht abgeschlossen waren. Wir haben dann im Laufe des Monats Mai in Tag- und Nachtarbeit die Wagen für das AVUS-Rennen fertiggestellt, und unsere Bemühungen führten dazu, daß wir zum Termin des Rennens 3 Rennwagen für das Schlußtraining auf die Bahn bringen konnten. Nachdem unsere Vorversuche und die Trainingsfahrten am ersten Trainingstage, Donnerstag, den 24. Mai, befriedigende Resultate ergeben hatten, zeigte sich bei den am Freitag vorgenommenen Proben, daß an sämtlichen Wagen bei hoher Geschwindigkeit ein Leistungsabfall und damit ein Geschwindigkeitsverlust eintrat, der zunächst unerklärlich schien. Da als Ursache des Fehlers Mangel an Brennstoff erkannt worden war, wurde nach Vornahme anderweitiger Versuche, wie Auswechslung von Düsen und Zündkerzen, die von der Firma Junkers gelieferte Benzinförderpumpe unter Assistenz eines Spezialingenieurs dieser Firma untersucht und festgestellt, daß in das Druckregulierventil der Pumpe Schmutz geraten war, der ein Schließen des Ventils verhinderte. Die Untersuchung der im Ventilsitz befindlichen Fremdkörper ergab, daß es sich um Bestandteile der Innenverkleidung der als Benzinleitung verwendeten Aviotubschläuche handelte. Es schien also damit die Ursache des Benzinmangels erkannt zu sein, und es wurde seitens des Spezialingenieurs darauf hingewiesen, daß nach seiner Erfahrung bei Verwendung der Aviotubschläuche eine sorgfältige Feinfilterung des Brennstoffes direkt vor der Pumpe vorgenommen werden müsse, da bei Verwendung von Aviotubschläuchen sich Fasern im Innern des Schlauches ablösen können. Es wurden daraufhin an sämtlichen Rennwagen die Benzinförderpumpen ausgebaut und unter Aufsicht des Spezialingenieurs auseinandergenommen, nachgesehen und gereinigt und über Nacht von Freitag auf Samstag auch noch Saugrohranschlüsse mit Benzinfilter, die sich im Flugmotorenbetrieb schon bewährt hatten, eingebaut. Wir hatten berechtigte Hoffnung, daß durch diese Maßnahmen nunmehr eine sichere Benzinförderung gewährleistet sein würde. Trotzdem stellte sich aber beim Training am Samstag wieder heraus, daß die Wagen nicht mehr auf die bei früheren Fahrproben und beim Training am Donnerstag erreichten Geschwindigkeiten zu bringen waren und darüber hinaus Störungen in noch größerem Umfange als am Tage vorher auftraten. Es zeigten sich immer wieder deutliche Anzeichen dafür, daß Mangel an Brennstoff vorhanden war, es kam sogar vor, daß die Benzinförderung sofort nach dem Anfahren aussetzte. Vergrößerung der Düsen, Erweiterung des Schwimmernadeldurchgangs, Umänderung der Zündkerzen führten zu keinem Erfolg, sodaß als einzige Erklärung für das Fehlen des Brennstoffes wiederum nur das nicht ordnungsgemäße Funktionieren der Brennstofförderung übrig blieb. Wir möchten hier darauf hinweisen, daß die Brennstofförderung deswegen mit gewissen Schwierigkeiten verbunden ist, weil sie sowohl ohne als auch mit Kompressordruck einwandfrei funktionieren muß. Daß die Erscheinungen in der Brennstofförderung erst am vorletzten Tage des Trainings auftraten und nicht schon früher bemerkt wurden, ist darauf zurückzuführen, daß es uns vorher noch nicht möglich gewesen war, mit den Wagen in rennmäßiger Ausstattung die hohen Geschwindigkeiten längere Zeit zu fahren, denn obwohl auf der Bremse auch schon längere Versuche mit dem Aviotubschlauch vorgenommen wurden, die ein befriedigendes Resultat ergaben, sind die Verhältnisse eben im Wagen doch wieder ganz andere durch die Erschütterungen durch die Fahrbahn. Im Verlauf des Trainings am Samstag nachmittag zeigte es sich auch noch, daß der Brennstoffmangel wegen des damit verbundenen zu armen Gemisches bei Höchstleistung zum Heißwerden der Kerzen führte, sodaß weitere Störungen, wie Kolbenfressen und Durchbrennen, zu befürchten waren, wenn die Wagen mit den bedeutenden Mängeln in der Brennstofförderung mehrere Runden gefahren worden wären. Es lag also am Samstag abend kurz vor der Wagenabnahme für uns die Tatsache vor, daß unsere Wagen mit einem Mangel behaftet waren, der nicht zu beseitigen war. Wenn wir mit diesem Mangel in das Rennen gegangen wären, hätten wir nicht nur deshalb von vornherein nur mit geringerer Geschwindigkeit fahren können, sondern auch mit der Aussicht, daß unsere Wagen nach einigen Runden liegen bleiben konnten. Unter diesen Umständen haben wir den sehr harten und bedauerlichen Entschluß gefaßt, unsere Wagen aus dem Rennen zurückzuziehen. Sofort nach der Rückkehr der Rennwagen in unser Werk haben wir die Arbeiten zur Beseitigung der aufgetretenen und erkannten Mängel aufgenommen und hoffen, so rasch vorwärts zu kommen, daß wir wenigstens mit einem Wagen am kommenden Sonntag in der Eifel uns mit Aussicht auf Erfolg beteiligen können.«[115]

Die öffentliche Blamage für die Daimler-Benz AG ist immens, zumal die Auto Union mit ihren drei gemeldeten P-Wagen an den Start rollt. Doch die Untertürkheimer haben das Glück, daß der sächsischen Konkurrenz am Rennsonntag noch typische Anfängerfehler unterlaufen, die einen greifbar nahen Sieg verhindern. Den Zeitungsredaktionen wird jedenfalls im Verlauf der Reichspressekonferenz am 28. Mai 1934 wohl von Goebbels höchstpersönlich eine behutsame Berichterstattung über die deutsche Blamage auf der AVUS verordnet: »Von *maßgeblichster allerhöchster Stelle* wird der Wunsch ausgesprochen, daß das AVUS-Rennen nicht in den Vordergrund der Aufmachung der Montag-Blätter treten soll. Statt dessen soll die Dresdner Theaterwoche besonders stark aufgemacht werden, vor allem die Rede des Propagandaministers.«[116] Die zeitgenössischen Fachblätter werden Tage und Wochen später in ihren Berichten jedoch implizit Kritik an Rennleiter Walb üben. In der *Allgemeinen Automobil-Zeitung* heißt es über Walbs Taktik für das 15-Runden-Rennen: »Der Befehl der Gefechtsleitung der Auto Union soll gelautet haben: Stuck fährt, was der nasse Boden hält, während sich Leiningen und Momberger nur damit zu beschäftigen haben, die Alfa Romeos zu hetzen. Daß die Wagen schneller waren, wußte man. Vorbeigegangen wird aus Gründen der Sicherheit erst in den letzten Runden. Weiterer Befehl: nach der 10. Runde halt und Reifen wechseln! Eventuell tanken!« Doch im Regen ist der Verschleiß der Reifen weitaus geringer, wie gering, vermag bei Continental und Auto Union niemand abzuschätzen. Zumal die Konkurrenz von Alfa Romeo auf belgischen Englebert-Pneus rollt, die gegenüber den deutschen Reifenkonstruktionen noch Vorteile aufzuweisen scheinen. Die Strategie der Auto Union scheint zunächst jedoch aufzugehen: »Stuck fährt trotz strömenden Regens wie ein Irrer und liegt nach zwei Runden schon eine volle Minute vor den Alfa Romeos die ziemlich geschlossen folgen«, notiert der *AAZ*-Korrespondent. Der Wagen von Prinz zu Leiningen verliert indes Kühlwasser und scheidet nach der sechsten Runde aus, während sich Stallgefährte Momberger an den beiden Alfa Romeo von Chiron und Varzi vorbei auf den dritten Platz hinter Moll und Spitzenreiter Stuck schiebt. Alles scheint für die Sachsen zu laufen: »Zehnte Runde: Der Höhepunkt des Dramas! Stuck und Momberger *müssen* halten und Hinterradreifen wechseln, obgleich es beide nicht nötig haben. Das dauert so lange, daß Moll an Stuck und Varzi an Momberger vorbeiziehen. Und nun hebt die wilde Jagd an. Sowohl Stuck als auch Momberger sind noch völlig gesund, als sie wieder angeschoben werden, beide kommen aus der nächsten Runde waidwund zurück. Bei Stuck hört man schon von ferne, daß die Kupplung rutscht. Er hat sie (nach unverantwortlichen Augenzeugen) beim Wiederbeschleunigen aus der Südkurve, nur noch 400 m hinter Moll, angesichts des Gegners, den er holen mußte und konnte, zu stark durchgerissen. Da war es dann aus. Bei Momberger war zunächst nichts zu hören. Der Wagen schien noch kerngesund zu sein. Trotzdem hielt er am Schluß der elften Runde wieder an und hatte *eine Besprechung* von wenigen Sekunden. Später erfuhr man, daß er mitgeteilt habe, daß die Schaltung bei der wilden Kurvenjagd gelitten habe. Man befahl ihm, da er nur noch der einzige im Rennen war, mit dem vierten Gang ohne Schalten in der Südkurve zu Ende zu fahren. Und das tat er mit einem solchen Elan, trotz der geringeren Beschleunigung hinter den Kurven, daß er den beiden Alfa Romeos, die jetzt die Spitze hielten, näher und näher kam. Beinahe hätte er sogar noch den Varzi geschnappt, bei dem sich in der letzten Runde die Lauffläche des rechten Hinterrades gelöst hatte.« So landet August

Momberger im letzten verbliebenen P-Wagen auf dem dritten Platz, 18 Sekunden hinter Achille Varzi und 1.45,3 Minuten hinter Sieger Guy Moll: »Aber schneller waren die Wagen der Auto Union doch. Und sie hätten die ersten beiden Preise gemacht, wenn man sie bei dem kühlen Wetter nicht zum Reifenwechsel gezwungen hätte, während alle anderen Wagen mit den Reifen durchhielten. Wenn, wenn, wenn!!! – Stuck erreichte bei strömendem Regen bis zur zehnten Runde einen Durchschnitt von 210,3 km/Std. und Momberger drehte, als die AVUS allmählich abtrocknete, die schnellste Runde des Tages mit 225,8 km/Std., während die Alfa Romeos nicht über einen Durchschnitt von 207 km/Std. kamen. Alle Ehren des Tages dem jungen Guy Moll, den Alfa-Romeo-Wagen und den Englebert-Reifen, die auch ohne Gleitschutz keine Neigung zum Rutschen zeigten! Trotzdem dürfen wir auf unsere Auto Union-Wagen mit vollem Rechte stolz sein. Sie haben gehalten, was sie versprochen haben, und ihr Gefechtsführer Walb hat sicher eine Menge zugelernt, was den nächsten Rennen zugute kommen wird.«

Auto-Mobilisierung

Längst dazugelernt haben bei diesem AVUS-Rennen die NS-Rennfunktionäre, die hier wie andernorts im Reich motorsportliche Veranstaltungen als perfekt durchorganisiertes Propaganda-Spektakel in Szene setzen. Motorsport mag für die Massen bis dato in erster Linie ein mehr oder minder unterhaltsamer Nervenkitzel gewesen sein, bei dem eine Handvoll gutbezahlter Spezialisten ihre Fahrkünste in den Dienst kommerzieller Interessen gestellt und einem sensationslustigen Publikum ein mehr oder minder spannendes Freizeitvergnügen geboten hat.

Doch nun machen der Aufmarsch der Nazis und ihr verdecktes »Sponsoring« der deutschen Fabrikmannschaften aus dem Nervenkitzel der Rennen ein nationales Ereignis ersten Ranges. Die Rennstrecke wird zum Schlachtfeld nationaler Ehre, der deutsche Fahrer siegt mehr denn je zuvor für seine Nation. Und wenn einer dieser populären PS-Helden dabei sein Leben läßt, bleibt der Trost, daß er für Deutschland gefallen ist. Dieses wohlfeile Pathos samt großzügiger Förderung technischer Neuerungen verfängt nicht nur zusehends bei den zahlenden Zuschauermassen entlang des Nürburgrings oder der AVUS. Es schmeichelt auch den alten Eliten der Rennpisten, die selbst Automobilsport betreiben oder diesen ähnlich aktiv in den Vorständen der Unternehmen und Motorsportverbände fördern. Und es signalisiert gerade der jüngeren Garde von Technikern und Ingenieuren in den Betrieben, daß ihre steten Bemühungen um zukunftsträchtige Neuheiten von diesem NS-Regime gebührend gewürdigt werden. Die vermeintlich völlig unpolitischen, allein an technischem Fortschritt wie sportlichen Erfolgen interessierten Kraftfahrzeugenthusiasten in den Konzernen werden zu den größten Profiteuren des Hitler-Staates. Beeindruckt zeigt sich auch die junge Generation, die in jenen Tagen aufwächst und ihre Vorbilder in den tollkühnen Rennfahrerhelden finden wird. Ob vor Ort an der Rennstrecke oder im Nacherleben in der Kino-Wochenschau oder daheim bei den Rundfunkreportagen. Ein Wandel in der Wahrnehmung – aus dem Rennspektakel von einst ist jetzt Freizeitvergnügen plus nationale Erbauung geworden. Vor den Nazis war das ganz anders.

Als der junge Manfred von Brauchitsch im Sommer 1932 seinen überraschenden AVUS-Sieg weiter versilbern wollte und für die Majestic-Film GmbH als Hauptdarsteller in deren Rennfahrerfilm *Kampf* agierte, passierte ein großes Malheur. Denn als der Streifen im Dezember 1932 in die Lichtspielhäuser kam, erteilte die Zensur bei der Filmprüfstelle Berlin ein Jugendverbot – was die Einnahmen an der Kinokasse drastisch schmälerte. Obwohl die Majestic mehrfach kürzte und umschnitt, erhielt *Kampf* auch im vierten Anlauf nicht das ersehnte Prädikat »jugendfrei«. Wobei die Begründung der Film-Oberprüfstelle Berlin vom 10. Januar 1933 ein bezeichnendes Licht auf die damalige Akzeptanz des Rennsports in der Öffentlichkeit wirft, denn als jugendgefährdend wurde nicht die inzwischen längst entschärfte Liebesgeschichte bezeichnet, sondern der Umstand, »daß der Bildstreifen durch die nervenaufpeitschende Wirkung der Rennszenen geeignet ist, die Phantasie jugendlicher Beschauer in einem Maße in Anspruch zu nehmen, daß der Verbotstatbestand der Phantasieüberreizung gegeben ist«.[117] Und schön differenziert heißt es da: »Wenn auch zuzugeben ist, daß Automobilrennen Jugendlichen auf der Bahn und im Gelände zugänglich sind, so kann doch nicht übersehen werden, daß die Eindrücke des eigenen Erlebens eines solchen Rennens hinter denjenigen zurückbleiben, die ein auf Sensation abgestellter, in Handlung und Geschehen auf eine kurze Zeitspanne zusammengedrängter und deshalb weit einprägsamer als die Natur wirkender Bildstreifen auslöst. Die in den Bildstreifen vorkommende Häufung von Unglücksfällen, ebenso wie der lange Zeit anhaltende Kampf auf Leben und Tod unter ständiger Lebensgefahr des Fahrers, der bei jeder Kurve ein neues Angst- und Schreckensgefühl aufkommen läßt, bedeuten für jugendliche Beschauer, insbesondere solche jüngeren Alters eine übermäßige Inanspruchnahme ihrer Phantasie, die der Gesetzgeber des Lichtspielgesetzes durch die Bestimmung des § 3 Abs. 2 a. a. O. hat ausschließen wollen.«

Das, was die Filmprüfer damals noch als jugendgefährdend beanstandeten, gilt inzwischen als staatstragend. Die Elite des alten und des neuen Deutschland hat sich zum AVUS-Rennen 1934 fast vollständig auf der Ehrentribüne versammelt: Reichsverkehrsminister Paul Freiherr von Eltz-Rübenach, Reichswehrminister Werner Blomberg, Reichsarbeitsminister Franz Seldte, Reichsminister für Wissenschaft, Erziehung und Volksbildung Bernhard Rust, Heeresoberbefehlshaber Generaloberst Werner Freiherr von Fritsch, Reichsminister Hanns Kerrl, dazu mehr als ein halbes Dutzend Staatssekretäre und weitere Nazigrößen wie Robert Ley, der Führer der Deutschen Arbeitsfront (DAF), Reichsjugendführer Baldur von Schirach, Staatsrat und SA-Obergruppenführer Viktor Lutze, der in naher Zukunft seinen SA-Führer Ernst Röhm ans Messer liefern und selber neuer Führer der Sturmabteilungen werden wird, sowie – last but not least – Hitlers Stellvertreter Rudolf Heß. Soviel Braun am Rande der Rennstrecke, nur der Reichskanzler selbst glänzt durch Abwesenheit.

Hitler wird tatsächlich nie ein Rennen auf der AVUS oder dem Nürburgring besuchen, auch wenn er sich um die Erfolge der silbernen Rennwagen sorgt, diese mitfinanziert und sich darüber stets auf dem laufenden halten läßt. Die politischen Geschäfte sind dem Diktator denn doch wichtiger gewesen, ganz zu schweigen von der Tatsache, daß der »Wolf« während der Sommerfrische ohnehin stets zu seiner innig verehrten Winifred Wagner wallt, um in Bayreuth bei den alljährlichen Wagner-Festspielen seine Aufwartung zu machen. Was schon terminlich einen Besuch beim Großen Preis von Deutschland in der Eifel schwierig gemacht hätte. Weshalb Hitler im Jahr 1937 die Mercedes-Benz-Werksfahrer Caracciola und von Brauchitsch nach ihrem Doppelsieg beim Großen Preis von Deutschland zu einem privaten Empfang kurzerhand nach Bayreuth einfliegen läßt.

Andererseits mag er auch das später zwar geringe, aber doch vorhandene Risiko gescheut haben, ausgerechnet bei einem offiziellen Pistenbesuch vor Ort möglicherweise das Scheitern der deutschen Rennfahrer miterleben zu müssen. Es hat in dieser Hinsicht einen Präzedenzfall gegeben, bei den Olympischen Spielen 1936 in Berlin, derentwegen die Bayreuther Festspiele übrigens in zwei Teile getrennt wurden, um Terminkollisionen für den »Führer« und sein Volk zu vermeiden. Im Viertelfinale des Fußball-Turniers ist die Deutsche Nationalmannschaft mit 0:2 gegen die Elf von Norwegen ausgeschieden – und dies ausgerechnet im Beisein Hitlers! Weshalb er fortan kein Länderspiel mehr besuchen wird, um sich nicht dem Risiko auszusetzen, bei einer deutschen Niederlage noch einmal gute Miene machen zu müssen. Und selbstredend ist Reichstrainer Otto Nerz damals umgehend von seinem Assistenten Sepp Herberger abgelöst worden.

Nicht auszudenken also, wenn Hitler jenes AVUS-Rennen 1934 zusammen mit seinen Gefolgsleuten auf der Ehrentribüne miterlebt hätte. Denn der Sieger, der junge Guy Moll, ist nicht nur Franzose, geboren 1911 in der Kolonie Algerien, sondern stammt obendrein noch aus einer jüdischen Familie. Erst zu Beginn der Saison hat die Scuderia Ferrari, der offizielle Werksrennstall von Alfa Romeo, das dreiundzwanzigjährige Talent verpflichtet. Moll revanchiert sich sofort mit Siegen beim Grand Prix de Monaco und nun auch in Berlin. Er avanciert zum Sportidol der Franzosen, aber es bleibt Spekulation, was dem Rennstar mit den jüdischen Wurzeln in der Epoche der Silberpfeile sportlich noch hätte glücken können. Am 15. August 1934 kommt er mit seinem Alfa Romeo zu Tode, als er beim Rennen um die Coppa Acerbo vergebens versucht, den Mercedes-Benz von Ernst Henne zu überholen.

Hitlers Regime braucht in jenen Frühjahrstagen 1934 mehr denn je Erfolge. Automobilrennen sind ein Stück nationaler Ablenkung und Erbauung, aber auch und gerade Zurschaustellung nationalsozialistischer Effizienz. Die Analogie zu den antiken Wagenrennen liegt nahe, doch die römische Parole von Brot und Spielen greift im Vergleich zum NS-Bombast viel zu kurz. Das, was die Nazis hier aufziehen, übertrifft die bis dato bekannten Propagandamittel bei weitem. Jedes Rennen auf heimischem Boden ähnelt einem kleinen Reichsparteitag. Bereits bei jenem AVUS-Rennen erscheint es ebenso kurios wie bezeichnend, daß ausgerechnet die in weiten Kreisen der besseren Gesellschaft nicht unzutreffend als ordinär und brutal beleumdeten Sturmabteilungen der Partei am Rande der Piste Disziplin und Ordnungssinn demonstrieren. Aufmarsch und Einsatz Tausender Braunhemden beeindrucken selbst den Berichterstatter der *Berliner Börsenzeitung*: »Die AVUS ist wohl noch niemals so hermetisch abgesperrt und vorzüglich gesichert gewesen, wie an diesem Tage. Obergruppenführer Hühnlein hatte die gesamte Berliner Motor-SA und das NSKK eingesetzt, um den Besuchern die äußerste Sicherheit zu garantieren. Sogar hinter jedem vorwitzigen Filmoperateur stand ein SA-Mann, der allzu waghalsige Kunststücke zu verhindern hatte. So lief das Rennen ohne den kleinsten Unfall ab, worauf die Motor-SA […] sehr stolz sein darf.«[118]

Schon eine Woche später werden all diese Anstrengungen belohnt. Beim Eifelrennen auf dem Nürburgring kann sich Adolf Hühnlein im Kreise seiner Mitmarschierer erstmals stramm stehend mit Hitlergruß für einen deutschen Sieg eines deutschen Rennfahrers in einem deutschen Rennwagen in Positur werfen. Und der ranghöchste Motorsportfunktionär des NS-Staats beschließt diesen 3. Juni 1934 mit einem Ritual, das er künftig an fast jedem Wochenende mit Freude und Stolz vollziehen wird – Hühnlein kündet seinem Führer per Telegramm von einem Triumph der deutschen Rennwagen: »Durch einen überlegenen Sieg über beste ausländische Fahrer und Maschinen konnten heute auf dem Nürburgring von Brauchitsch auf Mercedes-Benz als Erster und Stuck auf Auto-Union als Zweiter ihrer Klasse dem Dank für die tatkräftige Förderung, die die deutsche Kraftfahrt durch Sie, mein Führer, erfuhr, einen ersten sichtbaren Ausdruck geben. Auch NSU und DKW gelang es, in den Klassen der Krafträder je zwei erste Preise zu erringen. Heil meinem Führer! Gez. Hühnlein, Obergruppenführer.«[119]

Versilberte Legenden

Der Ausgang des AVUS-Rennens hat die tatsächlichen Kräfteverhältnisse im Grand-Prix-Sport nach der neuen 750-Kilogramm-Formel auf den Kopf gestellt. Denn sowohl der neue Auto-Union-Rennwagen wie sein noch indisponiertes Pendant von Mercedes-Benz sind der Konkurrenz von Alfa

Romeo, Bugatti und Maserati in bezug auf Leistung, Fahrwerk und Aerodynamik bereits um Längen voraus. Und auf dem für Fahrer und Material überaus anspruchsvollen Nürburgring gelingt es, diese Überlegenheit erstmals auszuspielen. Zum Eifelrennen am 3. Juni schickt die Auto Union wieder ihre drei silbernen Rennwagen, während Mercedes-Benz mit zwei Fahrzeugen startet, weil Caracciola sich für die Anforderungen auf dem Nürburgring noch nicht fit genug fühlt. Zeitgenössische Fotos zeigen, daß die beiden Mercedes-Boliden schon bei den Trainingsläufen ebenso silbern glänzen wie die Rennwagen der Auto Union.

Am Rennsonntag kommt der Österreicher Emil Frankl kurz nach dem Start bei einem Unfall in seinem Bugatti ums Leben. Doch das Eifelrennen läuft weiter, Luigi Fagioli übernimmt im W25 die Spitze vor seinem Stallgefährten von Brauchitsch. Doch Rennleiter Neubauer gibt alsbald Order, die Plätze zu tauschen. Fagioli gehorcht, von Brauchitsch liegt ab der zweiten Runde vor dem Italiener, der jedoch bei einem planmäßigen Boxenhalt zum Reifenwechsel in einen heftigen Disput mit Neubauer gerät. Fagioli nimmt das Rennen zwar wieder auf, stellt seinen Wagen jedoch kurz vor Rennende ab. Angeblich wegen eines »geringfügigen Defektes«, wie Vorstandschef Kissel am 9. Juni 1934 auf mehrere Anfragen eines neugierigen Journalisten mitteilt. Indes gewinnt von Brauchitsch im zweiten W25 und salutiert »mit deutschem Gruß« vor NSKK-Führer Hühnlein. Der schnellste der silbernen Auto-Union-Rennwagen mit Stuck ist auf Platz zwei gelandet, über eine Minute hinter von Brauchitschs silbernem Mercedes-Benz, der also gleich bei seinem ersten Einsatz den Sieg davongetragen hat. Im Stammwerk Untertürkheim wird es dafür einen großen Empfang vor versammelter Belegschaft geben. Der erste Sieg für einen der neuen Nationalrennwagen wird auch in der gleichgeschalteten Presse gebührend gefeiert und markiert in der Tat den Beginn der deutschen Vorherrschaft im internationalen Grand-Prix-Rennsport bis zum Zweiten Weltkrieg.

1958 verkündet der begnadete und nicht ganz uneitle Anekdotenerzähler Alfred Neubauer unter Beihilfe seines Co-Autors Harvey T. Rowe, daß der allererste Start der neuen Mercedes-Benz-Rennwagen bei jenem Eifelrennen 1934 an einem seidenen Faden hing.[120] Maximal 750 Kilogramm durften die neuen Boliden damals auf die Waage bringen, doch am Tag vor dem Rennen waren die W25 zwei Kilogramm zu schwer, hätten also gar nicht starten dürfen. »Uns muß noch etwas einfallen, sonst sind wir die Lackierten!« soll von Brauchitsch am Abend verzweifelt geklagt haben. Das Stichwort »die Lackierten« soll Neubauer schlagartig auf die Idee gebracht haben, den weißen Lack über Nacht abzuschmirgeln und damit prompt die zwei Kilo Übergewicht zu beseitigen – die Geburt der Silberpfeile. So steht es seit dem erstmaligen Erscheinen der Neubauerschen Memoiren geschrieben, und so verbreitet es nach wie vor auch die DaimlerChrysler AG.

Leider ist der Wahrheitsgehalt dieser Anekdote bis heute nicht beweisbar. Auch wenn das Konzernarchiv seit den achtziger Jahren auf einen Quellenfund von Karl Ludvigsen verweist, den dieser dem Hause Mercedes-Benz eng verbundene Rennsportexperte bei eigenen Aktensichtungen im Werksarchiv machte. In der Notiz werden diverse Umbauten an den W25 erwähnt, Modifikationen, die unmittelbar vor dem Einsatz beim Eifelrennen vorgenommen wurden. Diese technischen Veränderungen, so die Hypothese, wären dann der Grund gewesen, daß die Fahrzeuge mehr als 750 kg auf die Rennwaage gebracht hätten. So plausibel sich das liest, kein einziger der zeitgenössischen Berichte erwähnt einen nächtlichen Farbwechsel von weiß auf rohsilberne Aluminiumhaut. Und – wie bereits betont – auch zeitgenössische Fotografien, die während der Trainingsläufe aufgenommen wurden, zeigen keineswegs weiße Mercedes-Benz-Boliden.

Auch Professor Peter Kirchberg, ein exzellenter Kenner der Auto-Union-Renngeschichte, hält die Legende vom in der Nacht vor dem Rennen abgeschmirgelten weißen Lack für unglaubwürdig: »Selbst wenn die beiden Rennwagen von Fagioli und Brauchitsch mehr als je 750 Kilogramm auf die Waage gebracht hätten, so wären zur raschen Gewichtsreduzierung damals ganz andere Tricks möglich gewesen.«[121] Kirchberg hat noch mit ehemaligen Auto-Union-Rennmechanikern über dieses Thema sprechen können und verweist in diesem Zusammenhang auch auf die ebenfalls 1958 veröffentlichten Erinnerungen des Rennmonteurs Rudolf Friedrich. Der gab damals zu Protokoll: »Meist stimmte das Gewicht nur bei der Scuderia Ferrari. Ihre Alfa-Romeo-Wagen hatten oft sogar 10–15 kg Minusgewicht. Bei den deutschen Wagen ging es immer so knapp zu, daß wir vor der Wagenabnahme einige schwere Teile aus dem Rennwagen entfernten. Das haben wir – genau oder ähnlich wie Mercedes-Benz – folgendermaßen gemacht: Ein Monteur legte sich neben einer großen Blechwanne unter den Rennwagen. Während er an der Motorölwanne die Ölschläuche löste und das Öl in die Blechwanne laufen ließ [weil die Rennwagen ohne Betriebsstoffe gewogen wurden], löste er die dahinterliegenden Stoßdämpfermuttern – sie waren schon auf der Fahrt zum Fahrerlager unbemerkt mit einem Schlüssel gelockert worden – und ließ sie mit den schweren Stoßdämpferscheiben aus Stahl und Preßstoff mit ins Öl fallen.«[122] So einfach wurde damals zu Silberpfeil-Zeiten getrickst. Wozu also umständlich und zeitaufwendig Farblackschichten abschmirgeln?

Selbst der von Neubauer ja ausdrücklich als Ideengeber benannte Manfred von Brauchitsch, der, noch vor Veröffentlichung der Neubauerschen Memoiren, bereits Mitte der fünfziger Jahre in Sorge wegen seines bevorstehenden Hochverratsprozesses aus der Bundesrepublik in die DDR geflohen war, hatte in seinen eigenen Biographien nie etwas über einen Farbwechsel in der Nacht vor dem Eifelrennen verlauten lassen. Interessanterweise läßt der neue DDR-Vorzeigesportler jedoch sechs Jahre nach Erscheinen von Neubauers Memoiren seine Erinnerungen noch einmal neu schreiben, stilisiert sich zum bekehrten NS-Widerstandskämpfer und gibt nun nebenbei auch zu Protokoll, die Idee für das Abschmirgeln des weißen Lacks höchstpersönlich beigesteuert zu haben. Die Bestätigung der Lackgeschichte als kleines Dankeschön unter alten Freunden, über die deutsch-deutsche Teilung hinweg? Fragen über Fragen, doch die Legende vom ersten Silberpfeil ist nun mal in der Welt und wird auch nach Neubauers Ableben 1980 weiter gepflegt – und sogar nach dem Ende der DDR eigens in einem Interview mit von Brauchitsch für das Konzernarchiv festgehalten. Ehrensache, daß von Brauchitsch nach dem Mauerfall wieder als gern gesehener Gast des Hauses und gefragter Zeitzeuge bei offiziellen Terminen rund um den Rennsport auftritt und auch privat wie eh und je weiter Mercedes-Benz fährt.

Der langjährige Porsche-Rennleiter, spätere AvD-Sportpräsident und vormalige SS-Untersturmführer Baron Fritz Huschke von Hanstein hat sich den subtilen Spaß erlaubt, in seinem 1978 erschienenen Buch *Automobilsport* auf die Silberpfeil-Legende mit einer eigenen Variante zu reagieren. Auf Seite 26 fabuliert von Hanstein im Stil von Lügenbaron Münchhausen: »Als 1934 eine neue Rennformel zum Tragen kam, die ein Maximalgewicht von 750 Kilogramm erlaubte, sollen am Tage der technischen Abnahme zum ersten Rennen die Auto Union-Wagen eine Kleinigkeit zuviel gewogen haben. Während alle noch rätselten, wo man Gewicht einsparen könne, hatte der Konstrukteur Professor Ferdinand Porsche schon sein Taschenmesser in der Hand und begann, die für Deutschland vorgeschriebene weiße Rennfarbe abzukratzen. Als von den Monteuren die Farbe entfernt war, stimmte auf einmal das Gewicht genau, und der Wagen präsentierte sich in blitzendem Silber des Karosserieblechs. Und da weiß und silber immerhin ähnlich sind, drückten die strengen Herren Kommissare ein Auge zu. Von da an traten die Rennwagen von Auto Union und Mercedes ihren einmaligen Siegeszug der Jahre 1934 bis 1939 als *Silberpfeile* an.«

Aber auch diese ironische Volte hat nichts gegen die Hartnäckigkeit der Neubauerschen Mär ausrichten können. Wenn eine Legende schöner klingt als die banale Wahrheit, wird immer die Legende gedruckt. Die Silberpfeil-Saga scheint bis heute fast unausrottbarer, weil identitätsstiftender Mythenschatz eines Großkonzerns zu bleiben. Daß die Legende vom abgekratzten Lack sich gleich bei ihrer Aussaat durchzusetzen vermochte, ist auch dem Umstand geschuldet, daß sich die Reste der ehemaligen Auto Union GmbH 1958 im Besitz der Daimler-Benz AG befunden haben. Im Gefolge der deutsch-deutschen Teilung war im Westen um so leichter zu verdrängen, daß die sächsischen Rennwagen schon vor der schwäbischen Konkurrenz beim ersten Rennstart auf der AVUS silbern glänzten. Und so wurde denn der Begriff Silberpfeile seit den fünfziger Jahren in der bundesrepublikanischen Öffentlichkeit konsequent zum werbeträchtigen Synonym ausschließlich für Rennwagen der Marke Mercedes-Benz. Da konnte es dann schon mal vorkommen, daß besonders schlaue Journalisten zur Unterscheidung vom Mercedes-Benz-Silberpfeil den Auto-Union-Rennwagen als »Silberfisch« bezeichneten.

Doch mit Gründung der Audi NSU Auto Union AG, dem Vorläufer der heutigen Audi AG unter dem Dach des Volkswagen-Konzerns, hat sich seit den achtziger Jahren die Konstellation für Daimler-Benz verändert. Denn die Konkurrenz aus Ingolstadt knüpft aus Image- und Marketinggründen natürlich auch wieder an die Tradition der Auto-Union-Renngeschichte an. Kurioserweise ist der Begriff Silberpfeil dabei zunächst sogar markenrechtlich für die Audi AG geschützt, ehe im Dezember 1992 mit der Daimler-Benz AG ein Agreement erzielt wird. Audi verzichtet darauf, jemals eine aktuelle Fahrzeugreihe mit dem Modellnamen Silberpfeil auf den Markt zu bringen, im Gegenzug gibt Mercedes-Benz alle Ansprüche am Horch-Zeichen auf. Gleichzeitig aber stellt der Audi-Vorstand damals gegenüber den Kollegen aus Untertürkheim fest, »daß wir in der Darstellung der Geschichte unseres Hauses auf die Bezeichnung *Silberpfeil* nicht verzichten können, da in den 30er-Jahren die Rennwagen sowohl von Mercedes als auch der Auto Union mit der Bezeichnung *Silberpfeil* in der Presse erwähnt wurden. Soweit also historische Darstellungen durch unser Haus publiziert werden, sei es in Buchform oder in Filmen oder in Videos, müßte uns die historisch korrekte Verwendung dieser Bezeichnung noch zur Verfügung stehen.«[123]

Den vorerst letzten Versuch, mit der Legende aufzuräumen, hat 1994 der damals dreiundachtzigjährige Eugen Reichle unternommen. Reichle war Rennmechaniker bei Daimler-Benz, auch bei jenem Eifelrennen 1934. Die Rennwagen von Mercedes-Benz waren damals silber, es wurde nachts vor dem Rennen keineswegs weiße Farbe abgeschmirgelt, wird Reichle in der Fachzeitschrift *Motor Klassik* zitiert. Von der Daimler-Benz AG folgte damals keine Gegendarstellung. Reichle starb 1997 in der festen Überzeugung, recht zu haben und recht zu behalten.[124] Doch Alfred Neubauers Legende lebt weiter – mehr als sieben Jahrzehnte nach dem Sieg Manfred von Brauchitschs auf dem Nürburgring.

Ablenkungsmanöver

Wenn das »Dritte Reich« der Nazis eine Konsensdiktatur war, die auf das stille Einvernehmen der Masse der Bevölkerung setzte und zugleich die politische Entmachtung des gemeinen Volkes wie die Ausschaltung der alten Eliten mit nationalen und sozialen Wohltaten zu kompensieren trachtete, dann sind auch und gerade die Rennerfolge der allmächtigen Silberpfeile ein grandioses identitätsstiftendes Ablenkungsmanöver. Wenn Hitler und die anderen Nazigrößen Jahr um Jahr von der »Wiederherstellung der nationalen Ehre« schwadronieren, nach außen die »Revision des Versailler Vertrages« predigen und zugleich »Frieden durch gleichberechtigte Aufrüstung« postulieren, um nach innen mit Wiederaufrüstung samt Arbeitsbeschaffungsmaßnahmen und ein paar sozialen Wohltaten vom Winterhilfswerk bis zum »Kraft durch Freude«-Urlaub beim geduldigen Volk um Verständnis für politischen Mord, Judenverfolgung und Etablierung eines Unrechtsstaates zu werben, dann hat dieses gigantomanische Unterfangen wohl dort am besten funktioniert, wo sich das NS-Regime vermeintlich völlig »unpolitisch« gab. Im Kino und auf dem Sportplatz. In Konzert und Operette. Und all diese genannten Freizeit- und Ablenkungsmöglichkeiten vereinte geradezu in idealer Weise der Rennsport. Ob draußen an der Strecke mit Marschmusik, NSKK-Truppenaufzug, Lärm und Nervenkitzel des Rennens oder vor dem Volksempfänger, daheim in der guten Stube per Hörfunk-Direktübertragung als akustisches Einsprengsel in einem gefällig einlullenden Musikteppich – deutsche Siege am Sonntagnachmittag in aller Welt. Ein ungeahnter Vorgeschmack auf das, was da noch kommen wird.

Die Politik bedankt sich denn auch beizeiten bei den von ihr finanziell wie ideell geförderten Rennwagenherstellern. Am 6. Juni 1934 beglückwünscht Reichsverkehrsminister von Eltz-Rübenach die Technische Direktion der Daimler-Benz AG noch einmal schriftlich »zu dem überlegenen Sieg Ihres Rennwagens auf dem Nürburgring« und stellt fest: »Es freut mich, daß die von Ihnen geschilderten technischen Mängel rasch behoben werden konnten.«[125] Selbst der geheime Gegenspieler der Untertürkheimer und Förderer der Auto Union, Carl Eduard Herzog von Sachsen-Coburg und Gotha, gratuliert – wenn auch mit Verspätung: »Meine Freude über Ihre Erfolge ist um so größer, als ich zu denselben ja zu einem bescheidenen Teil beitragen durfte. Als ich seinerzeit dem Herrn Reichsverkehrsminister die Aufteilung der für neue Rennkonstruktionen bewilligten Summe vorlegte, war ich des Erfolges der beteiligten Werke gewiß. Ich wünsche Ihnen auch für die weitere Zukunft das Beste. Heil Hitler!«[126] Kissel grüßt mit »Heil Hitler!« zurück und bedankt sich »für die warme Fürsprache bei der Entscheidung bezüglich der Reichsmittel für den Bau von Rennwagen. Eure Königliche Hoheit bitten wir, die Versicherung entgegenzunehmen, daß wir auch in Hinkunft alles einsetzen werden, daß wir noch weitere schöne Erfolge erringen. Wir wissen, daß wir so unsere tief empfundene Dankespflicht dem Reiche gegenüber am besten erfüllen können.«[127]

Auch die Auto Union feiert bald ihren ersten Erfolg. Zwar fehlt die Konkurrenz aus Schwaben, doch der Sieg von Hans Stuck am 10. Juni 1934 beim saarländischen Felsberg-Rennen bringt nicht zuletzt politische Meriten. Wenige Tage nach der Terminierung der Volksabstimmung über das von Frankreich annektierte Saargebiet auf den 13. Januar des nächsten Jahres ist der Auftritt Stucks eine symbolträchtige Geste im Sinne von »Die Saar bleibt deutsch!«. Bei Bergrennen hat die Nummer eins der Auto Union damals keine Konkurrenz zu fürchten. Und eine Woche später, am 17. Juni, beim ersten Aufeinandertreffen der rivalisierenden deutschen Rennställe seit dem Eifelrennen, gewinnt Stuck das Kesselberg-Rennen in Österreich klar vor Nürburgring-Sieger von Brauchitsch.

Tags zuvor hat Wilhelm Kissel in München mit Adolf Hühnlein über die Zuerkennung weiterer Beihilfen konferiert. Erfolge werden nicht nur auf der Piste in die Wege geleitet. Vielleicht zeigt deshalb auch die sächsische Konkurrenz beim Kampf um Subventionen stärker denn je Flagge. Für den mit Spannung erwarteten ersten Grand-Prix-Einsatz im Ausland wird das Heck der drei Auto-Union-Rennwagen jeweils mit einer Hakenkreuzflagge sowie einer Reichsflagge bemalt. Die drei Werkswagen von Mercedes-Benz kommen beim Grand Prix de l'Automobile Club de France in Montlhéry ohne diese Accessoires aus. Das Rennen wird am 1. Juli 1934 gestartet, in der Nacht zuvor haben Hitler und die SS in einem Blutbad die SA-Führung entmachtet. Die Ermordung von Röhm und anderen ranghohen SA-Führern geht einher mit der gezielten Liquidierung erklärter Hitler-Gegner. Auch Erich Klausener, führender Kopf der »Katholischen Aktion« und als Ministerialdirektor im Reichsverkehrsministerium *der* Förderer des Nürburgrings schlechthin, wird von der SS erschossen.

1 Silbergurke statt Silberpfeil? Manfred von Brauchitsch im Mercedes-Benz SSK, AVUS 1932
2 Die letzte Abfahrt vom Werk Untertürkheim: Otto Merz, 1933 auf der AVUS tödlich verunglückt

Linke Seite

3 Das NS-Regime zeigt Flagge: Hermann Göring beim Eifelrennen 1933 auf dem Nürburgring

4 Exklusive Präsentation des neuen Mercedes-Benz W25 für die Hauptsponsoren. Rechts von Hitler Jakob Werlin

Rechte Seite

5 Die Mercedes-Benz-Rennabteilung mit dem ersten W25: unter anderem mit Chefingenieur Nallinger (10. von rechts) und Rennleiter Neubauer (3. von rechts)

6 Ein ganz anderer Typ von Rennwagen: der Auto-Union mit Hans Stuck bei Testfahrten auf der AVUS

Linke Seite

7 Rennfahrer und Porsche-Geschäftsführer Adolf Rosenberger

8 Motorradrennfahrer Leo Steinweg, 1945 im KZ erschossen

Rechte Seite

9 Verregnete Rennpremiere 1934 auf der AVUS: Stuck/Auto Union in der Nordkurve.

10 Schon immer silbern gewesen: Die W25 auf der Waage beim Eifelrennen 1934

20

Linke Seite

11 Nürburgring 1934: der erste Sieg

12 Siegesfeier in Untertürkheim nach dem Eifelrennen 1934: in der Bildmitte Direktor Kissel, rechts daneben Manfred von Brauchitsch

Rechte Seite

13 Hans Stuck gewinnt im Auto Union den Großen Preis von Deutschland 1934.

14 Nach der Siegerehrung beim deutschen Grand Prix 1934 auf dem Nürburgring: Ferdinand Porsche, Willy Walb und Hans Stuck (v. l.)

BUGATTI
BUGATTI
BUGATTI
ALFA-ROMEO
ALFA-ROMEO
ALFA-ROMEO
2

AUTO-UN
12
14

Linke Seite
15 Mercedes-Benz mit deutschem Gruß: Caracciola hat den Großen Preis von Belgien 1935 gewonnen.
16 Die Auto-Union-Rennmannschaft, Budapest 1936
Rechte Seite
17 Der falsche Sieger: NSKK-Führer Adolf Hühnlein überreicht Tazio Nuvolari den »Preis des Führers« beim deutschen Grand Prix 1935.

18 Zu Gast bei Hitler: der alte Bekannte Hans Stuck und der kommende Mann Bernd Rosemeyer
19 Robert »Bobby« Kohlrausch, der schnellste SS-Mann – nach Rosemeyer

20 Die erste Rekordfahrt auf der Reichsautobahn: Beim Wendepunkt in Heidelberg hat Continental-Mann Dietrich einen raschen Blick auf den Verschleiß der Reifen geworfen: Keine Gefahr, Hans Stuck im Auto Union kann weiterrasen!
21 In der Heidelberger Tagespresse wird der Kontrolleur wegretuschiert – damit keine Zweifel an der Sicherheit deutscher Wertarbeit aufkommen?

22 Auf den »Straßen des Führers«: Caracciola mit dem Mercedes-Benz-Stromlinienwagen auf Rekordjagd im Jahr 1936

23/24 Die beiden Hauptdarsteller in Hitlers Rennschlachten: Rudolf Caracciola und Bernd Rosemeyer

25/26 Tripolis 1936: Auf »allerhöchsten Wunsch« muß Stuck auf den Sieg verzichten und seinem italienischen Stallgefährten Varzi den Vortritt lassen. Marschall Balbo (u. l.) wittert Manipulation.
27/28 Ein deutsches Traumpaar: Elly Beinhorn und Bernd Rosemeyer. Die Braut im Gespräch mit Führerinnen der nach ihr benannten BDM-Gruppe. Keine zwei Wochen nach der Hochzeit gibt es den Sieg beim Großen Preis von Deutschland 1936 zu feiern: Hühnlein gratuliert Rosemeyer, links Ferdinand Porsche.

29/30 Bernd Rosemeyer unterwegs zum Auto-Union-Empfang im Werk Zwickau 1936

Auch ein treuer Paladin und Parteisoldat wie Adolf Hühnlein kann in Zeiten wie diesen bedroht sein. Der NSKK-Führer hat zugleich den Rang eines SA-Obergruppenführers inne, zudem gilt er als politischer Kampfgenosse und Freund von Röhm. Insofern läuft der »Führer des deutschen Kraftfahrsports« und ONS-Präsident Gefahr, in das lebensbedrohliche Fahrwasser des vermeintlichen »Röhm-Putsches« zu geraten. Mercedes-Benz-Rennleiter Neubauer kolportiert in seiner autobiographischen Anekdotensammlung, daß Hühnlein Glück hatte, das Wochenende mit den deutschen Werksrennställen beim französischen Grand Prix in Montlhéry zu verbringen: »Einer sitzt unter uns, dessen Gesicht bleich ist und dessen Lippen zittern. Es ist der Obergruppenführer und Major a. D. Hühnlein – Chef des NSKK. Dieser Hühnlein ist zwar ein hoher Naziführer, aber er ist im Grunde seines Herzens kein schlechter Mensch. Ein grober Klotz aus Bayern mit einem gutmütigen Kern«,[128] schwadroniert Neubauer und verharmlost Ende der fünfziger Jahre Rolle und Funktion Hühnleins, um einmal mehr die Legende vom völlig unpolitischen Rennsport zu Zeiten des Dritten Reiches fortzuschreiben.

Hätte Hühnlein damals tatsächlich in Lebensgefahr geschwebt, sofern er in Deutschland gewesen wäre? Sein zweiter Mann in der NSKK-Führung und damaliger technischer Berater, Erwin Kraus, wird mehr als einen Monat später dem SS-Oberabschnitt Süd vorwerfen, im Gefolge des »Röhm-Putsches« Falschmeldungen verbreitet zu haben, wonach er selbst verhaftet und Hühnlein sogar erschossen worden sei. Während der ahnungslose Korpsführer beim Grand Prix in Montlhéry weilt, hat die SS während der »Nacht der langen Messer« tatsächlich Hühnleins Haus und auch NSKK-Büros durchsucht. Eine Racheaktion? Nach seiner Rückkehr wird Hühnlein sich deswegen bei Himmler beschweren. Zugleich wohl der Beginn eines andauernden Konfliktes zwischen den beiden Nazifunktionären.[129] Die SS-Führung wird sich in Sachen Motorsport jedenfalls immer wieder in Hühnleins Terrain einmischen und ihren ohnehin stärkeren politischen Einfluß auch gegenüber dem NSKK zur Geltung bringen.

Andererseits ist offensichtlich, daß der treue Parteisoldat Hühnlein auch nach dem staatlich sanktionierten Mord an der SA-Spitze zum engsten Gefolge Hitlers zählt. Zumal der altfränkische Familienvater eigene Führungsansprüche nur in Sachen Kraftfahrt und Rennerei entwickelt, ansonsten aber stets treuer Parteigänger bleibt. Als jovial agierender Nazi und überzeugter Antisemit mit eher sprödem Redetalent. Kein geringerer als Joseph Goebbels notiert 1932 zum alljährlichen NS-Gedenktag aus Anlaß des so kläglich gescheiterten Putsches in München: »9. November. Totentag! Vor den Standarten große Kundgebung. Major Hühnlein spricht. Schaurig.«[130]

Ausgerechnet Goebbels aber wird zehn Jahre später, am 21. Juni 1942, beim Staatsbegräbnis für den nach längerer, schwerer Krankheit drei Tage zuvor verstorbenen Hühnlein die Gedenkrede halten: »Der Führer und die Partei beklagen einen ihrer ältesten Mitkämpfer, Hunderttausende deutscher Männer des NSKK den Tod ihres geliebten und verehrten Korpsführers, die alte Parteigarde einen guten Freund und Kameraden, das ganze deutsche Volk aber eine der markantesten Persönlichkeiten unserer nationalsozialistischen Revolution und der durch sie geschaffenen politischen und staatlichen Gegenwart.«[131] Adolf Hühnlein mag von manchen der Rennfahrerstars im nachhinein als lächerliche Figur karikiert worden sein, doch zu seinen Lebzeiten haben sich die um ihren Vorteil bedachten Rennfahrerhelden mit ihrem Korpsführer stets bestens zu arrangieren gewußt.

Denn der 1936 von Hitler höchstpersönlich zum Generalmajor ernannte NSKK-Führer und ONS-Präsident kontrolliert nicht nur den gesamten Motorsport, er sitzt auch im Verwaltungsrat der Gesellschaft der Reichsautobahnen, gehört dem Reichsverkehrsrat und der Reichsarbeitskammer an. Neben Blutorden und Goldenem Parteiabzeichen darf sich Hühnlein seit dem Reichsparteitag 1938 mit dem Titel »Reichsleiter« schmücken, der höchsten Auszeichnung der NSDAP. Und zum Staatsbegräbnis verleiht Hitler postum die höchste Auszeichnung des NS-Staats, die Oberste Stufe des Deutschen Ordens. Hühnlein ist 1942 erst der dritte Deutsche, dem dieser Titelsegen zuteil wird. Nein, die deutschen Renngrößen sind nicht umhin gekommen, sich mit ihm gut zu stellen. Zu beiderseitigem Vorteil, versteht sich. Daß Hühnlein dabei die Herren von der Daimler-Benz AG ab und an etwas mehr zu schätzen scheint als die Konkurrenten von der Auto Union AG, wird in der Folge immer wieder zu höchst interessanten Konstellationen führen. Und in einem Fall sogar – zumindest indirekt – zum Tod des wohl populärsten deutschen Rennfahrers jener Jahre beitragen.

Es wird schon gutgehen

Weitab von den Geschehnissen im Deutschen Reich steuern die Silberpfeile am 1. Juli im französischen Montlhéry ihrer letzten großen Niederlage der Saison 1934 entgegen. Gewiß, Stuck, Caracciola und Fagioli sind zu Beginn des Rennens schneller unterwegs als die Konkurrenz. Doch kein einziger der deutschen Wagen erreicht das Ziel. Die Alfa Romeo der Scuderia Ferrari feiern einen Dreifachsieg in der Reihenfolge Chiron, Varzi und Moll/Trossi. Mit vier Runden Rückstand passiert Robert Benoist in einem Bugatti als vierter und letzter das Ziel. Der französische Held der Rennstrecke und ehemalige Weltkriegs-Kampfflieger wird sich keine sechs Jahre später an ganz anderer Stelle bewähren. Denn Benoist avanciert nach der deutschen Besetzung Frankreichs zu einem der führenden Köpfe in der Résistance. Ehe er doch noch am 7. Juni 1944 in die Fänge der Gestapo gerät und am 14. September desselben Jahres im KZ Buchenwald von der SS ermordet wird. Sein in Frankreich lebender Bugatti-Stallgefährte William Grover-Williams, Gewinner des ersten Grand Prix de Monaco im Jahre 1929, geht ebenfalls in den Untergrund, arbeitet als britischer Agent gegen die deutschen Besatzer, wird von der Gestapo verhaftet und wohl am 18. März 1945 in einem KZ erschossen. Auch Jean-Pierre Wimille, der erfolgreichste französische Motorsportler jener Jahre und ebenfalls Werksfahrer bei Bugatti, schließt sich der Résistance an, entgeht aber mit Erfolg den Nachstellungen der Nazis. Am 5. September 1945 wird Wimille beim ersten Rennen in Europa nach Ende des Zweiten Weltkrieges im Pariser Bois de Boulogne mit einem Bugatti in der großen Rennwagenklasse gewinnen.

All das ist an jenem heißen Juli-Sonntag des Jahres 1934 in Montlhéry bei Paris natürlich nicht absehbar. Und selbst als die Nazidiktatur in den folgenden Jahren mit Wiederaufrüstung, territorialen Ansprüchen und politischer Erpressung Schritt für Schritt den Zweiten Weltkrieg entfesselt, leben die europäischen Spitzenfahrer wochenendweise in einer merkwürdigen Symbiose. Scheinbar als kleine internationale Familie, unberührt von der großen Politik im faschistischen Italien und im nationalsozialistischen Deutschland. Auch so eine schöne Legende. Natürlich sind sie alle Profis, gefragte Sportsleute und gehören einer überschaubaren, ziemlich elitären Gemeinschaft an: Rudolf Caracciola, der Deutsche mit dem italienischen Familiennamen; sein Freund Louis Chiron, dessen Lebensgefährtin, die Millionenerbin »Baby« Hoffmann, dann doch den verwitweten »Caratsch« ehelichen wird; Tazio Nuvolari und Achille Varzi, die Idole und Rivalen des rennsportbegeisterten faschistischen Italien; deren Landsmann Luigi Fagioli, der rennfahrende Nudelfabrikant; der Franzose René Dreyfus, der noch im Juli 1939 beim Großen Preis von Großdeutschland auf dem Nürburgring startet, weil die Nazis vorerst nur den deutschen Juden nach Besitz und Vermögen wie auch schon nach Leib und Leben trachten. Sie fahren alle für ihr Vaterland, die Zeiten sind patriotisch, aber in erster Linie fahren sie doch für sich selbst.

Und wie auf der Rennstrecke mag vielleicht auch in der Politik alles gutgehen, sagt sich die verhätschelte deutsche Rennfahrerelite, die endlich über konkurrenzlos schnelle Fahrzeuge verfügt und nicht auf Siege verzichten mag. Und in einem ehrlichen Augenblick bestätigt uns das auch Manfred von Brauchitsch höchstpersönlich noch Jahrzehnte später: »Daß alles gutgehen werde mit den Nazis, diesen komischen Herrenmenschen in ihren lächerlichen Uniformen, das war eine von unseren vielen Selbsttäuschungen in jenen Jahren.«[132]

Staatliche Beihilfen als Gewohnheitsrecht

Am 13. Juli 1934, also nach der Pleite im französischen Grand Prix und unmittelbar vor dem wichtigsten Rennen des Jahres für die deutschen Rennställe, dem Großen Preis von Deutschland auf dem Nürburgring, wird Daimler-Benz-Direktor Kissel noch einmal schriftlich bei Adolf Hühnlein vorstellig und bittet um baldige Überweisung der 300000 Reichsmark, die als Beihilfe vorgesehen sind, sowie um »weitere Beträge zur Subventionierung des Rennwagenbaues«. Er schreibt, daß die seit Beginn des Rennwagenprojektes angefallenen Kosten bis Jahresende 1934 »die Summe von 1½ Millionen Mark weit übersteigen«.[133] Auch Reichsverkehrsminister von Eltz-Rübenach wird am selben Tag in dieser Sache angeschrieben, seine Antwort folgt am 25. Juli, zehn Tage nachdem Hans Stuck den Großen Preis von Deutschland gewonnen und Mercedes-Benz eine empfindliche Niederlage beigebracht hat. Das Ministerium zahlt nur 100000 Reichsmark, der bereits zugesagte Restbetrag wird in vier Raten à 50000 Reichsmark gestückelt und erst jeweils Mitte August, September, Oktober und November überwiesen. Für die Teilnahme an zehn ausgewählten nationalen und internationalen Rennen dürfen die beiden Konzerne weitere Beihilfen in Höhe von 100000 Reichsmark erwarten, »deren Verteilung ich mir vorbehalte«, teilt der Reichsverkehrsminister mit und stellt »weitere Mittel bis zum Gesamtbetrag von 100 000,– RM zur Zahlung von Erfolgsprämien für solche deutschen Firmen« in Aussicht, »die in den vorgenannten Rennveranstaltungen erste Preise erringen«.[134]

Mit dem Sieg von Stuck für Auto Union auf dem Nürburgring beginnt eine beispiellose Erfolgsserie. Wo immer die Silberpfeile jetzt auch antreten, die ausländische Konkurrenz zieht stets den kürzeren. Mercedes-Benz gewinnt mit Caracciola am 5. August das Klausenpaß-Bergrennen und mit Fagioli am 15. August die Coppa Acerbo. Die Auto Union und ihr Spitzenfahrer Stuck triumphieren wieder beim Großen Bergpreis von Deutschland am 19. August auf der Freiburger Schauinsland-Strecke und am 26. August beim Großen Preis der Schweiz, während Mercedes-Benz am 9. September den Großen Preis von Italien gewinnt. Fagioli, der in Monza den ursprünglich von Caracciola gesteuerten W25 übernommen und zum Sieg gefahren hat, sichert dem Untertürkheimer Konzern auch beim spanischen Gran Premio den ersten Platz, nachdem zuvor am 16. September Stuck – in Abwesenheit von Mercedes-Benz – das Bergrennen am Mont Ventoux für sich entscheidet. Und im letzten Rennen der Saison, am 30. September beim Masaryk-Preis in der Tschechoslowakei, hat erneut die Auto Union das bessere Ende für sich, als Stuck vor Fagioli ins Ziel fährt.

Binnen vier Monaten haben die Silberpfeile die Kräfteverhältnisse im internationalen Motorsport total auf den Kopf gestellt. Bei 13 Rennen sind die deutschen Werksrennställe angetreten, elfmal haben sie gewonnen. Für die Auto Union stehen sechs Siege zu Buche, Mercedes-Benz kommt auf fünf erste Plätze. Seit dem 15. Juli 1934 sind die rollenden Werbeträger wiedererweckter deutscher Weltgeltung unbesiegt. Ihre technische Überlegenheit ist erdrückend.

Dabei verfügt man in Untertürkheim weiterhin über die etwas besseren Verbindungen zum Regime. Direktor Werlin informiert seine Vorstandskollegen am 10. Oktober 1934 per Telefon über das Resultat einer Besprechung im Reichsverkehrsministerium: Von den 100000 RM Beihilfe erhalten zwar Mercedes-Benz und Auto Union jeweils die Hälfte. Doch die Erfolgsprämie von 100000 RM wird im Verhältnis 4:3 zugunsten der Untertürkheimer aufgeteilt, die einen Betrag von 57145 RM erhalten, während die restlichen 42855 RM an die Auto Union gehen.[135] Wie symbolträchtig dieser Entscheid auf Seiten der beiden konkurrierenden Konzerne gewirkt haben muß und wie diskret die staatliche Subventionierung damals gehandhabt worden ist, belegt denn die von Werlin weitergeleitete Anweisung: »Es wurde ausdrücklichst zur Bedingung gemacht, daß die Aufteilung der Leistungsprämie nicht für Propaganda-Zwecke benutzt werden darf.«[136]

An der Verteilung der staatlichen Subventionen ist inzwischen auch NSKK-Führer Hühnlein maßgeblich beteiligt. Angesichts der deutschen Erfolge treibt ihn wie auch die Ministerialbürokratie bereits die Sorge um, daß seitens der für das Reglement verantwortlichen internationalen Automobilclub-Föderation AIACR »Bestrebungen im Gange seien, für die nächste Rennsaison die Bestimmungen zu ändern dergestalt, daß künftighin Motoren mit Kompressor nicht mehr zugelassen werden sollen«, wie Werlin ebenfalls am 10. Oktober 1934 an Kissel meldet. »Offenbar ist diese Absicht gegen die deutsche Automobil-Industrie gerichtet und es ist dringend notwendig, daß möglichst sofort noch während der Automobil-Ausstellung [i.e. der Auto-Salon in Paris] durch Herrn Direktor Schippert gegen ein etwaiges Vorhaben dieser Art Einspruch erhoben wird.«[137]

Doch das wirklich große Feilschen anläßlich der Herbsttagung der AIACR dreht sich nicht um ein mögliches Kompressorverbot, sondern bereits um die künftige Rennwagenklasse. Hühnlein wird später mit Rückendeckung der beiden Autokonzerne dafür sorgen, daß die von den deutschen Rennställen beherrschte 750-Kilogramm-Formel nicht schon wie vorgesehen mit der Saison 1936 ausläuft, sondern noch einmal um ein weiteres Jahr verlängert wird. Vor allem aber setzt er sein Ziel durch, daß ab 1935 dem erfolgreichsten

Fahrer in der Rennwagenklasse der Titel eines »Europameisters« verliehen wird. Ein weiterer Propagandagewinn für das NS-Regime und seine Helden in den Silberpfeilen. Und tatsächlich werden bis zum kriegsbedingten Ende der Grand-Prix-Rennen denn auch nur deutsche Fahrer zu Europameistern gekürt.

Mit den deutschen Rennerfolgen wird auch Hühnleins Position gestärkt. In Sachen Motorsport führt an ihm inzwischen kein Weg mehr vorbei. Wobei am Beispiel des NSKK-Führers das spezifische Wesen der NS-Diktatur erkennbar wird. Für die Verteilung von Wohltaten gibt es immer mehrere zuständige Instanzen und Schranzen, die man gegeneinander ausspielen kann. Hühnlein und sein NSKK konkurrieren mit Himmlers SS, die Ministerialbürokratie im Reichsverkehrsministerium will auch umworben sein, aber am hilfreichsten wird sich stets – sofern irgendwie vorhanden – der direkte Draht zu Hitlers Kanzlei erweisen. Sich irgendwie auf den »Führerwillen« berufen zu können schlägt alle anderen Argumente.

Letztlich geht es allen Direktoren von Daimler-Benz und Auto Union ebenso wie ihren Rennfahrern darum, sich Vorteile zu verschaffen. Für die Firma und das eigene Fortkommen. Und bis Hitler – wenn überhaupt! – letztinstanzlich eine Entscheidung fällt, versuchen sie alle, im Netzwerk der NS-Bürokratie ihre Fäden zu spinnen und selber für vollendete Tatsachen zu sorgen, die dann im nachhinein den allerhöchsten Segen finden. Dieses von manchen Wissenschaftlern als Chaos von Zuständigkeiten und Kompetenzen beschriebene System ist der ideale Boden, auf dem die Strippenzieher und Lobbyisten der deutschen Motorsporterfolge agieren. Und letztlich auch die Rennfahrer selbst, wenn sie sich, wie noch zu berichten sein wird, über Kontakte zu SS-Größen und anderen Nazibonzen die Vorteile verschaffen, die ihnen auf der Rennstrecke wie im Privatleben weiterhelfen.

Die hohe Zeit also für Gestalten wie Jakob Werlin, der seinem Vorstandschef Wilhelm Kissel am 11. Oktober 1934 von einer persönlichen Rücksprache mit dem NSKK-Führer berichtet. In Sachen staatlicher Subventionen empfiehlt Hühnlein vorsorglich, die Aufwendungen für die Saison 1934 zusammenzustellen, falls das Finanzministerium eine Kürzung vornehmen will. Aber keine Bange: »Diesen Punkt will Herr Hühnlein auch mit dem Führer besprechen.«[138] Das Reichsverkehrsministerium wird zwar in einem Schreiben an Kissel vom 22. Dezember auf Sparsamkeitsgründe verweisen, die dazu zwingen, weitere Beihilfen bis zum nächsten Rechnungsjahr, das am 1. April 1935 beginnt, zurückzustellen. Doch Hühnlein nimmt sich jetzt ein für allemal selbst dieser Angelegenheit an. Am 19. Dezember 1934 hat er bei Hitler vorgesprochen, am 19. Januar 1935 sichert er Kissel zu, in Sachen Fördergelder unterstützend einzugreifen: »Im übrigen möchte ich bitten, zukünftig Anträge auf Subventionierung über mich zu leiten, damit ich von vornherein in der Lage bin, die Wünsche der deutschen Kraftfahrzeugindustrie beim Reichsverkehrsministerium nach den Erfordernissen der Weiterentwicklung des deutschen Kraftfahrsportes zu vertreten.«[139] Was Kissel in seiner umgehenden Antwort vom 21. Januar an Hühnlein »gern« und mit »verbindlichem Dank« zur Kenntnis nimmt und dem Korpsführer sogleich mitteilt, daß die Daimler-Benz AG für ihre Rennaktivitäten abzüglich aller bisherigen Subventionen einen Betrag ausgegeben hat, der eine Million Reichsmark erheblich übersteigt. Weshalb er bei Hühnlein um »ausreichende Mittel« bittet. Deutsche Rennwagensiege sind eine nationale Angelegenheit und sollten also auch volle Förderung vom NS-Staat erhalten. Diese Ansicht teilen manche Verwalter des Hitler-Regimes mit Blick auf die Subventionen nicht vollständig. Schließlich mehren die Rennerfolge nicht nur das Ansehen des Dritten Reichs, sondern auch den Ruhm der Unternehmen, die für diese doppelte Ehre auch gefälligst eigene Finanzmittel beizusteuern haben.

Mercedes-Benz und Auto Union sind und bleiben zwar Rivalen, doch wenn es um effizientes Anzapfen der staatlichen Steuermittel geht, halten sich die Konzernchefs auch weiterhin gegenseitig auf dem laufenden. In einer konzertierten Aktion erhält Hühnlein fast zeitgleich Anfang März 1935 dringliche Schreiben von beiden Seiten. Selbstredend haben Kissel und von Oertzen einander über den Wortlaut der Briefe informiert. Am 1. März 1935 schickt Kissel eine Abschrift seines Hühnlein-Schreibens an von Oertzen, am 4. März 1935 revanchiert sich dieser mit der Kopie seines Bittbriefs an Hühnlein, wofür sich der Daimler-Benz-Vorstandschef umgehend bedankt: »Ich freue mich, daß Sie in dieser Eingabe etwa von den gleichen Ziffern ausgingen, wie wir, und die Angelegenheit ebenso dringlich gemacht haben, wie es bei uns geschehen ist. Herrn Werlin habe ich gebeten, die Angelegenheit persönlich mit entsprechendem Nachdruck zu vertreten. Ich hoffe und wünsche, daß wir recht bald einen guten Erfolg erzielen mögen!«[140]

Wie begründen die inzwischen dank staatlicher Wiederaufrüstung und der Erholung am Automobilmarkt finanziell bestens aufgestellten Konzerne ihre Bettelbriefe? Im Geschäftsjahr 1934 hat die Daimler-Benz AG bei einem Umsatz von 146,8 Millionen RM einen Bruttogewinn von 27,56 Millionen RM erzielt – unterm Strich ein Reingewinn von 4,12 Millionen RM. Kissel taktiert: »Die Geschäftslage in unserer Industrie ist durch die Förderung, die sie durch die Reichsregierung, besonders aber durch unseren Führer und Kanzler Adolf Hitler erfährt, gewiß als gut anzusprechen; dennoch sind, was nicht verschwiegen werden darf, die Preise äußerst scharf bemessen, so daß sie nur einen ganz minimalen Gewinn zulassen, auch sind eine Reihe anderer, erheblicher Ausgabenfaktoren, welche die Erfolgsrechnung stark beeinflussen, unvermeidbar.« Denn neben den »Rennwagen für die bevorstehende Saison« müsse auch die »Fabrikation für das

Frühjahrs- und Sommergeschäft« vorbereitet werden. Für den Vorstand eines Autokonzerns eine höchst erstaunliche Erkenntnis, aus der Kissel sich an Hühnlein wendet: »Auf alle Fälle bitten wir Sie, sehr geehrter Herr Korpsführer, sich dafür einzusetzen, daß wir für das laufende Jahr eine Reichsbeihilfe erhalten, die wenigstens ungefähr unsere Ausgaben deckt, besonders bitten wir Sie dringend, sich dafür einzusetzen, daß uns eine größere Geldzuwendung, wenn irgend möglich, im Ausmaß von etwa 1 Mill. RM, so schnell wie nur irgend möglich überwiesen wird.«[141]

Von Oertzen macht in seinem Schreiben an Hühnlein vom 4. März 1935 geltend: »Wir haben bis Ende 1934 die ungeheure Summe von RM. 2219428,– für unsere Rennwagen aufgewendet.« Abzüglich der staatlichen Subventionen sowie Einnahmen aus Start- und Preisgeldern und Zuwendungen der Zubehörindustrie hat die Auto Union »aus eigener Tasche in den Jahren 1933/34 die Summe von RM. 1273571,– aufgewendet«, woraus er gegenüber Hühnlein ableitet, »daß wir bei allen dafür in Frage kommenden Regierungsstellen, insbesondere aber beim Führer und Reichskanzler selber volles Verständnis finden werden, wenn wir Sie bitten müssen, uns im Jahre 1935 eine erheblich höhere Unterstützung des Reiches zu vermitteln als es bisher der Fall gewesen ist«.[142]

Wie die Konkurrenz von Mercedes-Benz will auch die Auto Union mit neuen Rennwagen und Motoren in die Saison 1935 starten. Der Aufwand wird noch höher, denn die deutschen Werksmannschaften werden bei fast doppelt soviel Veranstaltungen an den Start gehen und nicht wie noch 1934 nur zwei bis drei, sondern vier bis sechs Fahrzeuge einsetzen.

Über genaue Details ihrer Kalkulationen hüllen sich sowohl von Oertzen als auch Kissel jedoch in Schweigen. Aussagekräftige Kostenvoranschläge teilt der Daimler-Benz-Chef indes seinem Parteigenossen und Vorstandskollegen Werlin am 5. März per Flugpost und Eilboten mit. Kissel beziffert die Kosten für Renneinsätze in Deutschland auf 35000 Reichsmark, im Ausland auf 50000 Reichsmark je Veranstaltung, macht aber keine weiteren Angaben, weil »wir vermeiden wollten, unsere Pläne bezüglich der Rennwagen und ihrer Motoren nicht mehr wie nötig herauszustellen, damit nicht allzu viel darüber gesprochen wird und so vermieden wird, daß die Konkurrenz von unseren Absichten etwas erfährt«.[143]

Denn Mercedes-Benz betreibt massive Aufrüstung für die kommenden Rennen, für die sechs neue, noch stärkere Motoren à 4 Liter Hubraum gebaut werden. Deren Leistung liegt je nach Kraftstoffgemisch bei mehr als 370 PS. Drei weitere dieser Triebwerke stammen aus dem Vorjahr, vier der insgesamt sechs Rennwagen aus der Saison 1934 werden für den Einsatz der neuen Aggregate modifiziert, dazu werden noch zwei völlig neue gebaut, die bei »formelfreien Veranstaltungen« zum Einsatz kommen sollen. Dafür werden nochmals zwei wesentlich leistungsstärkere Triebwerke mit 4,3 Liter Hubraum und mehr als 400 PS Leistung gefertigt. Die Kosten für die genannten Maßnahmen beziffert Kissel gegenüber Werlin auf 960000 Reichsmark. Aber damit noch nicht genug: »Die Ergebnisse der letztjährigen Rennen haben unsere Techniker veranlaßt, auch in den Konstruktionsprinzipien des Fahrgestelles nicht stehen zu bleiben. Sie kamen nach wiederholten Prüfungen und Studien zu dem Resultat, auf alle Fälle für die Saison 1935 auch Fahrgestelle vorzubereiten, bei welchen nicht die bisher übliche hintere Pendelachse angewendet wird, sondern eine Konstruktion, welche parallel gefederte Räder zur Anwendung bringen läßt. Dies besonders deshalb, um im Hinblick auf die hohen Geschwindigkeiten auch bei nassem Wetter eine möglichst gut gewährleistete Straßenlage zu haben. So finden Sie deshalb bei dem Posten in Höhe von RM. 400000,– den Titel *Neuanfertigung von 5 Fahrgestellen.*«

Der Aufwand gegenüber dem ersten Rennjahr hat sich nahezu verdoppelt, aber jeder neu gebaute Rennwagen kommt den Konzern jetzt preiswerter als ein Exemplar der ersten

Generation der Silberpfeile. Denn nun zehrt man von den kostenintensiven Erfahrungen der Jahre 1933/34. Klotzen und nicht kleckern, heißt die Devise, jetzt wird geerntet, was man vor Jahr und Tag mit kräftiger Unterstützung gesät hat. Mercedes-Benz und Auto Union treten bei allen Großen Preisen mindestens mit jeweils drei, meistens jedoch mit je vier Wagen an. Beim Großen Preis von Deutschland bringen die Untertürkheimer sogar einen fünften W25 zum Einsatz, den der ehemalige Rennmonteur Hermann Lang steuern darf. Die Daimler-Benz AG hat unterdessen den Tod ihres Chefkonstrukteurs Hans Nibel verkraften müssen, der am 25. November 1934 den Folgen eines Schlaganfalls erlag. Unter seinem Nachfolger Max Sailer bringt der auch als Rennfahrer begabte Ingenieur Rudolf Uhlenhaut die Entwicklung derart dramatisch voran, daß Mercedes-Benz bis in den Spätsommer der Saison 1935 hinein die Grand-Prix-Rennen dominieren kann.

Natürlich bleibt die Auto Union schärfster Konkurrent, zumal sie sich mit dem jungen Bernd Rosemeyer verstärkt, der zuvor im werkseigenen DKW-Rennstall als Motorradrennfahrer für Furore gesorgt hat. Rosemeyer erweist sich rasch als die Entdeckung des Jahres, gewinnt am Ende der Saison seinen ersten Grand Prix. Auch Varzi und Stuck kommen zu Siegen. Doch im Vergleich zu Mercedes-Benz werden die sächsischen Silberpfeile allzuoft von größeren wie kleineren Defekten und Malheuren gebremst.

Siege nach Belieben

Für den durchschlagenden Erfolg der deutschen Rennwagen ist nicht einmal mehr eine Aufstockung der Subventionen vonnöten. Die Saison hat bereits begonnen, als das Reichsverkehrsministerium am 29. April 1935 den beiden Konzernen eine Beihilfe in Höhe von jeweils 200000 Reichsmark zuteilt. Das ist gerade mal ein Fünftel der angeblich so dringend benötigten Summe. Am 24. Juni gibt es einen weiteren Nachschlag in Höhe von 125000 Reichsmark. Mercedes-Benz und Auto Union kämpfen jedoch um deutlich gestiegene Erfolgsprämien in einer Gesamthöhe von 180000 Reichsmark, die für nunmehr 15 Rundstreckenrennen – sechs Große Preise sowie neun große internationale Rennen – ausgelobt werden. Der NS-Staat zahlt für einen Sieg bei international bedeutenden Veranstaltungen nun 10000 RM, und ab sofort wird auch ein zweiter Platz mit 5000 RM prämiert. Die ersten beiden Ränge bei weniger bedeutsamen Auftritten wie etwa beim AVUS-Rennen oder beim Eifelrennen sind dem Ministerium immerhin noch je 7000 bzw. 3000 RM wert. Klar und eindeutig ist die Diktion der staatlichen Sponsoren, warum diese Beihilfen weiterhin gezahlt werden: »Da sich das Ausland anschickt, die unzweifelhafte Vormachtstellung, die Deutschland in so kurzer Zeit unter der nationalsozialistischen Regierung auf dem Gebiet des Automobilrennsports erringen konnte, mit allen Mitteln anzugreifen, ist die Reichsregierung gewillt, die weitere Entwicklung der deutschen Rennwagen auch in diesem Jahre durch staatliche Beihilfen zu fördern.«[144]

Die Liste der Veranstaltungen mit »staatlichen Leistungsprämien« umfaßt 1935 jedoch kein einziges Bergrennen mehr. Ein Passus, den die Mercedes-Benz-Lobbyisten in Hühnleins ONS mit Blick auf die Vorjahreserfolge von Hans Stuck durchgesetzt haben.[145] Und obwohl der sächsische Konzern ausdrücklich auf einen Start beim Großen Preis von Monaco am 22. April 1935 verzichtet, ist dieses Rennen Mitte April bei einer Sitzung im Reichsverkehrsministerium dennoch auf die Liste der für staatliche Erfolgsprämien relevanten Veranstaltungen gesetzt worden. So gewinnt der Italiener Fagioli für Mercedes-Benz in neuer Rekordzeit in Monte Carlo das erste Rennen der Saison – und beschert seinem Rennstall damit zugleich 10000 RM aus der Staatskasse. Die Prämie für den zweiten Platz kommt hingegen nicht zur Auszahlung, weil Manfred von Brauchitsch und Rudolf Caracciola mit ihren Silberpfeilen ausgeschieden sind.

Bezeichnenderweise fehlt jedoch auf der Prämienliste der Grand Prix von Tunis am 5. Mai. Hier ist die Daimler-Benz AG gar nicht erst angetreten, während die Auto Union bei ihrem neuen Star Achille Varzi im Wort steht und diesem einen ihrer V-16zylinder zur Verfügung stellt, mit dem der Italiener prompt gewinnt. Dafür kommt es vierzehn Tage später in Libyen beim Grand Prix von Tripolis zum ersten Aufeinandertreffen, das Caracciola zugunsten von Mercedes-Benz entscheidet. Varzi sieht noch fünf Runden vor Rennende wie der Sieger aus, ehe ein Reifendefekt seinen Wagen auf den zweiten Rang zurückwirft. In einem weiteren Mercedes-Benz landet Fagioli auf Platz drei, während der dritte Rennwagen aus Untertürkheim mit von Brauchitsch ebenso ausscheidet wie Stuck im zweiten Auto Union. Zwei Wochen später, beim AVUS-Rennen am 26. Mai, siegen Stuck im ersten und Caracciola im zweiten Vorlauf. Doch das Finale gewinnt Fagioli. Auch beim Eifelrennen am 16. Juni gibt es wieder einen Erfolg für Mercedes-Benz, wenngleich die Schlagzeilen weniger dem siegreichen Caracciola, sondern dem zweitplazierten und erst in der letzten Runde unglücklich unterlegenen Neuling Rosemeyer im Auto-Union-16zylinder gelten.

In der Presse soll und darf tüchtig gejubelt werden, aber allzu gründliche Recherchen sind selbst im scheinbar unpolitischen Rennsport von Staats wegen unerwünscht. Die *Frankfurter Zeitung*, die letzte deutsche Tageszeitung, die sich damals noch halbwegs den Zensuranweisungen der Nazis zu entziehen vermag, liefert am 17. Juni trotzdem genauere Informationen: »Der Rennleiter der Auto Union, Oberingenieur Walb, erklärte zu dem Ausgang des Eifelrennens, daß bei Rosemeyers Wagen in der letzten Runde zwei Kerzen ausgesetzt hatten (bekanntlich haben die Rennwagen der Auto Union 16Zylinder-Motoren), so daß er an der Entfaltung seiner vollen Geschwindigkeit auf der Geraden verhindert gewesen sei. Zu unserem Bericht ist noch nachzutragen, daß an Rosemeyers Wagen etwa in der vierten Runde die Windschutzscheibe zerbrach. Der junge Fahrer war also bei den enormen Geschwindigkeiten dieses Rennens (auf den Geraden erreichten die Wagen Geschwindigkeiten von etwa 220 km pro Stunde) dem vollen Luftzug ausgesetzt. Das ist nicht nur eine starke körperliche Beanspruchung, sondern auch eine tatsächliche Beeinträchtigung, da man unter diesen Umständen den Motor nicht mehr hören und sich beim Schalten nur nach dem Gefühl und nach dem Tourenzähler richten kann.«

Noch am selben Tag reagiert die NS-Zensur. Auf der täglichen Reichspressekonferenz ergeht Anweisung an alle Redaktionen: »Die Erklärung der Auto Union über das Versagen des Fahrers [Rosemeyer] im gestrigen Nürburg-Rennen, die in der heutigen Frühausgabe der *Frankfurter Zeitung* abgedruckt worden ist, soll nicht übernommen werden.«[146] So genau dürfen die tatsächlichen Hintergründe für Sieg und Niederlage der deutschen Nationalrennwagen dem staunenden Publikum denn doch nicht vermittelt werden. Deutsche Technik versagt nicht und beugt sich auch keineswegs den Zufällen banalen Rennpechs. Außerdem sind die Erläuterungen des Auto-Union-Rennleiters geeignet, den Erfolg von Mercedes-Benz und ihres Meisterfahrers zu schmälern.

Letzterer feiert am 23. Juni beim französischen Grand Prix einen weiteren Sieg, den Stallgefährte von Brauchitsch auf Rang zwei komplettiert. Die beiden silbernen Rennwagen passieren dicht hintereinander die Zielflagge und revanchieren sich eindrucksvoll für die Vorjahresblamage an selber Stelle in Montlhéry. Der W25 mobilisiert inzwischen mehr als 445 PS, der Auto-Union-B-Typ leistet um die 400 PS. Dagegen kommt der stärkste Alfa Romeo gerade mal auf 330 Pferdestärken, der beste Maserati leistet 290, der hoffnungslos veraltete Bugatti Typ 59 sogar nur 240 PS. Die französischen Veranstalter vom ACF haben für ihren Grand Prix den Kurs mit drei engen Schikanen versehen, die dazu beitragen sollen, das überlegene Tempo der deutschen Rennwagen einzubremsen. Chiron und Nuvolari profitieren in den Alfa Romeo der Scuderia Ferrari tatsächlich eine Weile von dieser Maßnahme, doch am Ende setzen sich wie gehabt die Silberpfeile durch. Weil Fagioli sich mit Caracciola einen erbitterten Zweikampf liefert und dabei sein Gefährt etwas überbeansprucht, verpassen die Untertürkheimer sehr zum Ärger von Neubauer sogar den greifbar nahen Dreifach-Erfolg. Die Auto Union wird von Motorschäden und Vergaserproblemen heimgesucht. Rosemeyer landet weit abgeschlagen mit vier Runden Rückstand auf dem fünften Rang.

Mit Blick auf das wichtigste Rennen des Jahres, den Großen Preis von Deutschland am 28. Juli, legen die sächsischen Silberpfeile vorerst eine Rennpause ein, in der die technischen Probleme kuriert werden sollen. Mercedes-Benz bleibt allein auf weiter Flur: Fagioli gewinnt vor Caracciola am 30. Juni den Penya Rhin-Grand-Prix in Barcelona. Am 14. Juli siegt Caracciola beim Grand Prix von Belgien vor dem Duo Fagioli/von Brauchitsch. Damit sind die silbernen Nationalrennwagen vor ihrem Start auf dem Nürburgring seit mehr als einem Jahr unbesiegt.

Unliebsame Wahrheiten

Alles »völlig unpolitisch«, wie uns die Rennfahrerhelden nach 1945 unermüdlich glauben machen wollen? Im benachbarten Ausland sieht man das damals ganz anders. Am 22. Juli 1935 erscheint in der *Berner Tagwacht* unter der Überschrift »Deutschland, Deutschland über alles! Ein Rennwagen soll Europa erobern« ein überaus hellsichtiger Artikel, dessen Autor ungenannt bleibt:

»Das Dritte Reich, durch allzu kühne Attacken seiner neuen Männer rasch isoliert – es braucht Erfolge. [...] Zu durchschlagenden Erfolgen gehören Köpfe. Von der *geistigen SA*, die in devotem Gleichschritt marschiert und mit Lärmtrompeten Krach mach[t], ist nichts zu erwarten; die wirklichen *geistigen Soldaten* – um in der Sprache der Blubo-Menschen zu reden – sind zur Desertion gezwungen worden. Man erinnert sich plötzlich einer Kategorie, die dablieb, die eventuell in der Lage wäre, Erfolge zu verschaffen: die Techniker. Für die ist Konjunktur Konjunktur, ob schwarz oder rot, oder braun, ob für Krieg oder Frieden: man arbeitet. Nur Geld schafft heran! […] Bei einer gemütlichen Zusammenkunft in Berlin, es war im Frühjahr 1 der Revolution, begeistert man Adolf Hitler für einen deutschen Volkswagen. Ebenso muß ein Rennwagen gebaut werden, der Deutschland Weltgeltung und der Industrie die nötigen Aufträge verschafft. Die Pläne für den Rennwagen hatte man vorsichtig schon mitgebracht – der Volkswagen hatte ja noch Zeit. Adolf, selbst in der Reklamebranche tätig, hatte schon immer Sympathie für Bluff und – einen guten Riecher für Reklameneuheiten; hörte er dazu von Weltgeltung, an der er ja sein Leben lang zu arbeiten sich opferfreudig entschlossen hatte, so war er zu allem bereit. […] Und *ER* erklärt, als sei der Gedanke original von ihm: *Wir brauchen Erfolge, Siege, Rekorde! Meine Herren – wir bauen den Rennwagen! Die Pläne des Volkswagens bitte auszuarbeiten.* Der Führer befiehlt – die Reichsbank öffnet weit die Tresore … Da Mercedes-Benz, die Weltfirma, den alten berühmten Namen trägt, die Auto Union aber einen Konstrukteur mit Verstand und Genie besitzt, Dr. Porsche, jetzt Reichskonstrukteur, so werden beide Firmen beauftragt.

Der Erfolg kommt. 1934 horcht die gesamte Sportwelt auf: In den internationalen Rennen dominieren die deutschen Wagen […] – Der Erfolg ist da. Die Reklameidee hat Wirkung. Die Welt staunt über das Wunderwerk deutscher Technik, diese geniale Schöpfung deutscher Konstrukteure. […] Die Rennwagen kosten Geld: weit geöffnete Reichsbankkassenschränke, ein Stab Konstrukteure, ein Stab hochqualifizierter Arbeiter, ein Stab rücksichtsloser Rennfahrer – und der schnellste Rennwagen entsteht und fährt [zum] Sieg.

Die *Rennställe* von Mercedes und Auto Union reisen und reisen. Die Rennfahrer-Elite Europas ist verpflichtet: Caracciola, Varzi, Fagioli, Brauchitsch, Stuck. Männer mit Mut und Nerven, die aber Geld kosten. Sie sind in St. Moritz und Davos, in Monte Carlo und Nizza gleichermaßen daheim; die Gagen erlauben es. Ein glattes Geschäft: Todesgefahr, Schmerz und Blut gegen Geld, viel Geld ... Gute Reklame ist immer teuer. [...] Die Fahnen flattern hoch im Wind. Siegesfeier im Werk. *Heil!* Reden. Fahnen. *Hoch!* Kernig-zackige Rede des NS-Kraftwagenkorpsführers Hühnlein: *Seid stolz! Deutscher Geist, deutsche Werkmannarbeit, deutsche Energie.* [...]

Die Arbeiter, stolz, singen das Deutschland-Lied und – arbeiten weiter. Der andere Teil der Volksgemeinschaft, Direktion und Rennleitung samt -fahrer, Herr Hühnlein und Stab, gehen ab Richtung Stadt. Rathaus. Bürgermeister. Mikrophon, Rede. Triumphzug durch *spontan* befohlene begeisterte Masse. Vornehmstes Hotel. Festessen. Rede: *Heil Deutschland! Weiter zu neuen Siegen! Heil!* [...] So sieht das Gesicht des Dritten Reiches aus. Die Fassade: Parteitage mit Millionenfeuerwerk, Bonzenhochzeiten mit Millionengeschenken, Subventionen für Bankrotteure, für die von Halm und Schlot, in Millionenbeträgen. Fehlt noch: eine Pleite im Millionenmaß – die aber schon mit Millionenschritten naht.

Dahinter die reale Wirklichkeit: Eintopfgericht und Bettelspenden, Sammelbüchsen und Winterhilfswerk (für welches Mercedes-Benz auch 50000,– Mark spendet ...), hungerndes Volk, geschändete, blutende Arbeiterklasse. Brot und Spiele fürs Volk, für die Herren aber Profit wie schon lange nicht mehr.

Römischer Zirkus im Zeichen des Hakenkreuzes – analog der Geschichte Roms und seiner prassenden Cäsaren.«[147]

Man konnte damals also durchaus wissen und abschätzen, welche Absichten sich auch hinter den Siegen der deutschen Silberpfeile verbargen. In der gleichgeschalteten deutschen Presse aber sind die Subventionen des NS-Staats für den Rennsport absolutes Tabuthema, werden sowohl von den Unternehmen wie von seiten der Behörden und Parteistellen mit Stillschweigen behandelt. Nicht nur die Nazis haben geeignete Mittel für Kontrolle und Zensur. Die Automobilkonzerne reagieren auf unerwünschte Berichterstattung mit dem Entzug von Anzeigen. Im Falle der Daimler-Benz AG reicht dafür schon mal ein Beitrag im Sportteil der *BZ am Mittag*, der das Mißfallen von Direktor Werlin erregt hat. So daß sich der Chef der Sport-Redaktion des Ullstein-Verlagshauses am 9. Dezember 1933 sehr ergeben und mit deutschem Gruß an Kissel wendet: »Ich möchte diese Gelegenheit auch benutzen, um Sie an die noch immer nicht bereinigten Differenzen zwischen Herrn Direktor Werlin und unserem Haus zu erinnern, die sich im Anschluß an die 2000-Kilometerfahrt ergeben hatten. Die Direktion der Daimler-Benz AG nahm seinerzeit insofern hierzu Stellung, als sie alle Anzeigen-Aufträge an unseren Verlag bis zur Bereinigung dieser Angelegenheit sperren ließ. Herr Direktor Werlin hatte uns zuletzt mitgeteilt, daß er die Entscheidung dem Reichsministerium für Propaganda und Volksaufklärung überlassen wolle. Von dieser Seite haben wir aber keinerlei Mitteilung erhalten.«[148]

Auch die angeblich doch so unpolitische Sportberichterstattung ist im Dritten Reich vermintes Gelände. Interessanterweise ignoriert selbst die ausländische Fachpresse – wider besseres Wissen? – in ihren Beschreibungen der deutschen Rennerfolge die hinter vorgehaltener Hand kolportierten Informationen über die finanziellen Hintergründe der Siege von Mercedes-Benz und Auto Union. Für nicht wenige dieser Korrespondenten sind aber die Subventionen des NS-Staats wohl schon damals ein offenes Geheimnis, das von den betroffenen Unternehmen vor 1945 allerdings stets bestritten und selbst danach noch geraume Zeit verschwiegen, dann verharmlost und inzwischen kleingeredet wird.

Um so bezeichnender für die diskreten Verflechtungen sind die aufgeregten Aktivitäten, welche der zitierte schweizer Zeitungsartikel auslöst, der am 22. Juli 1935 veröffentlicht worden ist, den NS-Rennsportfunktionären erstaunlicherweise jedoch erst Anfang Oktober 1935 bekannt wird.

Adolf Hühnlein höchstpersönlich schaltet seinen engsten Kontaktmann im Daimler-Benz-Vorstand, Jakob Werlin, ein: »Da der Schreiber offenbar im Werke sitzt, übersende ich Ihnen das Schreiben zur vertraulichen Kenntnisnahme mit der Bitte um Rückgabe.«[149]

Der lange Arm des NS-Regimes reicht weit genug, um auch mißliebige Korrespondenten in der Schweiz auszuschalten. Es gibt 1935 den Präzedenzfall des emigrierten NS-Gegners und Journalisten Berthold Jacob, der von einem Gestapo-Kommando aus seinem Schweizer Exil nach Deutschland entführt wird. Erst auf massiven internationalen Druck wird Jacob von seinen Häschern freigelassen. Im April 1936 wird Hans Wesemann, dem Hauptdrahtzieher der deutschen Entführer, in der Schweiz der Prozeß gemacht.

Das ist also der zeitgenössische Hintergrund, vor dem Werlin am 12. November 1935 den Chef der Mercedes-Benz-Automobil AG in Zürich, Direktor Muff, »persönlich und streng vertraulich«[150] bittet, den Verfasser des regimekritischen Artikels zu ermitteln. Muff bemüht sich und antwortet am 4. Dezember: »Es hat sich zu der fraglichen Zeit bei unserer Filiale in Bern ein angeblicher deutscher Emigrant gemeldet, der sich als Doktor und Sportschriftsteller vorgestellt hat und dort um eine Unterstützung nachsuchte. Eine solche wurde ihm natürlich nicht gegeben. Leider ist der Name nicht festgehalten worden. Nach meinen Recherchen hat es sich um einen größeren, rothaarigen Herrn gehandelt, und das dortige Personal glaubt sich zu entsinnen, daß sein Name mit B angefangen hat und der Name einer deutschen Stadt ist. Ich habe deshalb auf Herrn Bielefeld, den früheren Mitarbeiter der Motor-Kritik geraten, jedoch steht dies nicht fest. Bei der *Berner Tagwacht* war naturgemäß nichts zu erfahren. Ich werde meine Nachforschungen fortsetzen.«[151]

Werlin läßt nicht locker, weitere Briefe werden gewechselt, doch alle Recherchen verlaufen im Sande, so daß Muff am 6. April 1936 notiert: »Nach allen bisher angestellten

Nachforschungen hat es sich als nicht möglich erwiesen, falls nicht noch irgend ein glücklicher Zufall zu Hilfe kommt, den Autor des fraglichen Artikels zu ermitteln. Es ist mir auch nicht möglich gewesen, seit unserer kürzlichen Unterhaltung in Berlin, in dieser Sache irgendwie weiterzukommen. Nach Auffassung befragter Stellen dürfte es sich vermutlich um einen im Ausland lebenden Sportschriftsteller handeln, der als Verfasser dieses Artikels in Betracht kommt. Ich bedauere außerordentlich, daß ich in dieser Sache, die mich natürlich gleichfalls sehr interessiert hat, nicht zu einem positiveren Ergebnis kommen konnte.«[152]

Schlechte Verlierer?

Die erste und einzige Niederlage der Saison 1935 für die technisch so haushoch überlegenen deutschen Rennwagen vollzieht sich ausgerechnet beim Großen Preis von Deutschland am 28. Juli, den vollkommen unerwartet, aber nicht unverdient Tazio Nuvolari gewinnt. Der damals schon 43jährige Veteran bringt das Kunststück fertig, in seinem fast drei Jahre alten Alfa Romeo P3 mit völlig antiquierter Starrachse gegen die modernen deutschen Schwingachser und deren Leistungsplus von mehr als 120 PS zu bestehen. Zum einen sind es die widrigen Wetterbedingungen in der Eifel, die dem fahrerischen Können Nuvolaris zupaß kommen, denn das Rennen wird im Regen gestartet und die Strecke trocknet im Verlauf der 22 Runden auf der Nordschleife nie völlig ab. Zum anderen geht bei den deutschen Konkurrenten für einmal fast alles schief. Am Start säuft Stucks Wagen ab, beim Anschieben wird Mechaniker Rudolf Friedrich vom davonrasenden Stallgefährten Varzi überrollt und schwer verletzt. Der Italiener steht unter Schock, läßt sich schließlich von Ersatzfahrer Prinz zu Leiningen ablösen. Auto-Union-Hoffnung Bernd Rosemeyer kann wegen technischer Probleme nicht auf Dauer in den Kampf an der Spitze eingreifen, während der zweite Nachwuchsfahrer Paul Pietsch das Rennen abgeschlagen auf dem neunten Platz beendet.

Mercedes-Benz hat sogar fünf Eisen im Feuer, doch ausgerechnet Spitzenfahrer Caracciola ist gesundheitlich indisponiert und rettet sich auf Platz drei ins Ziel. Als Ursache für seinen Schwächeanfall wird später ein Bandwurmbefall diagnostiziert. Fagioli plagt sich mit Stoßdämpferproblemen herum, während die beiden Nachwuchsfahrer Hermann Lang und Hanns Geier zu unerfahren sind. Bleibt als letzte deutsche Siegeshoffnung allein noch Manfred von Brauchitsch. Der fährt tatsächlich an der Spitze, erzielt bei Mitte der Renndistanz mit 10.33,4 Minuten und dann sogar 10.32,0 Minuten die schnellsten Rundenzeiten des gesamten Wochenendes. Der bis dahin zweitplazierte Nuvolari schafft nur eine 10.43er Runde als persönliche Bestzeit. Doch das höhere Tempo kostet den führenden Mercedes-Benz mehr Reifengummi als kalkuliert.

Rennleiter Neubauer taktiert zu lange und geht ebenso wie von Brauchitsch das Risiko ein, auf einen weiteren Wechsel der Pneus zu verzichten. Zwei Runden vor Schluß hat der deutsche Spitzenreiter noch 32 Sekunden Vorsprung auf Nuvolari. Bei einem Boxenstop würde von Brauchitsch mindestens eine Minute verlieren, müßte dann in der allerletzten Runde also mindestens eine halbe Minute auf Nuvolari wettmachen. Nein, das kann nicht funktionieren, von Brauchitsch fährt durch! In die letzte Runde nimmt der 29jährige Deutsche sogar ein Polster von 43 Sekunden auf den Alfa Romeo mit, ehe es knapp zehn Kilometer vor dem Ziel, eingangs des Karussells, den linken Hinterreifen des Mercedes-Benz zerreißt. Von Brauchitsch fängt zwar seinen schlingernden Rennwagen noch ab, doch dabei platzt prompt auch der rechte Hinterreifen. Mit Tempo 60 rumpelt der silberne Hoffnungsträger auf blanken Felgen in Richtung Ziel, während Nuvolari längst als Sieger abgewunken worden ist.

Schriftleiter Hans Bindert schreibt im August 1935 für die *Deutsche Kraftfahrt. Das Organ des Nationalsozialistischen*

Kraftfahr-Korps über den »Glück[s]zufall« des Sieges von Nuvolari: »*Der Große Preis von Deutschland* war durch die Tücke des Schicksals an Italien gefallen. Trotzdem war der Beifall für den zähen und seinem Glück vertrauenden Italiener ehrlich und stark. [...] Als fünfter Wagen fuhr dann v. Brauchitsch ein. Wohl selten wurde einem Fahrer solcher Beifall zuteil. Es gab keinen Zuschauer und ebenso auch keinen Hörer am Rundfunk, der nicht v. Brauchitsch nach diesem gewaltigen Kampf auch den Endsieg gegönnt hätte. Wenn überhaupt eine ehrende Kundgebung ihn menschlich dafür entschädigen kann, daß ihm in letzter Minute noch der Sieg entrissen wurde, so hat es diese sicherlich getan. In seiner Schlußansprache wandte sich Korpsführer Hühnlein zunächst an v. Brauchitsch und dankte ihm unter dem nochmaligen Beifall der Massen für seinen heroischen Kampf, den er bis zur Preisgabe der eigenen Sicherheit durchgeführt habe, ehe er den endgültigen Sieg an Nuvolari abgeben mußte. Dann überreichte er dem Italiener den vom Führer und Reichskanzler gestifteten Ehrenpreis.«[153] Worauf Bindert in wörtlicher Rede Hühnlein zitiert: »Obwohl wir [...] den ersten Platz an das Ausland abgegeben haben, können wir trotzdem mit Stolz auf das Ergebnis dieses Rennens schauen. Auf den nächsten acht Plätzen liegen nur deutsche Wagen. [...] Deutscher Geist, deutsche Werkmannsarbeit und die vorbildliche Kameradschaft zwischen Konstrukteur, Arbeiter und Fahrer haben wiederum Leistungen hervorgebracht, auf die wir stolz sein können. Unsere Losung heißt nach wie vor: Weiter arbeiten! Wir kennen kein Rasten und Rosten. Es lebe der herrliche Motorsport und in erster Linie der Rennsport!« Und wie enden das Spektakel und der Artikel? »Mit einem Sieg-Heil auf den Führer, in das die Dreihunderttausend begeistert einstimmten, fand der Große Preis von Deutschland seinen würdigen Abschluß.«

Lange nach dem Zweiten Weltkrieg formuliert Rudolf Caracciola über Hühnleins alljährliche NSKK-Rituale in der Eifel: »Die Veranstalter sind uniformiert, Klubmitglieder sind uniformiert, nach den Rennen auf dem Nürburgring marschieren Abteilungen des uniformierten Kraftfahrerkorps auf. Nach Beendigung eines Rennens sind wir müde und verschwitzt. Trotzdem müssen wir stehend eine lange patriotische Rede anhören. Wenn wir gewinnen, hat das Vaterland gesiegt, wenn wir verlieren ... ja das darf ja gar nicht vorkommen.«[154]

Was den schon vor 1933 in der Schweiz residierenden deutschen Spitzenrennfahrer Caracciola trotzdem nicht davon abgehalten hat, im NS-Staat auch schon mal für Adolf Hitler die Werbetrommel zu rühren. Bei der Wahl zum Großdeutschen Reichstag am 10. April 1938, die von den Nazis gleichzeitig mit der Volksabstimmung über den »Anschluß« Österreichs verknüpft wird, engagiert sich der amtierende Europameister mit einem Aufruf, der im NS-Parteiblatt *Völkischer Beobachter* erscheint: »Wir Rennfahrer sind Kämpfer für die Weltgeltung der deutschen Automobilindustrie. Unsere Siege sind gleichzeitig Triumphe deutscher Ingenieurskunst und Werkmannsarbeit. Der Führer hat unseren Fabriken wieder die Möglichkeit gegeben, Rennwagen zu bauen, deren Siege die Erinnerung an die bittere Zeit des rennsportlichen Beiseitestehenmüssens 1931/1932 ausgelöst haben. Die einzigartigen Erfolge dieser neuen Rennwagen in den vergangenen vier Jahren sind ein sieghaftes Symbol für das Aufbauwerk unseres Führers. Dafür danken wir ihm am 10. April aus vollstem Herzen durch unser *Ja*!«[155]

Wohlgemerkt wird Caracciolas Salär trotz der scharfen Devisenbestimmungen im nationalsozialistischen Deutschland selbstverständlich in Schweizer Franken ausbezahlt. Woran auch Hühnlein trotz kritischer Anmerkungen nichts zu ändern vermag. Während des Zweiten Weltkriegs residiert der prominenteste deutsche Daimler-Benz-Werksfahrer weiterhin in seiner Villa im Tessin, bezieht ein respektables Gehalt aus Untertürkheim, ehe die Firmendirektion ab 1942 dann doch auf politischen Druck hin die Zahlungen einstellt.

5.
Weltherrschaft auf der Rennbahn

Die Helden aus Hitlers Rennschlachten haben im System der Nazis mitgespielt, ein wenig das große Rad gedreht. Umjubelt und bewundert als Idole ihrer Zeit. Als merkwürdige Vorbilder für eine Jugend, die zu Härte, Todesverachtung und Mut erzogen werden sollte. Und sie haben sich fast alle über das Ende der deutschen Diktatur hinweggerettet. Viele ihrer jungen Bewunderer sind dagegen in Hitlers Vernichtungskrieg auf der Strecke geblieben. Es geht nicht um Schuldzuweisungen, nur um die Frage, ob solche Menschen heute noch immer den Stoff für Mythen und Legenden liefern müssen? Als sagenhafte Rennfahrerhelden verehrt und verklärt wie eh und je. Losgelöst von ihrer Zeit und den Bedingungen, unter denen ihre Erfolge zustande gekommen sind. Erinnern wir uns mit Victor Klemperer, der im Dezember 1946 sein Buchmanuskript über die Sprache im »Dritten Reich« abgeschlossen hat. Der zentrale Begriff, den Klemperer sprachlich abklopft, zerlegt und endlich zu entsorgen versucht, heißt Heroismus: »Gewiß […] hat es auch in Nazideutschland unter den Sportlern und Soldaten gelegentlich wirkliche Helden gegeben. Nur im ganzen stehe ich dem Heldentum gerade dieser beiden Berufsgruppen skeptisch gegenüber. Es ist beides zu lautes, zu gewinnbringendes, die Eitelkeit zu sehr befriedigendes Heldentum, als daß es häufig echt sein könnte. Gewiß, diese Rennfahrer waren buchstäbliche Industrieritter, ihre halsbrecherischen Fahrten sollten den deutschen Fabriken und damit dem Vaterland zugute kommen, und vielleicht sollten sie sogar der Allgemeinheit Nutzen tragen, indem sie zur Vervollkommnung des Autobaus Erfahrungen beisteuerten. Aber es war doch so viel Eitelkeit, so viel Gladiatorengewinn im Spiel! Und was bei den Rennfahrern die Kränze und

Preise, das sind bei den Soldaten die Orden und Beförderungen. Nein, ich glaube in den seltensten Fällen an Heroismus, wo er sich in aller Öffentlichkeit laut betätigt und wo er sich im Fall des Erfolges gar zu gut bezahlt macht. Heroismus ist um so reiner und bedeutender, je stiller er ist, je weniger Publikum er hat, je weniger rentabel er für den Helden selber, je weniger dekorativ er ist. Was ich dem Heldenbegriff des Nazismus vorwerfe, ist gerade sein ständiges Gekettetsein an das Dekorative, ist das Prahlerische seines Auftretens.«[156]

Im Windschatten des Systems

In seinen 1964 in der DDR erschienenen Erinnerungen *Ohne Kampf kein Sieg* läßt Manfred von Brauchitsch, der ehemalige Rennfahrer und nunmehr hochdekorierte Sportfunktionär des SED-Staats, keinen Zweifel daran, wie sehr er die lächerlichen Nazis und Hitler verachtet haben will. Unerwähnt in diesen Memoiren bleibt indes, daß sich der zeitgenössische Manfred von Brauchitsch nicht davon hat abhalten lassen, am 15. Februar 1936 in Berlin bei der Eröffnung der 4. Internationalen Auto- und Motorradausstellung seinem »Führer« eine beifallumrauschte Grußadresse zu widmen. So ändern sich die Wahrnehmungen im Laufe eines langen Sportlerlebens.

Es mag also nicht von ungefähr kommen, wenn René Dreyfus noch mehr als 50 Jahre später besondere Erinnerungen an von Brauchitsch gehegt hat. Der französische Meisterfahrer hat es nach einem Rennausflug in die USA zu den »500 Meilen von Indianapolis« im Jahr 1940 vorgezogen, wegen seiner jüdischen Herkunft besser nicht mehr in seine inzwischen besetzte französische Heimat zurückzukehren. Im Rückblick auf seine ehemaligen Kollegen aus Deutschland ist sich Dreyfus noch bis ans Ende seines Lebens allein bei von Brauchitsch ziemlich sicher, daß dieser im Grunde seines Herzens ein Nazi-Sympathisant gewesen sei.[157]

Aber lassen wir Manfred von Brauchitsch im Originalton des Jahres 1936 selbst zu Wort kommen. An jenem 15. Februar hält der prominente Rennfahrer eine öffentliche Ansprache, die auch im Rundfunk übertragen wird: »Mein Führer, als Vertreter der deutschen Rennfahrer danke ich Ihnen, mein Führer, für alles das, was Sie uns gegeben haben. Wenn ich in den letzten [setzt noch einmal neu an] Wenn in den letzten Jahren die deutschen Rennwagen von Sieg zu Sieg geeilt sind, wenn wir im Kraftfahrsport heute an der Spitze aller Nationen stehen, so ist das nicht so sehr unser Verdienst oder das Verdienst der Industrie, sondern in erster Linie Ihr Werk. Sie haben uns durch Ihre Maßnahmen die technischen Voraussetzungen für unsere Erfolge geschaffen, Sie haben das Interesse des deutschen Volkes auf die Kraftfahrt und den Kraftfahrsport gelenkt. Doch dies allein hätte uns den Sieg nicht erringen lassen, etwas anderes war entscheidend, Sie haben uns den Glauben an die deutsche Zukunft, an uns selbst wieder gegeben. Und Sie haben uns so mit dem Ehrgeiz beseelt, unserem Vaterland Ehre zu machen. Dieser Ehrgeiz aber und dieser Glaube an den Sieg sind wie überall auch in unserem harten Handwerk Voraussetzung für den Erfolg. Und im [setzt noch einmal neu an] Im Namen meiner Kameraden, danke ich daher Ihnen, mein Führer. Ihr Vorbild und Ihr Werk verpflichten uns, unser ganzes Können, ja auch unser Leben für unser deutsches Volk einzusetzen. Und wir geloben Ihnen, auch in diesem Jahr alles daran zu setzen, um wieder die stolzen Fahnen des Dritten Reiches auf den Rennbahnen Europas als Siegeszeichen sehen zu lassen.«[158]

Ein erzwungenes Lippenbekenntnis – oder doch eher ein freiwilliger Dankesakt aus Überzeugung? Vielleicht hatte von Brauchitsch ja besonderen Anlaß, vorsorglich eine solche Lobeshymne anzustimmen? Denn einen Monat zuvor, im Januar 1936, hat sich der 30jährige Rennfahrer unbedachterweise mit dem zwei Jahre jüngeren NS-Reichsjugendführer Baldur von Schirach angelegt und wird zur Bereinigung dieser Affäre nicht nur NSKK-Führer Hühnlein und Hitlers

Chefadjutanten Brückner einschalten, sondern sich sogar persönlich an den deutschen Diktator wenden. Eine kleine private Episode, die ein bezeichnendes Licht auf die politische Naivität und Urteilskraft des Rennfahrers wirft.

Am 1. April 1936 richtet von Schirach einen Brief an den Onkel des Rennfahrers, Walther von Brauchitsch, den späteren Generalfeldmarschall und Oberbefehlshaber des Heeres: »Obwohl ich nicht genau weiß, in welcher verwandtschaftlichen Beziehung Sie, hochverehrter Herr General, zu dem Rennfahrer Manfred von Brauchitsch stehen, halte ich es doch für richtig, Sie davon in Kenntnis zu setzen, daß ich Herrn Manfred von Brauchitsch und seinen Bruder heute früh um 10.15 Uhr in deren Wohnung, Berlin, Hohenzollerndamm 60, mit einer Hundepeitsche gezüchtigt habe.«[159] Die Brüder Manfred und Harald von Brauchitsch haben den Angaben des NS-Funktionärs zufolge »in der Gastwirtschaft Hotel Post und Jäger am See in Urfeld [am Walchensee] in angetrunkenem Zustande beleidigende Äußerungen über meine Frau getan. Einer der Brüder hat u. a. gesagt, *während der Reichsjugendführer in der Welt herumfährt, amüsiert sich seine Frau hier auf ihre Weise (oder so ähnlich)*. Der anwesende Förster und seine Frau, die diese Bemerkung mit angehört hatten, verließen daraufhin das Lokal. Meine Frau hat am nächsten Morgen Herrn von Brauchitsch im Hotel aufgesucht und von ihm verlangt, daß er sich entschuldigen solle. Als er auf diese Frage mit den Händen in den Hosentaschen eine freche Antwort gab, schlug sie ihm ins Gesicht und verließ das Lokal. Als ich am Sonntag von meiner Wahlreise zurückkehrte, unterrichtete mich meine Frau telefonisch von Urfeld aus, wo wir ein kleines Landhaus besitzen, von dem Vorfall. Ich habe daraufhin versucht, den Aufenthaltsort von Herrn von Brauchitsch festzustellen. Er selbst hat keinerlei Versuche unternommen, seine Ehrenangelegenheit mit mir zu regeln.«

Der gedemütigte Rennfahrer fordert zwei Tage später »Genugtuung mit der Waffe«, was von Schirach jedoch ablehnt. Aber von Brauchitsch gibt immer noch nicht auf: »Die

Durchführung des von mir daraufhin eingeleiteten gerichtlichen Privatklage- und Strafverfahrens scheiterte daran, daß Herr von Schirach Reichstagsabgeordneter ist und unter dem Schutze der Immunität steht. Mein Antrag, die Immunität aufzuheben, ist von dem Herrn Präsidenten des Deutschen Reichstages abgelehnt worden. Inzwischen ist der Vorfall ohne mein Verschulden in weiteren Kreisen bekannt geworden. Ich bin der Auffassung, daß gerade eine Persönlichkeit, die sich in führender Stellung befindet, andere Volksgenossen nicht ungesühnt mit der Hundepeitsche bearbeiten darf.« Schreibt von Brauchitsch am 4. September ausgerechnet an Hitler und tut seinem »Führer« kund, Henriette von Schirach nicht beleidigt zu haben, und teilt obendrein mit, »daß auch die Ermittlungen der Zentral-Staatsanwaltschaft beim Reichsjustizministerium in dem eingeleiteten Verfahren keinen Anhaltspunkt dafür erbracht haben, daß solche Äußerungen tatsächlich in diesem Sinne erfolgt sind«.

Ein Jahrzehnt später wird Manfred von Brauchitsch diese kuriose Episode nutzen, um sein Spruchkammerverfahren vor dem Amtsgericht Starnberg unbeschadet zu überstehen. Im Rahmen der juristischen Überprüfung seines persönlichen Verhaltens während der NS-Diktatur gibt er am 10. Oktober 1946 eine umfangreiche schriftliche Erklärung ab: »Im Januar 1936 weilte ich mit meinem Bruder Harald wie jedes Jahr zur Erholung in Urfeld am Walchensee im Hotel Post bei der Familie Brackenhofer. Am Abend vor unserer Abreise nach Berlin saßen wir an einem großen Tisch in der Bauernstube mit dem Wirt zusammen, als ein mir bekannter Förster mit einer mir unbekannten Frau sich ebenfalls an unseren Tisch setzte. Soweit ich mich erinnere, drehte sich das Gespräch um die üblichen kleinen oder großen Sorgen des Alltags. Gegen 22 Uhr verabschiedete ich mich und begab mich auf mein Zimmer. Mein Bruder erschien etwas später. Am nächsten Morgen beim Frühstück trat eine sehr aufgeregte Dame plötzlich an meinen Tisch und stellte sich kurz als Frau von Schirach vor und fragte mich, ob ich Manfred von Brauchitsch sei. In dem ich das höflich erwiderte, hatte ich schon eine gut gezielte kräftige Ohrfeige mit der herausgeschrieenen Erklärung: *Ich werde Sie lehren, über mich und meinen Mann Schlechtes zu reden und zu sagen: während er in der Weltgeschichte herumreist, amüsiert sich seine Frau auf ihre Weise!* Nach dieser Erklärung verschwand sie.«[160]

Dichtung und Wahrheit liegen wohl auch etwas auseinander bei der Frage, was sich denn am 1. April 1936 in der Berliner Wohnung der beiden Brüder von Brauchitsch zugetragen hat. Von Schirach schildert in besagtem Brief an den Onkel des Rennfahrers: »Ich habe Herrn Manfred von Brauchitsch und seinen Bruder mit meinen Zeugen bekanntgemacht und den Herren von Brauchitsch mitgeteilt, daß sie in meinen Augen keine Ehrenmänner seien, weil sie eine anständige deutsche Frau beleidigt hätten. Ich habe weiter erklärt, daß ich aus diesem Grunde die Angelegenheit nicht, wie dies sonst unter Ehrenmännern üblich ist, mit der Pistole erledigen könnte, sondern gezwungen sei, sie mit einer Peitsche zu züchtigen. Im Anschluß an diese Worte habe ich zunächst den Bruder Manfred von Brauchitschs und dann diesen selbst gezüchtigt. Beide Herren haben keinen Widerstand geleistet. Manfred von Brauchitsch floh durch zwei Zimmer hindurch, wobei ich auf ihn einschlug. Meine Zeugen haben selbstverständlich an der Auseinandersetzung nicht teilgenommen.«

Manfred von Brauchitsch schildert den Vorfall fünf Monate später folgendermaßen: »Am 1. 4. 1936 ist der Reichsjugendführer Baldur von Schirach in meiner Privatwohnung mit einer großen Anzahl von Angehörigen seines Stabes erschienen, hat meine betagte Mutter in einem Zimmer der Wohnung eingeschlossen und hat dann unter dem Schutz der von ihm mitgebrachten anderen Personen mit einer Lederpeitsche auf mich und auf meinen Bruder eingeschlagen. Irgendeine Verteidigung war angesichts der anwesenden Personen nicht möglich.«

Was macht ein derart gedemütigter Rennfahrerheld in solch einer aussichtslosen Lage? Er sucht Hilfe bei dem mächtigen Mann seines Vertrauens und schreibt also an Hitler: »Wenn ich mich heute unmittelbar an Sie wende, so geschieht das in der Überzeugung, daß es der letzte mir verbleibende Ausweg ist, um Genugtuung zu finden für das schwerste Unrecht, das einem Menschen zugefügt werden kann. Es geschieht aber außerdem, weil ich glaube, daß die Sühne dieses Unrechts nicht nur mich allein angeht, sondern im Interesse der Gesamtheit geboten ist.«

Der Führer als Wahrer von Gerechtigkeit. Ehe uns angesichts dieser bewegten Zeilen die Tränen über soviel Naivität kommen, sollten wir uns vor Augen halten, mit wem sich von Brauchitsch da angelegt hat. Baldur von Schirach, schon 1925 im zarten Alter von 18 Jahren unter Mitgliedsnummer 17251 in die NSDAP eingetreten, ist der Mann, der für seinen Führer ab 1936 die Hitlerjugend zur Staatsjugend formt und dabei sechs Millionen Jugendliche in der HJ zu Gehorsam, Gefolgschaft, Kampf und Opfertod erziehen läßt. Hitler ist Trauzeuge bei der Hochzeit des getreuen Reichsjugendführers gewesen. Und die von Manfred von Brauchitsch vermeintlich so sehr beleidigte Frau von Schirach hieß bis zur Heirat mit ihrem Baldur im Jahre 1932 Henriette Hoffmann und ist die Tochter von Hitlers Leib- und Magenfotograf Heinrich Hoffmann. Und mit seinem einschlägig bekannten Schwiegervater zusammen hat von Schirach überaus populäre Bildbände veröffentlicht: *Der Triumph des Willens. Kampf und Aufstieg Adolf Hitlers und seiner Regierung* (1933), *Jugend um Hitler* (1934) und *Hitler, wie ihn keiner kennt* (1935). Gattin Henriette ist obendrein eng mit Eva Braun befreundet. Armer Manfred von Brauchitsch, der da ebenso einfältig wie in grober Selbstüberschätzung auf seine eigenen Beziehungen zu Hitler setzt, um Recht und Gerechtigkeit einzufordern.

Von Brauchitsch schreibt seinen Brief an Hitler am Ende einer völlig verkorksten Saison, gut zwei Wochen nach dem Großen Preis der Schweiz, am 23. August 1936. Für ihn ist das der letzte Einsatz des Jahres, denn die Daimler-Benz AG hat nach einer beispiellosen Pannenserie entschieden, sich für den Rest der Saison vom Rennsport zurückzuziehen und die allzu anfälligen 8zylinder-Kompressor-Wagen gründlich zu überarbeiten. Der Vorfall mit von Schirach hat die gesamte Saison über keine Folgen für die Vertragssituation bei der Daimler-Benz AG. Von Brauchitsch zählt nach wie vor zum exklusiven Stamm der Mercedes-Benz-Fahrer. Keine zwei Wochen nachdem ihn von Schirach und Konsorten heimgesucht haben, ist er am 13. April beim ersten Grand Prix des Jahres in Monte Carlo gestartet, den er wegen eines Unfalls nach einer Massenkollision in der Hafenschikane bereits in der zweiten von hundert Runden beenden mußte. Auch beim zweiten Einsatz 1936 ist er in einem der vier gemeldeten Werkswagen mit von der Partie und scheidet am 10. Mai beim Gran Premio di Tripoli nach Problemen mit der Benzinzufuhr aus. Terminbedingt starten schon eine Woche später in Tunis aus logistischen Gründen nur zwei Mercedes-Benz-Rennwagen, die von Caracciola, der etablierten Nummer eins, und Chiron gelenkt werden. Der Monegasse, der seine betuchte Lebensgefährtin Alice im Verlauf der nächsten Monate an Freund Rudi verlieren wird, ist nicht zuletzt auf Drängen Caracciolas als Werksfahrer für die Saison 1936 verpflichtet worden. Damit hat von Brauchitsch in der Hackordnung plötzlich einen weiteren Fahrer vor sich. Im Vorfeld der Olympischen Spiele und der Umbauten an der Berliner Stadtautobahn findet kein AVUS-Rennen statt, so daß Mercedes-Benz als nächstes Rundstreckenrennen am 7. Juni den Gran Premio de Penya Rhin auf dem Montjuich-Park-Straßenkurs in Barcelona beschickt, allerdings wieder nur mit zwei Wagen für Caracciola (2. Platz) und Chiron (6. Platz). Sieger des Rennens wird Nuvolari auf dem neuen Alfa Romeo 12C-36, die beiden Auto-Union-Rennwagen mit von Delius und Rosemeyer landen auf den Plätzen vier und fünf. Daß quasi am Vorabend des spanischen Bürgerkrieges insgesamt nur vier der deutschen Silberpfeile in der künftigen Hauptstadt der Republikaner angetreten sind, liegt daran, daß schon eine Woche später, am 14. Juni, das für die deutschen Interessen wesentlich wichtigere Eifelrennen am Nürburgring auf dem Programm steht. Auto Union und Mercedes-Benz rücken mit jeweils fünf Wagen an. Von Brauchitsch ist am Rennsonntag nach sieben von zehn Runden mit Motorschaden draußen. Bei Regen und aufziehendem Nebel triumphiert Rosemeyer über den großen Nuvolari. Und das Deutsche Reich bekommt mit dem blonden Bernd endgültig sein neues Sportidol. Während nur ein paar Tage später, am 19. Juni, sich auch Max Schmeling wieder in die Schlagzeilen zurückboxt, als er im New Yorker Yankee Stadium den vermeintlich unbesiegbaren »braunen Bomber« Joe Louis in einem Ausscheidungskampf zur Schwergewichts-Boxweltmeisterschaft k. o. schlägt. Große Tage, große Taten, große Namen. Die deutsche Nation ist außer sich und rückt stolz und beglückt noch enger zusammen hinter ihrem »Führer«.

Und so nehmen die Dinge auch für einen Rennhelden vom Schlage eines Manfred von Brauchitsch ihren Lauf. Eine Woche nach dem Eifelrennen, am 21. Juni, startet er zusammen mit Caracciola und Chiron beim Budapester Stadtrennen und sieht nach einem Unfall wieder keine Zielflagge. Bei diesem Ausflug nach Ungarn werden die Silberpfeile bereits zum zweiten Mal in der laufenden Saison von Nuvolari besiegt.

Nach mehr als einem Monat Rennpause steht dann am 26. Juli der Große Preis von Deutschland auf dem Programm. Sechs Tage vor Eröffnung der Olympischen Sommerspiele in Berlin die lärmende Ouvertüre für weitere deutsche Sporterfolge am laufenden Band. Von Brauchitsch führt vom Start weg, aber der W25 des Modelljahrs 1936 mit extrem kurzem Radstand und 4,7-Liter-Kompressor-Triebwerk erweist sich einmal mehr als unzuverlässig. Nach einem längeren Boxenhalt hat von Brauchitsch keine Lust mehr. Ex-Rennmonteur Hermann Lang darf den waidwunden Wagen übernehmen und landet trotz eines schmerzhaften Handikaps – der Nachwuchsfahrer hat sich während des Rennens bei einem mißglückten Schaltmanöver den kleinen Finger seiner rechten Hand gebrochen – noch auf dem siebten Platz. Teamkollege Louis Chiron überlebt einen Unfall bei hoher Geschwindigkeit mit schweren Verletzungen, wird nie wieder für Mercedes-Benz starten, aber seine Laufbahn auch nach 1945 fortsetzen. Einmal mehr siegt Rosemeyer. Das Siegesküßchen für ihn, scheu und doch freudentränenumwölkt verabreicht von seiner unlängst angetrauten Elly Beinhorn, wird zum Glanzpunkt aller illustrierten Berichterstattung inklusive der Deutschen Wochenschau.

Während die Auto Union mit dem blonden Bernd von Sieg zu Sieg rast, verabschiedet sich Mercedes-Benz also vorübergehend von der Rennszene und führt vom 12. bis zum 15. August intensive Testfahrten mit überarbeiteten Rennwagen durch. Am Volant sitzen Caracciola und von Brauchitsch. Erst am 23. August treten die Untertürkheimer wieder mit vier Wagen beim Großen Preis der Schweiz in Bern an. Doch von Brauchitsch ist mit überhitztem Motor nach 50 von 70 Runden draußen, während der anfänglich führende Caracciola noch früher die Waffen strecken muß, nachdem er zuvor den deutlich schnelleren Rosemeyer derart behindert haben mag, daß der neue Star der Auto Union nach dem Rennen ausrastet und sich bei einer zufälligen Begegnung im Hotel gegenüber seinem Konkurrenten lautstark empört.

Das Schlußkapitel einer mageren Saison für den Rennstall von Daimler-Benz, denn auf weitere Starts und Blamagen verzichtet die Direktion. Man will sich in aller Ruhe auf das kommende Jahr vorbereiten. Neben Caracciola braucht von Brauchitsch um seinen Platz im Team nicht zu bangen. Nachwuchsfahrer Lang erhält für 1937 die Chance, in der internen Hackordnung des Untertürkheimer Rennstalls auf Rang drei vorzurücken. Denn Chiron ist bereits weg, und auch Fagioli muß gehen, ein kleiner Teil der dadurch eingesparten Devisen wird für die Verpflichtung des jungen Engländers Richard »Dick« Seaman verwendet. Earl Howe, der Nestor des britischen Motorsports, hat sich bei seinen politischen Freunden in Whitehall und Westminster rückversichert und bestärkt Seaman, das Angebot von Mercedes-Benz anzunehmen. Zu

Zeiten der Appeasement-Politik sind solche britisch-deutschen Kontakte höchst erwünscht. Bei Mercedes-Benz wurde Seaman aber zuvor wohl instruiert, die Vertragsofferte nicht an die große Glocke zu hängen, schließlich muß erst bei höchsten Stellen im Reich, womöglich also bei Hitler persönlich, eruiert werden, ob es gegen eine Verpflichtung des britischen Rennfahrers politische Bedenken gibt.[161]

Ein Rennfahrer vor der NS-Spruchkammer

Davon, daß Manfred von Brauchitschs Position bei Mercedes-Benz durch den Zwischenfall mit von Schirach ernsthaft bedroht gewesen wäre, kann also vor diesem Hintergrund nicht die Rede sein. Aber wie und woher soll die Starnberger Spruchkammervorsitzende Johanna Tralow zehn Jahre später etwas über Details seiner Rennfahrerkarriere in Erfahrung bringen? Und was sind denn die kleinen Schwindeleien und möglichen Lebenslügen eines prominenten Ex-Rennfahrers, gewesenen NSKK-Sturmführers und weltläufigen Opportunisten gegen die Schuld von mutmaßlichen Mördern und Kriegsverbrechern, Mitwissern und Helfershelfern, die in ihren Entnazifizierungsverfahren ebenfalls völlig ungeschoren davonkommen werden?

Aber hier geht es ohnehin nicht um NS-Verbrechen, sondern darum, wie geschickt und wendig sich eines der großen Sportidole Nazi-Deutschlands auch abseits der Rennstrecke darum bemüht, nicht aus der Bahn zu fliegen und in eigener Sache Kurs zu halten.

Am 7. November 1946 beginnt in Starnberg für von Brauchitsch die öffentliche Verhandlung in seinem Spruchkammerverfahren. Laut Sitzungsprotokoll spielt die leidige Von-Schirach-Geschichte die Hauptrolle in den Rechtfertigungen des bekannten Ex-Rennfahrers: »Kein Mensch hat mich mehr angesehen. Die Fabrik, die Freunde, ein Verfemter. Ich weigerte mich, weiter zu fahren. Ich wollte für Maserati in Italien fahren, bin nach Bologna gefahren, das wurde mir aber von Hühnlein verboten. Ich habe mit der Auto Union verhandelt. Mein Traditionsgefühl hat sich durchgesetzt, und ich schloß einen Vertrag mit Daimler-Benz, der für 1937 schlechter war als für 1934. Der Vertrag war ohne Garantie [dafür der Rennwagen vom Typ W125 um so besser, wie auch von Brauchitschs Resultate beweisen: Sieg beim Grand Prix in Monaco, dazu fünf zweite Plätze, und zwar bei den Großen Preisen von Deutschland und der Schweiz, bei der Coppa Acerbo, beim Masaryk-Rennen und im Donington Grand Prix]. 1938/39 waren unsere Wagen so gut und überlegen, daß wir dadurch automatisch mehr Geld verdienten.« Von Brauchitsch behauptet, ab 1939 keine Beiträge mehr für das NSKK gezahlt zu haben, »war also kein Mitglied«, und obendrein macht der ehemalige NSKK-Sturmführer geltend: »Ich habe viel passiven Widerstand geleistet. Das klingt aber alles so profan.« Die Spruchkammer will auch wissen, wieso er im Zweiten Weltkrieg zeitweise als Panzertestfahrer agierte: »Ich wurde als Fachberater in Dingen herangezogen, von denen man glaubte, daß ich wirklich etwas von ihnen verstehe. Um einen wirklichen Dienstrang zu bekommen, habe ich mich zu sehr im Hintergrund gehalten.« Das Protokoll erwähnt auch einen Damen-Wäscheladen »in Prag am Wenzelsplatz auf der rechten Seite«, ein arisiertes Geschäft, das von Brauchitsch möglicherweise übernommen haben soll. Als es in der Endphase des Krieges für ihn doch noch ernst und er an die Front befohlen wurde, hat er sich »im September '44 in die Nervenheilanstalt Professor Zutts in der Ulanen-Allee Berlin zurückgezogen«. Der Rennfahrerheld als begabter Simulant? »Bis zum § 51 ließ ich es nicht kommen«, versichert von Brauchitsch in seinem Entnazifizierungsverfahren und verweist auf seinen niedrigen Dienstrang: »Militärisch war ich bei meiner Entlassung Feldwebel.«

Die Spruchkammer braucht sehr lange, um sich ein Urteil zu bilden. Obendrein scheint der vielbeschäftigte Angeklagte nicht ausreichend Zeit für das Verfahren aufgewendet zu haben. Denn am 5. Dezember 1946 schreibt die Kammervorsitzende ganz höflich an von Brauchitsch: »Bitte teilen Sie doch mit, wann Sie voraussichtlich im Stande wären, den Fall weiterzuverhandeln.« Am 12. März 1947 ist es dann soweit, die Spruchkammer ordnet an, daß der Angeklagte nur einen Eid leisten muß. Von Brauchitsch schwört: »Ich habe als Sturmführer im NSKK keinen Dienst getan.« Woraufhin das Verfahren eingestellt wird.

Irgend jemand in Kreisen der bayerischen Justiz aber muß mit diesem merkwürdigen Ende wohl nicht ganz einverstanden gewesen sein. Jedenfalls wurde ein halbes Jahr später, am 10. September 1947, ein schriftliches Wiederaufnahmeverfahren des Falles eingeleitet. Die Einkünfte und das Vermögen des Rennfahrers kommen der neu besetzten Spruchkammer derart hoch vor, daß sie nicht ausschließen mag, er habe vielleicht doch von seinem Status als NSKK-Sturmführer profitiert. Doch der Ex-Rennfahrer entgegnet in der Verhandlung am 14. Oktober 1947: »Ich habe das gehört wg. der Einkommensverhältnisse beim NSKK. Ich kann nur sagen, wir haben Geld verdient, weil wir eben schneller ums Eck gefahren sind. Wir haben uns um die Sachen gar nicht gekümmert.« Offensichtlich hat der ehemalige Rennfahrer damit eine gute Figur gemacht, zumindest gibt sich von Brauchitsch in seinem Schlußwort ebenso lässig wie selbstbewußt: »Ich kann nur noch dazu sagen, daß ich im Grunde nichts anderes erwartet habe, denn wir als 100%ige Sportsleute haben uns nie auch nur um irgend etwas Politisches gekümmert. Wir waren international eingestellt. Uns war gleich, wer an der Spitze des Staates stand. Es war für mich ursprünglich sehr bitter und eigenartig, daß ich mich lediglich dafür, daß man mir auf Grund meiner Erfolge einen Rang aufoktruiert [sic!] hatte, verteidigen mußte. Ich nehme diesen Spruch mit reinstem Gewissen an.«

Der Vorsitzende der Spruchkammer scheint die Sichtweise des ehemaligen Rennfahrers geteilt zu haben und fällt am 14. November 1947 seinen Entscheid: »Manfred von Brauchitsch wird als vom Gesetz zur Befreiung von Nationalsozialismus und Militarismus für überhaupt nicht belastet erklärt.«

Der mit den Wölfen heult

Sie sind begnadete Überlebenskünstler, die Rennfahrer der Zeit. Windschnittig wie ihre silbernen Wagen, eben anpassungsfähig, auch wenn ihnen selbst der Wind heftig ins Gesicht fegt. Und sie verlieren dabei doch nie ihre eigenen Interessen aus dem Auge. So wie dies für Manfred von Brauchitsch gilt, bestätigt sich das erst recht bei Hans Stuck. Dessen Sohn Hans-Joachim – aus der dritten Ehe des Vaters mit Christa Thielmann stammend – mag heutigen Zeitgenossen aufgrund spektakulärer Erfolge und steter Medienpräsenz zwar geläufiger sein, doch der Lebensweg und die Erfolge seines 1978 gestorbenen Familienpatriarchen sind angesichts der Zeitläufte während der Nazidiktatur ungleich dramatischer.

Hans Stuck hat offiziell stets darauf bestanden, im Jahr 1900 das Licht der Welt erblickt zu haben. Der Wirklichkeit näher kommt möglicherweise jedoch 1896 oder gar 1895 als Geburtsjahr. Ein intimer Kenner der Szene wie Richard von Frankenberg formuliert 1956, »man behauptet zuweilen, die damalige Motorsport-Führung habe Stuck jünger gemacht, als er in Wirklichkeit war, damit keine Vorwürfe entstehen konnten, man lasse zu alte Leute an den Volant der Grand-Prix-Wagen«. Für Frankenberg ist es Tatsache, »daß der Rennfahrer Hans Stuck den ersten Weltkrieg bereits als Offizier im Feld-Artillerie-Regiment Nr. 76 mitgemacht hat, woraus man auch mit geringen Kenntnissen in Algebra schließen kann, daß er längst vor der Jahrhundertwende geboren sein muß«.[162]

Soll heißen, dieser Hans Stuck hat 1934 möglicherweise fast vier Jahrzehnte seines Lebens hinter sich, als die politischen Verhältnisse in Deutschland, deutsche Rennfahrer in die Lage versetzen, mit technisch überlegenen Automobilen den Grand-Prix-Sport zu erobern. Es ist *die* große Chance für ihn, und so wie ihm ergeht es all den anderen Volkshelden in den Silberpfeilen. Wobei Stuck den Vorteil hat, schon lange vor 1933 persönlich mit Hitler bekannt gewesen zu sein, und sich obendrein der Klaviatur seiner Kontakte zum Führer und anderen Parteigrößen weitaus geschickter zu bedienen weiß als etwa der viel jüngere von Brauchitsch.

Am 15. Juli 1934 gewinnt Stuck den Großen Preis von Deutschland auf dem Nürburgring – der erste Sieg eines der neuen Nationalrennwagen bei einem echten Grand Prix. Und dieser Erfolg fällt nicht an Mercedes-Benz, sondern an die viel jüngere Auto Union. Es war Stuck, der 1933 mit Konstrukteur Porsche und Direktor von Oertzen bei Hitler um Unterstützung bat. Und gut ein Jahr später, nach fast fünf Stunden kräftezehrenden Rennens am Nürburgring, nimmt sich dieser Hans Stuck noch die Zeit, um in seinem siegreichen silbernen Wagen eigens für die Wochenschau-Kamera zu posieren und für Millionen von Kinobesuchern strahlend die frohe Botschaft zu verkünden: »Also ich freue mich ganz besonders, daß wir zum Großen Preis von Deutschland einen deutschen Sieg auf deutschem Fahrzeug mit deutschem Fahrer erringen konnten. Das Werk und die Unterstützung unseres Führers, das ich hiermit bedanke. Heil unserem Führer!« Und aus kräftigen Kehlen schallt es begeistert »Heil!« zurück.

Aber ausgerechnet der Spitzenfahrer der Auto Union hat in diesen glorreichen Zeiten ein echtes Problem: Stucks zweite Ehefrau Paula, geborene Heimann, ehedem verheiratete von Reznicek, bekannte Tennissportlerin und erfolgreiche Journalistin, hat jüdische Vorfahren. Vor dem Training zum Großen Bergpreis von Deutschland 1934, knapp fünf Wochen nach Stucks grandiosem Sieg auf dem Nürburgring, werden von unbekannter Hand Parolen auf den Asphalt geschmiert: »Hans Stuck, ein Judenknecht – pfeift ihn aus!« Die Fahrerkollegen weigerten sich zu starten, solange die Schmierereien nicht entfernt waren, erinnert sich Stuck lange

Zeit nach dem Krieg an diese Episode. Für NSKK-Führer Hühnlein damals angeblich kein Problem, denn die Hetzsprüche werden getilgt, am Freiburger Schauinsland wird gefahren, und Stuck gewinnt auch diesmal. Doch andernorts, selbst auf dem Werksgelände der Auto Union, tauchen immer wieder antisemitische Parolen gegen Stuck und seine Ehefrau auf. Was tun?

Stuck setzt auf seine Erfolge, seine Bekanntheit – und seine Kontakte zu den Nazis. Seit seinem Sieg beim deutschen Grand Prix ist er bei vielen Parteibonzen gern gesehener Gast: »Ich bekomme Glückwünsche körbeweise, werde aufgefordert, mich bei Hitler einzufinden. Göring, Goebbels und viele Parteigenossen wollen mit mir sprechen. Ich erledige alles hintereinander und kann mich der Ehrungen kaum erwehren. Zu einer Triumphfahrt auf der von der SA abgesperrten Straße muß ich von Berlin nach Zwickau mit dem Rennwagen fahren. Alle Arbeit ruht, die Schulen sind geschlossen, alles steht am Straßenrand und winkt. Nie hätte ich mir träumen lassen, daß ein Sportler so geehrt und gefeiert werden kann. Die Freudentränen lassen meine Rennbrille beschlagen. Im Werk Horch steht die gesamte Belegschaft zu einem Viereck formiert, und ich muß mitten hineinfahren. Reden werden gehalten, Telegramme verlesen, und zwischen Arbeitern, Rennfahrern und Regierungsangestellten herrscht nur noch Begeisterung. Ich lerne auch Himmler und seinen Adjutanten Wolff bei einer anschließenden Siegesfeier im Chemnitzer Hof kennen. (Letzterer wird mit Göring zusammen der Mann sein, der später bei allen Schwierigkeiten, die mir durch meine nur halb arische Frau entstehen, schützend seine Hand über uns halten wird.) Göring tut den in die Geschichte eingegangenen Satz: *Wer arisch ist, bestimme ich*, und davon ist auch meine Frau Paula betroffen. Man hat sie zwar aus allen ihren Presseämtern entfernt, aber sie darf mich begleiten. Nur soll sie nicht mehr hervortreten. Bei ihrem Temperament keine leichte Sache!«[163] Die schärfsten Gegner der Stucks sind aufmerksam. Der Mann soll nicht zu viele Schlagzeilen bekommen. Goebbels läßt am 4. Juli 1935, also gut drei Wochen vor dem Großen Preis von Deutschland, ganz gezielte Anweisungen in der Reichspressekonferenz verlautbaren: »Das Propagandaministerium bittet in Zukunft größere Trainingsberichte über den Rennfahrer Stuck nicht zu bringen, vielmehr derartige Huldigungen den eigentlichen Rennberichten vorzubehalten, wenn die Leistung entsprechend gewürdigt werden kann.«[164]

Weltrekorde als Lebensziel

Hans und Paula Stuck sind geschickte Vermarkter in eigener Sache. Und mit zielsicherem Gespür nutzt Stuck seine freundschaftlichen Kontakte zu Spitzen des NS-Staats auch für ganz andere, nicht minder ureigene Interessen. Etwa als ihm die Auto Union Ende 1937 keinen neuen Vertrag mehr anbietet. Es geht um den Bau eines Weltrekordwagens. Dieses nationale Prestigeprojekt will der prominente Rennfahrer jetzt pikanterweise mit Hilfe der Daimler-Benz AG verwirklichen. Denn die hat unter höchster Geheimhaltungsstufe für das Reichsluftfahrtministerium einen Flugzeugmotor mit der Typenbezeichnung DB 601 entwickelt. Das V12-Triebwerk mit einem Hubraum von 33,9 Litern mobilisiert bereits am Anfang seiner Entwicklung rund 1300 PS und gilt damit als das leistungsstärkste Aggregat, das bis dahin in der Hochphase der deutschen Wiederaufrüstung fertiggestellt worden ist. Wenn man einen oder gar zwei dieser Motoren in einen aerodynamisch optimierten Rekordwagen einbauen würde, dann könnte der absolute Geschwindigkeitsweltrekord gebrochen werden. Den hält damals der Engländer Donald Campbell mit seinem berühmten Rekordwagen »Blue Bird«, der von einem 2300 PS starken Rolls-Royce-Flugzeugmotor angetrieben wird. Campbell hat am 3. September 1935 die Distanz von einer Meile mit einem Schnitt von 484,619 km/h bewältigt.

Der absolute Geschwindigkeitsweltrekord für Deutschlands Ruhm und Ehre, das ist das höchst eigenwillige Ziel, das Stuck im Verlauf des Rennjahres 1936 immer stärker umtreibt. Mit den neuen deutschen Autobahnen gibt es inzwischen ein Terrain, auf dem die deutschen Rennwagen zumindest in der Hubraumklasse B (5- bis 8-Liter-Motoren) über verschiedene Distanzen Weltrekorde aufstellen können. Die AVUS ist für Geschwindigkeiten jenseits von 300 km/h zu eng und kurz geraten, und die 1934 und 1935 auf Schnellstraßen in Italien und Ungarn herausgefahrenen Rekorde lassen sich weitaus weniger propagandistisch ausschlachten als die nun anvisierten Weltrekordjagden auf den »Straßen des Führers«.

Am 23. September 1933 hat Hitler in Frankfurt den ersten Spatenstich gesetzt. Am 19. Mai 1935 eröffnet der Diktator das Teilstück Frankfurt–Darmstadt–Mannheim. Bis Anfang 1936 soll die Autobahn nach Heidelberg weitergeführt werden. Die Rennwagenabteilung der Auto Union reagiert auch dank der Eingebung Stucks schneller und cleverer als die Rivalen aus Untertürkheim. Und nicht zuletzt will sich der neue Auto-Union-Rennleiter Dr. Karl Feuereissen mit spektakulären Erfolgen profilieren. Bereits Ende 1935 nimmt man Kontakt mit der Obersten Bauleitung der Reichsautobahnen in Frankfurt am Main auf, beschafft sich von dort Krümmungsverzeichnisse und Streckenprofile und besichtigt am 21. Dezember die für die Rekordfahrten in Frage kommenden Teile der Reichsautobahn Frankfurt–Heidelberg. Auf denen geht es durchweg geradeaus, selbst die elegant geschwungenen, langgezogenen Biegungen lassen Höchstgeschwindigkeiten von weit über 300 km/h zu. Doch für die ebenfalls anvisierten Langstreckenbestmarken wird Stuck auf Höhe von Mannheim in einer relativ engen Biegung Richtung Heidelberg abzweigen müssen. Und am Autobahnende am Stadteingang von Heidelberg steht ihm eine Vollbremsung fast bis auf Stillstand samt anschließender 180°-Wende bevor, um dann wieder mit Vollgas retour nach Frankfurt zu rasen. Aber alles scheint machbar, auch Reifenproduzent Continental gibt grünes Licht, und so beantragt am 16. Januar 1936 die Auto Union »streng vertraulich« bei Hühnleins ONS die »Genehmigung von Rekordversuchen auf der Reichsautobahn Frankfurt–Heidelberg mit unserem Rennwagen, Fahrer Stuck. Wir beabsichtigen, folgende Weltrekorde anzugreifen: 1 km stehend, 1 m[eile] stehend, 10 m[eilen] fliegend, 50 km stehend, 50 m[eilen] stehend, 100 km stehend, 100 m[eilen] stehend, 200 km stehend.«[165] Stuck soll wohlgemerkt also *absolute* Weltrekorde anpeilen. Bestmarken, die damals üblicherweise auf dem Großen Salzsee im US-Bundesstaat Utah herausgefahren werden, dem weltweit einzig halbwegs geeigneten Terrain für solche irrwitzigen Grenzwerterkundungen im Rausch der Geschwindigkeit. Um auf Nummer Sicher zu gehen, beantragt die Auto Union aber auch über die Distanzen von »5 km fliegend, 5 m[eilen] fliegend und 10 km stehend« Weltrekordversuche in der Klasse B. Gefahren wird in allen Fällen jedoch mit ein und demselben Rennwagen, dem überarbeiteten und weiter verbesserten Grand-Prix-Modell der Auto Union, dessen 16zylinder-Motor auf sechs Liter Hubraum vergrößert worden ist und mit Kompressor inzwischen 520 PS leistet. Der Silberpfeil aus Zwickau wird damit zum stärksten Formel-Rennwagen der Welt, demgegenüber der gleichfalls modifizierte W25 im Verlauf der Rennsaison ein Manko an 50 bis 70 Pferdestärken aufweist.

Die Aktien der Daimler-Benz AG für das Jahr 1936 stehen also schon deshalb unter keinem guten Stern. Es ist die Konkurrenz der Auto Union, die erstmals die neuen »Straßen des Führers« nutzt, um Weltrekorde herauszufahren. Für zwei Tage, wird die Reichsautobahn Frankfurt–Heidelberg komplett gesperrt. Geheime Kommandosache, die schon im Vorfeld für Aufregung sorgt, zumal die Einsatzkräfte der Landespolizeidirektionen außen vor bleiben und auf Veranlassung von Hühnleins ONS die Verantwortung für Absperrung, Telefonposten und Zeitmessung bei NSKK- bzw. SA-Trupps liegt. Auch die deutsche Presse wird in kompletter Formation aufmarschieren. Während Ferdinand Porsche mit Rechenschieber bereitsteht, um anhand der telefonisch gemeldeten Zwischenzeiten die neuen Rekordmarken hochzurechnen. Die Auto Union hat sich noch anderthalb Wochen vor den Versuchsfahrten verpflichtet, die Kosten für die zusätzlich nötige Aufpflasterung am Wendepunkt in Heidelberg zu übernehmen, ehe am Montagmorgen, dem 23. März 1936, Hans Stuck die Rekordjagd beginnt und zunächst nur über die 5-Kilometer-Distanz startet. Erst im zweiten Versuch gelingt es ihm, den internationalen Rekord in der Klasse B zu schlagen. Die alte Bestmarke hat Mercedes-Benz seit Herbst 1935 mit Caracciola und einem Schnitt von 311,985 km/h gehalten, erzielt im ungarischen Györ. Stuck ist mit 312,423 km/h nur unwesentlich schneller, hat allerdings »auf der Rückfahrt bereits nicht mehr die volle Leistung; wie sich herausstellte, war die Förderleistung der Benzinpumpe für derartig lange Strecken zu niedrig, dadurch wurde der Motor sehr heiß, so daß 2 Kolben gefressen hatten«.[166]

Über Nacht wird repariert, doch Regen verhindert am Dienstagmorgen weitere Rekordversuche. Aber weil die Autobahnsperrung nicht um einen weiteren Tag verlängert werden kann, rückt Stuck am Mittag auf nasser Fahrbahn und bei strichweisem Regen doch noch aus – und stellt tatsächlich fünf absolute Weltrekorde auf. Die Wirkung auf die Zeitgenossen muß immens gewesen sein, selbst die *Frankfurter Zeitung*, das seriöseste Blatt der gleichgeschalteten deutschen Presse und offener nazistischer Propaganda damals durchaus abhold, würdigt tags darauf mit markanten Worten die neuen Bestmarken: »Er erzielte über die verschiedenen Distanzen Durchschnittsgeschwindigkeiten, die zwischen 262 und 286 Km.-Std. lagen, also Geschwindigkeiten, die heute selbst einem Flugzeug noch Ehre machen. Zahlen besagen dem Leser, wenn er nicht schon mit der besonderen Materie vertraut ist, gewöhnlich nicht viel. Vielleicht vermittelt der Hinweis, daß Stuck die Strecke Frankfurt–Darmstadt in rund fünf Minuten und die Strecke Frankfurt–Heidelberg in etwa

17 Minuten durchraste, schon eher eine plastische Vorstellung von diesen Rekordfahrten, die einen ganz großen Erfolg darstellen. Dies um so mehr, als die neuen Rekorde mit einem Wagen aufgestellt wurden, der schwächer war als das Spezialfahrzeug *Speed-Wind*, mit dem der Engländer Eyston die alten Weltbestleistungen aufgestellt hatte. Außerdem kam bei Stuck als erschwerenswerter Umstand noch hinzu, daß der Regen bei der letzten Fahrt auf einer Zone von etwa 15 Kilometer die in Wirklichkeit mögliche Bestleistung sogar noch etwas beeinträchtigt hat. Aber die Rekorde an sich sind noch nicht das Bedeutungsvollste dieser erfolgreichen Versuchsfahrten. Viel wichtiger ist vielmehr, daß sie in Deutschland aufgestellt wurden und damit für die Reichs-Autobahnen einen einzigartigen und überzeugenden Qualitäts-Nachweis erbrachten.«[167] Daß der Regen und die feuchte Fahrbahn auf der Rückfahrt bei Viernheim wohl eher von Vorteil gewesen sind und dazu beigetragen haben, die nach 100 Meilen respektive 160 Kilometern fast völlig abgefahrenen Reifen etwas abzukühlen und zu schonen, behalten Stuck, Porsche, Feuereissen und die Herren der Continental damals allerdings lieber für sich,[168] während der *Angriff* jubelt: »Jetzt versteht man erst, wie unerreicht deutsches Material und deutsche Fahrkunst sind«, und NSKK-Führer Hühnlein ein persönliches Telegramm an Stuck richtet: »Der erfolgreiche Sturm auf fünf Weltrekorde und internationale Klassenrekorde durch einen deutschen Fahrer auf einem deutschen Wagen mit deutschen Reifen ist eine Meisterleistung, die Werk und Fahrer gleichermaßen ehrt.«[169]

Hans Stuck scheint damals sein wahres Metier entdeckt zu haben. Die physisch wie psychisch anstrengenden Rekordfahrten kommen dem Spezialisten für kurze, schnelle Bergrennen eher zupaß als die lang andauernden Grand-Prix-Einsätze mit Belastungen über mehrere Stunden. Zusätzlich beschleunigt wird diese Erkenntnis dadurch, daß der viel jüngere Rosemeyer in der Saison 1936 dem immer noch schnellen Routinier Stuck bei den großen Rundstreckenrennen vollends den Rang abläuft und bei der Auto Union endgültig zur Nummer eins aufsteigt. In Stucks Personalakte heißt es später sogar: »Mitte des Jahres 1935 dauernde Stänkereien Stucks gegen Rosemeyer, in dem er eine Konkurrenz wittert.«[170] Höchste Zeit also für Stuck, sich in seiner langen Motorsportkarriere doch noch einmal neu zu orientieren.

Die Jagd auf Geschwindigkeitsweltrekorde übertrifft in ihrer Gigantomanie damals selbst die Schlagzeilen der Seriensiege der Silberpfeile. Schon die Rekordfahrten mit modifizierten Grand-Prix-Rennwagen auf der Reichsautobahn Frankfurt–Heidelberg sind nationale Prestigeauftritte ersten Ranges, bei denen Mercedes-Benz und Auto Union selbstredend ihre Spitzenfahrer Caracciola und Rosemeyer, nicht aber mehr Stuck in den Kampf schicken. Eine schiere Zurschaustellung deutscher Größe und deutscher Leistung, der dann am 28. Januar 1938 ausgerechnet auch noch das nationale Idol Bernd Rosemeyer »für Führer, Volk und Vaterland« zum Opfer fällt. Wobei sich diese technisch wie sportlich fragwürdigen Hetzjagden bei Geschwindigkeiten im Grenzbereich von 450 km/h abspielen. Die dabei aufgestellten Weltrekorde beziehen sich auf Hubraumklassen, in denen die stark modifizierten Renntriebwerke aus dem Grand-Prix-Geschäft eingesetzt werden können. Doch selbst diese Spezialfahrzeuge auf Rennwagenbasis sind weit von dem Tempo entfernt, das damals bei einer aussichtsreichen Attacke auf den absoluten Geschwindigkeitsweltrekord vonnöten ist. Dafür reichen keine 450 km/h, dafür muß man schon mindestens 650 km/h schaffen.

Gemeinsame Sache mit dem Professor

Kein Wunder also, daß sich Hans Stuck für sein Projekt der Unterstützung eines Konstrukteurs versichert, der gewohnt ist, in ähnlichen Kategorien von Gigantomanie zu denken, der obendrein wie Stuck selbst die persönliche Sympathie

Hitlers genießt und gewillt ist, diese in vollen Zügen für eigene Interessen zu nutzen. Professor Ferdinand Porsche also läßt sich von der Idee sofort begeistern, gemeinsam mit seinem altvertrauten Rennfahrerfreund den Weltrekord anzugreifen. Porsches Vertrag mit der Auto Union läuft ohnehin aus. Auch wenn der Konstrukteur noch bis Ende 1937 regelmäßig bei Rennen und Rekordfahrten erscheint, so sind seine teuren Dienste in Chemnitz und Zwickau nicht mehr erwünscht. Der Grand-Prix-Rennwagen für die ab 1938 gültige neue Formel wird von hauseigenen Kräften um Entwicklungschef Eberan von Eberhorst konzipiert. Was Porsche indes nicht sonderlich bedauern muß, verwirklicht seine GmbH doch seit 1934 mit dem Volkswagen ein ganz anderes, noch gigantischeres Vorhaben für Hitler und die autobegeisterte Nation, in erster Linie aber für sich selbst. Ferdinand Porsche, von Geburt und Herkunft eigentlich chancenlos, um in die Reihe der großen Gründerväter des Automobilbaus aufzusteigen, wittert im sechsten Jahrzehnt seines Lebens die unverhoffte Chance, zum Direktor einer eigenen hochmodernen Autofabrik aufzusteigen.

Bemüht um zuverlässige Testfahrer, ordert er bei Himmler sechzig SS-Männer, welche die Fahrzeuge ein halbes Jahr lang in Doppelschichten besonders hart rannehmen und über Stock und Stein prügeln dürfen. Trotz des für damalige Verhältnisse hohen Tageslohns von 12 Reichsmark ist die Fluktuation hoch, mehr als hundert Männer bestreiten die Probefahrten, es gibt schwere Unfälle, und die Testfahrer glänzen auch mit Wirtshausprügeleien, Sachbeschädigungen und Diebstählen. Was Porsche indes nicht davon abhält, die Schwarzuniformierten in der künftigen Volkswagenfabrik als Werkschutzmänner und bei der Fahrbereitschaft einzusetzen. Ab 1938 wird dafür sogar ein eigener »SS-Sturm Volkswagenwerk« eingerichtet.

»Ferdinand Porsche kümmerte sich nicht um die politischen Implikationen, die sich aus der Zusicherung ergaben, der SS auch die Aufgaben des Werkschutzes zu übertragen. Es spiegelte sich in diesem Vorgang die starke Affinität gerade von Angehörigen der technokratischen Berufe zu der sich als Leistungselite stilisierenden SS«, meint Hans Mommsen dazu in seinem Standardwerk über das Volkswagenwerk im »Dritten Reich« und attestiert diesem Auto-Technokraten zugleich beschönigend: »Mit einer traumwandlerischen Sicherheit gelang es Porsche, sich aus den chronischen Machtkämpfen der nationalsozialistischen Satrapen weitgehend herauszuhalten und, allerdings gestützt auf sein unbestreitbares Ansehen bei Adolf Hitler, eine weitgehend unabhängige Haltung einzunehmen. Sein unorthodoxes Auftreten, sein zwangloser und nie unterwürfiger Umgang mit der Parteiprominenz und sein internationales Renommee als Automobilkonstrukteur, zudem seine spektakulären Erfolge im Rennwagenbau, verschafften ihm eine Ausnahmestellung innerhalb des Regimes, die es ihm in mancher Hinsicht erlaubte, gelegentlich aus der Reihe zu tanzen.«[171] Man könnte auch formulieren: Sein guter Draht zu Hitler hat Porsche weitgehende Möglichkeiten beschert, um ebenso konsequent wie rücksichtslos den eigenen Vorteil wahrzunehmen. Die NSDAP-Zentralkartei notiert Ferdinand Porsche als Parteimitglied Nr. 5643287, Aufnahme beantragt am 8. Oktober 1937, rückwirkend zum 1. Mai 1937 aufgenommen. Und in der Endphase des Zweiten Weltkriegs findet sich Vater Porsche in der SS. Am 3. April 1944 erhält das SS-Personalhauptamt in Berlin einen »Fragebogen für höhere SS-Führer« zurückgesandt, ausgefüllt für SS-Oberführer Prof. Dr. ing. h.c. Ferdinand Porsche. Sohn Ferry ist bereits am 1. August 1941 mit Nr. 346167 in die SS beim Stab Oberamt Donau eingetreten.

Parteigenosse, SS-Oberführer und Daimler-Benz-Vorstandsmitglied Jakob Werlin zieht als Hitlers automobilpolitischer Adlatus die Strippen für das Volkswagenprojekt, auch wenn Porsches Neffe und persönlicher Sekretär Ghislaine Kaes fast vier Jahrzehnte später davon berichtet, wie unausstehlich und widerlich dieser Werlin für seinen Onkel gewesen sei. Wirksam im Sinne Porsches ist Werlin trotzdem gewesen, ob als Türöffner in der Reichskanzlei oder bei der Daimler-Benz AG. Denn während die komplette deutsche Automobilindustrie bis dahin alle Pläne wohl zu Recht für völlig unrealistisch hält, einen viersitzigen PKW zu einem Preis unter der magischen, von Hitler festgelegten Grenze von 1000 Reichsmark zu produzieren und unters Volk zu bringen, so bemüht sich plötzlich Pg. und SS-Mitglied Wilhelm Kissel im Sommer 1936 mit Erfolg darum, bei der Daimler-Benz AG die dreißig Prototypen bauen zu dürfen, welche im Dauertest die Serienreife des »Volks-Porsche« demonstrieren sollen. Das bringt zum einen Pluspunkte beim NS-Regime, ärgert zum anderen die Chefs von Opel und Auto Union, die bis dato mit Preisen um 1500 RM die einzigen »billigen« Autos im Programm haben und nun dank Hitler und Porsche Konkurrenz von staatlich geförderten Volkswagen bekommen sollen. Denn Produktion und Vertrieb von Porsches Automobil übernimmt, sinnigerweise auf Anregung von BMW-Generaldirektor und Kissel-Freund Franz Josef Popp, die »NS-Gemeinschaft Kraft durch Freude«, quasi die Freizeitorganisation der nationalsozialistischen Deutschen Arbeitsfront. Letztere hat nach der Zerschlagung der Gewerkschaften deren Vermögen eingesackt und fungiert nun als Transmissionsriemen zwischen Arbeiterschaft und NS-Regime. Der deutsche »Volksgenosse« darf sich nun nicht nur auf Urlaubsreisen mit KdF-Schiffen freuen, sondern auch fleißig für den neuen Kdf-Wagen sparen. Von August 1938 bis Anfang 1945 werden dies 336 638 Volkswagensparer tun und insgesamt 280 Millionen Reichsmark überweisen, ohne dafür ein Auto zu erhalten. Noch im Oktober 1944 gibt es für den KdF-Wagen 5010 neu angemeldete Sparer, ehe mit dem Untergang des NS-Regimes auch dieser Betrug endet.

Kissels Aktivitäten in Sachen Volkswagen sind aber vor allem auch ein deutliches Signal an Porsche. Des Führers Lieblingskonstrukteur soll gegen die Stimmung im eigenen Vorstand, aber mit heftiger Unterstützung der NS-Strippenzieher von Stauß und Werlin wieder vertraglich an die Daimler-Benz AG gebunden werden. Und dies nicht zuletzt deshalb, um Porsche aus den Fängen der sächsischen Konkurrenz loszueisen.

Angesichts dieser Konstellation gewinnen die kühnen Pläne des Auto-Union-Werksfahrers Hans Stuck, zusammen mit Ferdinand Porsche ausgerechnet bei der Daimler-Benz AG einen Weltrekordwagen bauen zu wollen, plötzlich besonderen Reiz und haben beste Chancen auf Verwirklichung. Zumal Porsche auch Ideen für ein neues Rennwagenmodell liefern soll, das für die Nachfolgeserie der auslaufenden 750-Kilogramm-Formel konstruiert werden muß.

Im Rausch der Rekorde

Mit Unterstützung seines alten Spezis Ernst Udet sichert sich der Rennfahrer die Verwendung des bei Daimler-Benz im Staatsauftrag und mit Steuermitteln gebauten, streng geheimen Flugzeugmotors DB 601. Stuck kennt auch Reichsluftfahrtminister Göring persönlich, unter dessen Fittichen der populäre Fliegerheld und Luftakrobat Udet heftig Karriere gemacht hat und seit dem 10. Juni 1936 folgerichtig als Chef des Technischen Amts der Luftwaffe amtiert. Über Udets Schreibtisch gehen sämtliche Pläne für Neuentwicklungen im militärischen Flugzeugbau, also auch Projekt DB 601. Der Angriff auf den absoluten Geschwindigkeitsweltrekord zu Lande und zu Wasser – denn Stuck plant mit Hilfe aus Untertürkheim obendrein auch noch den Bau eines Rekordbootes – ist eine nationale Angelegenheit. Und als Ernst Henne am 22. Oktober 1936 mit seiner Kompressor-BMW und einem Tempo von 272 km/h auf der Reichsautobahn Frankfurt–Heidelberg den absoluten Geschwindigkeitsweltrekord für Motorräder holt und ein paar Tage später Rudolf Caracciola drei Klassen-Weltrekorde aufstellt und dabei als Bestmarke über die »fliegende Meile« 366,9 km/h schafft, animieren die »neuen Straßen des Führers« die Spitzen von Staat und Partei ebenso wie die beteiligten Konzerne zu weiteren Taten im Dienste deutscher Motorsportgröße.

Der amerikanische Automobilverband hat zwar im Juni Protest gegen die Auto-Union-Rekorde von Stuck eingelegt, weil die Reichsautobahn nicht die vorgeschriebenen Bedingungen für Rekordfahrten erfülle. Aber das ist nur eine Marginalie im Hinblick auf das große Ziel des Rennfahrers. Anfang 1937 sind alle Vorbereitungen getroffen und sämtliche Strippen gezogen, um nun endlich auch den allerhöchsten politischen Segen einzuholen: »Jetzt muß ich nur noch die Gewißheit bekommen, daß meine Pläne auch von Regierungsseite genehmigt und begrüßt werden. Nach alter Erfahrung gehe ich damit nicht zum Schmiedle, sondern zum Schmied. Ich erbitte eine Audienz bei Adolf Hitler. Als ich nach relativ kurzer Zeit die Aufforderung erhalte, mich in der Reichskanzlei einzufinden, packe ich alle Pläne und Verträge in meine Aktentasche und nehme sie als Unterlagen mit. Ich habe doch recht Herzklopfen.«[172] Aber keine Bange, Hitler ist entzückt: »Absolute Weltrekorde zu Wasser und zu Lande, das paßt zu unserer Propaganda. Sie haben jede Unterstützung, ich bevollmächtige meinen Reichsleiter Bouhler zu Ihrer Unterstützung. Er soll Ihnen helfen, Ihre Pläne zu verwirklichen. Wenden Sie sich in allem, was diese Angelegenheit betrifft, an ihn. Und viel Glück, Herr Stuck. Ich lasse mir alles berichten.«[173]

Daß die Reichsautobahn Frankfurt–Heidelberg jedoch für die angepeilten Geschwindigkeiten jenseits von 600 km/h ungeeignet ist, wissen Porsche und Stuck inzwischen ebenso wie ihre künftigen Partner in Untertürkheim. Die Weltrekordjagd muß daher auf dem Großen Salzsee im US-Bundesstaat Utah stattfinden, ein kritischer Umstand für ein derart national bedeutsames Vorhaben, das deshalb noch nicht an die große Glocke gehängt wird. Erst gilt es für Stuck, den Weltrekordwagenbau schon wegen der Herkunft des DB-601-Flugzeugmotors bei der Daimler-Benz AG unter Dach und Fach zu bringen.

Die Untertürkheimer stehen im Sommer 1936 unter stetem Druck, weil ihre neue W125-Rennwagengeneration nach zwei Siegen von Caracciola in Monte Carlo und Tunis plötzlich gegen die Konkurrenz von der Auto Union kein Land mehr sieht und bis Ende des Jahres auch keinen einzigen Sieg mehr einfährt. Der kurze Radstand der Mercedes-Benz-Boliden sorgt für ein allzu heikles Fahrverhalten, das obendrein noch durch eine Reihe von Motorschäden begleitet wird. Der Große Preis von Deutschland am 26. Juli 1936 endet mit einem Doppelsieg der Konkurrenz. Hinter Rosemeyer und Stuck folgt ein Alfa Romeo, auf Rang vier wieder ein Auto-Union mit Nachwuchsfahrer Hasse, während der beste Mercedes-Benz – von Fagioli gesteuert und schließlich von Caracciola übernommen und ins Ziel gelenkt – überrundet auf dem fünften Platz landet, knapp vor einem weiteren Auto-Union mit von Delius am Steuer. Ein motorsportliches Fiasko für die Untertürkheimer, zumal nun Adolf Hühnlein und die Herren vom Reichsverkehrsministerium schleunigst Rechenschaft fordern. Schließlich sind der Daimler-Benz AG zum 8. Juli 1936 wieder 400000 Reichsmark als »Beihilfe zur Vervollkommnung deutscher Rennkraftwagen« angewiesen worden.

Am 31. Juli versucht Direktor Kissel in einem fünf Seiten langen Brief die Serie von Pleiten, Pech und Pannen damit zu rechtfertigen, daß man erst kurz vor dem Rennen auf dem Nürburgring aufgrund von Beanstandungen der Fahrer noch wesentliche Verbesserungen vorgenommen habe.[174] Wortreich schildert der Chef der Daimler-Benz AG den unglücklichen Verlauf des Großen Preises von Deutschland für seinen mit fünf Wagen angetretenen Rennstall und offenbart ganz am Schluß ziemlich kleinlaut die bittere Wahrheit: »Um aber die Wagen gründlich instand setzen zu können, ist eine kleine Atempause erforderlich, denn die Verbesserungen müssen erst durchgeführt und alsdann erprobt werden.« Obgleich mit Blick auf die Subventionen des NS-Staats Starts bei großen, internationalen Veranstaltungen zwingend geboten sind, tritt Mercedes-Benz bei den nächsten beiden Rennen in Italien nicht an.

Im Mercedes-Benz-Krisensommer 1936 könnte das Timing für Stuck also nicht besser sein, um sich zunächst telefonisch und dann brieflich an den arg gebeutelten Kissel zu wenden. Aus dem noblen Zürcher Hotel Baur au Lac meldet der Rennfahrer am 17. August, nur wenige Tage nach seinem schweren Unfall im Training zur Coppa Acerbo, daß seine Anfrage »im Luftfahrtministerium spruchreif geworden ist«,[175] und drängt mit der Bitte um strengstes Stillschweigen auf baldige Reaktion: »Ich plane seit Jahren an der Verwirklichung meines Lebenswunsches – dem absoluten Weltrekord, der bis jetzt seit Jahren mit staatlicher Unterstützung von England und [dem Fahrer] Campbell gehalten wurde. In letzter Zeit haben sich meine Pläne zu verwirklichen begonnen, nachdem ich entsprechende Vorstudien vorgenommen habe und mich auf Weltrekordfahren trainierte. Ich habe bereits vor längerer Zeit mit Dr. Porsche gesprochen, der sich bereiterklärt hat, falls der Wagen bei Ihnen gebaut wird, die Konstruktion zu übernehmen. Heinkel hat sich bereiterklärt die Verkleidung und Stromlinie kostenlos zu übernehmen. Das Luftfahrtministerium hat Udet den Auftrag gegeben, die Angelegenheit zu überprüfen, und Udet hat sich bereiterklärt, mit Ihrem Einverständnis mit Dr. Porsche Rücksprache zu nehmen und ihm zwei der in Frage kommenden Motoren zur Verfügung zu stellen. Für die Kosten des Baues würde ich, d. h. ein Freund von mir, in Verbindung mit mir, aufkommen. Es ist der Schweizer Baron de Blonay in Genf, Gründer und Aufsichtsratsvorsitzender der DAS. Wir sind überzeugt, daß außer Heinkel auch noch andere deutsche Firmen Material etc. billigst oder umsonst zur Verfügung stellen werden.«

Das Thema Stuck gilt jedoch bei anderen Mitgliedern des Daimler-Benz-Vorstandes als heißes Eisen, an dem man sich nicht die Finger verbrennen mag. Ausgerechnet nach einer verheerenden Serie von Mißerfolgen soll sich Mercedes-Benz anschicken, einen Spitzenfahrer der Konkurrenz zu verpflichten? Entstünde in der Öffentlichkeit nicht der Eindruck, man müsse erst einen Stuck von der erfolgreichen Auto Union abwerben, um wieder konkurrenzfähig zu werden? Ohnehin wird gerade die Rennabteilung umstrukturiert, der junge Ingenieur Rudolf Uhlenhaut übernimmt endgültig das Kommando. Und in schwierigen Zeiten wie diesen noch an den Bau eines Weltrekordwagens denken? Ausgerechnet mit Porsche? Ausgerechnet mit Stuck? Ist nicht schon einmal am Ende der Saison 1934 der Versuch kläglich gescheitert, Stuck für Mercedes-Benz zu verpflichten? Haben das damals nicht nur die Auto Union, sondern auch NS-Parteigrößen verhindert?

Auch Stucks unmittelbarer Rivale Caracciola scheint im Verbund mit Rennleiter Neubauer gegen einen solchen Wechsel gearbeitet zu haben. Und nicht zuletzt läßt sich Stucks »nichtarische Ehefrau« trefflich als Hinderungsgrund für eine vertragliche Verbindung anführen. Wolfgang von Hentig, dem Urteil des britischen Historikers Neil Gregor zufolge wie Karl C. Müller und Jakob Werlin einer der eingefleischten Nationalsozialisten im Vorstand der Daimler-Benz AG, informiert Wilhelm Kissel am 30. September 1936 von einem Brief, den ihm Stuck geschrieben habe: »Nach den Ausführungen des Herrn Stuck, die sicher nicht von ihm, sondern von seiner Frau aufgesetzt sind, scheint sich herauszukristallisieren, daß er voraussichtlich für das nächste Jahr als Privatfahrer fungieren will, um, wie ich mir denke, auf diese Weise auch die Möglichkeit zu haben, unsere Rennwagen zu fahren. Dies scheidet ja aber wohl auf Grund der mehrfach erörterten und feststehenden Gründe aus.«[176] Diese Gründe braucht Hentig also nicht einmal zu benennen. Doch Kissel hält sich die Option offen, das Weltrekordprojekt zu verwirklichen. Es werden in dieser Angelegenheit weiterhin Briefe geschrieben und Telefonate geführt. Stuck informiert Kissel am 13. Oktober »streng vertraulich« über ein neues, »sehr gutes« Vertragsangebot der Auto Union, versucht sich gleichzeitig als »Teamfahrer« (»Garantiesumme mit Starts in derselben Höhe wie die Spitzenfahrer bei Mercedes und Auto Union ungefähr: 100 000,– Mark«) oder »Privatfahrer« (»etwa 50 000,– Mark weniger«) anzudienen, macht sich wichtig und berichtet am 21. Dezember 1936 von einem pikanten Passus im Angebot der Auto Union: »Sollten wir durch Presse oder Gerede während ihrer Tätigkeit im Jahre 1937 bei uns in Erfahrung bringen, daß Sie die Absicht haben in absehbarer Zeit auf einem anderen Wagen irgendwelche Rekordfahrten zu unternehmen, behalten wir uns vor, den Vertrag auf der Stelle zu kündigen.«[177] Stuck versichert, auf diese Bedingung der Auto Union keinesfalls eingehen zu können, möchte sich aber auch »nicht der Gefahr aussetzen mitten in der Saison lahmgelegt zu werden«. Und weil im deutschen Rennsport ohne Kenntnis und Segen der NS-Größen nichts läuft, hat er sich auch bereits an geeigneter Stelle rückversichert: »Nachdem Herr Korpsführer Hühnlein und Herr Reichsleiter Bouhler von Ihren und meinen Plänen prinzipiell unterrichtet wurden und beide Herrn gegen einen Firmenwechsel unter solchen Umständen nichts einzuwenden hatten, wäre es vielleicht eine Herausforderung des Schicksals unter solchen Bedingungen bei der Union zu bleiben.« Für seinen »großen Lebensplan« würde Stuck deshalb sogar »schon vor Saisonbeginn« die Auto Union verlassen und zu Mercedes-Benz übertreten: »Auch Sie, sehr verehrter Herr Direktor, werden das einsehen! Es ist mir ganz gleich, ob Sie mich als Privatfahrer oder Teamfahrer verwenden. Die Unterstützung der Behörden haben Sie. Wenn Caracciola gegen mein Teamfahren ist, schlage ich Ihnen mich als Privatfahrer vor. Die Spesen sind um etwa 50000,– Mark geringer, da ich die Startgelder für meine Spesen verwenden werde.« Und um wirklich ganz sicherzugehen, daß der Wechsel zustande kommt, schließt Stuck sein Schreiben mit einem ebenso bemerkenswerten wie erschütternden Hinweis: »Der Ordnung halber möchte ich noch einem falschen Gerücht gegenüber erwähnen, daß meine Frau keine Jüdin, sondern nach dem Reichsgesetz anerkannter Mischling ist und eingebürgert wird. Der Führer ist davon unterrichtet worden.«

Kissel antwortet rasch, einen Tag vor Weihnachten: »Herr Caracciola und die übrigen Fahrer werden bestimmt nichts einwenden, wenn Sie mit der Durchführung der Rekordfahrten betraut werden. Ich habe Ihnen ja schon die Zusage gegeben, daß Vorstand und Aufsichtsrat mit Ihrem Einsatz unter noch zu vereinbarenden Bedingungen einverstanden sind.« Damit scheinen Stucks Weltrekordträume abgesegnet, auch wenn Kissel einem sofortigen Wechsel des Rennfahrers eine Absage erteilt: »Ich habe volles Verständnis für Ihre Darlegungen. Im Hinblick auf alle Umstände, welche ich sowohl aus dem Kreise meiner Kollegen, wie auch des Aufsichtsrates und auch sonst zu beachten habe, möchte ich Sie nach nochmaliger Überprüfung der Sache doch freundlichst bitten, sich für die nächste Rennsaison noch einmal bei der Auto Union einzuschreiben.« Der Passus in Stucks neuem Vertrag wirft für Kissel keine Probleme auf: »Die Fertigstellung des [Rekord-] Wagens wird sich bis in den Herbst, oder sogar Winter nächsten Jahres hineinziehen. Nach meinen Feststellungen kommt die Montage vor September 1937 nicht in Frage.« Ein Wechsel im allerletzten Jahr der bisherigen Rennformel würde »eine zu frühe Unruhe« bewirken, meint Kissel und vertröstet Stuck: »Die Fühlung werden wir sicherlich nicht miteinander verlieren.« Der Chef der Daimler-Benz AG beschließt sein Schreiben mit dem Versuch, Privates und Politisches miteinander zu verbinden: »Über Ihre Wildbeute, welche Sie mir aus Schlesien übermittelt haben, habe ich mich sehr gefreut. Ich danke bestens dafür. Daß Ihre verehrte Gattin keine Jüdin ist, war mir schon seit längerer Zeit bekannt. In dieser Hinsicht kann es keinerlei Scherereien geben.«[178]

Hans Stuck bedankt sich umgehend, bittet aber in seinem Brief vom 25. Dezember Kissel darum, »die schriftlichen Abmachungen mit mir über dieses Projekt festzulegen. Dieser Weltrekordwagen war von jeher mein Ziel und Lebenszweck und dafür möchte ich mich zuerst binden, weil ich ja auch materiell daran beteiligt bin. Ich stehe Ihnen jederzeit zur Verfügung – und wenn es nicht mündlich sein muß, würde eine schriftliche Erklärung Ihrerseits auch völlig genügen. Den Spitzen der Behörden Korpsführer Hühnlein und Reichsleiter Bouhler werde ich dann sofort mitteilen, daß das Projekt auch ohne Firmenwechsel meinerseits durchgeführt werden wird, da ich seinerzeit auf ihren Rat hin die Erlaubnis der Herrn zu einem solchen erwirkt habe.«[179]

Das Ganze ist Chefsache, denn offensichtlich benötigt Kissel keinen Vorstandsbeschluß, um Stuck ziemlich schnell mit Datum vom 13. Januar 1937 unter dem Vermerk »Streng Vertraulich!« zu bestätigen, »[so] ist meine Firma grundsätzlich damit einverstanden, daß Sie die Rekordfahrten mit dem noch zu erstellenden Weltrekordwagen durchführen. Den Bau des Wagens selbst übernehmen wir, wie Ihnen bekannt, auf unsere Kosten einschließlich der Ausgaben für die Konstruktion bei der Dr. Porsche GmbH.« Auch wenn die fast noch ein ganzes Jahr vertraglich an die Auto Union gebunden ist. Kissel streicht für Gegenwart und Nachwelt allerdings heraus, daß nicht dem Rennfahrer und Privatmann Hans Stuck das Urheberrecht für das Weltrekordwagen-Projekt zukommt, nein, die Idee, ein solches Gefährt »unter Verwendung unserer Flugmotoren zu bauen, bestand in unserem Hause schon in der Zeit, als noch unser verewigter Herr Dr. Nibel am Leben war. Wir haben den Gedanken nie fallen gelassen. Sie haben im Sommer vorigen Jahres die Idee auch Ihrerseits aufgegriffen und den Gedanken bei uns von neuem geweckt. Mit Herrn Oberst Udet sprach ich seinerzeit. Er begrüßte es sehr, als ich ihm davon Kenntnis gab, daß wir die Idee des Baues eines Weltrekordwagens zur Durchführung bringen würden und erklärte sich auch mündlich mit der Anwendung von zwei Motoren unserer Konstruktion einverstanden, wenn schon auch gewisse Bedenken zu erörtern und aus dem Weg zu räumen waren.«[180]

Soll heißen, daß Stucks politische und persönliche Drähte durchaus eine Rolle gespielt haben. Die Wünsche von Firma,

»Führer« und Vaterland natürlich auch: »Da für die Durchführung der Rekordfahrten das nationale Interesse, abgesehen von demjenigen unserer Firma neben demjenigen für Sie als den Fahrer, im Vordergrund stehen wird, ist es erforderlich, durch stille und unauffällige Erhebungen und Prüfungen bald Klarheit zu bekommen, wie das ganze gemanaged und finanziert werden soll, also besonders unter höchster Beachtung nicht nur der Interessen für Sie, sondern auch derjenigen für die Nation und für unsere Firma. Es wäre deshalb außerordentlich erwünscht, wenn Sie mir nach entsprechenden Überlegungen und Überprüfungen sagen könnten, wie Sie sich die Durchführung der Rekordfahrten und ihre Finanzierung vorstellen. Wenn ich diese Frage heute erneut anschneide, so deshalb, weil es sehr wohl möglich sein kann, daß in Verbindung mit der Zusage meiner Firma für Sie betreffend der Durchführung der Rekordfahrten unter Umständen auch noch Wünsche und Bedingungen seitens höherer Stellen des Reiches gestellt werden können, die dann sowohl durch Sie wie auch durch uns beachtet und erfüllt werden müssen.«

Abhängigkeiten und Rücksichtnahmen

Notabene: Der Direktor der Daimler-Benz AG und künftige »Wehrwirtschaftsführer« Dr. Wilhelm Kissel ist Anfang 1937 in seinen unternehmerischen Entscheidungen abhängig von den Wünschen des NS-Regimes. Er sorgt sich dabei vor allem um den fraglichen Ort der Weltrekordjagd. Darf man in den USA auf dem Großen Salzsee starten? Neben der politischen Frage wäre zu Zeiten rigoroser staatlicher Devisenkontingentierung auch die Finanzierung zu klären. Gibt es auch dann Geld vom NS-Staat, wenn ein ernsthafter Weltrekordversuch wirklich nur in den USA stattfinden kann? Darf Stuck gar selbst Geld von ausländischen Finanziers in diese »Angelegenheit höchsten nationalen Interesses« einbringen? Nicht zuletzt bleibt das Restrisiko, ob Stuck tatsächlich einen Mercedes-Benz-Weltrekordwagen fahren darf. Wird seine Ehefrau als »anerkannter Mischling« bei »höheren Stellen des Reiches« nicht doch zum Hinderungsgrund? Und in der Schweiz wohnen die Stucks inzwischen ja auch noch. Werden die Herren von der Auto Union bei Parteistellen gegen das Projekt ihres abtrünnigen Werksrennfahrers vorgehen?

Viele offene Fragen, die Kissel gegenüber Stuck in äußerst gewundener Diktion anspricht, so »daß wir von uns aus bei allernächster Gelegenheit mit der Stelle zunächst in Verbindung treten, die wir vornehmlich beachten müssen. Sie werden deshalb verstehen, daß, wenn wir dies tun, es unerläßlich nötig erscheint, Ihre Pläne und Absichten hinsichtlich der Durchführung und der Finanzierung der Rekordfahrten zu wissen, damit wir u.a. auch klären können, ob solche angenommen und gutgeheißen werden, und ob und inwieweit daraus dann auch Konsequenzen von höchsten Reichsstellen wegen Besetzung beziehungsweise Durchführung der Fahrten entstehen werden. [...] Indem ich Ihren Nachrichten gern entgegensehe, zeichne ich mit den besten Grüßen, auch an Ihre verehrte Gattin, und mit Heil Hitler! Ergebenst gez. Kissel.«

Bereits am 20. Januar antwortet Stuck, sieht sich trotz der Bedenken Kissels »als Fahrer und finanziell Beteiligter anerkannt« und verweist auf seine politischen Verbindungen: »Ich glaube nicht, daß von den obersten Stellen irgend ein gegenteiliger Wunsch ausgesprochen wird. Man hat dort bereits sogar mit einem Firmenwechsel meinerseits gerechnet, da ich ja im Dezember Herrn Reichsleiter Bouhler eine Andeutung davon machte, der von unserem Plan und dessen Ausführung sehr beglückt schien und sicherlich auch in diesem Sinne, wenn es soweit ist, mit dem Führer sprechen wird. Reichsleiter Bouhler weiß, daß ich mich mit der Ausführung dieses Projektes schon sehr lange beschäftige und materiell dafür gespart habe. Wir sprachen bereits im Vorjahr in Tripolis über die Möglichkeit einer Ausführung länger darüber.«[181]

Das war anläßlich jenes Tripolis-Rennens 1936, bei dem Stuck aufgrund politischer Rücksichtnahme auf die Achse Berlin–Rom seinem italienischen Auto-Union-Kollegen Varzi den Sieg hat überlassen dürfen. Ein Vorfall, den wir später noch ausführlich beleuchten werden und der belegt, wie in den Beziehungen zwischen NS-Größen und Motorsporthelden eine Hand nun mal die andere wäscht. Stucks ausgeprägter Sinn für diese Form von persönlicher Diplomatie trägt noch immer Früchte: »Auch Korpsführer Hühnlein ist im Bilde«, schreibt der Rennfahrer am 20. Januar, »und ich bin der Meinung, daß auch Ministerpräsident Göring über Ihre und meine Pläne in Kenntnis gesetzt wurde.«

Stuck will für die »Durchführung der Rekordfahrten« in den USA selbst »materiell« aufkommen, »falls ich die Devisenerlaubnis dafür bekomme«. Falls nicht, haben sich zwei Schweizer Freunde, besagter Baron de Blonay und nun auch ein gewisser Max Klingler, »nach wie vor bereit erklärt, die in Frage kommenden Kosten zu übernehmen. Wir schätzen dieselben anhand unserer bisherigen Feststellungen auf etwa 100–150000,– Mark.« Eine naive Vorstellung, daß für einen *deutschen* Weltrekord, der zudem in den USA herausgefahren werden soll, ausgerechnet eidgenössische Finanziers geradestehen sollen. Zumal in den von Stuck veranschlagten 150000 RM nicht einmal die Kosten für »4–5 Mechaniker, des Ingenieurs, des Managers, meiner Frau und mir« enthalten sind. Ebenso unberücksichtigt sind die Ausgaben für den Transport des Rekordwagens »vom Schiff zum Startplatz und zurück« sowie »für Absperrung und Kehrung des Sees, die Bezahlung der Zeitnehmer und erforderlichen Beamten«. Aber für Hans Stuck, den perfekten Vermarkter in eigener Sache, steht sowieso fest: »Alle diese Kosten können bei entsprechender Ausnützung der Erstrechte für die ausländische Presse und Filmwelt sogar noch sehr heruntergeschraubt werden. Sie sagten mir bei unserer letzten Unterredung, daß diese Auswertung mir überlassen bleiben würde. Schon allein auf meinen Namen könnte ich jederzeit allerhand Abschlüsse tätigen. Wenn nun aber gar der Name Mercedes und Porsche dazu kommen, ist bei geschickter Behandlung der Angelegenheit auch daraus viel Geld zu holen.«

Als ob ausgerechnet nach der Propagandaschlacht bei den Olympischen Spielen 1936 in Berlin die Stimmung im Ausland danach wäre, weitere deutsche Triumphe multimedial zu goutieren. Schon am 19. Juni, kurz vor Eröffnung der »Nazi-Olympiade« in der Reichshauptstadt, haben die Amerikaner nach dem Sieg Max Schmelings über Joe Louis auf drastische Weise erleben dürfen, wie der Staat Hitlers solche Sporterfolge für sich umzumünzen weiß. Weshalb die deutschen Motorsporthelden noch im Verlauf des Sommers 1937 mit ihren Silberpfeilen beim Start zum Vanderbilt-Cup in New York einen Vorgeschmack darauf bekommen, daß die freie Welt nicht unbedingt auf weitere deutsche Siege und Propaganda erpicht ist. Nicht von ungefähr haben Belgien und Frankreich 1936 darauf verzichtet, ihre Großen Preise für die Rennwagenklasse auszuschreiben. Das bißchen, was die deutschen Nationalrennwagen an Erfolgen übriglassen, fällt damals noch an die kleine Alfa-Romeo-Werkstruppe von Enzo Ferrari. Und die ist als sportlicher Repräsentant des italienischen Faschismus zumindest in Frankreich nicht mehr erwünscht, seit im Gefolge der blutigen und brutalen Besetzung Abessiniens durch Mussolinis Truppen die Franzosen neben den diplomatischen Beziehungen auch den Sportverkehr mit Italien abgebrochen haben. Weshalb auch die Scuderia Ferrari auf französischen Rennstrecken vorerst nicht mehr vertreten ist. Und der spanische Grand Prix, den am 7. Juni 1936 in Barcelona noch Nuvolari vor Caracciola gewonnen hat, fällt künftig ganz aus, nachdem General Franco Putschismus und Bürgerkrieg zum Programm erhoben hat und sich mit massiver Unterstützung von Hitler-Deutschland und Mussolini-Italien zum blutigen Diktator aufschwingt.

Hans Stuck ergreift am 20. Februar 1937 beim alljährlichen Empfang der deutschen Rennfahrer vor Eröffnung der Internationalen Automobil- und Motorradausstellung in Berlin die günstige Gelegenheit, Hitler höchstpersönlich über die Weltrekordpläne in Kenntnis zu setzen. Und zwar so, daß es wohl dessen komplette Entourage nebst anderen Rennidolen mitbekommen haben müssen. In seinen 1972 erschienenen Erinnerungen verlegt er diesen ebenso cleveren wie opportunistischen Einsatz in eigener Sache allerdings erst in das Jahr 1939. Womit der Segen Hitlers für Stuck politisch weitaus weniger verfänglich daherkommt, schließlich will der Rennfahrer dabei in erster Linie den Schutz seiner Ehefrau Paula erreicht haben.

Tatsächlich ist Stuck an jenem 20. Februar bei Hitler wohl allein im Interesse seines mit Porsche geplanten Weltrekordwagens vorstellig geworden. Am 14. März, ein paar Tage bevor der gewiefte Rennfahrer seinen neuen Auto-Union-Werksvertrag unterzeichnet, schreibt er unverblümt an Kissel: »Durch die Tatsache, daß anhand des Gespräches vor der Reichskanzlei der Führer im Bilde ist, daß ich der Fahrer für das in Aussicht genommene Projekt bin und mir dazu *Hals und Beinbruch* gewünscht hat, glaube ich, daß alle derartigen in Frage kommenden Bedenken nunmehr beseitigt sind und ich von Ihnen etwas Positives in die Hand bekommen kann.«[182]

Bereits zehn Tage später, am 24. März, antwortet Kissel: »Sehr geehrter Herr Stuck! Im Namen des Vorstandes und des Aufsichtsrates der Daimler-Benz AG bestätige ich Ihnen, daß wir Ihren Vorschlag einen absoluten Weltrekordwagen zu bauen, den Sie uns im August 1936 vortrugen, durchgeprüft und angenommen haben.« Und wie von Stuck gewünscht, schließt das Schreiben mit der Feststellung: »Wir bestätigen Ihnen hiermit außerdem, daß Sie durch Ihre Vorarbeiten und Ihre finanzielle Beteiligung der alleinige Fahrer dieses Wagens sind.«[183]

Der Rennfahrer scheint am Ziel seiner Träume und Wünsche. Eben doch ein »Hans im Glück«, mit dem die Auto Union am 19. März fast zeitgleich einen neuen Vertrag abschließt, obwohl sie von seinen Ambitionen bei der Konkurrenz weiß.[184] Eine größere Extrawurst ist keinem anderen Rennfahrer jener Epoche gebraten worden: Hans Stuck bleibt Werksfahrer bei der Auto Union, obwohl er sich bereits für die Jagd auf den Weltrekord mit Mercedes-Benz handelseinig geworden ist. So etwas kommt damals nicht ohne hilfreiche Strippenzieher in der Politik zustande. Und Stuck wird auch in Zukunft auf seine Freunde zählen können und diese Kontakte geschickt für eigene Interessen zu nutzen wissen. Nicht zuletzt, weil für ihn die Saison 1937 bei der Auto Union alles andere als erfreulich endet.

Bei Mercedes-Benz gibt es allerdings nach wie vor Kräfte, die gegen Stuck arbeiten, so auch Rennleiter Neubauer. Der verfaßt am 23. März ein Memorandum für die Konzernspitze, das auf wesentlich weiter fortgeschrittene Weltrekordprojekte in England und den USA verweist und eher davon abrät, den Bau eines Weltrekordwagens in Angriff zunehmen. Neubauer deutet zudem an, daß es Rudolf Caracciola, dem Spitzenfahrer der Untertürkheimer, keineswegs gleichgültig ist, wenn Stuck den Rekordwagen fahren soll. Obendrein gibt es laut Neubauer bereits von seiten der NS-Sportbehörden Vorbehalte gegen dieses Weltrekordprojekt. Offensichtlich dringt der Rennleiter aber mit seinen Ansichten bei seinen Vorgesetzten nicht in dem Maße durch wie erhofft. Jedenfalls legt Neubauer am 6. April in Antwort auf eine direkte Rückfrage von Kissel ein fünfseitiges Dossier »Betr.: Weltrekordwagen – Hans Stuck« nach,[185] das die Pläne des Rennfahrers wie auch die ersten Konstruktionsentwürfe der Porsche GmbH mit besonderer Akribie zu zerpflücken sucht. Der Rennleiter gibt zu bedenken: »Wenn Herr Stuck den Wagen fährt, so wird sich bestimmt die ganze Sportwelt und Fachpresse fragen, weshalb Mercedes-Benz nicht einen seiner bewährten Fahrer ausgewählt hat, sondern ausgerechnet einen Fahrer aus einem fremden Stall, um so mehr, als Caracciola im Jahre 1934 und 1936 Weltrekorde für uns aufstellte, die er noch hält.« Neubauer bezweifelt ohnehin das Urheberrecht von Stuck auf die Idee von einem Weltrekordwagen, schon 1924 sei solch ein Gedanke im Werk Untertürkheim aufgetaucht, schon damals habe »Herr Dr. Porsche« den Plan entwickelt, mit einem oder zwei der 6-Liter-Motoren eine »Weltbestleistung« zu erzielen. Außerdem habe noch Ende 1935 in der »Weltrekordangelegenheit« kein geringerer als »Mr. Pillsbury« einen Besuch in Untertürkheim abgestattet, »der Leiter, den die Amerikanische Automobil-Association vom sportlichen Standpunkt« für die Vorbereitung von Campbells Rekordfahrten auswählte. Was braucht man da einen Hans Stuck, dessen Kostenberechnungen ohnehin nicht stimmen. Denn die »Expedition auf amerikanischen Boden« werde »den Betrag RM. 50000,– bis höchstens RM 80000,– nicht überschreiten«, weshalb Neubauer schlußfolgert: »Diese Kosten sind im Verhältnis zu den Gesamtausgaben gering, so daß sie nicht der Hauptgrund sein können, nur Herrn Stuck zu berücksichtigen.« Wobei der Rennleiter sowieso bezweifelt, »ob Herr Stuck tatsächlich die Garantie für die Geldbeträge aufbringen kann«.

Zu allem Überfluß werde man ihn wegen des Weltrekordwagenprojekts spätestens ab 1938 auch noch in die hauseigene »Renngemeinschaft« aufnehmen müssen, warnt Neubauer: »Es fragt sich, ob das beabsichtigt und gewünscht wird, wobei ich auf unsere früheren Engagement-Absichten, betreffend Herrn Stuck, hinweise.« Letzterer habe diese Untertürkheimer Avancen seinerzeit nur geschickt genutzt, um seinen Vertrag bei der Auto Union gehörig aufzubessern. Und wenn sich Stuck obendrein noch anerbietet, »die Presse-Abschlüsse zu tätigen und die Presseartikel zu verfassen«, dann wird auch das nicht zum Vorteil der Daimler-Benz AG geschehen: »In bekannter Art wird er von Todesfahrten und dergleichen erzählen, um das Interesse auf seine Leistung zu lenken, wobei wir bei solchen Artikeln, weil das Fahrzeug *gefährlich* genannt wird, eigentlich negativ abschneiden. Ich führe dabei im Zusammenhang damit an, daß Herr Caracciola bei seinen Rekordversuchen sagte, daß man überhaupt nicht spürt, wie der Wagen über den Boden gleitet und daß es eigentlich keine Kunst ist, einen solchen Wagen zu lenken. Dabei fragt sich auch, in welchem Maße Herr Dr. Porsche in diesen Artikeln genannt werden soll, denn die Presse wird ja wiederum Mercedes-Benz an zweiter Stelle nennen, aber die Konstruktion als eine Wunderkonstruktion Dr. Porsches hinstellen.« Neubauer kennt die ersten Zeichnungen aus dem Porsche-Büro und schlägt sogleich eine grundsätzliche Veränderung vor: »Es erschiene zweckmäßiger von Haus aus den Wagen mit 2 Motoren auszustatten, um wirklich einen gewaltigen Vorsprung zu gewinnen, von dem bei der jetzigen Konstruktion bestimmt nicht gesprochen werden kann.«

Und um das ganze Projekt vielleicht doch noch zum Kippen zu bringen, verweist er gleich zu Beginn seines Schreibens auf die nationale Interessenlage. Denn weder die Daimler-Benz AG noch der NS-Staat dürften sich mit dem Weltrekordwagen blamieren, warnt der Rennleiter. Und weil »auch in England und in Amerika Pläne für Weltrekordwagen bestehen«, wäre es »zunächst notwendig, wenn man sich naturgemäß mit größter Vorsicht (Industrie-Spionage) vergewissern würde, was an den Plänen Tatsache ist«.

Nein, dieser Motorsport ist absolut nicht unpolitisch, wie dies derselbe Alfred Neubauer nach 1945 so vehement wie treuherzig bei seinem eigenen Entnazifizierungsverfahren behaupten wird. Und weil dem so ist, schreibt er seinem Direktor am 6. April 1937: »Zu überprüfen wäre die Stellungnahme des Herrn Korpsführers *Hühnlein*, als dem Chef des Deutschen Kraftfahrwesens, ohne dessen Bewilligung wir, wie wir erfahrungsgemäß festgestellt haben, für Sportzwecke keinesfalls Devisen erhalten.«

Als weiteres Handikap erweist sich der Schauplatz für die Weltrekordfahrten. Der Große Salzsee in Utah ist im Frühjahr überflutet. Erst im Herbst, wenn das Bett des Sees austrocknet und die salzige Oberfläche steinhart wird, kann eine ebene Piste präpariert werden. Die Pläne von Stuck und Porsche lassen sich also frühestens im Herbst 1938 in Amerika verwirklichen. Der Alptraum, einen Weltrekord nur in den USA herausfahren zu können, wird allerdings noch die politisch verantwortlichen Herren beschäftigen und zu der Überlegung führen, ob man nicht doch eine Reichsautobahnstrecke zu einer weltrekordtauglichen Piste ausbauen könnte.

Virulent werden diese Gedanken um so mehr, da der Start von Mercedes-Benz und Auto Union beim hochdotierten Vanderbilt Cup am 5. Juli 1937 in New York massive antideutsche Demonstrationen provoziert hat. Können die USA danach noch als geeigneter Schauplatz für den Großangriff auf anglo-amerikanische Geschwindigkeitsweltrekorde dienen? Die Spitzen von NS-Regime und Mercedes-Benz suchen nach Alternativen. Davon berichtet Kissel am 19. Juli in einem Schreiben an das Sekretariat von Emil Georg von Stauß: »Nach einer Aussprache, die ich mit dem Generalinspekteur für das deutsche Straßenwesen, Herrn Dr. Ing. *Todt*, hatte, hat dieser im Rahmen seiner Autobahnen ein Projekt in der Durchführung, wonach es ermöglicht würde, die großen Weltrekorde künftig in Deutschland zu unternehmen. Herr Dr. Todt glaubt mit seiner geplanten Anlage im Laufe des nächsten Jahres fertig zu sein. Wenn somit uns dann Gelegenheit geboten wäre, nicht mehr nach Amerika gehen zu müssen, sondern die Rekorde in Deutschland durchführen zu können, dann würde ein wesentlicher Teil der Voraussetzungen, die uns zu Verhandlungen mit Herrn Stuck geführt haben, sowieso entfallen.«[186]

Stucks Vertrag mit Mercedes-Benz steht also entgegen allen früheren Bekundungen von Kissel zur Disposition. Zum anderen wird Porsches Rekordwagen nicht wie geplant Ende 1937 fertig. Vor allem aber liefern Stucks fahrerische Leistungen in der laufenden Saison Anlaß zur Kritik. Er bringt nicht mehr die Resultate, die seiner Bezahlung und den Möglichkeiten seines Rennmaterials entsprechen. Bis auf Siege bei den Bergrennen am Schauinsland und von La Turbie bei

Nizza bleibt die sportliche Bilanz des Routiniers bescheiden. Bei den Grand-Prix-Rennen steht er nun nicht mehr nur im Schatten des überragenden Rosemeyer, allmählich droht ihm auch die zweite Garnitur der Auto-Union-Werksmannschaft den gewohnten Status streitig zu machen. In Abwesenheit der Spitzenfahrer beider deutscher Rennställe wegen des Vanderbilt Cup gewinnt Auto-Union-Nachwuchsmann Rudi Hasse den Großen Preis von Belgien klar vor Stuck, der obendrein Mühe hat, sich vor dem jungen Hermann Lang im besten Mercedes-Benz zu behaupten. Zu allem Überfluß trübt ein tödlicher Unfall die Saisonbilanz des sächsischen Rennstalls. Denn mit Ernst von Delius stirbt nach einem Unfall am 25. Juli beim Großen Preis von Deutschland auf dem Nürburgring das hoffnungsvollste Talent der Auto Union. Und wenn dann ein Hans Stuck einmal mehr durch häufige Klagen über angebliche Mängel seines Wagens auffällt, stärkt das die Position des alternden Rennfahrers nicht unbedingt. Seine wortreichen Erklärungen für ausbleibende Erfolge bei Rundstreckenrennen werden zusehends als Schutzbehauptung bewertet. Hinzu kommt, daß der gutbezahlte Routinier wohl finanzielle Details seines Vertrags Rosemeyer gesteckt hat. Der junge Bernd, trotz der Konkurrenten Caracciola und Nuvolari inzwischen unbestritten im Ruf des schnellsten Fahrers der Welt, scheint bei der Auto Union weniger als Stuck zu kassieren und fordert empört einen kräftigen Nachschlag. Was dem Liebling der Deutschen und der Auto Union keineswegs schadet, doch Stuck weitere Scherereien bringt, weil er mit der Weitergabe von Vertragsdetails auch gegen die juristisch festgelegten Spielregeln verstoßen hat.

Die verfahrene Situation eskaliert dann endgültig beim Gran Premio d'Italia, den Stuck noch im Vorjahr in Monza hat gewinnen können. Am 12. September kommt es in Livorno zum Eklat, weil der frustrierte Hans nach wenig begeisternder Fahrt einfach an der Box vorbeirauscht und seinen angeblich defekten Rennwagen abseits der Strecke parkt. Seine Crew hat so überhaupt keine Chance, die vermeintlichen oder tatsächlichen Mängel zu überprüfen und möglicherweise auch noch zu beseitigen. Das Resultat folgt auf dem Fuß, die Auto Union kündigt ihrem altgedienten Werksfahrer.

Auch den verantwortlichen Herren der Daimler-Benz AG ist nicht verborgen geblieben, daß Stucks fahrerische Leistungen 1937 zu wünschen übriggelassen haben. Doch nun klopft der von der sächsischen Konkurrenz vorzeitig Geschaßte um so heftiger in Untertürkheim an, pocht auf seinen Einsatz mit dem Weltrekordwagen und will weitere vertragliche Möglichkeiten eruieren. Am 5. November sprechen Stuck und Ehefrau Paula bei Kissel und Max Sailer vor. Kissel fertigt tags darauf eine dreiseitige Aktennotiz über den Gesprächsverlauf an. Vor Mai 1938 könne mit dem Bau des Rekordwagens nicht begonnen werden, womit sich der Angriff auf den Weltrekord in den Herbst des Jahres 1939 verschieben würde: »Auf Befragen des Herrn Stuck, ob er nach wie vor damit rechnen dürfe, daß er die Rekordfahrten durchführen könne, erwiderte ich ihm, daß der Vorstand bei seiner Zusage verbleibe, obschon die Voraussetzungen andere wären als wie seinerzeit, als noch die Durchführung in Amerika ins Auge gefaßt war, ebenso wie die diesbezügliche notwendige Finanzierung, welche Herr Stuck übernehmen wollte.«[187] Und Kissel fragt nach, ob sich Stuck denn unter diesen Umständen auch noch finanziell am Bau des Rekordwagens beteiligen würde. Was der Rennfahrer bejaht und dafür einen Betrag »zunächst im Ausmaß von RM. 50000,–« in Aussicht stellt. Kissel ist das offensichtlich zuwenig, wobei er von Stuck obendrein verlangt, »daß er Bemühungen bei den Behörden nicht unternehmen dürfe, weil wir unsererseits entsprechende Schritte getan hätten«.

Hans Stuck steht damit vor Beginn der Saison 1938 mit dem Rücken zur Wand. Nicht nur bei Auto Union, auch bei Mercedes-Benz gibt es für ihn keine Aussicht auf Einsätze. Aber weil ein neues Reglement nach Hubraumklassen die bisherige 750-Kilogramm-Formel ablöst, fragt er bei Kissel und Sailer nach, ob es nicht möglich wäre, ihn mit den ausgedienten Boliden als Privatfahrer »eine Reihe von Rennen im Ausland […], in Südamerika, in Finnland etc.«, bestreiten zu lassen. Der kurz vor seiner Ausmusterung stehende Stuck bittet auch noch »leihweise« um eine »Motorenanlage« für ein Spezialboot, das von der Lürsen-Werft in Vegesack bei Bremen für Rekordversuche gebaut werden soll. Aber auch hier wollen sich Kissel und Sailer ohne genauere Details nicht festlegen.

Immerhin: Stuck weiß jetzt, was die Stunde geschlagen hat. Bereits zwei Tage später spricht er im »Braunen Haus« in München vor: »Es ist nach Rücksprache mit den höchsten Behörden nicht erwünscht, daß ich, nachdem ich 2 große Projekte für Deutschland vorhabe, an denen ich finanziell beteiligt bin, in der Zwischenzeit für das Ausland fahre. Man steht auf dem Standpunkt, daß das nicht statthaft wäre.«[188] Und um seinen Einsatz als »Privatfahrer« der Daimler-Benz AG noch bekömmlicher zu machen, führt Stuck sage und schreibe fünfzehn internationale Renntermine eher zweit- und drittklassiger Wertigkeit auf, bei denen er 1938 mit einem Vorjahres-Rennwagen starten und gewinnen könne. Allerhöchstens 25000 Reichsmark würde der Einsatz der alten Rennwagen kosten, ein Spottpreis für »eine Reihe großer Sportsiege«. Einzige Bedingung: Stuck erhält sämtliche Start- und Preisgelder, nebst einer Garantiesumme von etwa 25- bis 30000 Reichsmark, welche er mit Unterstützung durch die Direktion der Daimler-Benz AG von den Zubehörfirmen loszueisen gedenkt. Und natürlich soll die Untertürkheimer Firma auch noch Stucks Prämienzahlungen für die Rennunfall- und Unfallversicherung von der Auto Union übernehmen. »Ihr aufrichtig ergebener Hans Stuck«, zeichnet der Rennfahrer seinen Bittbrief an Kissel. Der antwortet umgehend am 13. November »ergebenst« mit »Heil Hitler!« und einer Absage.[189]

Immerhin: Falls der Plan für Stucks Rekordbootbau, also das zweite »nationale Projekt« neben dem Weltrekordwagen, tatsächlich zustande kommt, werde die Daimler-Benz AG dafür leihweise einen geeigneten Motor zu Verfügung stellen,

»wenn sich auch [im Vorstand] Bedenken erhoben haben«, so Kissel. Für Stuck ist das allerdings ein schwacher Trost, denn mit seinen beiden vagen Weltrekordprojekten verdient er vorerst keine müde Mark. Ohne Vertrag für die Saison 1938 gibt es keine nennenswerten Einkünfte mehr. Eine schöne Bescherung für einen bis dato hochbezahlten nationalen Rennhelden.

Unter guten Freunden

Aber Stuck hat noch andere Möglichkeiten in Gestalt seiner einflußreichen Freunde bei der SS. Bei denen darf Auto-Union-Pressechef Dr. Richard Voelter, selbst altgedienter Parteigenosse, am 2. Mai 1938 antreten. Wohlgemerkt knapp einen Monat nach dem Saisonauftakt in Pau und keine zwei Wochen vor dem zweiten Grand Prix der Saison in Tripolis. Bei beiden Rennen ist zwar Mercedes-Benz mit dem neuen 3-Liter-Kompressor-Typ vertreten, nicht aber die Auto Union. Nach dem tödlichen Unfall Bernd Rosemeyers steht die Zwickauer Rennabteilung unter schwerem Druck, die Vorbereitungen auf die neue Rennformel sind ins Stocken geraten. Auch über die Fahrerbesetzung herrscht Unklarheit, zumal nun auch noch die Spitzen des NS-Staates ein Wörtchen mitzureden gedenken und den umstrittenen Rennfahrer zu einem Vertrag verhelfen wollen. Voelter sieht sich also gezwungen, SS-Gruppenführer Wolff aufzusuchen, um »vor den neuerlichen Verhandlungen mit Stuck die Einstellung der Reichsführung SS und die Gründe, weshalb diese sich so stark für Stuck einsetzt, genau kennenzulernen«.[190] Fast anderthalb Stunden dauert das Gespräch, Voelter trifft dabei auch kurz mit Himmler zusammen, ohne daß mit ihm »die Frage Stuck angeschnitten« werden kann. Der Auto-Union-Pressechef und Träger des Goldenen Parteiabzeichens der NSDAP hält den Verlauf der Unterredung tags darauf in einer Aktennotiz für den Vorstand fest. Dieser Aufzeichnung zufolge hat er mit Wolff Klartext gesprochen: »Ich sagte ihm, daß es bei uns nicht ganz verstanden würde, daß gerade die Reichsführung SS sich so stark für Stuck verwende, der doch schon durch seine nichtarische Frau nach dieser Seite hin belastet sei. Gruppenführer Wolff erzählte mir nun ausführlich, daß vor 2 oder 3 Jahren, als damals die öffentliche Hetze gegen Stuck wegen der jüdischen Abstammung seiner Frau ernste Formen angenommen habe, Stuck sich an die Kanzlei des Führers um Schutz und Entscheidung in seiner Angelegenheit gewandt habe, und daß damals die Reichsführung SS bzw. die Gestapo in diese Angelegenheit eingeschaltet worden sei. Aufgrund der damaligen Ermittlungen habe dann der Führer persönlich entschieden, daß die Angriffe gegen Stuck wegen seiner Frau unterbunden werden sollten und daß unter die Angelegenheit Stuck ein Strich gezogen werden sollte, so daß also Stuck damit rehabilitiert gewesen sei und daß die nichtarische Abstammung seiner Frau jetzt und in Zukunft seine sportliche Tätigkeit nicht beeinflussen könne. Auf diese Weise seien aber die persönlichen Beziehungen zwischen Stuck und dem Reichsleiter Bouhler andererseits zustande gekommen und Stuck habe sich jetzt in den für ihn bestehenden Schwierigkeiten, ein neues Engagement zu finden, wieder um Vermittlung an die Reichsführung SS und den Reichsleiter Bouhler gewandt.«[191]

Selbstredend will Wolff im Namen der Reichsführung SS »keineswegs im einseitigen Interesse von Stuck einen Druck« ausüben, doch sollten »aufgetretene persönliche Differenzen zwischen Stuck und dem Vorstand der Auto Union, bzw. den Sachbearbeitern in der Sportabteilung und der Rennleitung nicht allzu tragisch genommen werden«, wo es »doch bedauerlich sei, wenn ein Fahrer vom Rufe Stucks nicht mehr in eine deutsche Mannschaft aufgenommen werden könne und gezwungen sei, sich eventuell an ausländische Firmen vertraglich zu binden«. Wobei allerdings »Stuck sich zweifellos sehr ungeschickt benommen habe und es glänzend verstanden habe, sich zwischen zwei Stühle zu setzen«.

Voelter versucht gegenzuhalten und bekundet, daß die Differenzen mit Stuck »doch wesentlich tiefer« lägen. Zum einen sei der Rennfahrer längst kein Spitzenmann mehr, zum anderen sei er »erfahrungsgemäß durch seine häufige unkameradschaftliche Einstellung und die vielfache Stänkerei gegen seine Stallgenossen, an der allerdings hauptsächlich seine Frau schuld« sei, »eine Gefahr für jede Mannschaft, und ein Wiederengagement Stucks würde für uns bedeuten, daß wir erneut Schwierigkeiten in der Mannschaft bekämen, während wir jetzt, seit Stuck nicht mehr da sei, eine tadellose Disziplin und Kameradschaftlichkeit hätten. Drittens käme hinzu, daß durch die ganzen Unstimmigkeiten und Differenzen der letzten Jahre, die zweimal [...] zu einer vorzeitigen Lösung des Vertrages zwischen Stuck und der Auto Union geführt hätten und die schon darin ihren Niederschlag gefunden hätten, daß das Aktenstück Stuck bei uns 10mal so umfangreich sei wie die Personalakten unserer anderen Fahrer, das notwendige Vertrauen zwischen Fabrik und Rennfahrer, das für eine erfolgreiche Zusammenarbeit Voraussetzung sei, in einer Weise untergraben hätten, daß ich nicht glaubte, daß dieses Vertrauen auch bei beiderseitigem besten Willen so ohne weiteres wiederhergestellt werden könne.«

Noch höflicher verklausuliert läßt sich die beabsichtigte Absage an die SS wohl kaum formulieren. Wolff nimmt all das zur Kenntnis, glaubt aber nicht, daß sich der Rennfahrer Hans Stuck »endgültig auf der absteigenden Bahn« befinde. Und so bittet er die Auto Union, auch mit Blick auf die Öffentlichkeit und einen Fahrer mit immer noch großem Ruf, doch noch einmal zu überlegen, »ob nicht über alles Vorgefallene hinweg Stuck noch einmal diese Chance gegeben werden könne«.

Diesem Willen der SS wagt die Auto Union nicht mehr entgegenzutreten, Stuck kommt wieder zu einem Rennvertrag. Notabene: Die Auto Union verhandelt nicht mehr direkt mit dem Rennfahrer, sondern mit Wolff und Himmler, die als Manager für ihren rennfahrenden Schützling agieren. Was alle Beteiligten verständlicherweise nicht an die große Glocke hängen. Am 28. Mai 1938 schickt die Auto Union ihr

Angebot an Stuck, bekommt aber prompt wieder Ärger mit Himmler und Konsorten. Zum einen, weil Stuck nicht als offizielles Mitglied der Werksmannschaft an den Formel-Rennen teilnehmen, sondern nur als Privatfahrer mit einem der vorjährigen Rennwagen in einer Anzahl formelfreier Rennen, insbesondere bei Bergrennen – so dem Großen Bergpreis von Deutschland –, an den Start gehen soll. Zum anderen, weil das vorgeschlagene Salär zu bescheiden ausgefallen ist.

Weshalb in Chemnitz Vorstandschef Dr. Bruhn alsbald einen Anruf von der Gestapo erhält: Am anderen Ende der Leitung meldet sich SS-Gruppenführer Wolff im Auftrag des Reichsführers SS. Laut Gesprächsnotiz von Bruhn am 25. Juni habe sich Himmler höchstpersönlich »überrascht und sehr befremdet« gezeigt, denn das Angebot der Auto Union an Stuck sei »unbefriedigend« und lasse die von der SS erbetene »Großzügigkeit« vermissen. Und ebenfalls wieder im Namen Himmlers droht Wolff unverhohlen mit Konsequenzen, »wenn die Auto Union bei ihrer Haltung verbleiben würde, dann würde er dafür sorgen, daß die gesamte SS und die gesamte Polizei keine weiteren Auto Union-Wagen bestellen würden«. Bruhn reagiert letztendlich auf die telefonische Drohung: »Wir werden unter diesen Umständen das Angebot an Stuck erhöhen, Sie werden es dann an Stuck weitergeben, denn das ist wohl der Weg, auf dem die Verhandlungen jetzt geführt werden sollen.«[192]

Noch am selben Tag wendet sich der Vorstand der Auto Union per Telegramm wieder an Wolff und erklärt sich bereit, das Vertragsangebot »finanziell vollinhaltlich zu verdoppeln«.[193] Was exakt den Konditionen entspricht, welche die Auto Union damals mit ihrem neuen Spitzenfahrer und designierten Rosemeyer-Nachfolger Tazio Nuvolari vereinbart hat.[194] Das neue Angebot für Stuck ist exorbitant hoch. Kein Wunder also, daß Wolff alsbald zurücktelegrafiert: »Reichsführer SS läßt für ihr Entgegenkommen betreffs Stuck bestens danken Stuck annimmt ihr Angebot vom 26. Juni. Reichsführer SS hofft zuversichtlich, daß Stuck durch restlosen Einsatz und vorbildliche Kameradschaft ihren Entschluß rechtfertigt.«

Auch bedingt durch einen international immer stärker ausgedünnten Grand-Prix-Kalender startet die Auto Union 1938 nur noch bei sechs Rundstreckenrennen. Beim ersten Auftritt der sächsischen Silberpfeile am 3. Juli in Reims fehlt Stuck, dafür kommt er bei den Großen Preisen von Deutschland (Platz 3), der Schweiz (Platz 4) und von Italien (Ausfall) zum Einsatz. Macht allein 9000 RM Startgeld, dazu hält sich Stuck mit fünf Starts und fünf Siegen bei Bergrennen schadlos und kommt damit rein rechnerisch inklusive Start- und Preisgeld auf weitere Einnahmen in Höhe von 45000 RM. Wobei der ungekrönte »Bergkönig« gewohnt clever kalkuliert und zumindest bei seinen letzten drei Siegen der Saison 1938 leichte Beute macht, weil er am Majola-Paß in der Schweiz sowie bei zwei Bergrennen in Rumänien ohnehin auf keine nennenswerte Konkurrenz trifft.

Auf dem Weg zum Weltrekord

Behütet und umsorgt von seinen Schutzherren bei der SS – was auch für seine Ehefrau Paula noch überlebenswichtig sein wird – und dazu alimentiert von der Auto Union, richtet Stuck sein Augenmerk bereits auf die folgende Saison 1939, in welcher der mit Daimler-Benz und deren Vorstandschef vereinbarte Angriff auf den absoluten Geschwindigkeitsweltrekord für Landfahrzeuge gestartet werden soll.

Die Bestmarke, die es nun zu schlagen gilt, datiert vom 19. November 1937, als der Brite George Eyston auf dem Großen Salzsee einen Schnitt von 502,1 km/h herausgefahren hat. Das liegt theoretisch noch im Bereich der Möglichkeiten des 1650 PS starken DB-601-Triebwerks. Doch im Spätsommer 1938 werden die Planungen und Arbeiten des in einer eigenen Abteilung in Untertürkheim einquartierten Porsche-Mitarbeiterstabs über den Haufen geworfen. Denn auf den Salt Flats bei Bonneville schraubt Eyston mit seinem von zwei je 2300 PS starken Flugzeugmotoren befeuerten »Thunderbolt« die neue Weltrekordmarke auf 556,0 km/h. Der US-Amerikaner John Cobb legt am 15. September mit seinem ebenfalls zweimotorigen »Railton Mobil Special« nach und schafft 563,6 km/h, ehe tags darauf Eyston den Rekord auf 575,3 km/h steigert. Die Porsche-Leute müssen jetzt Tempo 600 anpeilen, brauchen für ihren T80-Rekordwagen, der nicht für den Einbau von zwei Motoren ausgelegt ist, aber nun ein weitaus stärkeres Triebwerk, das mehr als 3000 PS mobilisieren muß. Der V12-Versuchsmotor DB 603 mit 44,5 Liter Hubraum soll dazu in der Lage sein, befindet sich aber noch in der Erprobungsphase. Die Zeit läuft den Ingenieuren davon, zu allem Überfluß haben die Rekordfahrten von Cobb und Eyston auch das als »deutsche Weltrekordstrecke« vorgesehene Teilstück der Reichsautobahn Berlin–Leipzig–Halle vollends obsolet werden lassen. Gerade erst im Herbst 1938 ist dieser Abschnitt bei Dessau fertiggestellt worden, ein fast zehn Kilometer langes, schnurgerade und eben verlaufendes Betonband, bis zu 29 Meter breit und ohne Mittelstreifentrennung. Doch um auf Tempo 600 zu kommen, braucht der Weltrekordwagen rein rechnerisch mindestens sechs Kilometer Anlauf. Weltrekorde über den »fliegenden Kilometer« bzw. die »fliegende Meile« sind damit theoretisch zwar noch möglich, stehen aber von vornherein unter dem Risiko, daß der Streckenauslauf nur unter günstigen Umständen reicht, um das Rekordgefährt behutsam abzubremsen und zum sicheren Halt zu bringen.

Für die üblichen Klassenweltrekordspielchen mit hochgezüchteten und stromlinienverkleideten Rennwagen bei Tempi um 400 km/h mag die Dessauer Piste zwar geeigneter scheinen als die Reichsautobahn Frankfurt–Darmstadt, doch der Angriff auf den absoluten Weltrekord wäre auch in Dessau schierer Selbstmord. Und so richtet Wilhelm Kissel Heiligabend 1938 eine streng vertrauliche Botschaft an NSKK-Führer Hühnlein: »Anläßlich Ihres letzten Besuches in unserem Werk haben wir Ihnen mitgeteilt, daß wir uns im Kampf für die deutsche Weltgeltung mit dem Bau eines Weltrekordwagens befassen. Die Arbeiten sind so weit fertiggestellt, daß wir den Wagen voraussichtlich bis Mai nächsten Jahres fertig stellen können. In Deutschland ist die Durchführung eines Weltrekordversuches unmöglich, weil selbst auf der neuen Rekordstrecke bei Dessau der Anlauf und Auslauf zu kurz ist. Dies zwingt uns wohl oder übel, die Weltrekordversuche nach Amerika zu verlegen. [...] Als Zeit der Durchführung der Rekordversuche, zu welchen die Fläche des Salzsees trocken sein muß, kommt nach eingeholten Informationen aus Amerika die vom 15. August bis 15. September in Frage.«[195]

Ab 1. September 1939 wird der »Kampf für die deutsche Weltgeltung« allerdings an anderer Front geführt werden. Was Kissel zwar nicht wissen kann, angesichts der auch von der Daimler-Benz AG massiv betriebenen Aufrüstungsmaßnahmen aber nicht völlig unabsehbar gewesen sein mag. Doch anläßlich der ungeahnt letzten Friedensweihnacht richtet Kissel ganz besondere Wünsche an Hühnlein. Für den deutschen Weltrekord in den USA werden Devisen im Gegenwert von etwa 250000 Reichsmark benötigt, und zwar ab Mitte Juli 1939: »Mit der Bewilligung des Betrages steht oder fällt die deutsche Absicht eines Weltrekordversuches, was für unsere Firma gleichbedeutend ist mit der Fortführung oder Einstellung des Baues dieses Wagens.«

Dummerweise hat Hühnlein im Rückblick auf die Saison 1938 bereits einen zu hohen Devisenverbrauch bei Kissel moniert. Und die nun erbetene Summe übersteigt die bis dato üblichen Kontingente bei weitem. Weshalb denn der ranghöchste NS-Rennfunktionär weiterhin auf die Option setzt, die Weltrekorde auf dem neuen Teilstück der Reichsautobahn bei Dessau herauszufahren. Bei Mercedes-Benz muß man also die Ansprüche wieder etwas zurückschrauben, und Kissel ersucht Hühnlein am 18. Februar 1939, »die Bewilligung des Führers zu erhalten, falls die Rekordstrecke bei Dessau sich als ungeeignet für die Rekorde erweist, auf dem Großen Salzsee in Amerika diese Fahrten durchführen zu dürfen, wobei Devisen in Höhe von RM 100000,– bis 150000,– benötigt werden«.[196] Am 21. März folgt die Antwort, Hühnlein habe noch nicht die Gelegenheit gehabt, »mit unserem Führer zu sprechen«. Weshalb Neubauer schließlich am 3. Juni den Stand der Dinge für Kissel rekapituliert: »Der Weltrekordwagen ist heute so weit, daß nach Angabe des Herrn Dr. Schmidt, Versuch-Flugmotorenbau, ein Einlaufmotor für den Wagen, Typ DB 603, gegen Ende Juni wird geliefert werden können. Dementsprechend dürfte der Weltrekordwagen zu Einlaufzwecken Ende Juli 1939 fertig werden. Vorläufig sind nur Versuchsreifen und Räder geliefert worden, die eine Geschwindigkeit von 400 km erlauben. Der endgültige Motor wird nach Ansicht des Flugmotoren-Versuchs erst Ende August geliefert werden können.« Und selbst zu diesem Zeitpunkt, also Anfang Juni 1939, ist immer noch nicht geklärt, wo die Weltrekordversuche stattfinden sollen.

Neubauers Fazit ist ernüchternd: »Es ist daher ausgeschlossen, daß noch im Jahr 1939 ein Weltrekord von uns aufgestellt werden kann. Für Amerika muß auch in Betracht gezogen werden, daß bei einem etwaigen Unfall die Gefahr besteht, daß das Fahrzeug von den Behörden beschlagnahmt wird, wobei evtl. auch der Motor zerlegt und untersucht werden könnte (Geheimhaltung des Typs 603).«[197] Weil aber Cobb, der bisherige Rivale von Weltrekordmann Eyston, wahrscheinlich mit einem stark verbesserten Fahrzeug im August oder September 1939 noch einmal antreten will, droht die Marke von 600 km/h übertroffen zu werden, und so ist laut Neubauer »der von uns vorbereitete Rekordwagen, mit nur einem Motor überholt. Auch Herr Dr. Porsche, mit dem ich einmal darüber sprach, ist der Meinung, daß die Leistung seines Wagens in diesem Jahr überboten wird […]. Der nächste Weg wäre dann, einen neuen Weltrekordwagen zu konstruieren und zu bauen, in welchem 2 solcher Motoren Verwendung finden.«

Während Europa im Gefolge der gewaltsamen Eroberungen und Erpressungen durch Hitler-Deutschland auf einen Krieg zusteuert, planen die Strategen in Untertürkheim unverdrossen deutsche Weltrekorde. Wobei Neubauer immer noch dagegen kämpft, Stuck an das Lenkrad des Rekordwagens zu lassen: »Auch ist es fraglich, ob unserem Führer und Herrn Korpsführer Hühnlein Stuck für diese Weltleistung genehm ist. Dagegen würde ich von unserer Seite wiederum keinen unserer Fahrer einsetzen, weil die Sache zu bedenklich ist.«

Im Grenzbereich

Neubauer spielt damit nicht nur auf die Rivalität zwischen NSKK-Führer Hühnlein und Stucks persönlichem Förderer, SS-Reichsführer Himmler, an. Im Juni 1939 ist ebenso offenkundig, warum Stuck als Weltrekordmann auch anderen Spitzen des NS-Staats nicht genehm sein könnte. Die Entrechtung der deutschen Juden hat in jenen Tagen längst neue schreckliche Dimensionen erreicht. In diesem Stadium der NS-Diktatur ist es selbst für einen überaus populären Rennfahrer ein Risiko, mit einer »nichtarischen Frau« verheiratet zu sein. Kein Geringerer als Hans Hinkel, alter Nazi-Kämpfer mit NSDAP-Mitgliedsnummer 287 und seit 1935 »Sonderbeauftragter« von Goebbels im Reichsministerium für Volksaufklärung und Propaganda, beginnt sich höchstpersönlich um den »Fall Paula Stuck« zu kümmern. Hinkel ist zuständig für die personelle Erfassung und politische Beurteilung sämtlicher Kulturschaffenden. Dazu gehört im Jargon der Nazis auch, diese öffentlichkeitswirksamen Bereiche systematisch zu »entjuden«. Hinkel ist in dieser Hinsicht derart beflissen und erfolgreich, daß er mit Kriegsbeginn auch für Fragen der Judendeportation zuständig sein wird.

Am 30. Dezember 1938 schreibt er an SS-Gruppenführer Wolff: »Die Ehefrau des bekannten Rennfahrers Stuck ist, soweit bisher festgestellt wurde, Halbjüdin. Andererseits wird jedoch immer wieder behauptet, daß die Genannte Volljüdin sein soll. Frau Stuck betätigt sich schriftstellerisch und hat im Herbst 1937 ihren Roman *Viermal Liebe* in einem Schweizer Verlag erscheinen lassen und auch jetzt wieder ein Kinderbuch in einem Schweizer Verlag herausgebracht. Bei Eintritt in die Prüfung der Abstammung der Genannten erhalte ich von dem Präsidenten der Reichsschrifttumskammer u. a. folgende Mitteilung: *Frau Stuck weist darauf hin, daß Herr Gruppenführer Wolff (Geheime Staatspolizei) über die Vorgänge im einzelnen genau im Bilde sei. Ich habe mich mit diesem in Verbindung gesetzt und durch sein Büro, Herrn Hauptsturmführer Schallemeyer, folgendes erfahren: Herr Stuck hat dem Gruppenführer Wolff für den Führer ein Geschenk überreicht, das Herr Gruppenführer Wolff auch dem Führer übergeben hat. Bei dieser Gelegenheit hat der Führer etwa gesagt, daß die Auslassungen gegen Stuck wegen seiner nicht-rein-arischen Frau unterbleiben sollen. Es sei anzuerkennen, daß ein Mann wie Stuck für Deutschland große Rennen fährt. Bei dem Gespräch soll Obergruppenführer Brückner zugegen gewesen sein.* Aufgrund dieser mir zuteil gewordenen Nachricht darf ich Sie bitten, mir eine kurze Mitteilung über die Angelegenheit zukommen zu lassen. Besonders wichtig wäre es mir, zu erfahren, ob der Wunsch besteht, daß Frau Stuck in ihrer weiteren Tätigkeit nicht behindert werden soll, da andererseits gemäß den geltenden Bestimmungen eine Aufnahme in die Reichskulturkammer wegen der, soweit bisher bekannt, mindestens halbjüdischen Abstammung abgelehnt werden müßte.«[198]

Am 19. Februar 1939 »erinnert« Hinkel nochmals an die »erbetene Stellungnahme« und »die Erledigung dieser Angelegenheit«. Doch Stuck steht unter dem Schutz der SS-Reichsführung. Himmler und Wolff spielen auf Zeit, verweisen auf ein »Gutachten über die Ehefrau des Rennfahrers Stuck« vom 28. Juli 1938. Besagtes Schriftstück ist bei Goebbels im Propagandaministerium nicht auffindbar, beklagt sich Hinkel am 29. Juni 1939 und fordert eine Abschrift an. Am 11. August und nochmals am 1. September – also am Tag des deutschen Überfalls auf Polen – mahnt Hinkel bei Wolff erneut die überfällige Abschrift des »Gutachtens« an.

Wenn es aber um die Interessen ihres schutzbefohlenen Rennfahrers geht, kann die SS-Führung damals auch ein ganz anderes Tempo anschlagen. Auf neuerliche Beschwerden Stucks gegen seinen Brötchengeber Auto Union wegen Benachteiligung gegenüber seinen Stallkameraden wird Rennleiter Feuereissen zu Himmler zitiert. Am 12. Juli fertigt der Rennleiter nach dem Gespräch eine Aktennotiz an und bezeichnet die Unterredung als »denkbar unerfreulich«. Himmler läßt zwar durchblicken, daß er »gar kein persönliches Interesse habe, zudem Stuck ja nicht SS-Mann sei und seine Erfolge deshalb auch gar nicht der SS zugute kämen«, doch unmißverständlich gibt er dem machtlosen Feuereissen zu verstehen, daß Deutschland wirklich nicht so reich an Rennfahrern sei, daß man auf einen Mann wie Stuck verzichten könne, zumal junger Nachwuchs ja vorläufig sehr beschränkt vorhanden sei und auch immer damit gerechnet werden müsse, daß durch weitere tödliche Unfälle die Zahl der Rennfahrer vermindert werde.[199]

Was hingegen Paula Stuck anbelangt, läßt sich die SS-Spitze sehr viel Zeit, um Hinkel und Goebbels zu antworten. Wolff meldet sich – »z. Zt. Führerhauptquartier« – erst am 21. September in dieser Angelegenheit wieder und schreibt: »Der Anteil des jüdischen Bluteinschlages der Frau Stuck ist mir persönlich nicht bekannt, und ich habe mich mit dieser Frage nie eingehend befaßt, da bei der hiesigen Dienststelle weder eine diesbezügliche Anfrage noch ein solcher Vorgang vorhanden ist. Ich kenne nur die grundsätzliche Entscheidung des Führers, die in der von mir gegenüber dem Präsidenten der Reichsschrifttumskammer gegebenen Darstellung niedergelegt ist. Ich vermag nicht zu entscheiden, ob diese Äußerung des Führers genügt, um zur Sache der Frau Stuck eine Entscheidung zu fällen, wonach sie weiterhin berechtigt ist, Bücher zu schreiben, die auch in Deutschland verkauft werden. Ich stelle anheim, zu gegebener Zeit eine definitive

Entscheidung des Führers – zweckmäßigerweise über SA-Obergruppenführer Brückner und unter Hinweis auf die seinerzeitigen Ausführungen des Führers – einzuholen, zumal ich der Überzeugung bin, daß Frau Stuck sich im Falle der ablehnenden Verbescheidung ihres Antrages beim Führer über die getroffene Entscheidung beschweren wird. Im übrigen weise ich darauf hin, daß – soweit ich unterrichtet bin – Frau Stuck vom Reichssportführer von Tschammer und Osten als deutsche Spitzenspielerin bei ausländischen Tennisturnieren mit der Vertretung der deutschen Farben betraut wurde bzw. noch wird.«[200]

Zu Zeiten, in denen die deutsche Kriegsmaschinerie gegen Polen auf Hochtouren läuft und Warschau bereits die bedingungslose Kapitulation anbieten muß, läßt Hinkel im Reichspropagandaministerium nicht locker und wendet sich am 28. September direkt an Hitlers Chefadjutanten Brückner: »Da Sie bei dem Gespräch [zwischen Hitler und Himmler] zugegen gewesen sein sollen, darf ich Sie bitten, mir zu gegebener Zeit eine kurze Mitteilung über diese Angelegenheit zukommen zu lassen, bzw. eine definitive Entscheidung des Führers herbeizuführen, ob der Wunsch besteht, daß Frau Stuck in ihrer weiteren Tätigkeit nicht behindert werden soll.«[201]

Offensichtlich kann Brückner die von Hinkel erwünschte Klärung nicht herbeiführen. Auf der Karteikarte Stucks, der als schriftstellerisch tätiger »Rennfahrer und Ingenieur« in der Reichskulturkammer geführt wird, findet sich in Maschinenschrift jedenfalls die Angabe »Deutschblütig. Ehefrau Halbjüdin«, nachträglich ergänzt mit dem handschriftlichen Vermerk »Abstammung noch nicht endgültig geklärt (evtl. Volljüdin)« und versehen mit Stempel und Unterschrift eines SS-Oberscharführers von der Auskunftsstelle des erst am 27. September 1939 formierten Reichssicherheitshauptamtes: »Nachteilige Notierungen liegen nicht vor.« Ein weiterer Stempel auf dieser Karteikarte bestätigt: »Gegen eine Verwendung vor der Truppe keine Bedenken.«[202] Hans Stuck kann also vor Frontsoldaten als Referent auftreten und sich im Rahmen dieser Truppenbetreuung Honorare verdienen. Einem Musterungsbefehl kommt der Rennfahrer nicht nach, denn Professor Ferdinand Sauerbruch höchstpersönlich, inzwischen Oberster Generalarzt für die Deutsche Wehrmacht, stellt Stuck ein Attest aus.

Immerhin ist das eine Möglichkeit, den Zweiten Weltkrieg unbeschadet zu überstehen. Zumal der Fall Paula Stuck für die Nazis eben nicht ad acta gelegt ist. Es ist die Zeit, in der mitten in der »Luftschlacht um England« auch mit Vehemenz wieder die »Endlösung der Judenfrage« auf die politische Tagesordnung im NS-Staat kommt. Bei den Filmfestspielen in Venedig erlebt *Jud Süß* am 5. September 1940 seine Weltpremiere, knapp drei Wochen später läuft der Veit-Harlan-Streifen in den deutschen Lichtspielhäusern an. Am 22. und 23. Oktober 1940 werden deutsche Juden aus Baden und der Pfalz in einer Nacht-und-Nebel-Aktion per Reichsbahn in das Konzentrationslager Gurs in Südfrankreich deportiert. Ein erstes logistisches Vorspiel für die Organisation des Massenmords.

In jenen Tagen bedarf denn auch die Angelegenheit Paula Stuck einer endgültigen Klärung. Die Reichsstelle für Sippenforschung informiert am 10. September 1940 den persönlichen Stab Himmlers: »Frau Paula Emilie Valeska Maria Stuck ist Halbjüdin.«[203] Den Kriterien des Rassenwahns der Nazis zufolge droht der Ehefrau des prominenten Rennfahrers also vorerst noch nicht die Deportation. Zumal ihr Mann weiter unter dem persönlichen Schutz der SS-Granden steht und sich diesen Herren obendrein sogar für Geschäfte im Ausland andient.

Der Überlebenskünstler

Stuck hält sich bei Kriegsbeginn eigenen Angaben zufolge in der Schweiz auf, um abzuwarten, was geschieht. Ungewöhnlich ist es schon, daß der deutsche Rennfahrer in den ersten

Kriegsmonaten unbehelligt in der neutralen Schweiz verweilt. Immerhin verspricht er, dort für seine Freunde bei der SS einige Geschäfte zu erledigen. Am 13. Oktober 1939 schreibt er »zur Zeit Bern« über diese Absichten: »Sehr geehrter Herr Reichsführer! Sehr geehrter Herr Gruppenführer! [...] Das Interesse im Ausland an dem deutschen Volkskübel- und Personen-Volkswagen ist ungemein und eine sichere Devisenquelle. Ich müßte nur ein wenig Unterstützung haben, indem ich über die Preise informiert würde und die Erlaubnis bekäme einen solchen Wagen in der Schweiz, in Holland und Rumänien vorzuführen. Das Ausland läßt in dieser Beziehung nichts unversucht und bietet seine Wagen äußerst kulant an.«[204]

Beigefügt hat der Rennfahrer einen ersten »Tätigkeitsbericht vom 26. September bis 6. Oktober 1939«, in dem er seine Kontakte zwecks Volkswagen-Exports auflistet, dabei auch Adressen und Namen seiner Ansprechpartner in den USA, Südamerika, Holland, Bulgarien, Jugoslawien, Rumänien, Italien und Japan nennt und außerdem von indirekten Anfragen »durch Schweizer Vertrauensleute« in Griechenland und Spanien schreibt. Die Bandbreite seiner Gesprächspartner reicht von seinem – wohl nach Sao Paulo emigrierten – jüdischen Schwager bis hin zu Seiner Königlichen Hoheit Prinz Bernhard der Niederlande, dem er zu Vorkriegszeiten in Zandvoort schon mal einen Auto-Union-Rennwagen vorgeführt hat. Laut Stuck hat im direkten Gespräch ein Schweizer Oberst namens Fierz die Meinung vertreten, »daß die Schweizer Behörden eine größere Anzahl« an Volkswagen erwerben werden. Ein »alter deutscher Parteigenosse« in Bukarest, der Autovertreter Ernst Habermann, teilt Stuck mit, »daß die rumänische Armee beabsichtige, Offizieren und Staatsbeamten einen Wagen billig zu verschaffen. [...] Habermann nimmt an, daß es sich um etwa 4–5000 Kübelwagen und etwa 1000 Personen[-]Volkswagen handeln würde.« Und sofern nur alsbald ein Vorführwagen gestellt wird, sieht sich Stuck dank König Carol von Rumänien und Prinz Bernhard sofort in der Lage, »die Volkswagen an den entsprechenden Stellen bei den Militärbehörden« in Bukarest und Amsterdam vorführen zu können.

Der umtriebige Rennfahrer will sich auch bemühen, ausländische Embargobestimmungen gegen Deutschland zu umgehen, und tut im selben Tätigkeitsbericht der SS-Spitze kund, daß die Montan Export AG Amsterdam über die Schweiz 5000 Tonnen Stahl liefern möchte. Dafür hat er trotz Embargos »Mittel und Wege gefunden [...], die Ware doch nach Deutschland zu bringen«. Aus Sofia will Stuck 80000 Kilo Schweinefett beschaffen, aus Jugoslawien sollen Kürbiskerne und Olivenöl in großen Mengen bereitgestellt werden, und eine New Yorker Im- und Exportfirma verspricht sogar, »beliebige Mengen Kautschuk, Kupfer, Stahl, Eisen und alles, was von Materialien in Betracht kommt«, via Italien zu liefern. Allein es fehlt dem willigen Helfer an eigenen Vollmachten respektive verbindlichen Zusagen, daß die deutschen Dienststellen auch bezahlen können, egal, ob in Devisen oder in Waren: »Inzwischen laufe ich Gefahr bei dem Andrang von anderen Ländern, ausgebootet zu werden«, beklagt sich Stuck in seinem zweiten Tätigkeitsbericht für den Zeitraum vom 27. September bis zum 14. Oktober 1939.

Da winken offensichtlich verlockende Geschäfte. SS-Gruppenführer Wolff reagiert umgehend und läßt mit Anweisung vom 24. Oktober 1939 bei der Berliner Privatbank Hardy & Co. auf den Namen Hans Stuck von Villiez das »Sonderkonto Hans Stuck Nr. 29082-1« eröffnen und dortselbst gleich einen Verrechnungsscheck in Höhe von 13893 Reichsmark gutschreiben. Verfügungsberechtigt über dieses Konto sind Hans Stuck, Paula Stuck – und Wolff höchstpersönlich. Davon, ob dann tatsächlich Transaktionen über diese Bankverbindung für welche Geschäfte auch immer gelaufen sind, schweigen die Akten. Möglicherweise sind die Bemühungen Stucks wie im Falle des Exports von Volkswagen von Anfang an illusorisch gewesen, vielleicht waren seine Aktivitäten um Rohstoffe für das Reich auch gezielte Wichtigtuerei, um sich interessant zu machen und zugleich sich selbst und Gattin Paula zu schützen. Immerhin aber müssen Stucks Bemühungen und Beziehungen für die SS-Spitze derart wichtig gewesen sein, daß eigens besagtes Sonderkonto eröffnet wurde.[205]

Nach Aktenlage gesichert ist, daß Stuck und seine Ehefrau noch bis weit ins Kriegsjahr 1942 hinein in Sachen »Truppenbetreuung« im Einsatz blieben. Auf seiner bei der Reichskulturkammer geführten Karteikarte findet sich ein letzter Vermerk, der am 12. Januar 1943 eingetragen wurde: »Mit Verfügung vom 30. 11. 42 bittet das Oberkommando der Wehrmacht, den Rennfahrer Hans Stuck und seine Ehefrau Paula (siehe Karte), zum frühestmöglichen Termin aus dem Einsatz der Truppenbetreuung herauszuziehen und von jedem weiteren Einsatz abzusehen.«[206] Über die Ursachen für diese Verbannung vom Fronteinsatz läßt sich nur mutmaßen,[207] doch diese Suspendierung fällt zeitlich genau in die entscheidende Wendephase des Zweiten Weltkrieges, in der zugleich die Ermordung der europäischen Juden generalstabsmäßig organisiert wird. An der Ostfront ist seit dem 22. November 1942 die von General Paulus befehligte 6. Armee mit 250 000 Mann in Stalingrad eingeschlossen. Gleichzeitig betreiben die Nazis die »Endlösung der Judenfrage«: Deportation und Massenmord laufen auf Hochtouren. Ende November wird angeordnet, daß nun auch die »im kriegswichtigen Arbeitseinsatz stehenden Juden« aus dem Reichsgebiet »evakuiert« werden sollen.[208] Schon zuvor werden Pläne für eine gesetzliche Zwangsscheidung »rassischer Mischehen« bekannt.

Das Kriegsende erleben die Stucks in St. Anton am Arlberg, wo sie sich dann allerdings wegen Stucks neuer Geliebten und künftigen dritten Ehefrau Christa trennen. Paula scheint ihrem ehemaligen Gatten aber auch nach Kriegsende durchaus loyal verbunden gewesen zu sein. Sie agiert dabei mit der Autorität eines Opfers von NS-Verfolgungsmaßnahmen, belegt durch Vorlage ihres »Rassisch

Verfolgten-Ausweises JOINT Nr. 177«.[209] Im Gegensatz zu manch anderem seiner prominenten Rennfahrerkollegen aus Deutschland braucht sich Stuck um sein Entnazifizierungsverfahren keine Sorgen zu machen, auch wenn in der Motorsportszene seine Beziehungen zur SS ein offenes Geheimnis gewesen sein müssen. Zum Vorteil gereicht es ihm außerdem, daß er seit 1928 auch die österreichische Staatsbürgerschaft besitzt. Nach Kriegsende mutieren die Angehörigen der 1938 dem Reich angeschlossenen »Ostmark« alsbald zu den allerersten unschuldigen Opfern des Nationalsozialismus, weshalb Stuck mit österreichischer Lizenz alsbald wieder überall in Europa Rennen fahren darf. Die anderen deutschen Spitzenfahrer können nur staunend und bisweilen auch verärgert zusehen, wie der einstige »Bergkönig« gleich beim ersten großen Nachkriegsrennen 1947 in Hockenheim mit einem nagelneuen, kompakten Cisitalia-Rennwagen auftaucht und auf Anhieb gewinnt.[210] Sinnigerweise hat Stuck seine Einsätze im Rennstall von Piero Dusio nicht zuletzt wieder Ferdinand Porsche zu verdanken. Dessen Stuttgarter Konstruktionsbüro entwirft für den italienischen Industriellen und Cisitalia-Chef gerade einen Grand-Prix-Rennwagen mit Mittelmotor, der deutlich Porsches bewährten Vorkriegs-Silberpfeilen aus Zwickau ähnelt. Schon deshalb wird Stuck, der alte Porsche-Spezi, für künftige Entwicklungsaufgaben interessant und darf sich wieder auf höhere Aufgaben vorbereiten. Aus der revolutionären Porsche-Konstruktion mit Allradantrieb wird dann allerdings nichts, weil Dusio das Geld ausgeht.

Was Hans Stuck nicht weiter stört. Unbeirrt von Vergangenheit und Zukunft frönt er seiner Rennleidenschaft und pflegt geschickt den Nachruhm seiner Erfolge aus der Ära der Silberpfeile. 1960 wird er mit einem kleinen 700er BMW sogar noch einmal Deutscher Bergmeister.

6.
Kumpanei, Bestechung und Schiebung

Die vielfältigen Formen und Möglichkeiten der Symbiose zwischen den deutschen Rennstars und den Nazigrößen spiegeln letztlich das wider, was die Geschichtswissenschaft mit Blick auf die Herrschaft des Nationalsozialismus treffend als »Konsensdiktatur«[211] bezeichnet. Ein wechselseitiges Geben und Nehmen auf der Basis einer gemeinsamen Sache. Die heißt aber in den Jahren von 1933 bis 1945 nun mal Deutschland. Und das, was die Nazis machen, soll doch dazu dienen, die Ehre und das Ansehen Deutschlands wiederherzustellen – denkt damals durchaus die Mehrheit der Deutschen, egal, ob schweigend oder lauthals grölend. Und wenn die Widersprüche zwischen dem, was die Nazis behaupten, und dem, was sie tun, zu groß werden, gibt es immer noch das verbale Ventil: »Wenn das der Führer wüßte!« Im Grunde ist man damals stolz darauf, daß es mit Deutschland anscheinend so rasant wieder aufwärtsgeht. Und hinterher will keiner mit dabeigewesen sein. Oder man hat leider mitmachen müssen, weil es nun mal nicht anders ging. Wie schreibt doch am 9. März 1947 der clevere Journalist und inzwischen zum »Flüchtlingskommissar« avancierte Siegfried Doerschlag: »Ich bin heute mehr denn je der Überzeugung, daß unsere berühmten Rennfahrer wie Caracciola, v. Brauchitsch, Hermann Lang, Hans Stuck usw. alle gar nicht anders konnten, als sich dem NSKK unterzuordnen und Ehrungen, die ihnen nach einem Sieg vor den Tribünen und Zehntausenden von Menschen zuteil wurden, anzunehmen. Es wäre bei internationalen Veranstaltungen eine nationale Entgleisung und ein Schlag gegen den deutschen Gedanken gewesen, wenn der deutsche Sieger eines solchen Rennens am Ziel umgekehrt wäre und den NSKK-Korpsführer und die ganze damals so bedeutsam gewesene Meute wie Gauleiter usw., stehen gelassen hätte. Wer solchen deutschen Sieg am Nürburgring, oder auf der AVUS oder gar im Ausland miterlebt hat, wird, wie 100%ig er gegen den Hitlerismus auch eingestellt gewesen sein mag, diesen Standpunkt vollauf teilen.«[212]

Die Hände offen, die Reihen fest geschlossen

Um da nicht mitzumachen, braucht man einen starken Charakter, ein wenig politischen Verstand und feste Überzeugungen von Humanität oder Glauben. Und den konsequenten Entschluß, keine Rennen mehr zu fahren. Wer sich aber mit den Nazis einläßt, bekommt irgendwann die Gegenrechnung präsentiert, denn er muß sich alsbald mit kleinen und großen Gefälligkeiten revanchieren. Das fängt ganz oben an, auch und gerade im Rennsport. Zum Beispiel bei Daimler-Benz-Direktor Kissel. Der vielbeschäftigte Mann kümmert sich sogar höchstpersönlich um die internationalen Einsätze der werkseigenen Boliden. Und er trägt obendrein Sorge dafür, daß stets eine ausreichende Zahl von Wagen aus Untertürkheim bei Zuverlässigkeitsfahrten mit Parteigenossen besetzt werden kann.[213] Leider gibt es bald derart viele Anfragen aus Parteikreisen, daß sich NSKK-Führer Hühnlein einschaltet und per Runderlaß der gesamten deutschen Industrie verbietet, Kraftfahrzeuge für Sportzwecke direkt an Angehörige der Motorformationen der NSDAP zu vergeben. Weshalb Kissel am 15. März 1934 den Pg. Weixler, »Generalrepräsentant für Bayern der Preußischen Landespfandbriefanstalt«, vertrösten muß: »In dem gleichen Runderlaß [Hühnleins] wurde[n] die Firmen aufgefordert, dasjenige Wagenmaterial bekanntzugeben, das sie beabsichtigen, den Angehörigen der Motor-Formationen der NSDAP zur Verfügung zu stellen. Wir haben daraufhin eine Anzahl von Fahrzeugen Herrn Obergruppenführer Hühnlein zur Verfügung gestellt, und dieser nimmt die Einteilung selbst vor.« Für Pg. Hohmann mitsamt der Münchener SS-Standarte ist zuvor eigentlich ein Mercedes-Benz-Werkswagen »leihweise« für die zweite – und letzte – Auflage der »2000 Kilometer Deutschlandfahrt« vorgemerkt gewesen. Zu »Übungszwecken« sowie zur »Teilnahme an verschiedenen Wettbewerben« will SS-Sturmhauptführer Viktor Brack, künftig »Stabsleiter in der Kanzlei des Führers«, auf dem kleinen Dienstweg einen SSKL für Baron von Michel-Tüssling loseisen. Doch Kissel muß ebenso absagen wie im Falle des Beifahrers des Herrn Baron, eines gewissen Herrn Hain, für den Brack um einen SSKL-Wagen ebenfalls »zu Übungszwecken« ersucht hat. Immerhin: »Die 2-Liter-Wagen, die Sie und die Kameraden Ihres Sturms bei der 3-Tage-Harzfahrt gesteuert haben, werden für die diesjährige 2000-km-Fahrt instand gesetzt. Sie stehen Ihnen und den anderen Herren nach Genehmigung durch Herrn Obergruppenführer Hühnlein zur Beteiligung an dieser Fahrt wiederum zu Diensten«, schreibt Kissel am 30. Mai 1934 mit aufrichtigem Bedauern darüber, dem sehr geehrten Herrn Brack »keinen günstigeren Bescheid vermitteln zu können«, bittet denselben bei dieser Gelegenheit allerdings darum, »den noch in Ihrem Besitz befindlichen Versuchswagen möglichst bald zurückzugeben, da seine jetzige Verfassung eine gründliche Überholung gebietet«.

Für ein Talent wie den Pg. Wolfgang Assenheimer aus Heilbronn, vom 17. bis 23. Juni 1934 wegen »Teilnahme an einem politischen Schulungskurs der NSDAP« motorsportlich verhindert, hat Kissel am 28. Juni eine frohe Botschaft; er sei »ausersehen in einer Gruppe von Werkfahrern, also innerhalb einer Fabrikmannschaft, unseren 1,3 Liter Wagen zu steuern. […] Wir hoffen, Ihnen mit dieser Einteilung eine Freude bereitet zu haben.« Denn siehe, trotz Hühnleins Runderlaß gibt es durchaus noch Möglichkeiten, nach eigenem Gutdünken Motorsporthoffnungen aus Parteiorganisationen direkt in einen Werkswagen zu plazieren. Etwa den SS-Sturmmann Herbert Lauenstein, der von Kissel die Chance bekommt, »einen 5-Liter-Wagen meiner Firma bei der 2000 km-Fahrt durch Deutschland zu steuern«. Obendrein hat der Chef der Daimler-Benz AG über Kamerad Lauenstein bei dessen Mainzer SS-Standartenführer Herbert unter strengster Diskretion Auskünfte eingeholt, die ziemlich positiv ausgefallen sind. »Seine etwaige Verwendung als Rennfahrer hängt nun von seiner Entwicklung ab«, schreibt Kissel am 6. Juli an Herbert.

Dieser schwunghafte Leihverkehr von Werkswagen ist gewissermaßen der motorsportliche Unterbau im »Dritten Reich«, dient der Kontaktpflege zu wichtigen Parteigrößen und öffnet so manche Tür. Die zwei, drei jährlichen Gastspiele der Grand-Prix-Boliden von Mercedes-Benz und Auto Union auf dem Nürburgring und der AVUS sind nur die Spitze der nationalen Motorisierung, das silbern glänzende Aushängeschild, das gleichwohl den Weg weist für die Masse all der Automobil- und Motorradfahrer, die bei den nachgeordneten Gelände- und Orientierungsfahrten Woche für Woche bei Tag und bei Nacht für künftige, ganz andere Einsätze üben, die sie in ein paar Jahren bis nach Paris, Tobruk und Stalingrad führen werden. Der vermeintlich so unpolitische Motorsport in deutschen Landen befindet sich fest in den Händen von NS-Funktionären, die Grenzen zwischen Kameraderie und Kumpanei, zwischen Abenteuer und Ideologie sind fließend, liefern den Stoff für Begeisterung und Leidenschaft, für Mannbarkeitsrituale und Heldengeschwätz, so sämig und flüssig wie der Schmierstoff in den deutschen Rennwagengetrieben. Sie alle verklären die Erfahrungen der besten Jahre ihres Lebens und gehen dabei den Nazis auf den Leim, die den einst so elitären Motorsport genau wie das ehedem so exklusive Automobil zu einer Herzenssache aller »Volksgenossen« erklärt haben. Wie heißt es doch 1934 in der Ausschreibung zu dem größten Spektakel der jungen Auto-Nation: »Bei den 2000 km durch Deutschland gibt es keine Sieger und Plazierte wie bei Geschwindigkeitsrennen, sondern Preisträger ist jeder, der Baden-Baden innerhalb der vorgeschriebenen Zeit erreicht, gleichgültig, welcher Klasse er angehört.« Auch wenn sich dieser Begriff der klassenlosen Gesellschaft eigentlich allein auf Hubraumgrößen bezieht, so wird er doch gerade von den Nazis selbst nahtlos auf die Protagonisten des Rennsports übertragen. Ausgerechnet der mondäne Millionärskurort Baden-Baden liefert die Kulisse für Start und Ziel der Hetzjagd durch das »Dritte Reich«. Ausgerechnet die in völlig abgehobenen gesellschaftlichen Sphären verkehrenden – noch dazu hochbezahlten – Renngrößen mutieren mit den Siegen in ihren Silberpfeilen plötzlich zu Idolen der Nation, zu wahren Volkshelden.

Der NS-Staat vergibt nicht nur Subventionen und Erfolgsprämien für den Rennwagenbau. Da winken auch Rüstungsaufträge und Fahrzeuglieferungen für Behörden und Partei samt deren Gliederungen. Allein das NSKK gibt 1938 mehr als zwei Millionen Reichsmark aus, um neue Dienstfahrzeuge zu beschaffen. Bei den Bestellungen besonders bevorzugt wird die Daimler-Benz AG mit Aufträgen im Wert von 510408 RM. Und gleich an zweiter Stelle folgt die Auto Union AG mit einem NSKK-Auftragsvolumen in Höhe von 486615 RM.[214] Nun ist Hühnleins Organisation zwar Großkunde, aber – so könnte man einwenden – alle Fahrzeugbestellungen der NSDAP und ihrer Gliederungen machen noch 1939 insgesamt nur etwa 3,9 % des Bruttoumsatzes der Daimler-Benz AG aus. Doch dafür liegen die entsprechenden Anteile der Kundschaft aus staatlichen Behörden bei 12,6 %, bei der Wehrmacht gar bei 35,9 %, während auf Privatkunden 36,3 % und den Export 11,5 % entfallen.[215]

Im totalen NS-Staat sind die Einflußsphären von Regierungsstellen und Partei schwer voneinander zu scheiden. Angesichts des steten Kompetenzgerangels und Wirrwarrs um Zuständigkeiten können deshalb natürlich auch Hühnlein und Konsorten als gefragte Türöffner im Kampf um Rohstoffkontingente und Aufträge agieren. Und so sind denn damals bei Daimler-Benz wie Auto Union die Übergänge zwischen Werbung und Bestechung – oder vornehmer: Marketing und Korruption – recht fließend. Da werden in den

Fabriken NSKK-Werkstürme aufgestellt, kostenlose Firmenwagen offeriert, großzügige Rabatte gewährt und Spenden bezahlt oder ideelle wie finanzielle Patenschaften für NSKK-Motorsportschulen übernommen. Und auch kleine persönliche Gefälligkeiten können die Freundschaft erhalten. Selbst für »Frl. Hühnlein«, eine der beiden Töchter des NSKK-Führers, werden beim Großen Preis von Italien 1934 von der Auto Union schon mal Hotelkosten in Höhe von insgesamt 1317 Lire übernommen. Nach den damals beigefügten Umrechnungskursen ein Betrag von rund 300 RM, was im Wert etwa der Hälfte des Monatsgehaltes eines Schriftleiters in der Presseabteilung der Auto Union entspricht.[216] Und für zumindest eine der beiden Hühnlein-Töchter gibt es auch schon mal »Behördennachlaß« für einen Neuwagen von BMW.[217]

Die Hände offen, die Reihen fest geschlossen, und der motorisierte Zweig der NSDAP mischt tüchtig mit. Auch der Stellvertreter und spätere Nachfolger von Hühnlein, NSKK-Obergruppenführer Erwin Kraus, droht der Direktion von BMW am 5. Mai 1938, keine Fahrzeuge mehr bestellen zu wollen – außer den 328er Sportwagen, welche die NSKK selbst bei Rennen einzusetzen gedenkt. Denn die Direktion der Bayerischen Motorenwerke weigert sich zu der Zeit, die NSKK-Aufträge exklusiv über Ernst Henne abzuwickeln.[218] Henne, seit 1928 BMW-Vertragshändler und in der Saison 1934 für Mercedes-Benz im Grand-Prix-Rennwagen im Einsatz, ist prominentes Mitglied im NSKK und hält seit dem 28. November 1937 wieder den absoluten Geschwindigkeitsweltrekord für Motorräder – 279,505 km/h –, herausgefahren auf einer Kompressor-BMW. Warum soll der gute Mann nicht auch von den NSKK-Bestellungen profitieren? Wie Auto Union und Mercedes-Benz bei den Rennwagen beherrschen bei den Sportwagen inzwischen die BMW 328 das Feld. Das NSKK setzt dabei national wie international eigene Mannschaften ein, deren 328er Sportwagen dem Korps gehören, jedoch vom Werk gewartet werden. Hühnlein selbst propagiert seit Juni 1937 obendrein ein neues Langstreckenrennen für Sportwagen und Motorräder. Doch diese Nonstop-Fernfahrt Berlin–Rom muß aus politischen Gründen, sprich: im Gefolge des von Mussolini vom Zaun gebrochenen Abessinien-Krieges, mehrfach verschoben werden. Der Start für das Spektakel auf öffentlichen Straßen wird schließlich für Ende September 1939 anberaumt, ehe die kriegerischen Ambitionen von Hitlers Regime auch diesen Termin zu Fall bringen.

Die deutschen Rennfahrer wie die Automobilwerke hinter ihnen sind Botschafter von Hitlers Reich. Und als solche müssen sie immer wieder mit gezielter Einflußnahme rechnen. Sie können jedoch auch versuchen, diese Eingriffe für sich selbst möglichst nutzbringend zu gestalten. Und schon frühzeitig ist in mindestens einem Fall mit ominöser Rücksicht auf deutsche Interessen und höhere Diplomatie sogar der Ausgang eines bedeutenden Rennens manipuliert worden.

Vorauseilender Gehorsam

Am 10. Mai 1936 findet auf der Mellaha-Rennstrecke der Gran Premio di Tripoli statt. Eine Tortur für Wagen und Fahrer, rund 525 Kilometer in sengender Hitze bei Rundenschnitten von mehr als 200 km/h. Ein Hochgeschwindigkeitsspektakel in der libyschen Wüste, das nach zweieinhalb Stunden vorbei ist. Doch danach beginnen erst die Diskussionen und dauern bis heute an, selbst wenn der beste Kenner der Auto-Union-Renngeschichte, Professor Peter Kirchberg, davon ausgeht, daß der Sieger des Tripolis-Rennens 1936 aus politischen Gründen gewinnen durfte.[219]

Tags zuvor, am 9. Mai 1936, ist der *gran consiglio del fascismo* zusammengetreten, das nominell höchste Gremium im Staate Mussolinis. Dieser so bedeutsame große faschistische Rat wird erst wieder im Spätsommer 1943 tagen, dann allerdings, um den italienischen Diktator abzusetzen und einen Separatfrieden mit den Alliierten zu schließen. Doch in den

Maitagen des Jahres 1936 steht der »Duce« vor dem mutmaßlich wichtigsten Erfolg seiner Politkarriere, denn anderthalb Jahrtausende nach dem Untergang des Imperium Romanum wird in Rom ein neues Imperium aus der Taufe gehoben und der Beginn des *impero fascista* verkündet. Mussolinis Großmachtträume werden in der italienischen Hauptstadt gefeiert, während Marschall Italo Balbo, der Gouverneur der Kolonie Libyen und Rennleiter des Gran Premio di Tripoli, nach Nordafrika fliegt. In Begleitung eines hochrangigen deutschen Staatsgastes, Philipp Bouhlers, 37 Jahre jung und seit November 1934 Chef der Kanzlei Hitlers, die neben dessen privaten Angelegenheiten vor allem Beschwerden und Gnadengesuche zu bearbeiten hat. Eine große Nummer im NS-Staat also: Im Frühjahr 1945 wird Bouhler im Gefolge von Göring in Gefangenschaft geraten und sich kurze Zeit später in der Nähe von Dachau der irdischen Justiz durch Selbstmord entziehen.

Der Gran Premio ist das höchstdotierte Rennen der Saison. Doch die Ereignisse in Rom machen das sportliche Spektakel zugleich zu einer bedeutenden politischen Manifestation. Weshalb NSKK-Sturmführer Leo von Bayer-Ehrenberg, Stabsführer der ONS, am 2. Mai 1936 ziemlich kurzfristig einen Brief an Auto-Union-Rennleiter Feuereissen schreibt: Adolf Hühnlein könne nicht mit nach Tripolis kommen, »da er an der Ostpreußenfahrt teilnehmen muß. Bei dem wichtigen Rennen und bei der Sportfreundschaft, die Deutschland mit Italien pflegt, legt Korpsführer Hühnlein Wert darauf, daß die ONS richtig vertreten ist. [...] Reichsleiter Bouhler wird von Berlin aus in einem Sonderflugzeug nach Rom starten und von dort aus mit Unterstützung der italienischen Regierung mit einem extra eingesetzten Flugzeug nach Tripolis fliegen. Reichsleiter Bouhler wird in Begleitung seiner Frau und seinem Adjutanten, Amtsleiter Bormann, am Sonnabend, dem 9. Mai, gegen 14.00 Uhr voraussichtlich in Tripolis eintreffen. Wir bitten Sie, wie bereits telegraphisch erbeten, 1 Doppelzimmer mit Bad, 1 Einzelzimmer mit Bad im besten Hotel zu bestellen und außerdem drei Eintrittskarten für das Rennen beim Automobilclub bereit zu legen.«[220] Außerdem muß Ehrengast Bouhler eine Armbinde erhalten, nein, nicht mit Hakenkreuz. Die Armbinde des Rennveranstalters gilt vielmehr als Zugangsberechtigung für den schon damals exklusiven Boxenbereich inklusive Start und Ziel samt Rennstrecke. Karl Feuereissen darf alles managen und soll obendrein »den politischen Leiter« der »deutschen Kolonie« in Tripolis zum Empfang von Philipp Bouhler und Martin Bormann auf den Flughafen beordern, ebenso wie offizielle Vertreter von Auto Union und Mercedes-Benz nebst einem Repräsentanten des italienischen Automobilclubs. Wohlgemerkt, diese Wünsche werden in Berlin acht Tage vor dem Start des Rennens im fernen Tripolis unterbreitet. Doch keine Frage, Feuereissen steht voll und ganz zu Diensten.

Am Rennsonntag tun sich erstaunliche Dinge: Trotz seines schweren Trainingssturzes startet Nuvolari zur Begeisterung seiner Landsleute, landet aber dick zugepflastert und unter großen Schmerzen mit dem Reservemodell des neuen Alfa Romeo-12zylinder nur auf Platz acht. Rosemeyer ist im Auto-Union zwar der Schnellste, muß aber vorzeitig aufgeben, als sein Wagen Feuer fängt. Auch Chiron, im Training schnellster Mercedes-Benz-Mann, spielt nach Problemen mit Bremsen und Benzinversorgung keine Rolle an der Spitze. Dort bestimmt Stuck das Tempo und liegt klar vor seinem Stallgefährten Varzi. Die bestplazierten Mercedes-Benz von Fagioli und Caracciola folgen mit Minutenabständen weit abgeschlagen an dritter und vierter Stelle. Für die zeitgenössischen Berichterstatter sieht Stuck wie der sichere Sieger aus, zumal Feuereissen dem Spitzenreiter die grüne Flagge zeigt, in der Zeichensprache des sächsischen Rennstalls das Boxensignal für »langsamer fahren«. Stuck hält sich daran, nur um vier, fünf Runden vor Schluß festzustellen, daß Varzi offensichtlich die internen Spielregeln ignoriert hat und nach einem völlig unerwarteten Zwischenspurt angreift. Italienische Erzählungen über das Finale wollen hingegen

31 Empfang vor der Reichskanzlei 1937: in Reih und Glied vor Hitler das DKW-Motorrad-Werksteam, dahinter die Mannschaften von Mercedes-Benz und Auto Union
32 Ein Händedruck für Lang. Hinter Hühnlein und Kraus strahlt von Brauchitsch.

35

33 Vom Rennmonteur zum Rennfahrer: Hermann Lang bei der Sitzprobe

34 Lang auf Siegesfahrt beim AVUS-Rennen 1937

35 Rosemeyer in der neuen Steilkurve, dem Steingewordenen Symbol für den Größenwahn der NS-Rennfunktionäre

36 Der Mann des Tages: AVUS-Sieger Hermann Lang mit Hühnlein, Kraus und Goebbels

14
12

37 Vanderbilt-Cup in den USA 1937: Rosemeyer zwischen Caracciola (12) und dem US-Amerikaner Rex Mays (14) in einem Alfa Romeo
38 Zurück aus den USA: Rosemeyer, bejubelt in Berlin
39 Ferdinand Porsche – seit 1933 bestens im Geschäft und immer dabei

40/41 Zum Ruhm der Nation: Caracciola hat den Großen Preis von Deutschland 1937 gewonnen (oben) und Ernst von Delius im selben Rennen sein Leben verloren (unten).

42/43 Das Original-Foto von Caracciola (oben) und was die Werbeabteilung daraus machte.

RUDOLF CARACCIOLA
der erfolgreichste Rennfahrer der Welt
deutscher Meister und Europameister 1935 und 1937
auf
MERCEDES - BENZ

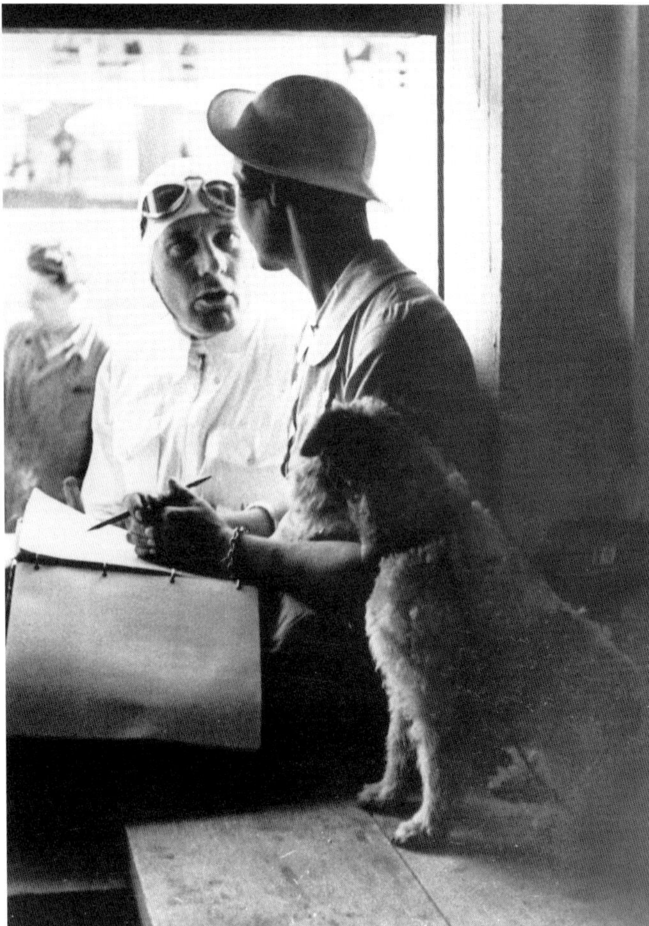

44 Immer irgendwie durchgekommen: Hans Stuck und Ehefrau Paula

45/46 Stucks Traum vom absoluten Geschwindigkeitsweltrekord: der T 80 – von Porsche für die Daimler-Benz AG entwickelt, aber nie zum Einsatz gekommen

47 28. Januar 1938: Caracciola auf dem Weg zum Weltrekord
48 Rosemeyers letzte Fahrt
49 Das geborgene Wrack von Rosemeyers Rekordwagen

50 Die Direktion der Daimler-Benz AG muß sich vor Hühnlein rechtfertigen – ist das Lenkrad am Silberpfeil von Manfred von Brauchitsch nicht korrekt montiert worden?
51 Hühnlein ehrt den britischen Gewinner Richard Seaman und feiert den »moralischen Sieger« Manfred von Brauchitsch.

52 Oberfeldwebel Georg »Schorsch« Meier auf Visite
53 Das letzte Auto-Union-Aufgebot für 1939: Tazio Nuvolari, Hermann Paul Müller, Georg Meier, Ulrich Bigalke und Rudolf Hasse (v. l.)

54 Europameister auf Anordnung von Hühnlein: Hermann Lang, hier nach seinem Sieg im Eifelrennen 1939
55 Das letzte Rennen: Lang in den Straßen von Belgrad

56 Belgrad, 3. September 1939, kurz vor 16 Uhr: Am Morgen wollte Manfred von Brauchitsch noch in die Schweiz fliegen.
57 Saisonende 1939: Nach dem Rennfahrer-Empfang bei Hühnlein sind Heiner Fleischmann, Hermann Lang, Hans Stuck und Ewald Kluge (v. l.) zum Hörfunk-Interview abmarschiert. Manche der Herren werden nach 1945 behaupten, sie hätten nie Parteiuniform getragen.

58 Mille Miglia 1940: Die Teams von NSKK und BMW erhalten von Korpsführer Hühnlein die letzten Instruktionen.
59 Die Mille-Miglia-Sieger Huschke von Hanstein (links) und Walter Bäumer mit Hühnlein

von mehreren Führungswechseln wissen, ehe die Boxenregie *beide* Auto-Union-Rennfahrer auffordert, das Tempo zu reduzieren. Varzi habe gehorcht, Stuck aber *nicht*, weshalb der wutentbrannte Italiener am Ende mit der schnellsten Rennrunde Stuck doch noch auf den zweiten Platz verweisen kann und zum dritten Mal den Gran Premio gewinnt. Glaubt man der Statistik und der damaligen Zeitnahme, muß Varzi in der letzten Runde sogar sechs Zehntel schneller gewesen sein als Rosemeyer bei seiner überragenden Trainingsbestzeit. Den deutschen Erzählvarianten zufolge, wie sie Alfred Neubauer verbreitet hat, ist Stuck von der unerwarteten Attacke Varzis überrumpelt worden. Völlig sicher bleibt allein, daß nach 40 Rennrunden Varzi vor Stuck durchs Ziel rast. Die zeitgenössischen Angaben über den Vorsprung des Siegers schwanken dabei zwischen 4,2 oder 4,4 und auch mal 4,8 Sekunden. Nach damaligen Maßstäben so oder so ein ziemlich knappes Resultat.

In Neubauers phantasievollen Erinnerungen sind es gar nur zwei Zehntelsekunden, und der Mercedes-Benz-Rennleiter berichtet auch über die ersten Reaktionen im Team der Auto Union nach dem Fallen der Zielflagge: »Hans Stuck rollt langsam an die Boxen. Er ist bleich vor Zorn. Seine Augen funkeln. Seine Lippen sind schmale Striche. *Eine Gemeinheit!* zischt er, als sein alter Mechaniker Fritzel Mathaey ihm aus dem Wagen hilft. *Dieser hinterlistige, verdammte Italiener hat gegen alle Abmachungen verstoßen, hat mir den Sieg glatt gestohlen! – Nein, Herr Stuck, sagt Mathaey. Der Varzi kann nichts dafür. – Wieso? Er hat mich doch überholt – obwohl Feuereissen langsam befohlen hatte! – Kleiner Irrtum,* sagt Fritzel. *Ich hab's genau gesehen: Ihnen hat Dr. Feuereissen zwar die grüne Flagge gezeigt, dem Varzi aber – rot!* Rennleiter Dr. Feuereissen weicht verlegen dem Blick von Hans Stuck aus, als der ihn Minuten später zur Rede stellt. Er fingert umständlich nach einer Zigarette, bevor er antwortet. *Mein lieber Stuck – das ist so eine Sache. Mir ist das alles selbst höchst unangenehm. Aber ich hatte strikte Anweisungen … – Von wem? Etwa von Korpsführer*

Hühnlein? – Ach wo – der hat doch nichts zu sagen. Feuereissen blickt sich vorsichtig um. Es ist niemand in der Nähe. *Nein, Befehl von ganz oben. Ribbentrop und so – Sie verstehen? – Kein Wort! schreit Stuck. Machen Sie's nicht so spannend. Ich will endlich wissen, wer mir diesen Sieg gestohlen hat! – Pst! Seien Sie doch nicht so laut!* Der Rennleiter nimmt Stuck am Arm und zieht ihn ein Stück hinter die Boxe, wo sie bestimmt niemand hören kann. *Also passen Sie auf: Es ist der Wunsch gewisser deutscher und italienischer Stellen, daß bei Rennen in Italien nach Möglichkeit ein Italiener gewinnen soll – wenn schon ein deutscher Wagen in Führung liegt.* Stuck schmettert das Steuerrad, das er immer noch in der Hand hält, zu Boden. *Also Schmieröl auf die Achse Rom – Berlin, pfui Teufel.*«[221]

In seinen eigenen Erinnerungen spart Stuck sowohl den eigentlichen Rennverlauf als auch den gerade geschilderten Disput völlig aus und formuliert einzig: »Am Abend nach dem Rennen, in dem Varzi knapper Sieger war, findet die Preisverleihung im Hause des Gouverneurs Balbo von Libyen in Tripolis statt.«[222] Daß es aber beim abendlichen Festbankett von Marschall Balbo zu Ehren der erfolgreichen Fahrer zu einem Eklat wegen des merkwürdigen Rennausgangs gekommen ist, erwähnt der ehemalige Auto-Union-Fahrer dann doch in seinen Memoiren. Und zwar ganz ähnlich, wie dies fast fünfzehn Jahre zuvor schon Alfred Neubauer getan hat: »Rechts neben Balbo hat meine Frau ihren Platz. Meiner ist links von Balbo, neben dessen Frau. Ich wundre mich, da ich annehme, dem Sieger Varzi gebühre dieser Platz. Nach den Vorspeisen schlägt Balbo an sein Glas, erhebt sich, prostet mir zu und sagt: *Ich trinke auf den Sieger des Tages!* Ich bin wirklich erstaunt und sage ihm, daß ich ja gar nicht der Sieger sei, sondern sein Landsmann Varzi. *Mir können Sie nichts vormachen, Herr Stuck, ich habe genau beobachtet, wie sie angehalten wurden, damit Varzi nach vorn konnte. Ich mag solche Abmachungen überhaupt nicht. Politik sollte dem Sport fernbleiben, und ich betone nochmals, daß ich in Ihnen den wahren Sieger dieses Großen Preises sehe.* Meine Blicke suchen

Varzi, der, verlegen zu Boden blickend, mir gegenübersteht. Es muß ihn hart getroffen haben. Er war von da an nicht mehr der Alte.«

Neubauer wird da deutlicher: An diesem Abend wird Varzi zum ersten Mal Rauschgift nehmen und seine Rennfahrerkarriere ruinieren. Neubauer läßt seinen Ghostwriter dazu einen schaurigen Dialog zwischen Achille Varzi und Ilse alias »Lil« erfinden. Sie ist die Ex-Frau von Varzis ehemaligem Rennfahrerkollegen Paul Pietsch, weshalb auch der ein Pseudonym »Peter« verpaßt bekommt. Tatsache ist, daß Varzi mit der Dame liiert war und beide nach den Begriffen ihrer Zeit Morphinisten waren. Seine immer größeren Eskapaden samt den daraus resultierenden, allzu bescheidenen Erfolgen bei den Rennen werden Achille Varzi tatsächlich noch im Verlauf der Saison 1936 seinen Vertrag bei der Auto Union kosten.

Und das aus politischen Gründen manipulierte Rennergebnis von Tripolis? Eine Anweisung des Herrn von Ribbentrop? Um die Phantasie Neubauers wieder einmal etwas einzubremsen: Joachim von Ribbentrop war im Mai 1936 Sonderbotschafter in London, nicht jedoch Reichsaußenminister. Aber der schon damals in der NS-Hierarchie ranghöhere Bouhler ist in Tripolis vor Ort gewesen. Hat er vielleicht auf Feuereissen eingewirkt? Und die sowohl bei Stuck wie auch bei Neubauer übereinstimmend geschilderte Empörung von Marschall Balbo über das angeblich aus politischen Gründen verschobene Rennen?

Ziehen wir den offiziellen Bericht der Auto Union zu Rate. Am 11. Mai 1936, also am Tag nach dem Rennen mit Schreibmaschine getippt und dem handschriftlichen Zusatz »unvollständig« versehen, steht da zu lesen: »Varzi fuhr den größten Teil des Rennens im 4. Gang, da gleich zu Anfang der 2. und 3. Gang defekt waren und er daher auch den 5. Gang nicht mehr benutzte, um gar nicht zu schalten. Nach den Boxenaufenthalten fuhr er immer im 4. Gang. Am Wagen Stuck waren während des Rennens keinerlei Störungen aufgetreten.

Der während des ganzen Rennens in Gesellschaft von Reichsleiter Bouhler anwesende Gouverneur Balbo gratulierte unseren Fahrern herzlichst. Der Publikumserfolg war ausgezeichnet.«[223] Die nüchterne Zusammenfassung gibt auch preis, daß die beiden routinemäßigen Boxenstops von Stuck schneller absolviert worden sind als die beiden Aufenthalte Varzis für Auftanken und Reifenwechsel. Fazit: Stucks Rennwagen ist also von Anfang bis Ende intakt gewesen und problemlos gelaufen, während Varzi fast das ganze Rennen über ohne den auf einem Hochgeschwindigkeitskurs wie der Mellaha-Strecke so eminent wichtigen höchsten Gang auskommen mußte. Dennoch gewann am Ende der Italiener, der seinen 16zylinder-Auto-Union gar nicht voll ausfahren konnte. Unglaublich, oder?

Am 12. Mai 1936 schickt Feuereissen ein Telegramm an seine Direktion: »Freue mich Ihnen überlegenen Sieg AUTO UNION in neuer Rekordzeit VARZI STUCK melden zu können. Wagen ROSEMEYER gebrannt. ROSEMEYER unverletzt. Empfehle besonders nettes Telegramm an STUCK, da STUCK mit großem Vorsprung bis 38ste Runde geführt und entsprechend Anweisung schonend gefahren ist.«[224] Der Rest ist Schweigen. Nur eine Woche nach dem Rennen in Tripolis steht bereits der Grand Prix von Tunis auf dem Programm. Aber Feuereissen hat bald nach Ende der Afrika-Exkursion an die ONS in Berlin geschrieben. Im Archiv der Auto Union AG findet sich die briefliche Antwort von NSKK-Sturmführer von Bayer-Ehrenberg mit Datum vom 28. Mai 1936: »Ich danke Ihnen für Ihre freundlichen Zeilen vom 22. ds. Mts. und Ihre Bemühungen um Unterbringung und Aufnahme des Reichsleiters Bouhler anläßlich des *Grossen Preises von Tripolis*, mit der dieser zweifellos sehr zufrieden war. Es war sehr liebenswürdig von Ihnen, sich persönlich hierfür einzusetzen. Mit den besten Grüssen und Heil Hitler!«[225]

Sind solche Formen vorauseilenden Gehorsams im Umgang mit den NS-Granden nicht eher die Ausnahme gewesen? Alfred Neubauer hat sich Anfang 1948 in seinem eigenen Spruchkammerverfahren sogar damit gebrüstet, daß er bei einer ähnlichen Gelegenheit keine politisch motivierte Stallregie ausgeübt habe: »Ein besonderes Beispiel loyaler und fairer Sporteinstellung zeigt wohl, daß im Krisenjahr 1938 der Engländer Richard Seaman auf einem Mercedes-Benz-Rennwagen den Großen Preis von Deutschland gewann und ihm der Führerpreis zugesprochen wurde. Bei nationalsozialistischer Einstellung meiner Person hätte eine einzige Direktive von mir genügt, Seaman den 1. Platz zu nehmen und an dessen Stelle die folgende Mannschaft Caracciola/Lang aufrücken zu lassen.«[226] Nur hätte ein von Neubauer verordneter Positionswechsel bei mehr als vier Minuten Vorsprung von Seaman für die ausländische Presse noch mehr nach einer politischen Farce ausgesehen und wäre angesichts der ohnehin drückenden deutschen Überlegenheit in der 1938 gerade neu eingeführten Rennformel vollends kontraproduktiv gewesen, um die Grand-Prix-Veranstaltungen auch weiterhin als internationale Schaubühne für deutsche Dauersiege nutzen zu können. Abgesehen davon hat Neubauer an jenem 24. Juli 1938 wohl noch ganz andere Sorgen, denn ausgerechnet NSKK-Führer Hühnlein und dessen Stellvertreter, NSKK-Obergruppenführer Kraus, setzen ihm in der Schlußphase des Rennens zu, als der bis dahin noch vor Seaman führende Mercedes-Benz von Manfred von Brauchitsch bei seinem zweiten Boxenhalt Feuer fängt, nach einer dramatischen Lösch- und Rettungsaktion aber samt angesengtem Fahrer wieder ins Rennen geschickt wird und kurze Zeit später prompt von der Strecke fliegt. Manfred von Brauchitsch marschiert danach beifallumtost zur Boxengasse zurück, hält dabei das Lenkrad seines havarierten Rennwagens in der Hand und behauptet, der Bajonettverschluß an der Lenksäule habe sich gelöst. Hat die Rennmannschaft von Mercedes-Benz geschlampt und nach dem durch mangelnde Sorgfalt beim Auftanken verursachten Fahrzeugbrand ihren Rennfahrer mit einem nicht akkurat befestigten Lenkrad zurück auf die Strecke geschickt? Oder sind bei dem Feuer an der Box Bremsleitungen beschädigt worden, die dann von Brauchitschs Unfall herbeigeführt haben? In seinen Memoiren berichtet Neubauer davon, daß er sich nach dem Rennen gegenüber den NSKK-Granden habe rechtfertigen müssen. Insbesondere Hühnleins Stellvertreter Kraus, schon zuvor als Freund der Auto Union in Erscheinung getreten, sei mit derartigen Anschuldigungen gegen Mercedes-Benz vorstellig geworden. Letzten Endes aber ohne Erfolg, schreibt Neubauer. Wie kleinlaut der gemeinhin so dominant und polternd auftretende Rennleiter damals tatsächlich gewesen sein mag, entzieht sich seinen Erinnerungen. Zumindest ist Neubauer damals aufgrund all dieser Vorfälle schon zeitlich nicht in der Lage gewesen, um stante pede per Stallregie vollendete Tatsachen schaffen zu können und statt dem Briten Seaman den zweitplazierten Deutschen Lang/Caracciola zum Sieg zu verhelfen. Gleich nach Rennende am Nürburgring präsentiert Hühnlein dem Publikum bei Start und Ziel übrigens von Brauchitsch als »moralischen Sieger« des Großen Preises. Anschließend darf der vom Pech verfolgte deutsche Rennfahrerheld bei der offiziellen Siegerehrung mit aufs Podium und neben Seaman posieren.

Und selbst wenn Neubauer – wie übrigens auch von Brauchitsch – in seinen nach 1945 erschienenen Erinnerungen nicht müde wird zu versichern, daß eigentlich nur wenige Hühnlein für voll genommen hätten, so hat er es doch verstanden, sich beflissen den Wünschen des NSKK-Führers zu beugen. Am 18. Juli 1938, sechs Tage vor besagtem Großen Preis von Deutschland, weilen die Repräsentanten der deutschen Werksrennställe in München. Im Gespräch mit den NSKK-Funktionären geht es um die Teilnahme am Großglockner-Rennen, das nach dem Anschluß Österreichs nun Hühnleins Wunsch und Willen zufolge das größte Bergrennen der Welt werden muß. Deshalb soll es über 20 Kilometer Wegstrecke bis auf die Franz-Josefs-Höhe führen, ohne Rücksicht darauf, daß dabei die Rennfahrer mit ihren 500 PS starken Boliden eine ebenso teuflisch enge wie haarsträubend steile Abfahrt sowie zwei Tunnel von 117 bzw. 311 Meter Länge ohne Licht passieren müssen. Trotz dieser Risiken winken beim Großglockner-Bergrennen keine Geldprämien, sondern nur Ehrenpreise. All das aber ist für den Rennleiter aus Untertürkheim überhaupt kein Problem: »Herr Neubauer erklärte sich für Daimler-Benz sofort einverstanden für diesen Plan und erklärte, daß sie mit ihrer gesamten Mannschaft, d. h. mit ihren drei Hauptfahrern daran teilnehmen würden. Er hätte keine Bedenken gegen die Durchfahrt der beiden Tunnel und die Bergabfahrt und erklärte, daß die Daimler-Benz-Leute auch über Knüppeldämme fahren würden, wenn der Korpsführer das befehlen würde.«[227] Auto-Union-Rennleiter Feuereissen äußert hingegen ebenso wie die Kollegen von BMW Bedenken gegen die waghalsige Streckenführung, hat aber keine Chance, in dieser Runde »Verständnis zu finden, höchstens ein mitleidiges Lächeln über den Mangel an Mut«.

Den snobistischen Stars der Automobilrennen mag Hühnleins Auftreten zwar amüsant oder lächerlich erschienen sein. Nur haben die anpassungsfähigen Rennfahrer diese Sichtweise erst nach 1945 öffentlich gemacht. Zu Hühnleins Lebzeiten sind die Herren da wesentlich flexibler, schließlich übt der NSKK-Führer als Chef der ONS direkten Einfluß auf die rennsportlichen Regularien aus. Und das mitunter sogar in der Fremde. Denn Hühnlein und Kraus sind bei den bedeutendsten Motorrad- und Rennwagenrennen im Ausland dabei. Ohnehin stehen die deutschen Rennfahrer bei sämtlichen Einsätzen immer unter Beobachtung von NSKK-Funktionären und -Spitzeln.

Georg Meier erinnert sich an den Motorrad-Grand-Prix von Belgien 1939 auf dem Straßenkurs von Spa–Francorchamps. Bei Regen ist diese ohnehin schon tückische Strecke besonders gefährlich. Selbst die Elite der deutschen Motorradrennfahrer hat deshalb Bedenken zu starten. Geführt von Meier, begeben sich Ewald Kluge, Heiner Fleischmann und andere Spitzenfahrer zu ihrem Korpsführer, doch der läßt sie barsch abblitzen: »Was fällt Ihnen denn ein! Ein deutscher Rennfahrer hat keine Angst zu haben! Und ausgerechnet Sie, Meier, als Oberfeldwebel der deutschen Wehrmacht!«[228] Ehrensache, daß die deutschen Zweiradasse dann doch starten. Fleischmann wird allerdings schwer stürzen und sich ein Bein brechen.

Hühnleins militärischer Kommandoton des Weltkriegsoffiziers und »alten Kämpfers« der Nazibewegung verfängt in den Kreisen der deutschen Motorradrennfahrer allerdings eher als bei den Rennwagenstars. Der NSKK-Führer fühlt sich denn auch heimischer in den Kreisen der *Männer in Leder*, so der Titel eines zeitgenössischen Propagandafilms über die Zweiradzunft und den Geländemotorradsport. Die deutschen Motorradfahrer stammen fast durchweg aus einfachen sozialen Verhältnissen und verdienen selbst als Werksfahrer viel weniger als ihre erfolgreichen Kollegen in den Silberpfeilen. NSKK-Sturmführer Ewald Kluge, seit 1. Mai 1937 Mitglied Nr. 5955410 der NSDAP, in der großen Auto-Union-Rennfamilie Werksfahrer bei DKW und amtierender Europameister der 250er Motorrad-Klasse, kommt in der für ihn so erfolgreichen Saison 1938 auf Einnahmen von insgesamt 35507,85 Reichsmark. Der 29jährige ist zusammen mit Meier damals der deutsche Motorradrennfahrer mit den höchsten Einkünften. Doch bei Mercedes-Benz verdienen sowohl Hermnn Lang als auch Manfred von Brauchitsch 1938 mindestens das Doppelte, wahrscheinlich sogar noch viel mehr. Von Rudolf Caracciola ganz zu schweigen. Die Silberpfeil-Piloten sind die Elite und die Avantgarde des NS-Sports, genießen im Falle von Hans Stuck und Bernd Rosemeyer sogar höchste Protektion durch die SS. Aber auch Caracciola und von Brauchitsch haben außerhalb ihrer obligatorischen NSKK-Zugehörigkeit ihre Kontakte zu Nazi-Größen, ohne freilich Mitglied einer weiteren NS-Organisation sein zu müssen.

Rigide Kontrollen und Eingriffe seitens der NSKK-Führung haben schon eher die Motorradrennfahrer zu gewärtigen. Bei der Internationalen Sechstagefahrt, der weltweit wichtigsten Veranstaltung im Geländesport, erteilt Hühnlein 1938 vor der »Sportexpedition« nach England eigens einen Marschbefehl, der die 43 deutschen *Sixday*-Starter verpflichtet, als Sieger heimzukehren. Deutsche Kameraden sind auch im Ausland mit »Heil Hitler!« zu grüßen, Ausländer durch Handheben, denn: »Der Deutsche kennt bei der Begrüßung keine Verbeugung«, verkündet Hühnlein am 16. Juni 1938.[229] Und wer nicht pariert, dem droht auch schon mal Redeverbot. Schließlich sollen die motorsportlichen Erfolge im Ausland nicht noch mehr Antipathien und Aversionen gegen das NS-Regime wecken. Seit Hitlers Bruch des Münchener Abkommens Mitte März 1939 haben die rennfahrenden Botschafter einen noch schwereren Stand bei internationalen Auftritten. Bei der Tourist Trophy auf der Isle of Man wird die Hakenkreuzfahne vom Mast gestohlen, weshalb ein empörter Erwin Kraus dafür sorgt, daß während der vom 12. bis 16. Juni stattfindenden Rennen auch alle anderen Länderflaggen entfernt werden![230] Als mit Schorsch Meier auf der 500er-Kompressor-BMW auch noch ein deutscher Fahrer – als erster Ausländer überhaupt und noch dazu auf einem deutschen Fabrikat – das damals wichtigste Motorradrennen der Welt, die Senior Trophy bei der britischen TT, gewinnt, herrscht bei den mitgereisten NSKK-Granden höchste Alarmstufe gegenüber der britischen Presse. Kraus übersetzt in seinem Rennbericht an Hühnlein sogar eine Passage aus der *Isle of Man Weekly Times*: »Wenn schon die Motorräder einen solchen Krach machen können, welche Hölle werden wir durchleben, wenn die deutschen Geschütze erst losgehen.« Die NS-Rennfunktionäre setzen auf Deeskalation, doch entgegen der strikten Anordnung von Kraus soll sich Oberfeldwebel Meier abfällig über die englischen Konkurrenten und deren Rennmaschinen geäußert haben. Als Angehöriger der Wehrmacht scheint Meier allerdings vor Maßregelung durch das NSKK einigermaßen gefeit zu sein. Gleichwohl schreibt Kraus am 24. Juli an des Oberfeldwebels vorgesetzte Dienststelle: »Ich persönlich habe mir jedenfalls vorgenommen, im Ausland keine freie Reden deutscher Fahrer oder deutscher Manager mehr zu dulden, nachdem sich auch der BMW-Manager in England eine Rede wie ein Kriegsvereinsvorstand erlaubt hat.«[231] Aber diese Probleme werden sich schon bald von selbst erledigen. Denn zum einen stürzt der unbotmäßige Oberfeldwebel Meier bereits beim Großen Preis von Schweden, zieht sich zwei schwere Rückgratbrüche zu und bleibt mehr als zwei Monate in Gips. Zum anderen wird die Zeit der großen Rennen ohnehin ab September 1939 bis auf weiteres vorbei sein. Dann reden die Deutschen nicht nur wie ein »Kriegsvereinsvorstand«, sie handeln auch so.

Im gleichgeschalteten Motorsport sind die Grenzen zwischen Parteiorganisation NSKK und Motorsportbehörde ONS von Anfang an nicht zu erkennen. Kraft seiner Doppelfunktion als Führer beider Institutionen ist Hühnlein in Sachen Rennsport grundsätzlich für alles zuständig, assistiert und beraten von Kraus. Der gilt in der Szene als pro Auto Union, während sich der Korpsführer eher überparteilich gibt. Schon 1933 wird Hühnlein Manfred von Brauchitsch kurzzeitig aus dem NSKK ausschließen, weil der angeblich andere rennfahrende NSKK-Männer zu Unrecht beschuldigt habe.[232] Allzu negative Folgen hat das für von Brauchitsch allerdings nicht, er darf weiter Rennen fahren und wird auch wieder in das NSKK aufgenommen. Hühnlein sieht jedoch regelmäßig Bedarf, disziplinarisch einzugreifen und bei nationalen Rennen Verwarnungen und Strafen zu verhängen. Allerdings treffen diese »erzieherischen Maßnahmen« meist nur den rennfahrenden Nachwuchs am Lenkrad der Silberpfeile: Mercedes-Benz-Rennfahrer Hanns Geier erwischt es, weil er beim Großen Preis von Deutschland im Jahr 1935 den schnelleren Hans Stuck behindert haben soll. Daß diese Strafe von Hühnlein ausgerechnet am Rande des Grand Prix in Bern, kurz nach einem schweren Trainingsunfall Geiers, ausgesprochen wird,[233] sorgt zwar für Unmut, wird aber dann doch akzeptiert, denn mit Hühnlein darf man es sich nicht verderben. Zumal die Konkurrenten von Daimler-Benz und Auto Union sich gegenseitig argwöhnisch beäugen und den NSKK-Führer für ihre Interessen einzubinden versuchen. Beim AVUS-Rennen 1937 sorgt Nachwuchsfahrer Rudi Hasse in einem sächsischen Silberpfeil für einen brenzligen Moment, als er im zweiten Vorlauf eher durch Unaufmerksamkeit denn böse Absicht den nachfolgenden Hermann Lang zu einer Vollbremsung nötigt. Weshalb Alfred Neubauer bei der ONS Protest einlegt und Hasse für das Finale prompt auf einen Startplatz hinter Lang versetzt wird.

Das letzte Wort an der Strecke hat immer Hühnlein, nicht nur in seinen Ansprachen bei der Siegerehrung. Auch wenn Neubauer in seinen Memoiren die Anekdote auftischt, daß dem gestrengen NSKK-Führer zwar die Anwesenheit von Rennfahrerfrauen und -bräuten ein Dorn im Auge gewesen sei, aber auf ein entsprechendes Verbot hätten die unerwünschten Damen kurz vor dem Start eines Rennens in Absprache mit ihren Männern die Initiative ergriffen, seien auf die Rennbahn gestürmt, um ihre bereits am Volant sitzenden Partner kräftig zu küssen. Und das unter großem Applaus des Publikums.

Tatsache ist, daß sich damals niemand hat leisten können, Hühnlein zu ignorieren oder vorzuführen. Auch bei den wichtigen Rennen im Ausland ist er mit von der Partie, dann zwar stets ohne Uniform, aber immer als letzte Instanz für seine deutschen Schützlinge. Beim Gran Premio di Tripoli 1937 muß Hühnlein einmal mehr den Schlichter zwischen den deutschen Rennställen spielen. Der zur Auto Union gewechselte Fagioli wird von seinem alten Stallgefährten Caracciola behindert und bei einem Überholversuch fast von der Fahrbahn gedrängt: »Herr Fagioli war so erregt, daß er plötzlich von unserer Boxe zur Mercedes-Boxe rannte, dort noch nach Caracciola rief und in seiner Erregung einen Kupferhammer, der auf der Boxe von Mercedes lag, ergriff und Caracciola bedrohte. Schnell heranspringende Monteure erfaßten seinen Arm, der Hammer entfiel ihm und fiel auf die Hände des Fahrers Zehender, der auf der Mercedes-Benz-Boxe saß. Fagioli wurde dann zu unserer Boxe zurückgebracht, und wir sorgten dafür, daß er sofort in das Hotel fuhr. Dr. Feuereissen meldete sofort auf der Bahn Korpsführer Hühnlein diese Vorgänge. Korpsführer Hühnlein war der Ansicht, daß die Behinderung durch die sportlichen Instanzen untersucht werden müßte und daß ein entsprechender Antrag bei der Rennleitung gemacht wird. Dies erfolgte schriftlich sofort auf der Bahn. Leider waren der Rennleiter und die maßgebenden Sportkommissare sofort nach dem Rennen mit Marschall Balbo abgefahren. Wir konnten deshalb die Meldung nur noch bei den anwesenden Zeitnehmern hinterlegen.«[234]

Hühnlein erteilt den beiden Rennställen schriftliche Instruktionen zur Handhabung des Zwischenfalles. Der Brief des NSKK-Führers wird den Auto-Union-Repräsentanten pikanterweise von Neubauer überreicht. Eine in den Akten erwähnte Abschrift scheint sich nicht erhalten zu haben, in den vorhandenen Archivunterlagen heißt es jedoch: »Die Anweisung des Korpsführers wurde Herrn Fagioli weitergegeben. Dieser war zufällig im Hotel anwesend, da er eine lange Aussprache mit dem italienischen Sportpräsidenten Furmanik hatte. Gemeinsam mit Herrn Furmanik beruhigten wir Herrn Fagioli, der in einer so starken Erregung war und immer von der Voraussetzung ausging, Caracciola wolle ihn töten. Herr Fagioli ist späterhin auch absolut ruhig geworden und hat weder am nächsten Tag noch auf der Heimfahrt irgendwie über den Fall gesprochen oder sich sonst entgegen den Anweisungen des Korpsführers benommen.«

Ein Maulkorberlaß von Hühnlein? Auf seiten von Mercedes-Benz ist die Rede davon, daß Fagioli den Hammer auf Caracciola *gezielt geworfen* habe. Nicht nur Neubauers Buch,[235] auch ein Brief des Augenzeugen Richard Seaman bestätigt dies. Der von Mercedes-Benz als Werksfahrer neu verpflichtete Engländer schreibt am 10. Mai 1937, also am Montag nach dem Rennen, ausführlich über Fagiolis Hammerwurf und berichtet seinem Freund, dem Journalisten und Fotografen George Monkhouse, auch über Hühnleins Reaktion, »who said he would have Fagioli sacked from the Auto Union team«.[236] Hühnlein hätte den Italiener also am liebsten gleich aus dem Rennstall der Auto Union entfernt. Hatte er als ONS-Chef und NSKK-Führer aber tatsächlich auch den Einfluß, das durchzusetzen?

So oder so steckt die Auto Union in der Klemme: »Eine Untersuchung an Ort und Stelle durch den Veranstalter ist nicht erfolgt, ebensowenig eine Vernehmung unserer Zeugen oder der Fahrer oder sonstiger Personen. Die italienischen Veranstalter baten, wir möchten unsere Beschwerde gegen die Fahrweise des Herrn Caracciola zurückziehen, da Herr Marschall Balbo nicht wollte, daß beim *Großen Preis von Tripolis* derartige unangenehme Auseinandersetzungen erfolgen. Wir erklärten den Italienern, daß wir unsere Beschwerde nicht zurückziehen könnten, solange nicht auch die Beschwerde der Firma Mercedes-Benz gegen das Verhalten des Herrn Fagioli nach dem Rennen nicht auch [sic!] zurückgezogen ist. Irgendwelche weiteren offiziellen Mitteilungen sind uns bisher nicht zugegangen.«[237]

Am 23. und 24. Mai 1937, also eine Woche vor dem AVUS-Rennen, bei dem die neue Steilkurve in einem formelfreien Rennen eröffnet werden soll, bemüht sich Rennleiter Feuereissen weiter um Schadensbegrenzung. Vier Auto-Union-Mechaniker, in Tripolis verantwortlich für ein Notdepot weit abseits der Boxengasse, aber in direkter Nähe des Renngeschehens, geben ihre Augenzeugenberichte »über die gefahrbringende Fahrweise des Mercedes-Fahrers« zu Protokoll und schildern, daß Fagioli von Caracciola am Überholen gehindert und auf den Sand neben der Rennpiste abgedrängt worden sei. Fagioli wird beim AVUS-Rennen starten, fährt dort sogar vor seinem Stallgefährten Rosemeyer die schnellste Trainingsrunde, scheidet aber bereits im Vorlauf mit Getriebeschaden aus.

Das bleibt lange Zeit sein letzter Einsatz für die Auto Union. Der 39jährige Italiener pausiert mehr als zwei Monate, fährt nur noch die beiden Großen Preise von Italien am 15. August und der Schweiz am 22. August 1937 für den Rennstall aus Zwickau. Sind es allein gesundheitliche Probleme, die – wie damals schon kolportiert wird – Fagioli kürzer treten lassen? Liegt es nicht auch daran, daß die Auto Union sich bei einer Suspendierung Fagiolis wertvolle Devisen einsparen kann?

Die unumschränkte Nummer eins in der sächsischen Mannschaft, Bernd Rosemeyer, hat sich am 17. Juni 1937 bei der Konzerndirektion in Chemnitz über die Prämienverteilung für das AVUS-Rennen beschwert. Offenkundig scheint er wie schon in Tripolis nur soviel Geld bekommen zu haben wie Fagioli.[238] Bei finanziellen Angelegenheiten sind aber nicht nur die Rennfahrerstars extrem hellhörig. Auch die Auto-Union-Oberen ebenso wie ihre Rivalen bei Daimler-Benz beschäftigen sich ständig mit leidigen Devisen- und Steuerfragen bei der Verpflichtung ausländischer Spitzenfahrer. Und wenn dann der inzwischen zum absoluten Star avancierte Rosemeyer sich ärgert, muß die Auto Union AG bemüht sein, das Betriebsklima schleunigst wieder zu verbessern. Einem Rosemeyer muß man die Wünsche schon von den Augen ablesen. Schade nur, daß seine Personalakte irgendwann während oder nach der Nazizeit abhanden gekommen ist.

Im Schatten der Weltpolitik

Herausragende Leistungen fordern nun mal ihren Preis – der blonde Bernd hat 1936 überlegen die Europameisterschaft gewonnen und die Kräfteverhältnisse im Grand-Prix-Sport verändert. Rosemeyers Status als unbestrittener Spitzenfahrer der Auto Union ist unantastbar. Und am 13. Juni 1937, unmittelbar nach der Pleite beim AVUS-Rennen, siegt er wie im Vorjahr auf dem Nürburgring. Weshalb ihn Heinrich Himmler auch gleich darauf zum SS-Sturmführer befördert. Wie Stuck steht auch Rosemeyer nicht von ungefähr unter dem Schutz des Reichsführers-SS. Denn das »schwarze Korps« befindet sich auch im Motorsport in scharfer Konkurrenz zu Hühnleins eher biederem NSKK-Treiben. Weshalb die deutschen Rennställe im politisch verminten Hitler-Deutschland auch genötigt sind, nach allen Seiten hin geschmeidig zu sein. Für die großen Geländesport- und Zuverlässigkeitsfahrten stellt die Auto Union für NSKK und SS jeweils die gleiche Zahl von Einsatzfahrzeugen »leihweise« zur Verfügung. Allein in der Saison 1938 sind das für jede der beiden NS-Parteigliederungen je sechs DKW- und je drei Wanderer-Geländesportwagen.[239] Und wenn die von BMW werksseitig gewarteten 328er Sportwagen der NSKK-Teams wie beim Hamburger Stadtparkrennen am 7. Mai 1939 mal schlechter abschneiden als die 328er der SS-Rennmannschaften und der BMW-Privatfahrer, dann beklagt sich Hühnlein auch schon mal brieflich bei Generaldirektor Popp in München.[240] Was nationale und internationale Renneinsätze betrifft, redet der NSKK-Führer und ONS-Chef ohnehin schon seit den Anfängen der staatlichen Subventionierung durch das Reichsverkehrsministerium ein ganz entscheidendes Wörtchen mit. Hühnlein ist es denn auch, der das erste und einzige US-Gastspiel deutscher Rennwagen beim Vanderbilt-Cup 1937 genehmigt. Und er sagt im darauffolgenden Jahr kurzerhand das Eifelrennen ab, nachdem die Auto Union sich nicht in der Lage sieht, mit ihren 3-Liter-Fahrzeugen der neuen Rennwagenformel zu starten. Hühnlein hat zuvor im März 1939 den Zwickauer Rennstall vergebens animiert, beim Grand Prix de Pau in Südfrankreich zusammen mit der Mercedes-Benz-Mannschaft anzutreten, »denn es sei unbedingt notwendig, daß auch die Auto Union am Rennen in Pau teilnehme, da der Korpsführer Wert darauf lege, daß in Pau eine Demonstration gegen die Politisierungsbestrebungen des Sports gemacht werde. Die Tatsache, daß

Nuvolari [jetzt neu bei der Auto Union] in Pau nicht starten dürfe, könne doch nicht bedeuten, daß nun die Auto Union überhaupt nicht hingehe, wir hätten doch auch andere Fahrer und wir sollten uns noch einmal überlegen, ob wir nicht noch 2 Wagen vielleicht mit Müller und Meier einsetzen könnten.«[241]

Eine zweifelsohne kuriose Formulierung, ausgerechnet Adolf Hühnlein stellt sich gegen »Politisierungsbestrebungen«! Tatsächlich sind mit den politischen Spannungen in Europa auch die Sportbeziehungen noch mehr unter Druck geraten. Die Folgen der »Sudetenkrise« im Spätsommer 1938 treffen die deutschen Rennmannschaften mitten in England, auf dem Weg zum Donington-Grand-Prix, der am 1. Oktober stattfinden soll. Doch am 24. September scheitern in Bad Godesberg die Gespräche zwischen Hitler und dem britischen Premier Chamberlain. Der deutsche Diktator stellt ein Ultimatum – er will den Krieg, doch er wird ihn noch nicht bekommen. Auch wenn am 25. September die Briten ihre Flotte in Bereitschaft versetzen und die Franzosen ihre Reservisten einberufen.

Die beiden deutschen Rennställe sitzen in der britischen Provinz fest, mitten in der Gegend um Derby, Nottingham und Leicester, fernab von London, wo noch Auto-Union-Rennleiter Feuereissen die Stellung hält und seinen Kollegen Neubauer auf dem laufenden hält, der mit Fahrern, Mechanikern und Fuhrpark beider deutschen Rennmannschaften in Donington darauf wartet, was geschehen soll. Am Mittag des 28. September, kurz vor Ablauf des Ultimatums, kommt die Order aus Deutschland, die Feuereissen sofort an Neubauer durchtelefoniert: Einpacken und auf dem schnellsten Weg England verlassen und versuchen, über die Niederlande wieder heim ins Reich zu gelangen. Falls die Beschlagnahmung der Rennwagen drohe, sollten die silbernen Fahrzeuge schnellstmöglich in Brand gesetzt und zerstört werden, um sie dem Zugriff der britischen Behörden zu entziehen.[242]

Doch es gibt keine Zwischenfälle, das deutsche Expeditionskorps erreicht unbehelligt gegen 17 Uhr die Fähre in Harwich, wo sich im Gedränge anderer rückreisewilliger Deutscher die Nachricht verbreitet, daß sich tags darauf auf Vermittlung von Mussolini die Staats- und Regierungschefs von Großbritannien und Frankreich mit Hitler und dem italienischen Diktator in München treffen wollen. Am 30. September 1938 verkünden Chamberlain und Hitler das Münchener Abkommen. Die letzte Chance für den deutschen Widerstand ist dahin. Friedenswille und Kriegsangst sind stärker und sehen sich in der britischen Appeasement-Politik glücklich bestätigt. Die territorialen Forderungen des deutschen Erpressers scheinen gestillt, jetzt herrscht die Parole »peace in our time«, und am 22. Oktober 1938 wird der Donington-Grand-Prix doch noch mit deutscher Beteiligung gestartet. Nuvolari siegt für die Auto Union vor den beiden Mercedes-Benz von Lang und Seaman.

Aber die Illusionen im Ausland sind spätestens dahin, als in der Nacht zum 15. März 1939 die Wehrmacht in die Tschechoslowakei einmarschiert und Hitler das neu geschaffene »Protektorat Böhmen und Mähren« dem Deutschen Reich eingliedert. Französische Sportverbände und -vereine sagen Wettkämpfe in Deutschland oder mit deutscher Beteiligung ab. Nun haben Hühnlein und die deutschen Rennställe ganz andere Probleme als die Sorge, daß Auto-Union-Spitzenfahrer Nuvolari nicht in Pau antreten darf. Mussolini hat schon zuvor allen italienischen Sportlern untersagt, in Frankreich zu starten – ein Boykott im Gefolge des spanischen Bürgerkriegs. Am 28. März 1939 endet dieser zwar mit der Eroberung von Madrid und dem Sieg Francos, doch Mussolinis Sportler bleiben Wettkämpfen in Frankreich weiterhin fern. Und so wird Radstar Gino Bartali seinen Vorjahressieg bei der Tour de France nicht verteidigen können. Auch Hitler-Deutschland und Francos Spanien schicken keine Mannschaften zur Tour. Reichssportführer von Tschammer und Osten hat am 25. April 1939 ein generelles Startverbot für deutsche Sportler in Frankreich verhängt, als Reaktion auf die Absage des zwei Tage zuvor geplanten Fußball-Länderspiels zwischen Deutschland und Frankreich. Und der Motorsport?

Bei den Großen Preisen für Rennwagen sind ernsthaft nur noch Fahrzeuge aus Deutschland, Italien (Alfa Romeo, Maserati) und Frankreich (Delahaye, Talbot) beteiligt. Wenn konsequent boykottiert würde, wäre es zu Ende mit den Auftritten der Silberpfeile. Aber zum einen ist Adolf Hühnlein in Sachen Motorsport autark und muß sich nicht an die Anordnung des Reichssportführers halten. Zum anderen sind die Interessen und Investitionen der deutschen Kraftfahrzeugkonzerne für das Rennspektakel derart groß, daß ein Boykott den eigenen Zielsetzungen entgegenstehen würde. Zumal der NS-Staat weiterhin subventioniert. Da verschenken die Nazis nicht unnötig imageträchtige Rennsiege. Hühnlein hat sich dafür sogar Ende April/Anfang Mai 1939 rückversichert – bei Hitler selbst.[243] Schon zuvor haben Hermann Lang und Manfred von Brauchitsch am 2. April beim Grand Prix de Pau einen deutschen Doppelsieg für Mercedes-Benz herausgefahren. Auch die französischen Rennfunktionäre geben sich größte Mühe, die Dinge vollkommen »unpolitisch« laufen zu lassen. Der Engländer Seaman, in Pau Reservefahrer bei Mercedes-Benz, amüsiert sich in einem Brief an seinen Freund George Monkhouse über vier Kommunisten, die am Samstag mit Plakaten gegen einen Start der deutschen Rennwagen protestiert hatten, aber sofort zur »Abkühlung« eingesperrt wurden.[244] Die Verhaftung der Demonstranten muß wohl vom französischen Rennveranstalter veranlaßt worden sein. Aus heutiger Sicht frappiert es auch, wie treuherzig Charles Faroux, der Fachjournalist, Funktionär des Automobile Club de France und Rennleiter des französischen Grand Prix, sich dafür engagiert, daß seine deutschen Freunde nicht behelligt werden. Der mächtige Mann des Motorsports in Frankreich hat ein offenes Herz und eine offene Hand für seine Bekannten von der Daimler-Benz AG. Im Vorjahr haben sie ihm als Rennleiter des Grand Prix de Pau einen Mercedes-Benz zur Verfügung gestellt. Während die Rennwagen aller anderen

Teilnehmer, darunter auch der später siegreiche Delahaye von Dreyfus, wie üblich nach dem Training gewogen werden, erscheint das Mercedes-Benz-Team nicht. Denn Rennleiter Faroux hat bestimmt, daß die neuen Silberpfeile erst nach dem Rennen auf die Waage müssen. Kleine Gefälligkeiten erhalten die Freundschaft.[245] Klare Sache, daß Faroux im Februar 1939 auch auf Kosten seiner deutschen Freunde wieder mal als Ehrengast bei der Internationalen Automobil- und Motorrad-Ausstellung in Berlin weilt und im Hotel Adlon nächtigt.[246] Kein Wunder ebenfalls, daß Hühnlein seit 1937 sogar Ehrenmitglied des französischen Automobilclubs ist und dafür sorgt, daß die deutschen Rennfahrer und ihre Wagen 1939 trotz der angespannten politischen Lage und des deutschen Boykotts in anderen Sportarten sowohl bei den »24 Stunden von Le Mans« am 18./19. Juni als auch beim Grand Prix de l'ACF am 9. Juli starten. Hühnleins Unterstützung ist es wahrscheinlich auch zu verdanken, daß Nuvolari bei diesem Rennen in Reims trotz Mussolinis Verbot als einziger italienischer Rennfahrer antreten darf. Schließlich fährt er für die Auto Union und damit für Deutschlands Farben! Sogar der Rennstall von Alfa Romeo ist in Reims am Start. Auch hier hilft ein Trick, den die Funktionäre anstandslos durchgehen lassen. Einer der vier italienischen Wagen wird von dem französischen Fahrer Raymond Sommer als »Privateinsatz« gemeldet, die restlichen drei kirschroten Grand-Prix-Boliden laufen unter der Bewerbung von Sommers Schweizer Fahrerkollegen Christian Kautz. Die politischen Vorzeichen stehen längst auf Krieg, doch die Rennspektakel sollen und müssen trotzdem weiter stattfinden.

Nur deutsche Fahrer für deutsche Rennwagen?

Hinter den Kulissen versuchen die NS-Motorsportfunktionäre noch ganz andere Strippen zu ziehen und dabei letzten Endes auch Einfluß auf die Fahrerbesetzung der Rennställe zu nehmen. Daß die allseits erwarteten Siege mit deutschen Fahrern am Volant herausgefahren werden sollen, liegt auf der Hand. Weshalb es Anfang 1934 immer wieder Nachfragen aus dem Reichsverkehrsministerium gibt, wieso die Daimler-Benz AG den Italiener Fagioli einsetzt? Direktor Kissel antwortet höchstpersönlich: »Einer der Hauptgründe ist, daß wir durch das Engagement eines so berühmten und bewährten Fahrers unseren deutschen Fahrern und vor allem dem deutschen Nachwuchs eine bewährte Schulung geben wollen. Bekanntlich haben die Italiener und Franzosen schon seit Jahren Einsitzer und leichte schnelle Rennwagen ins Feld geführt, haben also auf solchen Fahrzeugen eine reiche Erfahrung. Diese Tatsache ist von besonderer Bedeutung, gerade für uns, da wir erstmalig mit einem ganz neuen, sehr leichten Rennwagentyp in Erscheinung treten und den Wunsch hatten, vornherein auf gute Aussichten und Erfolg.«[247]

Die Verpflichtung ausländischer Fahrer trübt jedoch nicht nur das nationale Empfinden der Funktionäre, sondern gefährdet auch die Finanzlage des Deutschen Reichs und seiner von ihm subventionierten Rennställe. Die den Rennabteilungen zugeteilten Devisenkontingente sind äußerst knapp bemessen und müssen obendrein auch für die zahlreichen internationalen Einsätzen angetastet werden. Doch wenn der ausländische Gastfahrer wirklich ein Spitzenmann ist, rechnet er sich mit seinen Erfolgen im deutschen Silberpfeil. Zum einen kommt es im Ausland gut an, wenn deutsche Wagen auch von einem internationalen Spitzenstar zu Sieg und Ehren gelenkt werden. Mit Blick auf die wichtigen, weil devisenbringenden Exportgeschäfte ist das nicht zu unterschätzen. Obendrein winken bei den zahlreichen Einsätzen im Ausland hohe Startgelder und Siegprämien. Devisen, mit denen man im Idealfall seinen ausländischen Fahrer bezahlen kann und sogar ein leichtes Devisenplus für den laufenden Betrieb verbucht. Obendrein können die deutschen Rennställe die Tükken der nationalen Finanzbürokratie natürlich auch dadurch ein wenig umgehen, daß sie ihren Rennstars sündhaft teure

Dienstwagen quasi als Gegenleistung zur Verfügung stellen. Was die Auto Union im Fall von Varzi noch bereuen wird, denn der Italiener rückt nach dem Ende der vertraglichen Beziehungen zum 31. Oktober 1936 sein schmuckes Horch-Cabriolet nicht mehr raus und verlangt sogar weitere Nachzahlungen. Nicht nur vor diesem Hintergrund ist die Verpflichtung eines ausländischen Rennfahrers immer mit finanziellen Risiken verbunden gewesen. So kommt es nicht von ungefähr, daß zwischen 1934 und 1939 nur die Italiener Fagioli, Varzi, Nuvolari, der Monegasse Chiron, der Schweizer Kautz, der in Rumänien geborene und in Paris lebende Zehender sowie der Engländer Seaman in den Silberpfeilen zum Einsatz gelangten.

Anfangs übt allerdings Adolf Hühnlein Kritik daran, daß ausländische Profis von deutschen Rennställen verpflichtet werden sollen: »Deutscher Fahrer auf deutscher Maschine!« lautet sein Grundsatz. Wobei Hühnlein allerdings kaum offene Einwände hegt, wenn es um das Engagement italienischer Könner geht, sich in diesen Fällen jedoch die Höhe der Honorare als Streitpunkt erweisen kann. Internationale Renngrößen wollen sich nicht mit Reichsmark abspeisen lassen, denn außerhalb des NS-Staats ist das deutsche Geld nicht viel wert. Aber einen Fagioli, Varzi oder Nuvolari ausschließlich in italienischer Währung bezahlen zu wollen würde das Devisenkontingent der Rennabteilungen bei weitem übersteigen. Um also finanziell mit einem solchen Fahrer über die Runden zu kommen, ist eine Art Mischkalkulation vonnöten. Bei großen Rennen im Ausland gibt es die Chance, mit Startgeldern und Siegprämien die so begehrten Devisen einzufahren und den ausländischen Profi damit problemlos zu alimentieren. Im Regelfall kassiert ein Werksfahrer der Auto Union 90 % der Startgelder und Prämien. Bei deutschen Fahrern dürfen fremde Währungen nicht ausbezahlt, sondern müssen in Reichsmark umgerechnet und überwiesen werden. Für ausländische Spitzenfahrer sind Sonderregelungen möglich. Falls die nicht ausreichen, um die vereinbarten Fixgehälter zu erzielen, kann der Rennstall je nach Qualität und Rang seines ausländischen Lenkradasses natürlich versuchen, große Teile der Einkünfte auch in Reichsmark auszubezahlen. Bei Nuvolari, der erst zu Saisonmitte 1938 zur Auto Union stößt und dort dringend als Nachfolger für den tödlich verunglückten Bernd Rosemeyer gebraucht wird, sind dies mit Bruttogrundgehalt und garantiertem Startgeld für fünf Rennen insgesamt 25000 Reichsmark.[248] Der Italiener wird in Monza und Donington zwei Grand-Prix-Rennen gewinnen, was zusätzliche Siegprämien in italienischer und britischer Währung beschert. Devisenbeträge, die sein Grundgehalt bei weitem übersteigen. Dazu kassiert Nuvolari für die Vertragsunterzeichnung am Rande des Großen Preis von Deutschland noch eine »Engagementssumme« in Höhe von 20000 RM. Wobei obendrein devisenrechtlich eine Überweisung im »deutsch-italienischen Clearing« zugesagt wird. Nuvolaris Einkünfte werden also anstandslos in Lire umgerechnet und in Italien ausbezahlt. Der direkten Verrechnung in Lire, Francs, Pfund oder Dollar sind aufgrund der Beschränkungen des Devisenhandels im NS-Staat eigentlich enge Grenzen gesetzt. Doch im Fall von Nuvolari gibt es in der Saison 1938 keine Probleme. Selbst Hühnlein ist hocherfreut über den Deal: »Ich erblicke darin eine große werbende Kraft für die deutschen Fahrzeuge, wenn ein solcher Meister des Steuers wie Nuvolari, der doch auf der Höhe seiner Laufbahn steht, einen deutschen Wagen fährt.«[249]

Die Regularien haben sich inzwischen wohl auch ein wenig eingespielt. Zu Beginn der Silberpfeil-Ära sind die Finanzbehörden immer wieder vorstellig geworden.[250] 1935 mußten bei der Auto Union nicht nur akkurat Soll und Haben auf dem Devisenkonto Varzis berechnet werden. Da finden sich auch für sämtliche Mechaniker peinlich genau geführte und kontrollierte Zusammenstellungen über deren Ausgaben bei Auslandseinsätzen und die dabei verbrauchten Devisen. Selbst in solch unscheinbaren Randbereichen wird spürbar, wie dirigistisch der NS-Staat in Wirtschaft und Finanzpolitik eingreift. Im Zuge der rigorosen Staatsverschuldung für massive Aufrüstung und nationale Prestigeprodukte herrscht allgemeine Mangelwirtschaft. Nur gut für die Nazis, daß sie auf staatlich geförderte Ablenkungsmanöver setzen, die – wie im Fall der deutschen Rennsiege – von der vermeintlichen Wiedererweckung nationaler Größe kundtun.

Ärger gibt es für die erfolgreichen Rennställe freilich dann, wenn das von Behördenseite zugesagte Devisenlimit überschritten wird. Das ist am Ende der Saison 1938 bei Mercedes-Benz wieder einmal der Fall und liegt weniger daran, daß der Brite Seaman ein zu hohes Salär bezieht, sondern resultiert aus dem Umstand, daß ausgerechnet der deutsche Meisterfahrer in ausländischer Währung bezahlt wird. Caracciola residiert in der Schweiz, und der inzwischen dreimalige Europameister genießt dieses Devisenprivileg schon seit Beginn seiner Silberpfeil-Erfolge. Hühnlein ist dies gleichwohl ein Dorn im Auge. Er rechnet nach, daß die Mercedes-Benz-Rennabteilung in der Saison 1938 bei ihren zahlreichen Einsätzen im Ausland die stattliche Summe von rund 180000 RM an Devisen eingefahren hat.[251] Ein Betrag, der eigentlich ausreichen sollte, um selbst die Spitzengage von Caracciola zu begleichen – inklusive der wesentlich bescheideneren Vertragssumme des einzigen Ausländers im Rennstall, Richard Seamans. Zumal der junge Engländer in Ambach am Starnberger See ein schmuckes Domizil bewohnt und sein zu großen Teilen in Reichsmark ausbezahltes Salär auch wieder im NS-Staat unter die Leute bringt. Und dazu seinen Hauptwohnsitz tatsächlich im Deutschen Reich nehmen wird, nachdem der englische Rennfahrer am 7. Dezember 1938 eine Deutsche geheiratet hat, Erika, die Tochter des BMW-Generaldirektors Franz Josef Popp.

Trotzdem reichen die 180000 RM, welche die Mercedes-Benz-Rennabteilung in der Saison 1938 bei ihren Auslandseinsätzen kassiert hat, nicht. Rund 50000 RM an Devisen haben die Untertürkheimer darüber hinaus ausgegeben. Adolf

Hühnlein rechnet weiter und kommt zu dem Schluß: Hätte Daimler-Benz Caracciola und Seaman in deutscher Währung bezahlt, wäre die Rennabteilung des Konzerns auf ein Devisenplus von exakt 11 600 RM gekommen. Direktor Kissel versucht den ranghöchsten NS-Motorsportfunktionär mit einer kuriosen Gegenrechnung zu beschwichtigen. Angesichts der Überlegenheit der deutschen Rennwagen habe das Ausland Startgelder und Siegprämien derart drastisch gekürzt, daß eigentlich viel weniger Deviseneinnahmen angefallen seien. Gleichwohl sei es Caracciola und Seaman gelungen, durch ihre Erfolge etwa 30 000 RM bzw. 20 000 RM an zusätzlichen Devisen einzufahren. Das seien Summen, die deutlich über den Ausgaben für die beiden Rennfahrer lägen.[252] Eine kühne Behauptung, beziffern doch die beiden anderen damaligen Werksrennfahrer, Hermann Lang und Manfred von Brauchitsch, nach 1945 ihre Einkünfte aus der Saison 1938 vollkommen unabhängig voneinander, aber in frappierender Übereinstimmung auf schon jeweils etwa 70 000 RM. Und dies wohlgemerkt in den Fragebögen zu ihrer NS-Vergangenheit vor Beginn der Spruchkammerverfahren.

Hühnleins Interventionen mögen lästig sein, ignorieren aber darf man sie nicht. Weshalb sich stets die Chefetage der Automobilkonzerne zu rechtfertigen sucht. Im Falle der Honorare von Caracciola und Seaman wohl mit Erfolg. Bei anderer Gelegenheit aber sorgt Hühnleins Veto dafür, daß die Auto Union darauf verzichtet, ihren – bis dato allerdings ohnehin nicht allzu erfolgreichen – Schweizer Rennfahrer Christian Kautz noch einmal für die Saison 1939 zu verpflichten.[253]

Mitunter gibt es auch Ärger mit den deutschen Stallgefährten. Als der damalige Rennleiter Willy Walb zum Saisonauftakt 1935 beim Grand Prix von Tunis als einzigen Auto-Union-Fahrer ausgerechnet den neu verpflichteten Achille Varzi einsetzt, schreibt Hans Stuck dem »lieben Willy« einen geharnischten Brief: »Im Übrigen ist es mir ganz gleich, ob Varzi mit altem oder neuem Wagen, mit alten oder neuen Bremsen, zum Probieren oder Siegen fährt, – sondern es interessiert mich als Deutscher lediglich die Tatsache, daß eine deutsche Firma bei ihrem ersten Auslandsstart einen Ausländer auf ihrem Wagen fahren läßt.«[254] Wer sich solche Scherereien ersparen will, der setzt wie die Nazis beizeiten auf nationale Autarkie – auch und gerade am Lenkrad der Silberpfeile. Und genau dies tun sowohl Auto Union als auch Mercedes-Benz und machen sich Jahr für Jahr auf die Suche nach deutschen Nachwuchsrennfahrern, die zum Einsatz taugen.

Auf der Suche nach neuen Helden

Die Auto Union organisiert erstmals am 24. Oktober 1934 sogenannte Rennwagenprüfungsfahrten. Geprüft werden sollen allerdings nicht die Fahrzeuge, sondern junge deutsche Fahrerkandidaten. Zwölf Novizen, die sich meist durch Erfolge bei Motorrad- und Sportwagenrennen für höhere Aufgaben empfohlen haben. Darunter auch Werksfahrer aus dem hauseigenen DKW-Motorradrennstall. Zwei Rennwagen stehen dafür zur Verfügung, zuerst auf der sechs Kilometer kurzen Südschleife, tags darauf auf der 22,8 Kilometer langen Nordschleife. Wohlgemerkt, kein einziger dieser jungen Männer hat je zuvor in dem damals etwa 350 PS starken Auto-Union gesessen oder das völlig ungewohnte Fahrverhalten dieses einzigartigen Mittelmotor-Rennwagens erlebt. Aber die Tests enden erstaunlicherweise ohne Unfälle, und drei der »Prüflinge« kommen in die engere Wahl. Doch nur zwei sollen letztlich einen Vertrag erhalten, urteilt Rennleiter Walb, der am 11. Dezember 1934 dem Vorstand mitteilt: »Persönlich hatte ich den Eindruck, daß Simons mit sehr starkem Willen fuhr, um unbedingt in unser Fahrerteam aufgenommen zu werden. Pietsch fuhr bedeutend leichter und Rosemeyer direkt überlegen-frech. Da wir größtes Interesse an Pietsch haben und außerdem einen jüngeren Nachwuchsfahrer, der Werksangehöriger ist, in unsere Rennmannschaft haben wollen, haben wir die Einteilung Pietsch und Rosemeyer empfohlen. Es ist immer noch zu berücksichtigen, daß sämtliche Fahrer ihre Fahrzeiten noch um rund eine Minute verbessern müssen und wird bezweifelt, daß Simons auf diese Geschwindigkeit je kommen wird.«[255] Der damals 23jährige Paul Pietsch wird die Erwartungen der Auto Union in der Saison 1935 nicht erfüllen, dafür erweist sich der nur zwei Jahre ältere Rosemeyer als Glücksgriff – auch ohne direkte Protektion seiner SS-Kameraden.

Hans Simons wird allerdings im Oktober 1935 erneut an der Nachwuchsfahrerprüfung der Auto Union auf dem Nürburgring teilnehmen. Direktor von Oertzen hat kurz zuvor ein Telefongespräch aus dem Reichspropagandaministerium in Berlin entgegengenommen: »Heute rief Herr Dr. Mahlo im Auftrage des Ministers Dr. Goebbels an und verwandte sich in sehr freundlicher Weise für Herrn Simons, der bei uns jetzt in der Kundendienstabteilung DKW der Berliner Filiale tätig ist. Er erklärte, daß Dr. Goebbels den Wunsch geäußert habe, daß Simons noch einmal Gelegenheit gegeben würde, sich auf unserem Rennwagen zu versuchen [...]. Ich würde also empfehlen, daß S. bei der Nachwuchsfahrerprüfung auf dem Nürburgring mit hinzugezogen wird.«[256]

Trotz aller Bemühungen fällt Simons aber auch im zweiten Anlauf durch. Da mag es tröstlich erscheinen, daß selbst allerhöchste Protektion im NS-Staat nicht automatisch einen erfolgreichen Rennfahrer gemacht hat. »Auf der Strecke draußen waren sie allein, da hat ihnen kein Parteibuch geholfen«, hat Dr. Peter Lang, der ältere der beiden Söhne von Mercedes-Benz-Rennfahrer Hermann Lang, mehr als sechs Jahrzehnte später in das Mikrofon der SWR-Kamera gesprochen. Aber probiert haben es die Nazis halt doch, auch die SS, was die Rennställe in gewisse Kalamitäten bringt. Im Gegensatz zur Auto Union unternimmt Mercedes-Benz erst etwas später den Versuch, über ein auf Testfahrten gestütztes Auswahlverfahren ein neues deutsches Talent zu entdecken. Am 9. Oktober 1936, also genau am Tag nach Ende der bereits zum dritten Mal durchgeführten Nachwuchsfahrerprüfung der Auto Union, hat die Untertürkheimer Rennabteilung sage und schreibe 27 Kandidaten auf den Nürburgring einbestellt. Für die anberaumten Probefahrten werden jedoch keine Grand-Prix-Rennwagen, sondern ganz gewöhnliche Serienautomobile bereitgestellt. Bereits in der ersten Runde verunglückt Karl Hoffelner aus München, laut Neubauer »Angehöriger der SS«, der ihm »als guter Fahrer auf verschiedenen Tourenwagen« angepriesen wurde. Der nächste Unfall endet tödlich. In der dritten Runde, gegen 11.15 Uhr, überschlägt sich der 25jährige Hermann Schmitz mit einem 2,3-Liter-Serienwagen im Streckenabschnitt Karussell. Neubauer vermerkt in seinem Bericht über den Toten: »stammt aus Werk Untertürkheim (Abt. Salzer), fuhr 5 Jahre Motorrad und 1 ½ Jahre Kraftwagen, sonst unbeschrieben.« Dann werden die Testfahrten abgebrochen, und Neubauer fügt über den Verbleib des Leichnams in akkurater Kürze hinzu: »9. 10. zum Krematorium.«[257] Fortan wird sich auch die Rennabteilung von Mercedes-Benz darauf beschränken, eine überschaubare Anzahl von bereits erfahrenen Kandidaten gleich in richtige Rennwagen zu setzen.

Auch der Rennabteilung der Auto Union werden von politischer Seite immer mal wieder durchaus namhafte Talente empfohlen. Die beiden Aspiranten Huschke von Hanstein und Robert »Bobby« Kohlrausch gehören der SS an und erhalten Anfang der Saison 1938 ihre Chance, vom 12. bis 19. März in Monza und vom 10. bis zum 14. Mai auf dem Nürburgring an den Testfahrten der Werksmannschaft teilzunehmen. Ohne Erfolg. Schon nach den Monza-Ergebnissen notiert Feuereissen am 29. März: »Herr Kohlrausch fand sich am schlechtesten auf dem Wagen zurecht.«[258] Auf der Kurzvariante des Monza-Kurses verbremst sich der SS-Hauptsturmführer vor einer rechtwinkligen Kurve und beschädigt den Kühler des Rennwagens beim darauffolgenden Ausritt an einem Baum. Auch auf der eigentlichen Grand-Prix-Strecke kommt Kohlrausch nicht auf passable Zeiten, ehe er unvermittelt die Boxen ansteuert und bekennt, »er wäre in einer Kurve so in Druck gekommen, daß er selbst nicht wüßte, wie er den Wagen gehalten hätte, und davon eine leichte Schockwirkung bekommen hätte, so daß er etwas aussetzen wollte. Am gleichen Nachmittag wollte er auf eigenen Wunsch nicht weiterfahren, und erklärte mir dann abends im Hotel, daß er sich das Fahren doch leichter vorgestellt hätte und deshalb vernünftigerweise augenblicklich von weiteren Fahrten Abstand nehmen wollte. Er war moralisch über diese Feststellung ziemlich niedergeschlagen und bat mich den Vorstand zu bitten, daß er ihn nochmals einige Runden auf dem Nürburgring fahren ließ, da er die Strecke dort genau kennt und einen besseren Maßstab für sein Können hätte.«

Feuereissens Urteil ist vernichtend, aber der Rennleiter weiß natürlich auch um den politischen Druck, der eine ebenso diplomatische wie unverfängliche Entscheidung gebietet. Seiner Meinung nach wird auch ein weiterer Versuch auf dem Nürburgring für Kohlrausch negativ verlaufen. Gleichwohl »würde ich trotzdem vorschlagen, falls es in unser Programm hineinpaßt, ihm bei Versuchsfahrten im Laufe des Mai nochmals Gelegenheit zu geben, 3–5 Runden auf dem Nürburgring zu fahren. Bei den guten Beziehungen Kohlrauschs zur SS-Reichsführung möchte ich mit nochmaligen Fahrten auf dem Nürburgring allem evt. späteren Gerede den Boden entziehen.«[259] Bobby Kohlrausch wird tatsächlich noch einmal zu Testfahrten eingeladen, kommt aber nicht zum Fahren, weil zwei Rennwagen zuvor bei Unfällen anderer Testkandidaten schwer beschädigt werden.

Etwas näher an einen Platz im sächsischen Rennstall gelangt der damalige SS-Obersturmführer Fritz Huschke von Hanstein: »Bei von Hanstein hatte ich das gleiche Gefühl wie in Monza, daß er mit einer harmlosen Leichtigkeit fährt, ohne sich seiner Handlungsweise selbst klar zu sein«, resümiert Feuereissen seine Beobachtungen und berichtet von einem Gespräch mit dem Fahrer, »wobei er mir mitteilte, daß er durch einen früheren Sturz ein körperliches Gebrechen hätte, und zwar ist ihm das rechte Schultergelenk zertrümmert worden, so daß er heute den rechten Arm nur ein wenig heben kann. Ich hatte bei diesem Gespräch den Eindruck, daß der Drang Rennfahrer zu werden, vielleicht bei ihm doch nicht stark genug ist, um alle Hemmungen zu beseitigen.« Obendrein fliegt der flotte SS-Obersturmführer zweimal von der Piste: »Nach den erfolgten 2 Stürzen nahm ich deshalb Gelegenheit, mit ihm nochmals Rücksprache zu nehmen, und ihm den Rat zu geben, von sich aus aufzugeben, da ich mit Rücksicht auf seinen Arm es doch nicht verantworten könnte, ihn weiter fahren zu lassen. Ich hatte auch inzwischen Rücksprache mit dem Arzt genommen, der mir bestätigte, daß der Arm nicht voll gebrauchsfähig ist. Ich hatte den Eindruck, daß Herr von Hanstein absolutes Verständnis dafür hat und frohen Herzens am Freitag abfuhr.«[260]

Zerstörte Hoffnungen

Rennleiter Feuereissen scheint sich von politischen Beziehungen nicht beeindrucken zu lassen, wenn es um Fahrtalent geht. Die fast 500 PS starken Rennwagen sind schon schwer genug zu steuern, aber um sie wirklich fehlerfrei in konkurrenzfähigem Tempo bewegen zu können, bedarf es schon außergewöhnlicher Fähigkeiten. Während im Oktober 1935 der von Goebbels protegierte Hans Simons auch im zweiten Anlauf scheitert, fällt Feuereissens folgenreiche Wahl auf drei eher unscheinbare Talente. Als aussichtsreichster Kandidat gilt Rudolf Heydel, ein junger Angestellter aus der hauseigenen Versuchsabteilung. Bei den ersten Testfahrten für die kommende Saison darf er in Monza gleich ans Lenkrad – und verunglückt am 4. Februar 1936 tödlich.

Kandidat Nummer zwei heißt Ernst von Delius, nach Heydels Unfall rückt der 24jährige sofort nach, bestreitet bereits am 7. Juni in Barcelona seinen ersten Grand Prix und wird vierter vor seinem Freund und Vorbild Rosemeyer. Ein Jahr später ist von Delius tot. Beim Großen Preis von Deutschland am 26. Juli 1937 liefert er sich einen verbissenen Zweikampf mit dem britischen Mercedes-Benz-Nachwuchsfahrer Seaman, kollidiert fast mit seinem Kontrahenten, rast von der Strecke und erliegt noch am Abend seinen schweren Verletzungen.

Der dritte Kandidat auf Feuereissens Liste ist Rudolf Hasse, ein unscheinbarer Brillenträger, der in breitem Sächsisch parliert und es in seinem Heimatort Mittweida zum Kommandanten der freiwilligen Feuerwehr gebracht hat. Neunundzwanzig Jahre alt ist er schon, dafür hat Hasse die Ruhe weg. In Abwesenheit von Caracciola und Rosemeyer gewinnt er 1937 sogar den Großen Preis von Belgien. Doch der brave Sachse zählt trotzdem nicht zur wirklichen Rennfahrerelite. Weshalb er auch in den Zweiten Weltkrieg und an die Ostfront ziehen muß. Rudolf Hasse stirbt am 12. August 1942 in einem Feldlazarett.

Sein Freund Ulrich Bigalke ist bei der Nachwuchsfahrerprüfung im Oktober 1936 zwar durchgefallen, aber er gehört zum engsten Kreis der Auto-Union-Rennabteilung. Ist bei jedem Einsatz im In- und Ausland dabei, schreibt Berichte, fotografiert, dreht aber vor allem mit der Filmkamera, produziert mit Wolfgang Staudte, der nach 1945 ein bekannter Regisseur wird, Filme für die Auto Union und gibt dabei nie seine Ambitionen auf, eines Tages doch noch Rennfahrer zu werden. Am 20. Mai 1939 ist es endlich soweit, beim Eifelrennen auf dem Nürburgring wird Bigalke sechster, hinter Hasse, aber vor Müller, der eigentlichen Nummer zwei im sächsischen Rennstall. Doch es gibt damals zuwenig Rennen und zuviele Fahrer bei der Auto Union. Noch Ende August sieht es so aus, als könnte der 29jährige Bigalke als Ersatzfahrer zusammen mit Nuvolari und Müller nach Brasilien. In Rio hat man das Gavea-Rennen eigens auf den 29. Oktober 1939 verschoben, damit die deutschen Rennwagen noch rechtzeitig eingeschifft werden können.[261]

Am 1. September 1939 kommt mit dem deutschen Überfall auf Polen jedoch alles anders. Und einer wie Bigalke ist wie immer ganz vorn mit dabei: »Er saß nun statt hinter dem Rennwagensteuer in unseren Kampfmaschinen, die hinüber nach England flogen. Mit ihm flog die Kamera, und es war selbstverständlich, daß dieser Mann sich mit ganzem Herzen wie stets in seinem Leben hier einsetzte, wo es um alles ging. Jetzt kam die Meldung, daß Ulrich Bigalke von einem Feindflug nicht zurückgekehrt sei. Wir wurden still und dachten an diesen guten Kameraden«, schreibt der *Völkische Beobachter* am 6. November 1940 im Nachruf auf Bigalke, der so gerne Rennen gefahren wäre.

Es sind nicht die großen Rennfahrerhelden, die »für Führer, Volk und Vaterland« in den Zweiten Weltkrieg ziehen. Caracciola, Stuck, von Brauchitsch und Lang sind zu populär – und zu clever, um sich an vorderster Kriegsfront opfern zu lassen. Sie sind stets Helden in eigener Sache gewesen. Und für die Nazis bleiben sie bei Vorträgen an der Front oder in der Etappe viel wichtiger. Führen Filme im Gepäck, erinnern an heroische Motorsportkämpfe und bieten wie einst in den goldenen Zeiten der silbernen Nationalrennwagen Unterhaltung und Zerstreuung. Und geschickt wie einst die Grand-Prix-Rennen überstehen sie auch den großen Krieg. Sie sind Überlebenskünstler. Caracciola will ohnehin nur noch seine Ruhe haben, sein Geld, seine Freiheit und sein Leben genießen. Er bleibt in der Schweiz und wird schließlich sogar eidgenössischer Staatsbürger. Aber all das wissen die jungen deutschen Soldaten nicht, die von ihren Rennfahreridolen schwärmen und ab 1939 nun Jahrgang für Jahrgang in einen verbrecherischen Krieg gehetzt werden. Begleitet und aufgebaut auch von der Pädagogischen Verlagsgemeinschaft Ostpreußen, die 1941 den Jugendroman von Hans Reh *Auf rasenden Achsen. Die Geschichte eines Rennfahrers* veröffentlicht. Ein Buch, das genau diese verlogene Mensch-Maschine-Synthese der Nazis und deren Leitbild des opferbereiten Rennfahrers propagiert. Aufbereitet am fiktiven Lebenslauf des Horst Riemer, der es aus der Arbeitslosigkeit der Weimarer Zeit dank der Nazis und seiner Motorsportbegeisterung zum erfolgreichen Rennfahrer und Europameister, vor allem aber zum treuen und tapferen Soldaten bringt. Der Kreis hat sich geschlossen, nicht von ungefähr hat das NSKK zwischen 1933 und 1939 in seinen Motorsportschulen mehr als 187000 rennsport- und technikbegeisterte junge Männer ausgebildet und für den motorisierten Einsatz im Kriegsfall vorbereitet. Im Archiv der Auto Union AG haben sich aus den Jahren vor 1939 zahlreiche spontan und völlig unaufgefordert eingesandte Bewerbungsschreiben begeisterter junger Männer erhalten, die sich »ganz zur Verfügung stellen« wollen, unbedingt Rennfahrer werden möchten und in heiligem Ernst, ohne Punkt und Komma, drauflosfabulieren: »mein ganzes Leben meine Gedanken meine junge Person ich möchte sagen mein ganzes Leben möchte ich Ihnen schenken.«[262] – Aus solch hingebungsvoll-naiver Jugendlichkeit machen die Nazis ihr »Menschenmaterial«, das sie für ihren großen Kriegs- und Beutezug brauchen.

7.
Idole ihrer Zeit

Die spielerische Leichtigkeit, mit der Bernd Rosemeyer in seiner kurzen, schnellen Rennkarriere agiert, ist ungewohnt für die damals in Deutschland herrschenden Verhältnisse. Und gerade deshalb steigt er rasch zum populärsten Vorzeigesportler des Regimes auf. Schon in seiner allerersten Saison bei der Auto Union verschafft sich der junge Draufgänger Respekt bei der etablierten Konkurrenz und gewinnt schließlich sogar am Ende des Rennjahres auf dem Masaryk-Ring seinen ersten Grand Prix.

In seiner Heimatstadt Lingen werden briefliche Grüße formuliert, die mit jedem weiteren Sieg auch andernorts Schule machen: »Am Montag wurde auf dem Schulhof nur von Ihnen gesprochen. *Bernd Rosemeyer hat den Ersten*, so hörte man überall. Auch im Unterricht wurde von Ihnen gesprochen. Bei dieser Gelegenheit erzählte ein Mitschüler unserer Klasse folgendes Erlebnis: *Ich war im Sommer in Konstanz am Bodensee. Da hörte ich den Namen Rosemeyer. Ich sagte, daß ich den Rennfahrer gut kenne. Da staunten die Leute und fragten mich weiter aus. Einer von den drei Bayern sagte: Der macht Euerm Städt'l dahinten große Ehre.* Zum Schluß hätten wir noch eine große Bitte: Sie würden uns eine große Freude bereiten, wenn Sie unserer Klasse gelegentlich von Ihren Erlebnissen erzählen wollten. Sie würden in uns allen dankbare Zuhörer finden. Mit deutschem Gruß Heil Hitler! Klasse 1a der Evangelischen Volksschule.«[263]

Die *Heimatlese* des NS-Lehrerbunds Gau Weser-Ems liefert allmonatlich Handreichungen zum Einsatz in der Schule. Im April 1938 – drei Monate nach seinem tödlichen Unfall – wird Bernd Rosemeyer Unterrichtsthema. Zur pädagogischen Vertiefung wird »das prächtige Buch« von Ernst Hornickel empfohlen, »das auch 14jährige begeistert durchfliegen«[264] und das den Titel trägt: »Wer wußte das von Rosemeyer?« Hornickel stellt seinem bereits 1936 verfaßten »Tatsachenbericht aus dem Werden eines Meisters« einen Sinnspruch des preußischen Militärreformers und Generalfeldmarschalls Gneisenau voran: »Laß den Schwächling angstvoll zagen: wer um Hohes kämpft, muß wagen, Leben gilt es oder Tod. Laß die Wogen donnernd branden, nur bleib immer, magst du landen oder scheitern, selbst Pilot!« Daneben prangt ein Foto mit der Unterzeile: »Bernd Rosemeyer im Siegerglück, in der Hand den Preis des Führers.«

Ein Traumpaar

Der prominente Sportler hat am 13. Juli 1936 eine damals nicht minder bekannte Fliegerin geehelicht: Elly Beinhorn, Jahrgang 1907. Eine Frau, die ihren Mann steht. Auf Langstreckenflügen nach Afrika, Amerika und Asien. Auf Vortragsreisen über ferne Länder und große Abenteuer. Burschikos und selbstbewußt. Ein Vorbild für die Jugend. Seit 1933 gibt es beim Bund Deutscher Mädel auch eine Elly-Beinhorn-Gruppe. Vielleicht ist die resolute Fliegerin keine Nazisse wie ihre fünf Jahre jüngere Sportkollegin Hanna Reitsch, aber doch eine Frau, die mit der Tonart im »Dritten Reich« umzugehen weiß. Victor Klemperer bringt es auf den Punkt, wenn er formuliert: »Anmerkung für meine Hochschulkollegen: über wechselseitige Beziehungen zwischen Goebbels' Stil und dem Erinnerungsbuch der Fliegerin Elly Beinhorn: *Mein Mann, der Rennfahrer* lassen sich die interessantesten Seminaruntersuchungen anstellen.«[265]

Rosemeyer erobert Elly Beinhorn im Sturm. Es sind aufgeregte Zeiten. Kaum hat er seinen ersten Grand Prix gewonnen, macht er ihr den Hof, bricht sich beim Skifahren den Knöchel, fängt sich beim Diner eine schwere Austernvergiftung ein, kuriert seine daraus resultierende Gelbsucht in einem Sanatorium in Bad Mergentheim und organisiert von der Kurklinik aus die Hochzeit.[266]

Dreizehn Tage nach der Traumhochzeit siegt Rosemeyer auch beim Großen Preis von Deutschland auf dem Nürburgring und nimmt Kurs auf den Gewinn der Europameisterschaft. Kurz darauf rüstet sich seine Ehefrau mit einer Messerschmidt »Taifun« unter strikter Geheimhaltung für einen neuen Rekordflug und absolviert am 6. August binnen 24 Stunden die Strecke Berlin – Damaskus – Kairo – Athen – Berlin. Elly Beinhorn-Rosemeyer »wurde ebenso wie ihr erster Mann, Bernd Rosemeyer, von der NS-Propaganda als Prototyp der jungen deutschen Generation gerne angenommen und gefördert. Als Vorbild für die eigene Jugend und als sympathische Botschafterin eines tüchtigen, auch sportlich erfolgreichen neuen Deutschland paßte sie genau in das Bild, das man vorzeigen wollte.«[267]

Zu Zeiten staatlicher Zensur produziert Volkes Stimme im NS-Staat um so häufiger bemerkenswerte Flüsterpropaganda. Die prominente Fliegerin gerät keine vier Monate vor ihrer Hochzeit mit Rosemeyer derart ins Blickfeld von Spekulationen, daß sich Goebbels' Propagandaministerium am 24. Februar 1936 »streng vertraulich« an die Reichspresse wendet: »Es gehen Gerüchte, dass Elly Beinhorn wegen Spionage verhaftet und in Celle erschossen worden sei. Diese Gerüchte sind völlig unsinnig.«[268] Keine vier Monate später heißt es dazu in den geheimen »Deutschland-Berichten« der im Prager Exil tätigen SPD: »Das Gerücht hielt sich auch dann, als in der Presse über Veranstaltungen berichtet wurde, an denen die angeblich Tote teilnahm.«[269]

Viel Zeit zum Innehalten und Nachdenken habe es damals nicht gegeben, entschuldigt sich Beinhorn lange nach Ende des Zweiten Weltkriegs: »Wir alle lebten im Rahmen einer scheinbaren Hochkonjunktur – und wir, d. h. unsere Männer waren die Helden dieser Zeit. Hunderttausende in allen europäischen Ländern liebten und bewunderten sie.«[270] Immer auf Achse zwischen Großen Preisen, Rekordfahrten, Auslandsreisen und einem Rest von Privatleben, hat sich Rosemeyers Karriere tatsächlich im Renntempo abgespielt – was ihm nicht besonders viel Zeit zum Nachdenken gegeben haben mag. Das Jahr 1937 beschert ihm zudem private Schicksalsschläge, als zunächst seine Mutter stirbt, bald darauf sein Bruder bei einem Verkehrsunfall ums Leben kommt und schließlich Freund und Stallgefährte Ernst von Delius beim Großen Preis von Deutschland tödlich verunglückt. Aber einer wie Rosemeyer scheint alles wegzustecken, rast weiter von Sieg zu Sieg, wird nebenbei auch Ende des Jahres stolzer Vater und strahlt einen grenzenlosen Optimismus aus.

War er tatsächlich nur politisch naiv, desinteressiert? »Wer ihn gekannt hat, der weiß, wie stolz er war, in den Reihen der SS zu stehen«, notiert Hans Bretz, der prominente Kölner Schriftleiter und Pressesprecher der Nürburgring GmbH, in seiner 1938, bald nach dem Tod des Helden, erschienenen Biographie: »Er wußte, daß er als Rennfahrer für eine Gemeinschaft von Männern kämpfte, für die letzter und höchster Einsatz von Können und Leben auch letzte und höchste Erfüllung ihres Seins bedeutete. So hat er als Sportsmann und Kämpfer seine Aufgabe aufgefaßt und ihr stets treu und mit Hingabe gedient!«[271]

Bretz ist schon damals kein Irgendwer. Der 1897 in Hörschhausen im Kreis Daun geborene Journalist gehört dem NSKK an, kennt alle Fahrer und Rennställe, ist bei den großen Rennen im In- und Ausland dabei, schreibt emsig für Tages- und Fachpresse, auch schon mal im Sold von Daimler-Benz, und lobpreist dabei seinen »Führer« und die Gleichschaltung von ADAC und anderen Vereinigungen zum Deutschen Automobil-Club DDAC.[272] Und mischt nach Kriegsende alsbald wieder an vorderster Front des deutschen Automobilsports mit, wird 1949 Vizepräsident des wiedergegründeten ADAC und amtiert von 1964 bis zu seinem Tod 1972 als Präsident dieses mächtigsten deutschen Automobilclubs. Liegt Hans Bretz also falsch, wenn er Ende der dreißiger Jahre schreibt: »Mit diesem Sieg im *Großen*

Preis von Deutschland [1936] erhielt Bernd Rosemeyer auch den Preis des Führers. Ebenso erfreut war Rosemeyer jedoch über die Beförderung, die noch am gleichen Tage durch den Reichsführer SS Himmler ausgesprochen wurde: Bernd Rosemeyer wurde SS-Sturmführer.«[273]

Was den Rennfahrer allerdings nicht daran gehindert hat, sich damals in seiner Vaterstadt Lingen mit einem jüdischen Bekannten sehen zu lassen. Das berichtet der vor den Nazis geflohene Bernhard Hanauer 2001, als er eine zufällige Begegnung mit Rosemeyer am Lingener Bahnhof beschreibt: »Wir waren Freunde, aber ich traute mich als Jude zu dieser Zeit nicht, auf ihn zuzugehen.« Doch Rosemeyer habe keine Scheu gezeigt und sei spontan an ihn herangetreten: »Was ist los mit Dir, kennst Du mich nicht mehr?«[274]

Auf Propagandafahrt in den USA

Daß die Werksmannschaften von Auto Union und Mercedes-Benz mit der antisemitischen Ideologie ihrer NS-Rennsportfunktionäre keine Probleme hatten, belegen die Verhandlungen für den einzigen Start der Silberpfeile in den USA. Bei diesem Treffen am 19. April 1937 in Berlin gehen die beiden amerikanischen Motorsportrepräsentanten ohne Umstände auf die Wünsche der ONS ein, »politische Hetze« gegen einen Auftritt der deutschen Rennställe beim Vanderbilt-Cup Ende Juni in New York zu unterbinden: »Mr. Abbott erklärte, dass die Deutschen von dem Veranstalter und von den christlichen Kreisen, besonders von den Deutsch-Amerikanern, zweifellos mit grosser Begeisterung empfangen werden würden und auf einen festlichen Empfang zu rechnen hätten. Im übrigen würde er alle Vorsichtsmassregeln über die Polizei treffen lassen, dass von der Landung bis zur Anfahrt der Deutschen alles geschehe, um jeden Zwischenfall zu vermeiden. Zwischenfälle könnten nur von Seiten der durch die Presse aufgehetzten Juden New Yorks kommen. Die guten Amerikaner würden sich aber von dieser jüdischen Mache genau so absetzen, wie sie dies bislang getan hätten. Er und seine Gesellschaft und alle, die mit dem Rennen zu tun hätten, hätten sich gegen die jüdischen Machenschaften schärfenstens eingestellt. Dasselbe wurde auch von Herrn Sparrow bestätigt, der die Verhetzung durch die Presse schärfstens verurteilt.«[275] Zum »Schutz gegen Sabotageakte« stellt die deutsche Botschaft schließlich sogar einen Detektiv ab, während auf dem Roosevelt-Raceway über Nacht neben den deutschen Rennmechanikern obendrein ein Angestellter der renommierten Detektei Pinkerton über die Silberpfeile wacht.[276]

Der von der US-Presse mit großem, aber auch kritischem Interesse begleitete Start der deutschen Rennwagen endet am 2. Juli 1937 mit dem Sieg von Bernd Rosemeyer und bringt Wasser auf die Mühlen der NS-Propaganda. Auto-Union-Rennleiter Dr. Feuereissen notiert: »Der deutsche Botschafter erklärte mir wiederholt, daß wir durch unser Auftreten in Amerika Deutschland einen großen Dienst erwiesen hätten und sagte auch, daß die ganze Aufnahme in Amerika in der Öffentlichkeit so außerordentlich gut gewesen wäre, wie wir es uns gar nicht vorstellen könnten.« Während der gesamten Expedition in die USA sei kein einziger »unfreundlicher Akt gegen Deutschland« zu verzeichnen gewesen. Für große Freude habe auch »die sehr nette Sitte« gesorgt, »die Landesflagge des Spitzenfahrers während des Rennens zu hissen. Da Rosemeyer 76 Runden das Rennen führte, Caracciola 8 Runden erster war, so war 84 Runden und auch am Schluß des Rennens die Hakenkreuzflagge am Siegesmast zu sehen. […] Der deutsche Botschafter erklärte mir, daß er so erfreut wäre, daß er sofort ein Telegramm an den Führer gerichtet hätte, um ihm den deutschen Sieg zu melden.«

Und auch für Elly Beinhorn-Rosemeyer steht damals fest: »Dieser Sieg in USA war – was die öffentliche Anerkennung anbelangt – der größte Erfolg meines Mannes.«[277] Und nicht unerwähnt läßt sie eine weitere, ganz besondere Ehrung:

»Schon der Empfang in Bremerhaven ließ uns ahnen, was in Berlin auf uns wartete. Zu meines Mannes besonderer Freude und Genugtuung hatte er die Nachricht erhalten, daß in Anerkennung seines Sieges ihn der Reichsführer SS zum Hauptsturmführer befördert hatte.«

Der Ariernachweis

Was es heißt, einen hohen SS-Rang zu bekleiden, hat das berühmte Ehepaar Beinhorn-Rosemeyer bereits eine Woche nach seiner Hochzeit erfahren müssen.[278] Am 20. Juli 1936, mithin sechs Tage vor dem Großen Preis von Deutschland, richtet der »Leiter des SS-Sippenamtes« ein Mahnschreiben an den – damals noch – SS-Obersturmführer Rosemeyer: »Der Reichsführer SS hat Ihr Gesuch nur unter der Bedingung freigegeben, daß die noch fehlenden Unterlagen nachträglich beizubringen sind.« Für die »Ahnentafel« des Rennfahrers fehlen noch zwölf Geburts- und sieben Heiratsurkunden, bei seiner Frau sogar jeweils noch 25 dieser Belege arischer Abstammung. Konsequenz: »Laut Befehl Reichsführer SS haben SS-Führer den Nachweis der arischen Abstammung bis zum Jahr 1750 zu erbringen. Für eine dementsprechende Vervollständigung ist Sorge zu tragen.« Ein weiteres Mahnschreiben folgt, ehe der vielbeschäftigte Rennfahrer am 24. Februar 1937 antwortet: »An den Chef des Rasse- und Siedlungshauptamtes SS: In Erledigung Ihres Schreibens vom 2. ds. Mts. teile ich Ihnen mit, daß es meiner Frau und mir zu unserem Bedauern nicht mehr möglich ist, weitere Papiere für die Ahnentafel beizubringen, da die Kirchenbücher etc. für die fehlenden Urkunden nicht mehr aufzutreiben bzw. vernichtet sind. Ich stehe Ihnen jedoch zu einer mündlichen Aussprache über diese Angelegenheit jederzeit nach voriger telefonischer Verständigung zur Verfügung. Heil Hitler gez. Bernd Rosemeyer.«

Die SS-Bürokratie reagiert am 11. März mit einem neuerlichen Mahnschreiben, auf das Rosemeyer am 22. April antwortet, seinen kompletten Ahnennachweis aber immer noch nicht vorlegen kann. Weshalb die nächste Mahnung am 27. September ergeht und dem Rennfahrer eine letzte Frist bis zum 1. Oktober setzt. Worauf seine Sekretärin umgehend um Aufschub bittet, denn: »Herr Rosemeyer weilt zum Training in (England) London.«

Der vielbeschäftigte Rennfahrer gewinnt am 2. Oktober in Donington den letzten Grand Prix der Saison 1937, zugleich das letzte Rennen in der 750-Kilogramm-Klasse, stellt sodann vom 25. bis 27. Oktober bei der »Reichsrekordwoche« drei Weltrekorde und zwölf weitere »Klassenbestleistungen« auf und übertrifft dabei erstmals die magische Marke von Tempo 400 auf der Autobahn Frankfurt–Heidelberg. Über den Kilometer mit »fliegendem Start« schafft Rosemeyer mit seinem 545 PS starken Rekordwagen einen Schnitt von 406,320 km/h, über die Meile sind es 406,285 km/h.

Tags darauf, als er über die Distanz von fünf Kilometern einen Rekordschnitt von 404,6 km/h herausgefahren hat, müssen Betreuer der Auto Union dem halb Ohnmächtigen aus dem Wagen heraushelfen. Rennarzt Dr. Gläser registriert extrem hohen Pulsschlag, und Rosemeyer sucht für seine Frau nach einer Erklärung für den Zusammenbruch: »Du, ich weiß nicht, was es war. Gläser und unsere Leute meinen, es sei wohl irgendeine Art Vergiftung gewesen, weil Dämpfe und all so 'n Zeugs unter der ganz geschlossenen Karosserie nicht entweichen können; ich dachte, es sei einfach der Eindruck der Geschwindigkeit gewesen.«[279]

Mit den Rekordfahrten endet die Saison 1937, jetzt scheint der inzwischen zum SS-Hauptsturmführer beförderte Rosemeyer wohl den Kopf frei zu haben, um endlich die fehlenden Nachweise beizubringen. Jedenfalls mahnt am 10. November wieder das »Rasse- und Siedlungshauptamt SS«. Zwei Tage später bringt Elly Beinhorn-Rosemeyer ein Söhnchen zur Welt, das auf den Vornamen seines Vaters getauft wird.

Aber weil nun mal sein muß, was sein muß, gibt es selbst

für den populärsten SS-Führer Deutschlands keine Ausnahme. Und so schickt Rosemeyer am 14. Januar 1938 ein Einschreiben: »Anbei übersende ich Ihnen die vervollständigten Unterlagen für die Ahnentafel sowie die Ahnentafel.« Er zeichnet mit »Heil Hitler«, vertippt sich aber bei seinem Dienstgrad und streicht deshalb beim Rang »SS-Obersturmführer« den »Ober« wieder durch und fügt eigenhändig »Haupt« hinzu. Und ebenfalls handschriftlich hinterläßt er ein Postscriptum: »Mehr kann ich mit dem besten Willen nicht bekommen und hoffe, daß es auch so genügen wird. B. R.« Nur zwei Wochen später ist Bernd Rosemeyer tot.

Mercedes-Benz macht mobil

Bei der von Presse, Publikum und Partei so vielbeachteten Reichsrekordwoche hat sich die Rennabteilung von Mercedes-Benz im direkten Vergleich mit der Auto Union peinliche Fehler geleistet. Auch die überarbeitete Stromlinienverkleidung des Untertürkheimer Rekordwagens produziert ähnlich wie beim AVUS-Rennen im Mai 1937 noch immer zuviel Auftrieb. Um dennoch rekordträchtige Geschwindigkeiten jenseits von 375 km/h herausfahren zu können, schneiden die Monteure einen Schlitz in die Aluminiumverkleidung. Mit dem Resultat, daß sich während einer Probefahrt von Hermann Lang etwa bei Tempo 350 die Motorhaube löst. Man läßt den 12zylinder-Rekordwagen eilends noch einmal im Werk überarbeiten. Drei Tage später, am 28. Oktober, kann Caracciola zwar mit dem modifizierten Stromlinienwagen noch einmal bei der Reichsrekordwoche antreten, schafft es aber nicht, die Bestmarken von Rosemeyer und Auto Union zu schlagen.

Daimler-Benz versucht die böse Schlappe sofort in Grenzen zu halten: Auf Intervention des Konzerns bleibt im offiziellen Film der ONS über die Saison 1937 die für die Auto Union so erfolgreiche Reichsrekordwoche unerwähnt.[280] Sodann bemüht man sich mit Erfolg darum, noch vor Eröffnung der Berliner Automobilausstellung im Februar 1938 Rekordfahrten auf der Autobahn Frankfurt–Heidelberg durchführen zu können. Eigentlich soll laut ONS-Beschluß zwar erst wieder im Herbst 1938 eine Reichsrekordwoche stattfinden, doch Hühnlein genehmigt der Daimler-Benz AG »werksinterne Versuche«, bei denen gegebenenfalls auch Weltrekorde herausgefahren werden können. Worauf auch die düpierte Auto Union beantragt, sich an solchen »Versuchsfahrten« beteiligen zu dürfen. Am 21. Januar 1938 spricht Rennleiter Feuereissen darüber mit Hühnlein, der sich zunächst einmal über »jüdische Werbemethoden« der Auto Union in der *Leipziger Illustrierten* ereifert: »Der Korpsführer wurde im Laufe des Gesprächs auch wieder sehr friedlich, sagte mir, ich müßte doch ganz genau wissen, wo unsere persönlichen Freunde sitzen und wo unsere persönlichen Feinde wären. Der Weg, den wir gehen müßten, wäre der Weg der Leistung.«[281] Mercedes-Benz verfügt also über die besseren Beziehungen zu den Spitzen des NS-Regimes, aber die Auto Union hat die Chance, bei den eilends anberaumten Rekordfahrten sportlich dagegenhalten zu dürfen: »Der Korpsführer erklärte weiter, daß die Firmen die Verantwortung selbst dafür tragen, wie weit sie mit der Steigerung noch gehen können.« Selbst am ersten Tag der Berliner Automobil- und Motorradausstellung dürfen demnach noch Rekorde gefahren werden, nur muß Hühnlein in der Lage sein, diese Hitler rechtzeitig, also mindestens eine Stunde vor der offiziellen Eröffnungsansprache, mitteilen zu können.

Auf den Motorenprüfständen sind die Verhältnisse eindeutig: Das 12zylinder-Triebwerk von Mercedes-Benz kann inzwischen 736 PS mobilisieren, während es der 16zylinder der Auto Union trotz weiterer Modifikationen nur auf 560 PS bringt. Der inzwischen wieder für die Konkurrenz aus Untertürkheim tätige Ferdinand Porsche offeriert den bedrängten Sachsen ein neues Stufengebläse, doch dessen Fertigung würde zuviel Zeit und bei einem Kostenvoranschlag von

10000 RM auch zuviel Geld kosten. Die fehlenden Pferdestärken soll statt dessen eine überarbeitete Stromlinienkarosserie kompensieren, die im Windkanal der Friedrichshafener Zeppelin-Werke erprobt wird. Dafür ruhen alle Arbeiten an den Rennwagen für die neue, ab der Saison 1938 gültige Grand-Prix-Formel, das Prestigeduell auf der Reichsautobahn ist wichtiger. Auch für die Untertürkheimer gilt es, Hitler zur Eröffnung der Berliner Autoschau einen neuen Weltrekord präsentieren zu können. Die Rennabteilungen beider Konzerne stehen Gewehr bei Fuß, belauern sich vor Ort in Frankfurt. Sobald es die winterlichen Wetterverhältnisse zulassen, wird Jagd auf Rosemeyers Bestmarke gemacht. Am Morgen des 28. Januar 1938 ist es soweit.

Um 8.12 Uhr startet Caracciola mit dem modifizierten Rekordwagen zur Hinfahrt in Richtung Darmstadt. Trotz Temperaturen um den Gefrierpunkt und Reif auf der Fahrbahn durchrast das silberne Geschoß die Meßstrecke mit Werten bis zu 431,7 km/h. Um 8.45 Uhr tritt Caracciola zur Rückfahrt an und steigert das Tempo auf zeitweise 436,8 km/h. Im Mittel beider Durchgänge mit jeweils »fliegendem Start« wird ein Schnitt von 432,7 km/h über den Kilometer und 432,4 km/h über die Meile errechnet.

Letzte Fahrt

Bei der Auto Union hat man Caracciolas Rekordfahrt mitverfolgt und beordert Rosemeyer umgehend an die Reichsautobahn. Bis sein Stromlinienwagen startklar gemacht ist, hat er noch Zeit, den abgesperrten, mehr als vierzehn Kilometer langen Streckenabschnitt zusammen mit Chefkonstrukteur Eberan von Eberhorst im Personenwagen abzufahren und zu inspizieren. Kurz nach elf klettert er in die enge Kanzel des Auto-Union-Wagens, dessen Motor er bei einer Fahrt zur Wendemarke und wieder zurück zum Startplatz auf Temperatur bringen soll. Obwohl das Triebwerk dabei noch nicht auf volle Drehzahl kommt, notiert die Zeitnahme für die Rückfahrt bereits eine Spitzengeschwindigkeit von 429,9 km/h. Es geht nur um ein paar Zehntel, die Rosemeyer seinem Rivalen Caracciola abnehmen muß. Die Mechaniker befestigen noch eine weitere Abdeckung an der Front des Wagens. Der stark aufkommende Wind irritiert weder den Fahrer noch dessen Betreuer. Punkt 11.40 Uhr startet Rosemeyer zur Hinfahrt des Rekordversuches. Bei Kilometer 8,8 auf Höhe einer Waldschneise bei Mörfelden wird sein Wagen seitlich von einer heftigen Sturmböe erfaßt und nach links auf den Grünstreifen gedrängt. Rosemeyer versucht gegenzusteuern, bremst auch, doch bei Tempo 400 hat selbst der beste Rennfahrer seiner Zeit keine Chance mehr, den außer Kontrolle geratenen Silberpfeil wieder auf Kurs zu bringen. Das Geschoß überschlägt sich zweimal und strandet als havariertes Wrack kurz nach Kilometer 9,2 auf einem Damm am Waldrand neben der Autobahn.

»Das Unbegreifliche, das Unfaßbare war geschehen. Stumm lag Bernd Rosemeyer unter den Bäumen des deutschen Waldes, beim höchsten Einsatz seines Könnens bezwungen von der Urgewalt der Naturkräfte. – Kämpferschicksal!«[282] – So verdichtet Rennleiter Feuereissen Rosemeyers letzte Fahrt für das Buch der trauernden Rennfahrerwitwe. Jung-Siegfried erschlagen im Wald. Die SS hält Totenwache, in Berlin wird dem größten Sportidol der Nation ein Staatsbegräbnis bereitet. Dessen Kosten in Höhe von 2622,10 RM teilen sich SS und Auto Union. Elly Beinhorn-Rosemeyer läßt es sich nicht nehmen, voller Stolz und Genugtuung die letzten Seiten ihres Erinnerungsbandes mit Zitaten aus Kondolenzschreiben sämtlicher NS-Größen zu schmücken. Da finden sich Worte des Trostes von Göring, Goebbels, Himmler, Heß, Ribbentrop, Lutze, Bouhler, Todt – aber an allererster Stelle von Hitler höchstpersönlich: »Möge der Gedanke, daß er im Einsatz für deutsche Geltung fiel, Ihren tiefen Schmerz lindern.«[283]

Nur ein Name fehlt unter all den Nazis: Hühnleins Beileid

ist unerwünscht. Ein Leben lang wird die Rosemeyer-Witwe ihn für den Tod ihres Ehemannes verantwortlich machen. Weil Hühnlein es war, der Mercedes-Benz erst die Rekordfahrt ermöglichte, auf welche Auto Union und Rosemeyer im Kampf um Ruhm und Ehre hatten reagieren müssen. Hühnlein begegnet diesem persönlichen Affront auf seine Weise, indem er zunächst verhindert, daß an der Unfallstelle ein Gedenkstein für Rosemeyer aufgestellt wird.[284]

Mit dem tödlichen Unfall des Sporthelden tritt denn auch der Motivkern all dieser rennfahrerischen Grenzerlebnisse zu Zeiten der NS-Diktatur zutage: Eitelkeit und Geltungsdrang in einem subtilen System von Gunst und Gängelung. So ist die letzte Rekordfahrt Rosemeyers auch eine Konsequenz des ständigen Ringens um Ansehen und Belohnung, um Aufträge und Subventionen. Die konkurrierenden Konzerne und ihre hochbezahlten Stars verstricken sich mit jedem Sieg und mit jeder Niederlage mehr in das gegenseitige Geben und Nehmen. Sie alle kämpfen nicht nur um Marktanteile und Exportchancen, sondern buhlen auch um die Gunst des Regimes. Und setzen genau wie dieses zum Ruhme von »Führer, Volk und Vaterland« letztlich auch Menschenleben aufs Spiel.

Hitler selbst bringt das drei Wochen nach dem tödlichen Unfall des Rennfahreridols auf den Punkt, als er anläßlich der Eröffnung der IAA am 18. Februar in Berlin einen bemerkenswerten Nekrolog hält: »Es ist für uns alle schmerzlich zu wissen, daß gerade einer der allerbesten und mutigsten dieser Pioniere der Weltgeltung der deutschen Motoren- und Automobilfabrikation, Bernd Rosemeyer, sein junges Leben lassen mußte. Allein er und alle die Männer, die in diesen harten Rennen am Steuer unserer Wägen und auf unseren Rädern sitzen, kämpfen mit, dem deutschen Arbeiter Brot zu schaffen, ihm Lohn und Verdienst zu geben, der sich dann wieder in andere Werte umtauschen läßt.«[285]

Wer sich mit den Nazis einläßt, muß sich am Ende an ihre Spielregeln halten: Elly Beinhorn-Rosemeyer darf ihr Buch über den tödlich verunglückten Ehemann erst veröffentlichen, wenn sie der Reichsschriftkammer ihren vollständigen Ariernachweis vorlegt. Am 13. August 1938 schickt die Witwe diverse Geburts-, Sterbe- und Heiratsurkunden an das »SS-Hauptamt für Rasse und Siedlung«, welches sechs Tage später mit »Nachermittlungen für die Abstammungsprüfung« beginnt, ehe am 13. September 1938 der »Chef des Sippenamtes« bestätigt: »Im Jahre 1937 hat der SS-Hauptsturmführer Bernd Rosemeyer, SS-Nr. 214.952 den Abstammungsnachweis für seine Frau Elly, geborene Beinhorn, geb. am 30. 5. 1907 in Hannover, bis einschließlich sämtlicher Großeltern durch Vorlage der Urkunden erbracht.«[286] Der Erinnerungsband *Mein Mann, der Rennfahrer* kommt noch pünktlich vor Weihnachten 1938 in die Buchhandlungen, erreicht eine Gesamtauflage von mehr als 300000 Exemplaren und wird auch während der Zeit des Zweiten Weltkriegs fleißig gekauft.

Im Jahr 1955 und noch einmal 1987 erscheinen überarbeitete Neuausgaben dieser Rosemeyer-Erinnerungen – geflissentlich gesäubert von früheren Verweisen auf Hitler, Himmler und Konsorten und natürlich auch unter Verzicht auf deren zeitgenössische Beileidsbekundungen.[287]

Wesentlich früher hat sich Victor Klemperer über Sprache und Haltung Elly Beinhorns während der NS-Diktatur Gedanken gemacht. Auch der Philologe ist auf seine Weise fasziniert von diesem Erinnerungsband und notiert am 1. Juli 1945: »Alles an diesem nicht einmal unsympathischen Buch ist interessant und zeitcharakteristisch. Vor allem der Stil, die gewollte Sportlichkeit und Ruppigkeit, um so stärker aufgetragen, je mehr Gefühl teils verborgen, teils ausgedrückt werden soll. Hier ist das Ideal des nazistischen Stils, hier hat Goebbels gelernt und hat man von ihm gelernt, das ist die Uniform, die Gefühlshaltung des dritten Reichs – nur daß es sich auf dem reinen Sportgebiet [...] nicht ganz so gemein ausnimmt wie in der hohen Politik, die Mischung ist hier naiver und ungiftiger. – Hinter dem Stil steht natürlich die Gesinnung. Sport ist Heroismus, ist so herrlich und noch herrlicher als Soldatentum.«[288]

Rosemeyers Unfall verändert schlagartig auch das Gleichgewicht der Kräfte zwischen den beiden deutschen Rennställen. Die Auto Union muß sich gegen massive Vorwürfe rechtfertigen, möglicherweise Schuld am Tod ihres Spitzenfahrers zu haben. Lichtreflexe auf Fotos der letzten Rekordfahrt suggerieren, man habe den Wagen fahrlässig mit bereits vom Seitenwind verbeulter Verkleidung starten lassen. In Zwickau wird noch einmal eine originalgetreue Stromlinienkarosserie nachgebaut, um zu beweisen, daß diese Vorwürfe tatsächlich auf einer optischen Täuschung beruhen. Über all diesen Dingen stagniert die Entwicklung der Fahrzeuge für die neue Rennwagen-Formel, so daß Mercedes-Benz fast die gesamte Saison hindurch dominiert.

Menschlich wie fahrerisch ist Rosemeyer für die Auto Union unersetzlich, die Nerven in der Rennleitung liegen blank: Nach der blamablen Vorstellung beim ersten Saisonauftritt in Reims versucht die Direktion mehrfach mit Beschwerden bei NSKK, ONS und beim Reichspropagandaministerium den Journalisten Eberhard Hundt kaltzustellen, wegen dessen angeblich tendenziöser Berichterstattung.[289] Doch fast alle Eingaben und Proteste bleiben ohne Wirkung. Und sie erübrigen sich am Ende der Saison 1938, als der neue Auto-Union-Spitzenfahrer Tazio Nuvolari die beiden letzten Großen Preise in Monza und Donington gewinnt.

Mit Rosemeyers Tod hat die Nation ein Sportidol verloren – und das NS-Regime zugleich seinen strahlendsten Exponenten. Einen Hoffnungsträger, der von den alltäglichen Miseren des Zwangs- und Unterdrückungsstaates abgelenkt hatte, gerade weil er so ganz anders auftrat als die uniformierten Möchtegern-Herrenmenschen und schrecklich vulgären Parteibonzen. So einer wie Rosemeyer ist unersetzbar. Selbst Himmler scheint das zu ahnen und legt im Februar 1938 keinen Wert darauf, daß sich künftig Max Schmeling in die SS einreiht.[290] Auch das deutsche Box-Idol – das ein paar Monate später von Joe Louis in der ersten Runde k. o. geschlagen wird – reicht damals nicht an den Nimbus des tödlich verunglückten Rennfahrers heran. Und vielleicht ist gerade dies symptomatisch für den NS-Staat, dessen Ideologie doch so sehr auf Totenkult und Heldentod gründet.

Die entrückte Lichtgestalt Rosemeyer liefert das Rollenmodell für junge, mutige Epigonen – auch und gerade aus den Reihen der ganz gewöhnlichen »Volksgenossen«. Die rücken jetzt an die Front. Neben dem großen Nuvolari kommt bei der Auto Union nun Nachwuchsfahrer Hermann Paul Müller zu regelmäßigen Einsätzen. Der 1909 in Bielefeld als Sohn eines begabten Kochs geborene junge Mann hat seine ersten rennfahrerischen Erfolge auf dem Motorrad erzielt. So wie auch der ein Jahr jüngere Georg Meier, den die Auto Union für die Saison 1939 verpflichtet. Der Polizeibeamte und spätere Berufssoldat Meier hat sich als erfolgreicher Motorrad-Geländefahrer einen Namen gemacht, ehe ihm BMW Ende 1937 die Chance gibt, mit der neuen 500er-Kompressor Rundstreckenrennen zu fahren. Und »Schorsch«, dem scheinbar unbedarften bayerischen Original, gelingt es auf Anhieb, sich gegen die etablierte internationale Konkurrenz durchzusetzen und in seiner ersten vollen Saison 1938 sogar die Motorrad-Europameisterschaft zu gewinnen. Er gilt als der kommende Mann, fährt 1939 zwar weiterhin für BMW in der Zweiradklasse, startet nun aber auch noch zusätzlich für die Auto Union im Rennwagen.

Ob Müller oder Meier oder auch deren schwäbisches Pendant Hermann Lang bei Mercedes-Benz: Sie alle stammen aus einfachen Verhältnissen und schaffen durch ihre motorsportlichen Erfolge den sozialen Aufstieg. Mit dem Unterschied allerdings, daß Meier als Angehöriger der Wehrmacht weder in die Partei darf noch in das NSKK eintreten muß, um Rennen zu fahren. »Die ham mich zwar immer wieder bedrängt, aber i bin nedd neigangen«, hat Meier Ende des Jahres 1998, nur wenige Monate vor seinem Tod, noch einmal Rückschau gehalten: »Ich hab' 1939 in England, als wir unterwegs zur Tourist Trophy auf der Isle of Man war'n, mit emigrierten Berliner Juden sprechen können, da wußte man ja schon, was Sache ist. Und so bin ich immer schön in der Wehrmacht geblieben, brauchte nedd in die Partei, bin zwar nie weiter befördert worden, so daß ich bei Kriegsende wohl der dienstälteste Feldwebel der Wehrmacht gewesen bin. Aber ich glaub', ich hab's richtig g'macht.«[291]

Ein Mann will nach oben

Hermann Lang hat damals alles anders, aber im Sinne der NS-Diktatur durchaus nicht falsch gemacht. Und er hat einen harten Weg hinter sich. Vierzehn ist das »Hermännle«, als im Inflationsjahr 1923 der Vater stirbt und Mutter Lang allein vier Jungen durchbringen muß. Seine älteren Brüder Albert und Karl kommen 1928 bzw. 1930 bei Verkehrsunfällen mit dem Motorrad ums Leben. Hermann selbst stürzt schwer bei einem Rennen, betreibt sein Hobby aber weiter, wird 1931 mit 22 Jahren Deutscher Bergmeister in der Klasse der Seitenwagenmaschinen und bestreitet fortan seinen Lebensunterhalt mit Renneinsätzen als Fabrikfahrer der Standard-Werke, verliert diesen Arbeitsplatz jedoch wieder in der Wirtschaftskrise. Ein halbes Jahr bleibt er ohne Arbeit, bewegt dann als Aushilfslokomotivführer in einer Kiesbaggerei eine Feldbahn, ehe sich Mitte 1933 der Traum des jungen Schwaben erfüllt und er »beim Daimler« unterkommt!

Nach dem 30. Januar 1933 ist alles besser geworden für Hermann Lang: »Ich hatte wieder Arbeit, Arbeit in meinem erlernten Beruf! Das Glück, arbeiten zu dürfen, kann nur der ermessen, der verurteilt war, arbeitslos zu sein. Was war denn geschehen? Wieso gab es denn wieder Arbeit? Dem deutschen Volk war vom Schicksal ein Mann geschenkt worden, der es aus Niedergang und Erniedrigung herausriß und ein neues Reich aufzubauen begann: Adolf Hitler! Für mich, ja für Millionen war damit die Arbeitslosigkeit zu Ende.«[292] So steht es in dem Buch *Vom Rennmonteur zum Europameister* geschrieben, den Erinnerungen von Lang, die er zusammen mit Hans-Günter Wolf, einem Schriftleiter aus der Presseabteilung der Daimler-Benz AG, verfaßt hat. Memoiren, die im Jahr 1943, mitten im Zweiten Weltkrieg, erscheinen. Die 6. Armee hat in Stalingrad kapituliert, deutsche Städte werden bombardiert, und Lang, der populäre Rennfahrer, gibt seinen Namen für ein Buch, das nicht allein von der tristen Gegenwart ablenken soll, sondern auch mit Durchhalteparolen und Solidaritätsbekundungen für Hitler und Helfershelfer glänzt.

Neun Jahre später kommt der deutsche Wiederaufbau allmählich in Schwung. Und Lang fährt erneut Rennen für den Stern von Untertürkheim. Die Daimler-Benz AG ist wieder in den internationalen Motorsport zurückgekehrt. Hermann Lang hat 1952 im Mercedes-Benz 300SL die »24 Stunden von Le Mans« gewonnen. Nun erscheint noch einmal eine bereinigte Version seiner Memoiren. Der Zweite Weltkrieg hat ihn die besten Jahre seiner Karriere gekostet. Jetzt rechnet er mit Hilfe seines Co-Autors noch einmal ab und läßt so manches geflissentlich unerwähnt. Die Elogen auf Hitler, die Begegnungen des Rennfahrers mit Parteigrößen und sein Lob für den Nationalsozialismus sind selbstverständlich getilgt.

»Es waren schöne Zeiten«,[293] erinnert sich Lang an die Jahre 1934/35. Da hat er in der Rennabteilung als Motorenschlosser nicht nur den Silberpfeil von Fagioli betreut, sondern obendrein auch auf Überlandfahrten die LKW gelenkt, welche die wertvollen Boliden von Untertürkheim aus zu ihren Einsätzen in ganz Europa transportierten. Lang und seine Monteurskollegen sind ein eingespieltes Team, lernen die große, weite Welt kennen. Und als er 1935 sogar zum Nachwuchsfahrer im Werksrennstall befördert wird, bleibt er seinen Mechanikerkameraden aufs engste verbunden. Lang weiß, wo er herkommt, und deshalb wird er von seinen früheren Schrauberkollegen auch immer bestens über technische Neuerungen an den Rennwagen auf dem laufenden gehalten und erfährt auch, welches Triebwerk vielleicht noch ein paar Pferdestärken mehr auf dem Prüfstand mobilisiert hat. Es ist die ewig junge Geschichte eines Mannes, der nach oben will.

Den kleinen schwäbelnden Rennmonteur so richtig ernst genommen haben weder Caracciola noch von Brauchitsch, die beiden etablierten Herrenfahrer im Mercedes-Benz-Werksrennstall. Die gehässigen Sticheleien seiner noblen Teamkollegen – »Champagner für uns, für Herrn Lang ein Bier« – sind legendär. »Den armen Lang ham der Caracciola und der Brauchitsch immer wieder auf den Arm genommen und ganz schäbig behandelt«, erinnert sich Georg Meier, »zu mir ham die beiden auch immer g'sagt, da kommt ja der Herr Feldwebel.«[294]

Anfang der Saison 1935 hat sich Lang bei Testfahrten in Monza gegen routiniertere Konkurrenz in Person von Bobby Kohlrausch sowie Motorradrennfahrer Hans Soenius durchgesetzt. Am 16. Juni 1935 darf er beim Eifelrennen auf dem Nürburgring seinen ersten Einsatz für Mercedes-Benz bestreiten, rutscht aber auf regennasser Piste von der Strecke. Doch einige NSKK-Männer hieven seinen Rennwagen aus dem Graben, so daß der Debütant weiterfahren kann und am Ende noch auf Platz fünf landet. Allerdings weit abgeschlagen hinter den beiden Duellanten an der Spitze: Caracciola, der den neuen Nachwuchsfahrer der Auto Union, Rosemeyer, erst kurz vor Schluß auf Rang zwei verweisen kann.

Das »Hermännle« fährt zwar ordentlich, muß aber noch viel lernen und sich in der etablierten Hackordnung bei Mercedes-Benz vorerst ganz hinten einreihen. Hanns Geier, in der internen Rangfolge eine Position vor Lang, erleidet beim Großen Preis der Schweiz einen schlimmen Unfall und beendet seine Karriere, weshalb Lang in der Saison 1936 nun schon zum offiziellen Reservefahrer aufrückt. Bei seinen Einsätzen erreicht er keine Podiumsplätze, sammelt aber unbezahlbare Erfahrungen. Beim Großen Preis von Deutschland auf dem Nürburgring hat er einen großen Auftritt, als er nach Rosemeyers erstem Boxenstop zeitweise das Rennen anführt, ehe er sich beim Schalten den kleinen Finger seiner rechten Hand bricht und sich vom bereits ausgeschiedenen Caracciola ablösen läßt. Trotz der Schmerzen wird Lang später sogar den Wagen seines ebenfalls indisponierten Teamkollegen von Brauchitsch übernehmen und noch auf Rang sieben ins Ziel steuern. Solche Einsatzbereitschaft weiß man zu schätzen, zumal die Untertürkheimer Silberpfeile im Gegensatz zur sächsischen Konkurrenz ab Saisonmitte 1936 nur mit schlechter Straßenlage und Unzuverlässigkeit glänzen. Ganz anders als die Platzhirsche im Rennstall beklagt sich der bescheidene Schwabe nicht ständig über mangelhaftes Material. Die Belohnung folgt auf dem Fuß: Zum 1. November erhält er einen Rennvertrag mit monatlichem Festgehalt von 600 RM brutto. Auch wenn Anteile an Siegprämien und Startgeldern dieses Salär noch deutlich aufstocken, so ist das Fixum doch ein geradezu lächerlicher Betrag im Vergleich zu den Summen, die Caracciola und von Brauchitsch kassieren. Dafür hat der Nachwuchsmann an Status gewonnen, weil er übers Jahr keineswegs langsamer, vor allem aber viel preiswerter als der 1936 neu verpflichtete Routinier Chiron ist. Der ohnehin nur mit teuren Devisenzuweisungen zu bezahlende Monegasse wird deshalb ebenso ausgemustert wie Fagioli. Nun rückt Lang im Mercedes-Benz-Rennstall schon auf Nummer drei vor. Als gelernter Mechaniker und Maschinenschlosser bringt er obendrein technisches Grundwissen mit, das den etablierten Spitzenfahrern Caracciola und von Brauchitsch im Umgang mit ihren immer komplexer werdenden Boliden fehlt. Und weil der jungvermählte Häuslebauer in Bad Cannstadt daheim ist, kann er sofort zur Stelle sein, wenn es gilt, im Testbetrieb technische Verbesserungen der Rennwagen zu erproben und zu beurteilen.[295]

Zum Saisonauftakt 1937 darf sich Lang sogar von seiner Braut Lydia nach Tripolis begleiten lassen. Freundlich beschattet von Rennleiter Neubauer, der für das unbedarfte Schwabenpaar auf dem Weg durch Italien den *Cicerone* gibt. Reisen zu den Rennen sind noch abenteuerlich und beschwerlich. Flugreisen gelten nicht nur als teuer, sondern auch noch als riskant. Selbst wenn die Auto-Union-Mannschaft schon mal mit dem Flugboot Nordafrika ansteuert und die Daimler-Benz-Leute per Linienflug nach London starten. Nur Bernd Rosemeyer, dank seiner Fliegergattin auf den Geschmack gekommen, macht seinen Flugschein und steuert 1937 mit eigener Sportflugmaschine die Rennen an. Aber der ist ja auch die Nummer eins im deutschen Motorsport. Und die Zeppeline? Die Zeit des Luftschiffverkehrs endet just in diesen Frühjahrstagen 1937, als am 7. Mai die »Hindenburg« bei der Landung in Lakehurst in Flammen aufgeht und 34 Menschen ums Leben kommen. Nein, die deutschen Fahrer brechen im selben Jahr per Schiff zu ihrem einzigen USA-Einsatz auf. Und auf einem Dampfer geht es auch über das Mittelmeer nach Tripolis.

Doch zuvor muß das Ehepaar Lang im bescheidenen 170er Mercedes-Benz-Dienstwagen reisen – immer mit Neubauer im Schlepptau –, von Stuttgart nach Zürich und über den St.-Gotthard-Paß in Richtung Mailand, dann via Rom bis nach Neapel, um dort auf ein Passagierschiff umzusteigen. Das sind rund anderthalb Wochen Anreise, die 1937, zumal für einfache, bescheidene Leute wie die Langs, verbunden sind mit beeindruckenden Erlebnissen, von denen ihresgleichen sonst nicht einmal träumt. Und die wirklich traumhaften Zeiten für Hermann und Lydia werden im fernen Tripolis erst beginnen.

Rosemeyer, Caracciola, von Brauchitsch, Stuck und Fagioli liefern sich auf dem Hochgeschwindigkeitskurs in der libyschen Wüste erbarmungslose Vollgasduelle bei Rundenschnitten von weit über 220 km/h. Viel zu schnell, was die interne Kalkulation der Rennställe anbelangt. Alsbald sind die Reifen überstrapaziert. Kaum in Führung, fliegen den Fahrern schon die Protektoren um die Ohren. Die außerplanmäßigen Boxenstopps kosten Zeit und Nerven – und Rosemeyer den sicher geglaubten Sieg. Dreimal muß er Reifen nachfassen. Nur Lang hält mit eiserner Disziplin ein gleichmäßig schnelles

Tempo durch, weshalb die rasante Fahrt des Nachwuchsmanns auch nur von einem einzigen, wohlkalkulierten Routinestopp unterbrochen wird: Vier neue Reifen und gut 200 Liter Treibstoff nachfassen in nur wenig mehr als 20 Sekunden! Geübt ist geübt, aber für ihr »Hermännle«, den guten schwäbischen Kumpel, der im Grunde immer noch einer von ihnen ist, schuften sie um so lieber. Und am Ende reicht es auf Anhieb zum Sieg im Gran Premio di Tripoli! Auch wenn Rosemeyer noch bis auf zehn Sekunden herankommt und mit von Delius, Stuck und Fagioli drei weitere Auto-Union auf den Rängen drei bis fünf folgen. Wir schreiben den 9. Mai 1937, Hermann Lang hat seinen ersten Grand Prix gewonnen und für die Daimler-Benz AG nach fast genau einem Jahr die Serie siegloser Rennen völlig überraschend beendet. Direktor Sailer, Rennleiter Neubauer und NSKK-Führer Hühnlein gratulieren vor Ort.

Parteigenosse aus freien Stücken

Mehr als fünf Millionen Mitglieder zählt die NSDAP seit 1934. So groß ist der Andrang, daß man die Notbremse zieht und einen Aufnahmestopp verhängt, um die »Bewegung« nicht von lauter neuen, womöglich aus allzu opportunistischen Gründen beigetretenen Parteigenossen verwässern zu lassen. Doch zum 1. Mai 1937 wird die Mitgliedersperre wieder aufgehoben. Wer jetzt eintritt, sollte und müßte eigentlich wissen, was der Nationalsozialismus ist und welchen Staatsterror er im Namen des deutschen Volkes betreibt. Dennoch nutzen Hunderttausende die Chance, nun doch noch ganz offiziell beizutreten. Und mit Datum vom 1. Mai 1937 vermerkt die NSDAP-Ortsgruppe Untertürkheim den Eintritt Hermann Langs, geboren am 6. April 1909, Partei-Mitgliedsnummer 5646982.[296]

»Mein Vater war begeistert von seinem Sport und völlig unpolitisch«, erinnert sich Peter Lang, einer der beiden Söhne des Rennfahrers, »und wenn sie da draußen auf der Rennstrecke fahren, da sind sie ganz allein, da hilft ihnen auch kein Parteibuch, da müssen sie es selber schaffen, sich gegen die Konkurrenz durchzusetzen.«[297] Geschadet hat Hermann Lang das Parteibuch damals allerdings wohl auch nicht. Warum aber ist er überhaupt der NSDAP beigetreten?

Kein anderer der prominenten deutschen Rennfahrer jener Jahre hat es nötig gehabt oder für nützlich gehalten, sich der Partei anzuschließen. Und zum Beitritt gezwungen wurde in diesen Kreisen der Motorsportelite auch niemand. Die braunen Bonzen sonnten sich gern im Glanz der von ihnen geförderten und privilegierten Spitzenfahrer. Rudolf Caracciola verkehrte dank seiner Erfolge ohnehin in den höchsten Kreisen des Regimes, genügte Hitler und Konsorten indes allein als schmückendes Beiwerk anläßlich der alljährlichen Rituale zu Beginn der Berliner Automobil- und Motorradausstellung oder bei Sportlerehrungen des NSKK. Nicht zuletzt dank seines Schweizer Wohnsitzes und der Weltläufigkeit eines Profirennfahrers, der bereits vor 1933 große internationale Erfolge erkämpft hatte, mag es Caracciola aber leichter gefallen sein, eine gewisse Distanz zu halten. Teamkollege Manfred von Brauchitsch kannte die Nazigrößen ebenfalls persönlich und hat von seinen Bekanntschaften Gebrauch gemacht. Und dafür schon mal in Berlin für das NS-Winterhilfswerk Spenden gesammelt. Aber selbst der wendige von Brauchitsch sah keine Notwendigkeit, deshalb auch noch der Partei beizutreten. Selbst Hans Stuck, der große Meister des geschickten Einsatzes persönlicher Beziehungen, besaß kein Parteibuch.

Doch einem wie Hermann Lang, der von ganz unten gekommen ist und im großen Rennsport erst noch etwas werden will, steht es gut zu Gesicht, wenn er sich die Chance nicht entgehen läßt. 28 Jahre jung ist er damals, hat sich konsequent, allen Widerständen und Hemmnissen zum Trotz, mit Leistungsbereitschaft und schneller Auffassungsgabe nach oben gekämpft. Was hat Hermann Lang damals gedacht? In einer stillen Stunde, Jahrzehnte später, hat ihn der Mercedes-Benz-Sammler und -Kenner Winfried Seidel einmal genau das gefragt. Und der große alte Rennfahrer hat in breitem Schwäbisch geantwortet: »Büeble, mir waret damals stolz drauf!«[298]

Am 18. Juli 1945 wird Hermann Lang in seinem Ferienhaus in Beutelsbach bei Waiblingen von der US-Militärpolizei verhaftet. Die Nacht verbringt er im Gefängnis des Backnanger Amtsgerichts und wird von dort aus am anderen Morgen in das amerikanische Internierungslager Nr. 74 nach Ludwigsburg abtransportiert – als »Automatic Arrestee«. Mehr oder minder hochrangige Parteiführer landen damals »automatisch«, also allein aufgrund ihres Dienstgrades, hinter Stacheldraht. Lang wird zur Last gelegt, den hohen Rang eines NSKK-Staffelführers bekleidet zu haben. Für die Besatzungsbehörden Indiz genug, daß es sich um einen hochrangigen Nazi handelt. Das war der Rennfahrer zweifelsohne nicht, aber es dauert lange, bis er davon auch die für seine Inhaftierung verantwortlichen Dienststellen überzeugt. Am 13. November 1945 wird zwar erstmals Langs Entlassung »empfohlen«, tatsächlich aber dauert es noch einmal mehr als ein halbes Jahr, ehe er auf freien Fuß kommt. In seinem »Freilassungsantrag« schreibt er gut ein halbes Jahr später: »Ich bin Autorennsportler und habe mich niemals parteipolitisch betätigt. Mitgliedschaft bei NSKK war Voraussetzung zur Ausübung des Autorennsports. Auf Grund meiner internationalen Rennsiege (Europameister 39) wurden mir ehrenhalber Dienstgrade im NSKK verliehen, die ihrerseits laut Forderung des NSKK meine Mitgliedschaft in der NSDAP erforderten. Ich habe niemals ein Amt in der Partei oder den Gliederungen ausgeübt. Ich verdanke meine Laufbahn ausschließlich meinen sportlichen Leistungen und nicht der NSDAP.«[299]

Um im NSKK befördert werden zu können, hätte Lang jedoch keineswegs Parteimitglied werden müssen. Seine 1937 noch weitaus erfolgreicheren und deswegen auch prominenteren Teamkollegen Caracciola und von Brauchitsch sind ohne Parteizugehörigkeit zu hohen NSKK-Rängen gekommen. Zum Zeitpunkt seines Eintritts steht er erst am Beginn einer internationalen Karriere. Daß sich Hermann Lang nach 1945 als völlig unpolitisch darstellt, mag zutreffen, doch genau das behaupten in den unmittelbaren Nachkriegsjahren eigentlich alle Deutschen über ihr Verhalten während der NS-Zeit. Die Alliierten und die unter ihrer Aufsicht agierenden deutschen Justizbehörden haben es nicht leicht, die Grenzen zwischen Tätern, Mitläufern und zu Unrecht Inhaftierten zu ziehen. Die Internierungslager sind voll mit solchen Fällen. Und so dauert es bis zum 30. April 1946, ehe sich in Stuttgart von deutscher Behördenseite der fünfköpfige »Sicherheitsprüfungsausschuß B« mit dem Fall von Hermann Lang befaßt und einstimmig beschließt: »Die Entlassung aus der Haft wird empfohlen.«[300]

Der Beschluß wird an das Staatsministerium weitergeleitet, im Beiblatt zu diesem Entlassungsantrag wird Lang als »Mitläufer« bezeichnet. Der Ausschuß hat sich sein Urteil allerdings nicht leicht gemacht, bekundet sogar offen eine gewisse Ratlosigkeit. Denn auf die Frage: »Hat der Gefangene Naziversammlungen besucht, sich an öffentlichen Kundgebungen beteiligt, Parteiuniform, Parteiabzeichen getragen usw.?«, wird als Antwort notiert: »Ist nicht ohne weiteres mit Nein zu beantworten, aus Gründen, die in der Eigenart seines Berufes liegen.«

Es haben sich indes genügend Zeitgenossen für Hermann Lang mobilisieren lassen. Insgesamt 18 Angehörige der Daimler-Benz AG beteiligten sich an einer Unterschriftensammlung. Ihrer Namensliste vom 15. April 1946 angeheftet ist eine ziemlich ungelenk formulierte und als »Bescheinigung« bezeichnete Erklärung des Betriebsrats: »Herrn Hermann Lang, der bekanntlich Rennfahrer bei der Daimler-Benz Aktiengesellschaft gewesen ist, wird hierdurch bescheinigt, daß nach Befragen mehrerer Zeugen die politisch nominelle Mitgliedschaft in der Partei und NSKK bestätigt wurde. Durch seine Rennerfolge wurde er in propagandistischer Weise befördert und ist dies ihm unseres Erachtens nicht als Belastung auszulegen.«[301]

Doch wie politisch auch ein völlig unpolitischer Mensch sein kann, läßt sich in Langs 1943 erschienenen Erinnerungen nachlesen: »Zunächst danke ich meinem Schicksal, als Deutscher einem Volk angehören zu dürfen, welches seine Weltgeltung einer ununterbrochenen Reihe von Großtaten und Höchstleistungen auf allen Gebieten zu verdanken hat und dies aber ganz besonders in der großen Zeit, in welcher unser Führer Adolf Hitler dem steten Streben der deutschen Nation nach Anerkennung und Gleichberechtigung zum Durchbruch verhalf.«[302] Hat so was ein prominenter Ex-Rennfahrer im Kriegsjahr 1943 *gezwungenermaßen* unter seinem Namen veröffentlichen müssen? Nein, Lang ist ein Kind seiner Zeit. Und akzeptiert damals denn auch das vorläufige, kriegsbedingte Ende seiner Motorsportkarriere: »Aber ich erkannte bald, daß wichtiger als das Glück des Einzelnen das Glück des Ganzen ist und daß der Kampf, den ich geführt hatte, nur ein kleines Teilchen war von jenem gigantischen Ringen meines geliebten Vaterlandes. Und dieser Sieg Deutschlands wird auch der größte meines Lebens sein, wenn unsere Heimat leuchtend an jenem Platz in der Welt stehen wird, der ihr zufolge ihrer Vergangenheit, ihrer Verdienste und ihrer Berufung gebührt.«[303]

Ob er also wirklich völlig unbedarft der NSDAP beigetreten ist? Auch andere seiner Rennfahrerkameraden finden sich wie Lang mit Eintrittsvermerk vom 1. Mai 1937 in der Mitgliederkartei der NSDAP.[304] Nummer 5872259: August Momberger, bei der Auto Union in der Saison 1934 Vertragsfahrer, danach Leiter der Werkssportabteilung und Ingenieur in der Abteilung Rennwagenversuch. Nummer 5955410: Ewald Kluge, DKW-Werksrennfahrer und Motorrad-Europameister in der 250er Klasse. Nummer 5719979: Baron Fritz Huschke von Hanstein, ein junger, studierter Herrenfahrer, der schon 1932 dem NSKK beigetreten ist, wie von Hansteins SS-Führerstammkarte mit Mitgliedsnummer 232177 vermerkt. Und der Patron seines künftigen Dienstherrn nach dem Ende der NS-Zeit, Dr. ing. h.c. Ferdinand Porsche, ist ebenfalls zum 1. Mai 1937 der NSDAP beigetreten, mit Nummer 5643287 Porsche senior hat die Aufnahme allerdings erst am 5. Oktober 1937 beantragt. Aber solch ein prominenter Kopf wird natürlich gerne auch nachträglich aufgenommen.

Möglicherweise war das im Fall von Hermann Lang ähnlich. Der ehemalige Rennfahrer gibt nach seiner Festnahme im Sommer 1945 in einem Fragebogen der US-Militärbehörden an, von Januar 1938 bis »gegenwärtig« Mitglied in der NSDAP gewesen zu sein. Mit seinem Parteieintritt hat sich Lang in deutschen Motorsportkreisen durchaus nicht allein auf brauner Flur bewegt. Auch von einer »Zwangsmitgliedschaft« kann keine Rede sein. Gerade die Motorsportenthusiasten wissen, daß sie in »großer Zeit« leben. Und sie huldigen dem Mann, der ihnen die grandiosen Rennerfolge erst ermöglicht hat.[305]

Das schnellste Rennen der Welt

Es sind diese Tage im Mai 1937, in denen Hermann Lang die ersten beiden Grand-Prix-Siege in seiner noch jungen Karriere feiern kann. Nach Tripolis folgt sogleich der nächste Triumph auf der AVUS. Am 30. Mai steht dort das größte Motorsportspektakel in der Geschichte des NS-Staats auf dem Programm. Bereits Ende 1935 wurde in Berlin entschieden, die AVUS zur schnellsten Rennstrecke der Welt umzubauen. Die Bestmarke, im selben Jahr von Hans Stuck aufgestellt, liegt zwar bereits bei einem Rundenschnitt von mehr als 260 km/h; doch die Nazis planen noch schnellere Zeiten und Rekorde. Weshalb die beiden mehr als zehn Kilometer langen Geraden am nördlichen Eingangsbereich der Berliner Stadtautobahn mit einer 180°-Steilkurve verbunden werden. Diese neue Nordkurve läßt Geschwindigkeiten von etwa 180 bis 200 km/h zu, also ein annähernd doppelt so hohes Tempo wie bei dem bisherigen, ebenen Kurvenverlauf. Die *Allgemeine Automobil-Zeitung* notiert in ihrer Ausgabe vom 28. Dezember 1935, »daß der geplante Kurvenumbau auf eine persönliche Anregung des Führers zurückgeht«.

Weil die Olympischen Sommerspiele 1936 in Berlin jedoch weitaus wichtiger sind und obendrein noch die Halenseestraße in Richtung Funkturm gebaut wird, verschiebt sich der Umbau der Nordkurve, so daß ausgerechnet im Olympiajahr kein AVUS-Rennen stattfindet. Der Berliner Baurat Erich Krey hat die erste Steilwandkurve seines Lebens entworfen. Bis auf zwölfeinhalb Meter Höhe türmt sich das Bauwerk, dessen Fahrbahn in einem Winkel von 44 Grad ansteigt. Die etwa 18 Meter breite Oberfläche der Fahrbahn wird mit hochkant gemauerten rötlichbraunen Klinkersteinen belegt. Bei Nässe eine ziemlich rutschige Angelegenheit. Noch weitaus kritischer ist der Umstand, daß Baurat Krey im Gegensatz zu allen anderen damals bekannten Steilkurven keinen gekrümmten, sondern einen geraden Streckenquerschnitt gewählt hat. In der physikalischen Theorie soll dies dafür sorgen, daß eine weiter oben gewählte Fahrlinie keinen Geschwindigkeits- bzw. Überholvorteil beschert. In der rennfahrerischen Praxis hat das jedoch zur Folge, daß die Fliehkraft beim Überschreiten eines je nach Rennwagentyp spezifischen Limits das Gefährt nicht mehr immer fester auf die Fahrbahn preßt, sondern irgendwann im Grenzbereich abrupt nach außen, sprich an den oberen Streckenrand und über diesen hinaus, trägt. Die Fahrer in ihren rasanten Rennwagen mutieren zu Versuchskaninchen im Kampf mit der Zentrifugalkraft.

Sage und schreibe 50000 Menschen stehen am 30. Mai 1937 im Innenraum der neuen Nordkurve. Insgesamt erleben mehr als 300000 Zuschauer dieses AVUS-Rennen, das den ersten und zugleich auch – ungeahnterweise – letzten Auftritt der Silberpfeile auf dem umgebauten Autobahnkurs beschert. Um sicherzustellen, daß jenes Motorsportspektakel in der Reichshauptstadt auch wirklich als schnellstes Automobilrennen aller Zeiten in die Annalen eingeht, hat Hühnleins ONS die Veranstaltung nach der »freien Formel« ausgeschrieben. Es gibt also kein Gewichtslimit, so daß Auto Union und Mercedes-Benz neben ihren Grand-Prix-Boliden mit freistehenden Rädern nun auch ihre vollverkleideten Rekordrennwagen samt Spezialmotoren aufbieten können. Die Stromlinienmodelle bringen zwar etwa 200 bis 300 Kilogramm mehr auf die Waage, lassen aber weitaus höhere Geschwindigkeiten zu. Und die sind auf den schier endlos langen AVUS-Geraden das alles entscheidende Kriterium für Sieg oder Niederlage.

Gegen die Übermacht der beiden deutschen Werksmannschaften ist nichts auszurichten. Die Scuderia Ferrari verzichtet auf einen Start ihrer Alfa Romeo in Berlin. Schon in Tripolis hat man eine deprimierende Niederlage einstecken müssen. Offiziell heißt es, die italienischen Boliden hätten nicht mehr rechtzeitig vorbereitet werden können. So rollen als Sparringspartner für die Silberpfeile allein drei hoffnungslos unterlegene Maserati an den Start. Zur Verdeutlichung des Leistungsgefälles: Da konkurrieren jeweils 300 italienische PS mit fast doppelt soviel Pferdestärken auf deutscher Seite. Mercedes-Benz bietet drei Stromlinienwagen für Caracciola, von Brauchitsch und Lang auf. Der englische Nachwuchsfahrer Richard Seaman steuert einen W125 in Grand-Prix-Version, also mit freistehenden Rädern. Bei der Auto Union gibt es zwei vollverkleidete Silberpfeile für Rosemeyer und Fagioli, während von Delius und Hasse jeweils auf die 16zylinder im gewohnten Grand-Prix-Renntrimm zurückgreifen müssen. Für den Sieg auf dem extremen Hochgeschwindigkeitskurs kommen de facto nur die Stromlinienwagen in Frage, wobei allerdings offenbleibt, wieviel deren Fahrer im Ernstfall riskieren.

Denn nach den dreitägigen Trainingsläufen steht fest, daß die Continental-Reifen nur ein, zwei Runden halten, wenn wirklich voll gefahren wird. Bernd Rosemeyer, das Alpha-Männchen unter den deutschen Fahrern, erweist sich angesichts dieser Konstellation auch auf der AVUS einmal mehr als schnellster Mann. Im Training setzt er mit einem Rundenschnitt von 283,7 km/h die absolute Bestmarke, verzeichnet bei seinen gerade mal 20 Testrunden aber vier Reifenschäden! Er überlebt dabei sogar eine haarsträubende Situation, als in voller Fahrt bei etwa 370 km/h an einem Vorderreifen der Protektor wegfliegt. Irgendwie glückt es ihm, diese kritische Situation unbeschadet zu überstehen. Notabene: Die Fahrer tragen keine Sturzhelme, sondern schmucke Sturmhauben aus Leinen oder Leder. Die bieten zusammen mit den Rennbrillen nur Schutz gegen den Fahrtwind. Sicherheitsgurte und feuerfeste Overalls sind noch völlig unbekannt. Es ist alles eine Frage von Mut und Fahrkunst. Manchmal muß man sich aber zurückhalten können, um zu siegen oder auch nur zu überleben. Erstaunlicherweise gelingt das der Mehrzahl der Silberpfeil-Piloten. Aber in dieser Gesellschaft rasant-vornehmer Machotypen muß einer wie Rosemeyer der mindestens ebenso ehrgeizigen Konkurrenz immer mal wieder zeigen, wer der Herr im Hause ist. Auch wenn ihn diese Einstellung nicht viel später das Leben kosten wird.

Die Geschichte Hermann Langs geht anders aus. Seine mutmaßliche Todesverachtung wird von eigenen Grenzerfahrungen wie auf der AVUS eher eingebremst. Der junge Schwabe durchlebt im Training einen ähnlichen Moment wie Rosemeyer. Nur ist kein Reifenplatzer daran schuld: »Zufolge eines geringfügigen Einstellungsfehlers meiner Karosserie stieg der Wagen vorne an einer Bodenwelle hoch – er bekam Auftrieb. Als ich keine Straße mehr sah, durchfuhr es mich wie ein Blitz: nur jetzt nicht am Lenkrad drehen, sonst setzen beim Niedergehen des Vordergestells die Vorderräder falsch auf und ich fliege unweigerlich hinaus! In diesem Augenblick fuhr ich auf vollen Touren mit etwa 380 km/st. Es ging jedoch alles gut ab, doch gebe ich zu, daß mir die Sache etwas in die Knochen fuhr.«[306]

Lang hat Respekt – vor den Risiken und vor den Autoritäten. Denn eigentlich kann angesichts der kritischen Reifensituation kein reguläres Rennen mehr ausgefahren werden. Wer tüchtig Gas gibt, dem fliegen alsbald die Gummifetzen um die Ohren. Oder der Motor. Denn mehr als 90 Prozent einer Rennrunde können die Triebwerke theoretisch mit Vollgas gefahren werden. Das verkraften die Aggregate indes nur über maximal 200 bis 300 Kilometer – was etwa der Hälfte einer damals üblichen Grand-Prix-Distanz entspricht. Resultat: Der nazistische Größenwahn hat eine Rennstrecke erdacht, die viel zu schnell ist für die technischen Gegebenheiten der Zeit. Aber jetzt ist es zu spät, um das wichtigste Sportereignis des Jahres in der Reichshauptstadt ohne Gesichtsverlust einfach absagen zu können.

Fast die gesamte Spitze des NS-Staats nimmt am 30. Mai 1937 auf der Ehrentribüne Platz. Die silbernen Rennwagen von Mercedes-Benz – nicht aber die der Auto Union – rollen, mit Hakenkreuzen geschmückt, an den Start, was ansonsten nur bei Weltrekordfahrten auf der Reichsautobahn üblich ist. Die Schau muß stattfinden. Also wird der Hauptlauf von zehn auf acht Runden verkürzt. Das müßte mit reduziertem Tempo ohne Gefahr für die Pneus zu schaffen sein. Doch so ganz genau weiß das niemand, weil im Training aus Sicherheitsgründen keiner der Konkurrenten mehr als fünf Runden am Stück absolviert. Um die Unwägbarkeiten noch etwas zu verringern, werden die beiden ebenfalls für den Sonntag anberaumten Vorläufe nur über jeweils sieben Runden gefahren und dienen allein zur Ermittlung der Startplätze für das Finale. Mehr oder weniger ein rasantes Schaulaufen, das jeweils nach gut einer halben Stunde vorbei ist.

Zum Glück für Lang, denn der fängt sich im zweiten Vorlauf einen Reifenschaden ein, verliert aber trotz eines Reifenwechsels und einer unbeabsichtigten Behinderung durch Hasse nur 21,7 Sekunden auf den Sieger von Brauchitsch, der trotz eines Schnitts von mehr als 258 km/h das 12zylinder-Rekordtriebwerk seines Stromlinien-Mercedes-Benz nie voll fordert. Und selbst im ersten Vorlauf belauern sich die Rivalen Caracciola und Rosemeyer nur scharf, um erst kurz vor Schluß Ernst zu machen. Der vollverkleidete Mercedes-Benz mit dem herkömmlichen 8zylinder-Rennmotor hat im Ziel sieben Zehntel Vorsprung auf den Stromlinienwagen der Auto Union, dessen 16zylinder-Triebwerk allerdings laut internem Rennbericht der Zwickauer nur auf »12 bis 13 Töpfen« gelaufen ist und Rosemeyer »wie in Öl« gebadet hat. Caracciolas Schnitt liegt bei knapp 250 km/h. Das klingt für Zeitgenossen und Nachgeborene immer noch eindrucksvoll, aber wenn die Herren Rennfahrer dürften, wie sie wirklich könnten, wären andere Geschwindigkeiten angezeigt. Zur Orientierung: Rosemeyers schnellste Runde in diesem Vorlauf liegt trotz seines Malheurs bei einem Schnitt von 276,32 km/h! Aber wer von den mehr als 300000 Zuschauern entlang der AVUS registriert in der Orgie von Lärm und Raserei schon solch feine Details und den großen Bluff? Hauptsache, die Wagenlenker der Moderne lassen es ordentlich krachen. Und daß am Ende ein Deutscher in einem deutschen Wagen siegt, ist für das begeisterte Publikum nicht nur Ehrensache, sondern Selbstverständlichkeit. Daß es Hermann Lang trifft, ist Zufall, Glück oder Schicksal: »Für den Hauptlauf hatte ich mir vorgenommen, nicht wieder den wilden Mann zu spielen«, gibt er in seinen Erinnerungen an den Finallauf zu Protokoll. Vier Mercedes-Benz gegen drei Auto-Union und den einsamen Maserati von Laszlo Hartmann. Daß der ungarische Rennfahrer Jude ist, interessiert die NSKK-Rennfunktionäre damals nicht. Etwas internationale Statisterie braucht der Nazi-Staat. Hartmann wird am Ende des über acht Runden führenden Rennens einen Rückstand von zwei Runden haben. Die deutschen Fahrer sind unter sich.

»An seine Reifen denkend, wollte zunächst keiner der Fahrer richtig loslegen«, bekennt Lang, »bis Caracciola in dieser allgemein abwartenden Haltung eine Chance sah, durch eine kleine Überrumpelung vom Felde loszukommen. Rosemeyer setzte sich aber sofort hinter ihn, und ich folgte beiden. Nacheinander fielen sie aus. Rosemeyer in der 2. Runde, um ab da im Rennen keine Rolle mehr zu spielen, und Caracciola in der 3. Runde, was ihn zur Aufgabe des Rennens zwang.«[307] Und weil auch von Brauchitsch bereits in der ersten Runde mit Kupplungsschaden auf der Strecke geblieben ist, verfügt nur noch Lang über einen intakten Stromlinienwagen. Hinter ihm folgt von Delius in einem normal karossierten Auto-Union. »Wieder ging ich als Sieger durchs Ziel«, gibt Lang zu Protokoll: »Von allen Seiten hörte ich, daß man mich für den kommenden Mann hielt. Nach dem Rennen wurde mir eine besondere Ehrung dadurch zuteil, daß mich Reichsminister Dr. Goebbels, der dem Rennen beigewohnt hatte, bei der Siegerehrung beglückwünschte. Korpsführer Hühnlein überreichte mir einen wunderbaren Preis. Gleich zwei Monteure mußten ihn tragen, so gewichtig war er. Der Korpsführer beförderte mich außerdem an Ort und Stelle zum Obertruppführer des NSKK.«[308]

Gesellschaft ohne Haftung

Trotz seiner beiden Erfolge in Tripolis und auf der AVUS gleich zu Beginn der Saison 1937 bleibt Lang der ganz große Durchbruch noch verwehrt. Bis Ende des Jahres gewinnt der Schwabe kein einziges Rennen mehr. Die unangefochtene Nummer eins bei Mercedes-Benz bleibt Caracciola, der vier Siege einheimst, darunter gleich bei drei von nur vier Großen Preisen, die für die Europameisterschaft zählen. Er holt sich den Prestigetitel von Rosemeyer zurück, obwohl auch der vier bedeutende internationale Siege einfährt. Doch auf die zweite Position in der internen Hierarchie darf der Liebling der Rennmonteure ernsthafte Ansprüche erheben. Manfred von Brauchitsch steht gewaltig unter Druck, gewinnt allerdings vor Caracciola, jedoch ausgerechnet in Abwesenheit des fieberkranken Lang, den Grand Prix von Monaco. Das glückt auch deshalb, weil von Brauchitsch konsequent die Stallorder mißachtet und Caracciola attackiert. Wegen einer Angina verpaßt Lang auch den Start bei der Coppa Acerbo, wo von Brauchitsch hinter Rosemeyer zweiter wird. In Bern und in Monza landet der Wiedergenesene aber jeweils hinter

Caracciola auf dem zweiten Platz, bis die Ambitionen des schwäbischen Nachwuchsfahrers am 26. September beim Masaryk-Rennen einen gehörigen Rückschlag erleiden.

Die Strecke liegt in der Nähe von Brünn und führt auf einer 29 Kilometer langen Kombination von öffentlichen Landstraßen und Dorfwegen durch ein Dutzend Ortschaften. Die Pistenbreite ist derart knapp bemessen, daß Überholmanöver fast ausgeschlossen sind. Bei Kilometer 12,6 kommt es zu einem folgenschweren Unfall für Lang: »Dort lag eine schnelle Rechtskurve in einem Waldstück, beiderseits eingesäumt von Straßengräben. Der Straßenbelag war aus Teermakadam hergestellt, wobei auf beiden Straßenseiten zirka ein Meter breite Bankette im Straßenniveau verliefen. Es war nun eine Gewohnheit mancher Rennfahrer, beim Schneiden von Kurven auf Straßen dieser Art knapp neben dem harten Straßenbelag im weicheren Erdbereich des Bankettes zu fahren und so mit der Zeit eine Fahrrinne zu schaffen, in welcher der Wagen seitlich geführt wurde, so daß man die Kurve etwas schneller nehmen konnte. Im Zusammenhang damit stand allerdings, daß durch die Wühlarbeit der Hinterräder Sand, Steine und Erde auf die Fahrbahn geschleudert wurden, wodurch wiederum auf diesem Geröll ein neben der Rinne am Makadam fahrender sehr schneller Wagen zu wenig Bodenhaftung hatte und seitlich abrutschte.«[309]

In der fünften Runde gerät er mit seinem W125 auf dieses Geriesel, das inzwischen die gesamte Fahrbahn überzogen hat. Der Rennwagen rutscht nach außen, Lang versucht gegenzulenken, das linke Vorderrad prallt jedoch gegen einen Granitstein, worauf sich der Silberpfeil überschlägt und in einen Graben stürzt, in dem eine größere Anzahl von Zuschauern das Renngeschehen verfolgt hat. Lang wird dabei aus dem Fahrersitz geschleudert: »Ich war benommen und konnte mich im ersten Augenblick nicht gleich zurechtfinden. Eine Unmenge Menschen kamen zusammengelaufen, darunter auch ein Mann, der sich meiner sofort besonders annahm. Er packte mich am Arm, führte mich zur Seite und wollte mir den Anblick der Unglücksstelle ersparen, denn dort lagen leider zwei Tote und zwölf Verletzte – ein tragischer Vorfall, von dem ich aber erst später erfuhr.«

Der gute Mann, der sich da in den tschechischen Wäldern des geschockten und verletzten Rennfahrers so selbstlos annimmt und bei Lang bis zur Ankunft eines Krankenwagens bleibt, ist wohl ein sudetendeutscher Landsmann: »Er lehnte jeden Dank mit dem Hinweis ab, daß er selbst Deutscher sei und einem deutschen Fahrer selbstverständlich helfen müsse. Leider fuhren wir nicht direkt ins Hospital, sondern zur Unfallstelle. Dort befanden sich noch zwei der Verletzten, die anderen waren schon abtransportiert worden. Als ich am Unfallort wieder in den Sanitätswagen einstieg, erkannten mich einige Leute, kamen heran und beschimpften mich. Der Landessprache nicht kundig, konnte ich den Leuten nicht erklären, daß ich mich schuldlos an dem Unfall fühlte, daß mit Stürzen bei Rennen immer gerechnet werden müsse und daß es ein Fehler der Zuschauer selbst war, sich Gefahren auszusetzen, auf welche sie ausdrücklich aufmerksam gemacht worden waren.«

Der Unfall beschäftigt Lang noch eine geraume Zeit. Die verletzten Zuschauer und die Angehörigen der beiden Todesopfer verklagen ihn, die Daimler-Benz AG und den Veranstalter vor Gericht. Hermann Lang spricht davon, daß das Verfahren vier Jahre gedauert habe und von zwei Instanzen abgewiesen worden sei.[310]

Im Sommer 1938 sucht auch die Rechtsabteilung der Daimler-Benz AG Argumente gegen die tschechischen Kläger, kann sich indes nur auf ein in den zwanziger Jahren verhandeltes Verfahren beziehen, nämlich den Unfall des Rennfahrers Huldreich Heusser beim Solitude-Rennen. In dieser Sache ist vor der Großen Strafkammer in Stuttgart verhandelt worden, und der Fall endete mit Freispruch für den Angeklagten, »der als Rennfahrer nicht imstande sei, eine Verantwortung zu tragen«.[311] Aber auch nach noch viel schlimmeren Unfällen sei es zu keiner Entschädigung für

Opfer unter den Zuschauern und deren Angehörige gekommen, urteilt man in der Rechtsabteilung des Autokonzerns.

Lang wird im Sommer 1938 noch mit Zeugenaussagen konfrontiert, vermeidet aber wohlweislich eine Einreise in die Tschechoslowakei. Wahrscheinlich hat dann die Entwicklung der großen Weltpolitik die Klagen der Opfer von selbst erledigt. 1938 gibt es kein Masaryk-Rennen mehr. Das Münchener Abkommen ermöglicht den Nazis die Annektion der Sudetengebiete, ehe ein paar Monate später, in der Nacht zum 15. März 1939, die Wehrmacht in den Rest des Landes einmarschiert, das zum besetzten »Reichsprotektorat Böhmen und Mähren« umbenannt wird. Und als es am 1. September gegen Polen geht, interessiert sich längst niemand mehr für die Klage ehemals tschechischer Bürger gegen eine deutsche Firma und ihren Rennfahrer.

Nach 1945 mahlen die Mühlen der Justiz jedoch in Brünn wieder. Es laufen Klagen gegen den Tschechischen Auto-Club für Mähren-Schlesien, gegen Hermann Lang, gegen die Daimler-Benz AG. Am 7. April 1959, also fast 22 Jahre nach dem Unfall, erhält die Daimler-Benz AG eine Zahlungsaufforderung für die drei schwerverletzten Zuschauer Otakar Podaril, dessen Vater Adolf Podaril und Jan Novotny. Ob man diesem Ansinnen stattgeben soll, will ein Herr Dr. Brennstuhl, aus der Konzernabteilung Versicherungen von Alfred Neubauer wissen. Der ehemalige Rennleiter antwortet am 10. April 1959: »Ein Entgegenkommen in einem Einzelfall müßte automatisch dazu führen, daß wir erstens einmal eine moralische Schuld anerkennen und zweitens damit einen Vorgang schaffen, der für uns von den anderen Geschädigten zur moralischen Verpflichtung gestempelt werden könnte.«[312] Neubauer verweist auch auf andere Unfälle, nicht zuletzt auf die Katastrophe bei den »24 Stunden von Le Mans« am 11. Juni 1955, als ein Mercedes-Benz-Rennsportwagen in eine Tribüne schleuderte und mehr als 80 Zuschauer ums Leben kamen, »wobei die Daimler-Benz AG niemals ersatzpflichtig gemacht wurde«.

Ein möglicher Gnadenerweis für die Opfer als Eingeständnis moralischer Schuld? Notabene: Eine ähnliche Argumentation wird sich denn auch lange Zeit im Falle der ehemaligen Zwangsarbeiter der Daimler-Benz AG wiederholen. So lange, bis das Verweigern von finanziellen Entschädigungen negative Auswirkungen auf die laufenden Geschäfte des Unternehmens zeitigt. Aber das ist wieder eine ganz andere Geschichte.

Große Preise, großes Geld

»Im schönen Remstal hatte ich mir ein nettes Wochenendhaus gebaut mit herrlicher Aussicht ins württembergische Land«, zieht der Schwabe Lang das persönliche Resümee seiner ersten kompletten Saison 1937. Er trifft sich weiter regelmäßig mit seinen Cannstadter Kegelbrüdern, trinkt ebenso gern das eine oder andere Gläschen Bier oder Wein – und hat sich mit seinen Einkünften als Berufsrennfahrer doch in ungeahnte Hemisphären katapultiert.

Für die US-Militärs, die ihn im Sommer 1945 während der Haft in Ludwigsburg vernehmen, macht er Angaben über seine Bruttoeinkünfte als Rennfahrer und nennt Zahlen, die ebenso präzise wie glaubhaft sind. 1931 bringt es Lang demnach als erfolgreicher Werksfahrer und Angestellter der Standard-Motorradwerke auf 8000 Reichsmark. 1932 wird er arbeitslos, erzielt übers Jahr noch Einkünfte zwischen 1000 bis 1500 RM. Als Rennmonteur bei der Daimler-Benz AG kommt er dann auf 2500 RM Jahreslohn und erhält 1935 selbst als temporärer Nachwuchsfahrer nur ein Gehalt von 2600 RM. Auch 1936 liegen seine Einkünfte bei durchaus bescheidenen 4000 RM, sind also nicht einmal doppelt so hoch wie das Salär, das ein qualifizierter Facharbeiter des Konzerns damals verdienen kann. Doch dank aufsehenerregender Erfolge erzielt Lang 1937 Einnahmen in Höhe von 60000 RM! Der geneigte Leser und Durchschnittsverdiener von heute möge sich einmal vorstellen, was es heißt, wenn sich ein gewöhnliches Jahresgehalt von 30000 Euro binnen zwölf Monaten auf 450000 Euro verfünfzehnfachen würde. Und das »Hermännle« steigert sich weiter, kann 1938 bereits 70000 RM einstreichen. So viel verdient in diesem Jahr auch sein Teamkollege von Brauchitsch.[313] In der kriegsbedingt vorzeitig beendeten Saison 1939 erobert sich Lang unbestritten den Status des erfolgreichsten deutschen Rennfahrers, was sich auch in der Summe seiner Einkünfte von 90000 Reichsmark niederschlägt. Den neu gewonnenen Reichtum legt der Musterschwabe natürlich in Immobilien an. Zwei schöne Mietshäuser, ein Einfamilienhaus und ein Wochenendhaus sind finanzielle Absicherung und signalisieren Bodenhaftung. So einer ist weitaus eher als populäres Vorbild zu vermarkten als die Herren Caracciola und Stuck mit exquisiten Chalets in der Schweiz und ihrem Hang zu den feinen Kreisen.

Die beiden wirklich populären Sportidole der Zeit, Bernd Rosemeyer und Max Schmeling, sind zu diesem Zeitpunkt schon unfreiwillig abgetreten – der eine nach tödlichem Unfall, der andere ausgeknockt nach nur 124 Sekunden. Zu allem Überfluß hat sich keine zwei Wochen zuvor die von Sepp Herberger neu formierte Fußballnationalmannschaft bei der WM in Frankreich bis auf die Knochen blamiert, als sich das Team bereits in der Vorrunde nach einer Niederlage gegen die Schweiz aus dem Turnier verabschiedet. Nein, in Sachen sportlicher Erfolge ist nur noch mit den Silberpfeilen Staat zu machen.

Neues Reglement, gewohnte Monotonie

Der Rennkalender 1938 ist jedoch extrem ausgedünnt. Die neue internationale Rennwagenformel, welche die deutsche Überlegenheit verringern sollte, bewirkt das genaue Gegenteil. Mercedes-Benz dominiert deutlicher denn je, während die Auto Union nach Rosemeyers Tod unter Schock steht und erst gegen Ende der Saison Paroli bieten kann. Alfa Romeo, jetzt wieder in Eigenregie ohne Scuderia Ferrari als Alfa-Corse-Werksmannschaft im Einsatz, fährt mit einer 3-Liter-Neukonstruktion bald hinterher und konzentriert sich fortan, ähnlich wie Maserati, auf den Bau und Einsatz von kleinen 1,5-Liter-Rennwagen. Diese Voiturette-Klasse – »Rennwägelchen« also – ist aufgrund geringerer Kosten und nicht zuletzt wegen größerer Chancengleichheit zwischen den Teilnehmern längst beliebter bei den internationalen Rennveranstaltern als die zwar spektakuläre, aber zu offensichtlich von den Deutschen dominierte große Formel. Die frustrierten Italiener werden deshalb 1939 sogar dazu übergehen, ihre eigenen Motorsportwettbewerbe, wie das Tripolis-Rennen, die Coppa Ciano, die Coppa Acerbo und den Gran Premio d'Italia, nur noch für die Voiturettes auszuschreiben.

Gegen die technische Übermacht der deutschen Autokonzerne helfen nicht einmal mehr staatliche Subventionen, wie sie nach dem faschistischen Italien nun sogar das demokratische Frankreich lanciert. Was die Nazis so insgeheim und doch so offensichtlich betreiben, haben die italienischen Faschisten zwar schon lange vor 1933 vorexerziert, doch der faktische Staatsbetrieb Alfa Romeo hat sich Ende der dreißiger Jahre mit immer neuen Modellen und Motoren hoffnungslos verrannt. Zum anderen fallen die Finanzspritzen im Vergleich zur deutschen Konkurrenz eher bescheiden aus.

Seit 1934 wird für jeden neu ausgestellten Führerschein eine Steuergebühr zugunsten des französischen Motorsports erhoben, zusammen mit weiteren Geldspenden verfügt der Automobile Club de France nach drei Jahren über rund 1,5 Millionen Francs. Doch die erste Prämie wird viel zu spät ausbezahlt: Delahaye kassiert erst 1937 eine Million Francs – das sind damals um die 170 000 RM. Bugatti erhält 1938 etwa 400 000 Francs – an die 70 000 RM. Und Talbot-Darracq streicht im selben Jahr rund 600 000 Francs – also ungefähr 100 000 RM – an Steuergeldern ein, um einen 16zylinder-Motor für die bereits laufende Saison nach der neuen 3-Liter-

Formel zu konstruieren. Doch weder Triebwerk noch Chassis kommen jemals zum Einsatz.

Nicht nur die finanziellen, auch die technischen Möglichkeiten der französischen Konstrukteure sind im Vergleich zur deutschen Konkurrenz sehr eingeschränkt. Da bemühen sich ein paar Kleinstfirmen vergebens, mit dem riesigen Potential der Konzerne Daimler-Benz und Auto Union Schritt zu halten. Ganz zu schweigen davon, daß im demokratischen Frankreich auch noch gestreikt wird und die Blockade von Zulieferfirmen nur allzuoft den geplanten Bau und Einsatz der französischen Rennwagen verzögert. Als peinlichstes Beispiel wird sich der SEFAC erweisen, der mit großer Spannung und vielen Vorschußlorbeeren erwartete französische Nationalrennwagen der Société d'Etudes et de Fabrication d'Automobiles de Course. Bei seinem ersten und einzigen Start schafft das vermeintliche Wunderwerk französischer Ingenieurkunst beim heimischen Grand Prix in Reims gerade mal zwei Runden, ehe sein Motor streikt.

Zum Nachteil gereicht es auch, daß Delahaye und Talbot in der neuen, ab 1938 gültigen Rennwagenformel auf große V12-Motoren mit 4,5 Liter Hubraum setzen. Die haben sich zwar zuvor bei Sportwagenrennen bewährt und sind siegreich gewesen, dürfen allerdings aufgrund des Reglements keinen Kompressor verwenden. Die deutschen Werksrennställe vertrauen hingegen weiter auf ihre langjährigen Erfahrungen mit aufgeladenen Triebwerken. Mercedes-Benz und Auto Union entwickeln gemäß dem neuen Regelwerk kleinere V12-Motoren, die zwar nur noch drei Liter Hubraum aufweisen, dafür aber mit Kompressor ausgerüstet sein dürfen. Diese Konstellation reicht den Ingenieuren in Untertürkheim und Zwickau, um noch immer mehr als 480 PS zu mobilisieren. Der Spritverbrauch ist, je nach Streckenführung, mit 70 bis 100 Liter auf 100 Kilometer zwar immens, doch der Zeitverlust bei den allfälligen Boxenstopps läßt sich aufgrund der überragenden Leistung der Motoren im Rennen schnell wieder wettmachen. Die 245 PS starken Wagen der Franzosen haben trotz vergleichsweise »bescheidenem« Spritkonsum von maximal 40 Liter pro 100 Kilometer keine reelle Chance.

Daß am 10. April 1938 dann doch ausgerechnet der jüdische Delahaye-Fahrer René Dreyfus noch dazu im südfranzösischen Pau den ersten nach der neuen Formel ausgetragenen Grand Prix gewinnt, ist um so pikanter. Ein vielleicht glücklicher, aber nicht unverdienter Zufall, der sich freilich nie mehr wiederholt. Der einzige deutsche Wagen am Start ist der neue Mercedes-Benz W154, der zu Beginn des Rennens von Caracciola gesteuert wird. Der Silberpfeil hat zwar mehr PS, kann diese aber auf dem engen Stadtkurs nicht wie erwartet ausspielen. Dreyfus hält stets Kontakt, überholt Caracciola sogar. Der übernimmt noch einmal die Spitze, muß dann aber zum Nachtanken an die Box, während der Delahaye nonstop durchfährt. Der Kurs sei einfach zu ölverschmiert gewesen, für den schnelleren Mercedes-Benz habe es überraschend keine reelle Chance mehr für ein risikoloses Überholmanöver gegeben, wissen die in Untertürkheim geprägten Rennlegenden bis heute zu verkünden. Doch die Wahrheit ist viel banaler: eine Mischung aus Caracciolas Handikap, also seiner auch fünf Jahre nach dem Unfall in Monte Carlo schmerzenden Hüfte, sowie ganz anderen, nämlich technischen Gebrechen, angefangen von der Kupplung bis zu einem unvorhergesehenen Kerzenwechsel. Hermann Lang übernimmt den geschlagenen Silberpfeil und steuert ihn zwei Minuten hinter Dreyfus auf Rang zwei ins Ziel – die erste Niederlage für die deutschen Nationalrennwagen seit fast zehn Monaten!

Doch schon am 15. Mai in Tripolis ist die gewohnte Rangfolge wiederhergestellt. In Abwesenheit von Auto Union feiert Mercedes-Benz in der Reihenfolge Lang, von Brauchitsch, Caracciola einen ungefährdeten Dreifach-Sieg, während in ihren neuen Alfa-Romeo- und Maserati-Rennwagen Eugenio Siena und Laszlo Hartmann zu Tode stürzen. »Zwei tüchtige Rennkameraden mußten bei diesem Rennen ihr Leben lassen«, resümiert Lang lakonisch. Er selbst entgeht nur knapp einer Kollision mit einem langsameren Konkurrenten und übersteht obendrein mit Glück ein Malheur seiner Boxencrew, als beim Tanken Treibstoff über seinen Rücken schwappt.[314]

Hermann Lang gewinnt 1938 in Tripolis zum zweiten Mal in Folge, weshalb er seinen siegreichen Wagen im Rahmen einer Sonderaudienz in Berlin auch Hitler vorführen darf. Daimler-Benz-Vorstandsmitglied Jakob Werlin hat alles arrangiert. Der umtriebige Parteigenosse verwaltet inzwischen auch das Daimler-Benz-Aktiendepot seines Führers und amtiert als Geschäftsführer und Aufsichtsrat des Volkswagenwerks.[315] Werlin führt Lang in den Hof der Reichskanzlei, wo bereits die Rennmonteure warten. »Da stand Reichsmarschall Göring am Wagen, betrachtete ihn eingehend, ließ sich von mir berichten und schüttelte mir die Hand. Kaum war er gegangen, kam der Führer. Auch ihm mußte ich von Tripolis und dem Rennen erzählen. Der Führer wollte auch noch den Ton des neuen Motors kennenlernen, und wir ließen den Motor laufen. In dem von Häusermauern umgebenen Hof dröhnte es, als würde eine Batterie von automatischen Kanonen ihr Feuer eröffnen. Wie durch einen Zauberschlag öffneten sich alle Bürofenster, und Gesichter ohne Zahl erschienen in denselben. Ich wußte, daß auch wir Rennfahrer unseren schönen und stolzen Beruf dem Führer zu verdanken hatten«, stellt Hermann Lang noch 1943 voller Freude und Genugtuung fest. »Aus den Bemerkungen des Führers über den Wagen und das Rennen erkannte ich, wie sehr er auch auf diesem Gebiete sachverständig ist. Während des trommelfeuerartigen Getöses hatte sich der Führer die Ohren zugehalten und sein Lachen bestätigte seine Freude über diese deutsche Schöpfung. Mit den besten Glückwünschen für die Zukunft wurde ich entlassen.«[316]

Zum Gewinn der Europameisterschaft reicht es für Lang indessen nicht. Zur Wertung werden nur die vier Großen Preise von Frankreich, Deutschland, der Schweiz und Italien herangezogen. Von Brauchitsch siegt in Reims, Seaman auf dem Nürburgring, Caracciola auf dem Bremgartenkurs und Nuvolari in Monza. Der Titel geht wieder einmal an Caracciola. Hermann Lang hat 1938 leider die falschen Rennen gewonnen. Für Kenner der Szene ist er indes schon deutlich schneller als der Routinier Caracciola, im Vergleich zum rasanten von Brauchitsch weitaus beständiger und gegenüber Seaman als Deutscher in einem deutschen Rennstall nicht nur in einem psychologischen Vorteil.

Daß Lang dem Rennjahr 1939, der ungeahnt letzten Saison der Silberpfeile, seinen Stempel aufdrückt, kommt also keineswegs überraschend. Vom Saisonauftakt an gewinnt er bei fünf Starts fünfmal in Folge! Am 2. April tilgt er beim Grand Prix von Pau die für die Daimler-Benz AG so schmachvolle Vorjahresniederlage. Am 7. Mai triumphiert er zum dritten Mal hintereinander beim Tripolis-Rennen, und das beim ersten und einzigen Einsatz der eigens für ihn und Caracciola gebauten 1,5-Liter-Mercedes-Benz der Voiturette-Formel. Seinen dritten Saisonsieg feiert er am 21. Mai wieder standesgemäß im großen 3-Liter-Rennwagen beim Eifelrennen. Auch am Berg läßt er sich nicht mehr von Stuck und anderen Spezialisten ins Bockshorn jagen und holt sich am 11. Juni im Kahlenberg-Höhenstraßenrennen bei Wien Saisonsieg Nummer vier, ehe er am 25. Juni auch den Großen Preis von Belgien gewinnt. Das erste Rennen des Jahres, das auch für die Europameisterschaft gewertet wird, zugleich das erste Regenrennen, in dem Lang einen Sieg herausfahren kann – und jener Grand Prix, bei dem sein britischer Mercedes-Benz-Stallgefährte Richard Seaman tödlich verunglückt.

Der Brite lag zuvor klar in Front, eine halbe Minute Vorsprung hatte er auf Lang bereits herausgefahren, als der führende Mercedes-Benz in der 22. Runde von der Strecke rast. Sein deutscher Stallkollege registriert den brennenden verunglückten Rennwagen, steuert die Boxen an, um Alfred Neubauer über das Geschehen zu informieren. Und während der von Mercedes-Benz und Auto Union gemeinsam als Rennarzt engagierte Dr. Richard Gläser zusammen mit Seamans Monteuren zur Unfallstelle eilt, rollt Lang ins Rennen zurück. Er verliert den Sieg beinahe noch nach einem unvorhergesehen Tankstopp an Auto-Union-Fahrer Hasse. Nach Heydel, von Delius und Rosemeyer in den Silberpfeilen der Auto Union ist Seaman nach Otto Merz der erste Werksfahrer, der in einem Mercedes-Benz-Boliden ums Leben kommt. Lang berichtet, wie Neubauer diesen Großen Preis von Belgien bewertet: »Er wird als der an Opfern und Aufregungen reichste Kampftag in unsere Renngeschichte eingehen [...]. Auf durchlöchertem Schild tragen wir diesen Sieg heim.«[317] – So sind die Zeiten. Martialisch. Pathetisch. Großer Rennsport als Vorspiel zum großen Krieg.

Und selbst in einem scheinbar völlig unpolitischen Fachblatt wie *Motor und Sport* schreibt Ernst Rosemann im Juli 1939: »Die Allmacht des Todes hat die Hand ausgestreckt nach einem jungen Menschenleben – ein guter Kamerad ging von uns, wurde herausgerissen aus einem kämpferischen, vorwärtsstrebenden Dasein: Richard John Beattie Seaman. Während wir nun hier dieses Freundes gedenken, werden deutsche Rennfahrer und deutsche Mechaniker dem englischen Kameraden in seinem Vaterlande das Geleit zur ewigen Ruhe geben.«[318] Wobei die deutschen Trauergäste in London fast unter sich bleiben.

Die Dominanz der deutschen Rennwagen ist in der Saison 1939 trotz allem erdrückender denn je. Beim Eifelrennen treffen fünf Mercedes-Benz und vier Auto-Union auf einen französischen Talbot und drei Voiturette-Maserati. Beim belgischen Grand Prix rücken jeweils vier schwäbische und vier sächsische Silberpfeile aus, Alfa Corse schickt zwei 3-Liter-Rennwagen an den Start, dazu kommen noch zwei Delahaye und ein Maserati, die allesamt von Privatfahrern eingesetzt werden. Doch was für internationale Rennbeobachter nur noch Monotonie ist, wird von der deutschen Presse unentwegt wie eh und je umschwärmt: »Zum fünften Male in diesem Jahre siegte Hermann Lang, siegte Mercedes-Benz. Lang hat jene Glücksserie, die andere Rennfahrer schon vor ihm hatten, die man aber nicht geschenkt bekommt, sondern die man sich erarbeiten muß«, doziert im Fachblatt *Motor und Sport* der Rennexperte Rosemann, der in Ermangelung eines Führerscheins nie selbst ein Automobil gelenkt hat: »Das Glück ist immer nur bei den Starken. Hermann Lang ist aber zur Zeit die stärkste Rennfahrerpersönlichkeit, ein Mann, der seinen Weg geht, stur aufwärts, nicht zurückschauend, vertrauend auf sein Sportinstrument, auf seine Maschine – und ein solches Selbstvertrauen muß schließlich zum Erfolge führen. Wir gratulieren Hermann Lang einmal mehr. Kurz und bündig sei das gesagt!«[319]

Aber in diesem kurzen Sommer des Jahres 1939 stehen die Zeichen auf Krieg. Der deutsche Druck auf Polen wächst, diesmal jedoch wollen Großbritannien und Frankreich nicht mehr vor den Erpressungen und Zumutungen Hitlers klein beigeben. Noch gibt es indessen ein paar internationale Grand-Prix-Rennen, und für Lang scheint sein Lebensziel zum Greifen nah: Endlich Europameister werden! Kein Rennen hat er 1939 bis dato verloren, mehr noch: Sein Rivale Caracciola zeigt Nerven, rutscht in Spa–Francorchamps von der nassen Piste und knallt in Reims bereits in der ersten Runde in eine Hauswand.

Lang scheint mit dem letzten in diesem französischen Grand Prix verbliebenen Mercedes-Benz den sechsten Sieg in Folge anzusteuern, als ein kapitaler Motorschaden den Rennverlauf auf den Kopf stellt. Die Auto Union feiert einen unerwarteten Doppelsieg: Hermann Paul Müller gewinnt vor Schorsch Meier, und NSKK-Führer Hühnlein beweist

Sinn für ein völkisches Bonmot. Wenn jetzt schon Müller und Meier siegen, dann habe sich das Ziel der nationalsozialistischen Volksmotorisierung bereits bestens verwirklicht, dann sei der große Motorsport wahrhaft zum Volkssport geworden.

In Zeiten wie diesen wird denn der bisherige Große Preis von Deutschland zum ersten »Großen Preis von Großdeutschland« umbenannt. Erstmals winkt 1939 auch der Titel eines »Großdeutschen Bergmeisters«, der notabene natürlich beim Großglockner-Rennen um den Großen Bergpreis von Deutschland vergeben wird. Und bei Pirna in der Sächsischen Schweiz bauen die Nazis im schönen Polenztal bereits am »Großdeutschlandring«, der selbstverständlich größten Rennstrecke der Welt mit einem Fassungsvermögen von einer Million Zuschauern und Parkplätzen für 350000 Volkswagen. Der zehn Kilometer lange Rundkurs mit mehr als zwanzig Meter Streckenbreite soll 1940 Schauplatz für den nächsten Großen Preis von Großdeutschland sein, verkündet Adolf Hühnlein am 23. Juli auf dem Nürburgring.

Bei diesem dritten Rennen, das für die Europameisterschaft 1939 zählt, deklassiert Hermann Lang wieder den Rest des Feldes, liegt nach der zweiten Runde über die 22,81 Kilometer lange Nordschleife mehr als 40 Sekunden vorn – und scheidet erneut mit Motorschaden aus. Danach überschlagen sich die Ereignisse, Paul Pietsch übernimmt in einem Maserati für kurze Zeit die Spitze, dann zieht Nuvolari im Auto-Union nach vorn, verliert die Führung an Caracciola, ehe Hasse und Müller dank schneller Tankstopps in Front gehen. Caracciola kämpft sich im stärker einsetzenden Regen wieder an dem Auto-Union-Doppel vorbei, Hasse rutscht von der Piste, Nuvolari rollt endgültig mit Motorschaden aus. So daß am Ende, nach mehr als vier Stunden Renndauer, Caracciola im tückischen Eifelregen auf extrem rutschiger Piste vor Müller gewinnt.

Die deutschen Rennställe haben gerade noch einmal eine

Blamage vermeiden können: Von vier gestarteten Mercedes-Benz hat nur der von Caracciola die Hatz auf der Eifelstrecke überstanden. Und von den fünf Werksfahrern der Auto Union sieht allein Müller die Zielflagge. Eine Runde hinter den beiden einzigen Silberpfeilen landet Paul Pietsch mit dem neuen 3-Liter-Maserati auf dem dritten Platz. Hühnlein empört sich nach Rennende darüber, welche Schande es sei, daß solch ein guter deutscher Fahrer nicht in einem Mercedes-Benz oder Auto-Union startet.

Der Große Preis von Großdeutschland am 23. Juli 1939 ist die letzte internationale Sportveranstaltung im Reich der Nazis, bei der noch ein jüdischer Sportler antritt. René Dreyfus, Jahrgang 1905, steuert am Nürburgring seinen französischen Delahaye mit zwei Runden Rückstand auf den vierten Platz. Die NS-Rennfunktionäre geben sich nach außen weltoffen und friedliebend, ganz im Sinne ihrer gezielten Sportpropaganda. Doch gerade mal fünf Monate zuvor hat das Reichsverkehrsministerium in einer vertraulichen Anweisung angeordnet, daß Führerscheine und Kraftfahrzeugpapiere von Juden einzuziehen seien. Gegenstände aus Gold, Silber, Platin müssen von ihren jüdischen Besitzern ebenso wie Edelsteine und Perlen an »öffentliche Ankaufstellen« abgeliefert werden. Das sind »Legalität« und »Normalität« im NS-Staat.

Ein internationaler Rennstar wie Dreyfus aber wird bei seinen Gastspielen im Deutschen Reich nicht behelligt und darf anstandslos starten: »Es war wohl so gewesen, daß die Nazis mir gegenüber immer ausgesprochen höflich gewesen sind, mit Absicht. Im Nachhinein scheint es lächerlich, das zu sagen, aber damals bemerkten wir überhaupt nicht, was da wirklich los war.«[320] Um ihre nationale Propaganda unbehelligt auf der internationalen Rennsportbühne weiterbetreiben zu können, geben sich die NS-Funktionäre betont sportlich, haben nichts gegen jüdische Rennfahrer am Start. Knapp ein Jahr später entgeht Dreyfus dann nur deshalb Internierung und Deportation, weil er sich in den USA aufhält, um bei den »500 Meilen von Indianapolis« zu starten. Danach wird er nicht mehr in das inzwischen besetzte Frankreich zurückkehren.

Die Zeit läuft ab

Während die deutschen Rennfahrer samt ihren Bewunderern die Zelte auf dem Nürburgring wieder abbrechen, scheitern in jenen Juli-Tagen des Jahres 1939 Großbritannien und Frankreich in ihren Bemühungen, mit Stalin einen Beistandsvertrag auszuhandeln. Sie hegen Skrupel gegen die territorialen Wünsche des sowjetischen Diktators, und so bahnen sich in Moskau plötzlich Geheimgespräche mit Deutschland an. Der Tanz auf dem Vulkan beginnt, ohne daß die desinformierte Öffentlichkeit begreift, was gespielt wird. Der deutsch-sowjetische Nichtangriffspakt wird erst mit Ribbentrops Moskau-Flug am 23. August zur überraschenden, ja geradezu unfaßbaren Tatsache. Es wird ernst, wo sich allzu viele doch noch einen kurzen Sommer lang mit trügerischer Hoffnung getröstet hatten. Aber noch funktionieren in der deutschen Diktatur die staatlich gelenkten Mechanismen von Verdrängung und Verblendung. Und noch immer rasen die Silberpfeile in Hitlers Reich und hinterlassen auf ihren Siegesfahrten einen Hauch gut gespielter Normalität.

Am 6. August 1939 gewinnt Hermann Lang das Großglockner-Bergrennen. Ernst Rosemann kündet in *Motor und Sport* von der »Hermannsschlacht am Großglockner«. Im ersten von zwei gewerteten Läufen fährt Hermann Paul Müller im Auto-Union noch Tagesbestzeit vor Lang. Beim zweiten Durchgang in strömendem Regen vermag sich Lang dann jedoch klar durchzusetzen und sichert sich den Gesamtsieg. Und die zeitgenössische Presse unterschlägt auch nicht eine weitere wichtige Auszeichnung für den Mann, der jetzt den Titel eines Großdeutschen Bergmeisters trägt: »Hermann Lang hat ihn sich ehrlich durch seine Leistungen verdient und wegen dieser Leistungen wurde er zum NSKK-Staffelführer befördert.«[321]

Noch kann Lang sogar sein eigentliches Ziel erreichen. Beim Großen Preis der Schweiz am 20. August muß sich der Kampf um die für die deutschen Rennställe so prestigeträchtige Europameisterschaft entscheiden. Der Wettbewerb auf dem Berner Bremgarten-Rundkurs ist zwar eigentlich das vierte von fünf Rennen, die für die Titelvergabe gewertet werden sollen. Doch schon Anfang August steht fest, daß das Finale beim Gran Premio d'Italia nicht stattfinden kann: Die Italiener haben den Umbau ihrer Monza-Rennbahn noch nicht abgeschlossen und sagen ihren Grand Prix kurzerhand ab. Daß wieder mal ein deutscher Rennfahrer Europameister wird, ist ohnehin sicher, bleibt nur die Frage, wer?

Gewertet wird nach für heutige Maßstäbe etwas merkwürdigen, aber klar definierten Regularien, denen zufolge der Sieger eines Wertungslaufs einen Punkt, der Zweitplazierte zwei Zähler, der dritte deren drei, der vierte vier und alle weiteren Starter, je nach zurückgelegter Distanz, ebenfalls vier, fünf, sechs oder sieben Punkte kassieren. Und dies übrigens auch bei einem Ausfall! Fahrer, die nicht bei allen Rennen gestartet sind, werden für jeden versäumten Start pauschal mit acht Zählern bedacht. Bis zur Saison 1938 wird also jeweils derjenige Rennfahrer zum Europameister gekürt, der unter diesen Bedingungen am *wenigsten* Punkte gesammelt hat. 1935 glückt das Caracciola, 1936 Rosemeyer, 1937 und 1938 wieder Caracciola. Doch dieses Punktesystem soll für die Saison 1939 auf Anregung der Commission Sportive Internationale, also der Sportkommission der in der AIACR versammelten Automobilclubs, erstmals verändert werden.[322]

Als Vorbild für das neue Regelwerk scheint das in Frankreich gebräuchliche Wertungssystem geeignet zu sein. Dort gibt es für den Sieger eines Rennens zehn Punkte, für den Zweitplazierten sechs Zähler, für den dritten fünf, den vierten vier, den fünften drei Punkte, während allen anderen plazierten oder auch nur gestarteten Fahrer jeweils ein Zähler gutgeschrieben wird. Als Sieger und Titelträger firmiert damit also der Teilnehmer, der zum Schluß der Saison die *höchste* Punktzahl aufweist. Kurioserweise entscheiden CSI und AIACR jedoch nicht, dieses Maximal-Punktesystem für das Jahr 1939 auch tatsächlich offiziell einzuführen. Mit der kuriosen Folge, daß vor dem letzten Wertungslauf, dem Großen Preis der Schweiz am 20. August, überhaupt nicht feststeht, nach welchen Kriterien die Europameisterschaft vergeben werden soll.

Noch komplizierter wird die Situation, weil vor dem Finale in Bern gleich drei deutsche Kandidaten ernsthafte Titelambitionen haben: Lang und Caracciola, mit jeweils einem Sieg, aber zwei Ausfällen auf dem Konto, sowie Müller, der mit einem Sieg, einem zweiten Platz und nur einem Ausfall als vorläufiger Spitzenreiter in die Schweiz reist. Und dies sowohl nach alter wie nach neuer Punktewertung!

Zu allem Überfluß haben die Schweizer Veranstalter die Spielregeln für ihren Grand Prix, wohl auch aus Sorge um mangelndes Publikumsinteresse angesichts totaler deutscher Dominanz, etwas modifiziert. Um das Alfa-Romeo-Team mit Farina und Biondetti nach Bern zu locken, wird eigens ein Vorlauf für Voiturette-Rennwagen ausgeschrieben. In der großen 3-Liter-Klasse bleiben Mercedes-Benz und Auto Union im Anschluß daran in einem zweiten Vorlauf unter sich. Erst nach diesen beiden Rennen über die Kurzdistanz von jeweils 20 Runden oder 145,6 Kilometern, die bei trockener Piste in nicht einmal sechzig Minuten bewältigt werden, schließt sich ein gemeinsames Finale beider Klassen an, der eigentliche Große Preis der Schweiz über 30 Runden bzw. 218,4 Kilometer. Statt der auf dem Bremgartenkurs üblichen Renndauer von knapp zweieinhalb Stunden am Stück muß sich jetzt jeder Starter im Grunde nur noch auf zwei Sprintrennen konzentrieren, von denen das eine obendrein bloß für die Startaufstellung des anderen zählt. Statt taktischem Kalkül ist bei Mercedes-Benz von Anfang an Vollgas angesagt. Denn für Lang und Caracciola ist klar: Egal, ob nach altem oder neuen System gewertet wird – nur ein Sieg im Finale über 30 Runden bringt die Europameisterschaft. Für die Konkurrenz bei der Auto Union gilt: Müller braucht nach der neuen Regelung mindestens Platz zwei. Bleibt es beim alten Wertungsmodus, reicht sogar der vierte Rang.

Am Rennsonntag gewinnt Lang den Vorlauf der großen Rennwagenklasse vor Caracciola und von Brauchitsch. Nuvolari ist als vierter der Bestplazierte des Auto-Union-Quartetts, dessen Resultate unter den Folgen falscher Reifenwahl leiden. Europameisterschaftsaspirant Müller kommt nur auf Rang sieben ins Ziel des Vorlaufes. Zitieren wir Karl Kudorfer, seit Jahresanfang bei der Nachrichtenabteilung der Auto Union, zuvor aber von 1935 bis 1938 Pressefachmann der Daimler-Benz AG. Er gibt am Abend des 20. August per Telefon folgenden Bericht nach Zwickau durch: »Schon im ersten Lauf waren sämtliche MB-Fahrer einwandfrei schneller als die AUTO UNION-Fahrer. [...] Recht auffallend waren die Reifendefekte an den AUTO UNION-Wagen. Wir hatten nämlich auch zum Rennen die gleichen 19-Zoll-Reifen verwendet wie beim Training, nachdem sie sich durchaus bewährt hatten. Trotzdem es aber heute nicht so heiß war und die Reifen auch nicht abgenutzt waren, flogen plötzlich von den Protektoren einzelne Stücke heraus, was sowohl der Firma Continental wie auch uns selbst unerklärlich war. MB und die übrigen fuhren 22-Zoll-Reifen. Nach dem ersten Vorlauf begann es zu regnen und auf Grund der eingetretenen Reifendefekte entschloß sich die AUTO UNION ebenfalls, soweit als möglich 22-Zoll-Reifen zu verwenden. Da jedoch nicht genügend gesommerte 22-Zoll-Reifen vorhanden waren, konnten dieselben nur den Wagen von Stuck und Nuvolari aufmontiert werden.«[323]

Nur zwei eingefahrene, also »gesommerte«, 22-Zoll-Regenreifengarnituren stehen der Auto Union für den entscheidenden Finallauf in Bern zur Verfügung: Wieso wird nicht einer dieser beiden Reifensätze auf den Wagen von Titelkandidat Müller aufgezogen? Nuvolari ist die Nummer eins im sächsischen Rennstall mit entsprechender Vertragsgarantie und auf dem Bremgartenkurs ohnehin der schnellste Mann bei der Auto Union. Und Hans Stuck? Nun, der genießt Vorzugsbehandlung aufgrund seiner politischen Freunde von der SS. Das braucht der gewiefte Karl Kudorfer nicht eigens zu erwähnen. Das mag er wohl aus eigener Erfahrung wissen. Schließlich ist Kudorfer seit dem 23. Januar 1923 Mitglied der NSDAP und hat von 1931 bis 1934 während eines beruflich bedingten Auslandsaufenthaltes in Griechenland sogar als Ortsgruppenleiter NSDAP-Athen firmiert.

Verweisen wir an dieser Stelle auf eine Aktennotiz vom 28. Juli 1939, wo in einer internen Besprechung der Auto-Union-Rennabteilung mit Direktor Werner die Fahrer für den Einsatz beim Großen Preis der Schweiz nominiert werden. Feuereissen schlägt für den Fall, »daß nur drei Wagen fertiggestellt werden können [...] aus sachlichen Gründen die Mannschaft Nuvolari – Müller – Hasse vor, Herr Dir. Werner entscheidet dagegen, daß mit Rücksicht auf die seitens des Reichsführers SS geäußerten Wünsche, denen sich die A.U. nicht entziehen kann, in diesem Falle Nuvolari – Stuck – Müller starten.«[324]

Beim eigentlichen Hauptlauf stürmt Lang sofort an die Spitze, während Caracciola im Regen rundenlang hinter dem kleinen Alfa Romeo Farinas festhängt. Als »Caratsch« endlich ein Überholmanöver glückt, ist Lang auf der Hut und pariert die Attacken seines Stallkollegen. Auf abtrocknender Piste werden die Rundenzeiten immer schneller, Caracciola läßt nicht locker, der sonst so allmächtig auftretende Rennleiter Neubauer macht keine Anstalten, die beiden Rivalen durch Stallregie einzubremsen. Kein Signal aus der Boxengasse, kein Zeichen, die Positionen zu halten und das Rennen sicher nach Hause zu fahren. Nein, Caracciola soll seine Chance bekommen, mit einem Sieg wieder

Europameister zu werden[325] – sofern denn das richtige Wertungssystem zur Anwendung kommt. Hinter dem führenden Mercedes-Trio Lang-Caracciola-Brauchitsch hat sich Müller auf den vierten Platz vorarbeiten können. Obwohl er beim Start eine unfreiwillige 360°-Pirouette auf dem regennassen Kopfsteinpflaster vorgeführt und sich infolgedessen einen gewaltigen Rückstand eingefahren hat. Oder ist der gute Mann alsbald von seinen enteilten Auto-Union-Kollegen einfach durchgewunken und vorbeigelassen worden?[326]

Und so kämpfen die Rennfahrer und ihre Strategen auf der Strecke, an den Boxen und hinter den Kulissen verbissen um entscheidende Positionen für theoretische Titelehren. Ohne jedoch wirklich sicher sein zu können, was die europäischen Rennfunktionäre später am grünen Tisch entscheiden werden. Lang jedenfalls läßt sich auf keine Spielchen ein, hält Caracciola mit oder ohne Erlaubnis knapp auf Distanz und gewinnt das Rennen, während Müller eisern Platz vier bis ins Ziel verteidigt.

So endet der vierte und letzte zur Europameisterschaft 1939 zählende Grand Prix, ohne daß der Name des Titelträgers benannt werden kann. Hermann Lang oder Hermann Paul Müller? Schon die zeitgenössische Presse ist sich dieses Dilemmas bewußt. Ausländische Zeitungen thematisieren die Problematik. Nur den Schriftleitern im Großdeutschen Reich wird am 19. August, also bereits am Vortag des Schweizer Grand Prix, auf der tagtäglichen Reichspressekonferenz untersagt, entsprechende Betrachtungen über den neuen Europameister anzustellen, »da die Frage der Punktwertung noch umstritten ist«.[327] Bemerkenswert, daß elf Tage vor dem deutschen Überfall auf Polen die NS-Zensur selbst auf dem Gebiet des Rennsports Sprachregelungen erteilt. Doch nach dem 1. September 1939 hat die Welt dann ohnehin ganz andere Sorgen. Die Herbsttagung der AIACR in Paris findet kriegsbedingt nicht mehr statt. Weder über Änderung oder Beibehaltung des Punktesystems bei Grand-

Prix-Rennen beschließt die dafür allein zuständige Vereinigung der anerkannten Automobilclubs, noch vergibt diese den Titel eines Europameisters. Sowohl Müller als auch Lang gehen also leer aus. Was indes die NS-Rennsportfunktionäre nicht ruhen läßt. So sang- und klanglos soll die Saison der einmal mehr überlegenen deutschen Silberpfeile dann doch nicht ad acta gelegt werden.

Adolf Hühnlein höchstpersönlich fällt die Entscheidung, wer Europameister wird, und ernennt bei der Herbstsitzung der ONS in Berlin Hermann Lang zum neuen Titelträger. Offiziell verkündet wird das einige Tage später per schriftliche Mitteilung, die am 30. November 1939 in der deutschen Tagespresse veröffentlicht wird. Daß Lang *par ordre de Nazi* Europameister geworden ist, stört bei der Daimler-Benz AG damals niemanden. Hat er nicht ohnehin die meisten Rennen gewonnen? Daß Hühnlein – und wohl auch die Mehrzahl der anderen ONS-Funktionäre – bei sportlichen Entscheidungen im Zweifelsfall die Interessen des Untertürkheimer Konzerns stärker berücksichtigen als die des Konkurrenzunternehmens aus Sachsen, hat Tradition.

Mehr als sechs Jahrzehnte nach dieser bemerkenswerten Titelvergabe bekundet die hochbetagte Rennfahrerwitwe Mariele Müller: »Wir sind betrogen worden.«[328] Doch damals, im Herbst 1939, hat sich niemand beschwert. Weder Hermann Paul Müller samt Ehefrau noch die Direktion der Auto Union. Wozu auch? Hühnlein hat die Europameisterschaft aus eigener Machtvollkommenheit verliehen. Da brauchte es weder Begründungen noch Punktewertungen. Übrigens: Neben der größeren Zahl an Rennsiegen hat es NSKK-Staffelführer Lang damals auch auf einen deutlich höheren Dienstrang gebracht als NSKK-Truppführer Müller – und er gehörte obendrein der NSDAP an. Noch Fragen?[329]

Es ist Sonntagnachmittag, der 3. September 1939, der dritte Tag nach dem deutschen Überfall auf Polen. Die beiden konkurrierenden Rennmannschaften von Daimler-Benz und Auto Union weilen noch immer auf Einladung des Automobilclubs des Königreiches Jugoslawien in Belgrad, um ein Rennen zu fahren. Bereits am Dienstag sind die LKW aus Untertürkheim eingetroffen, erst am Mittwochabend die der Rivalen aus Zwickau. Zwei Mercedes-Benz und zwei Rennwagen der Auto Union werden für Training und Rennen vorbereitet. Es wird in diesem Jahr die letzte Startmöglichkeit für die Silberpfeile bleiben. Grand-Prix-Rennen sind ein Auslaufmodell.

Am Donnerstag beginnen die ersten Trainingsläufe auf dem knapp drei Kilometer langen Kurs durch die Belgrader Innenstadt. Hermann Lang fährt Bestzeit, Manfred von Brauchitsch folgt vier Zehntel dahinter. Hermann Paul Müller hat weitere neun Zehntel Rückstand. Tazio Nuvolari, der Fahrer des zweiten Auto-Union-Rennwagens ist noch nicht eingetroffen.

Am Freitag drahtet der Korrespondent des *Neuen Tagblattes* nach Stuttgart: »Die in Belgrad weilenden deutschen Rennmannschaften [...] erhielten in den heutigen frühen Vormittagsstunden durch den deutschen Rundfunk Kenntnis von den neuesten politischen Ereignissen in der Heimat und hörten im Gemeinschaftsempfang die Worte des Führers.«[330] Seit 5.45 Uhr wird zurückgeschossen. Deutschland ist im Krieg mit Polen.

Sollen die deutschen Rennställe ihre Zelte abbrechen und die Heimreise antreten? Wie immer bei Auslandseinsätzen ist das NSKK mit einer stattlichen Anzahl von Funktionären vertreten. Die holen von der deutschen Gesandtschaft die Anweisung ein, »mit Rücksicht auf die freundschaftlichen Beziehungen mit Jugoslawien« zu bleiben. Am Freitagnachmittag drehen die Rennwagen wieder ihre Trainingsrunden. Nur Nuvolari ist immer noch nicht aufgetaucht.

Auch am Samstag wird weitertrainiert. Wobei der offizielle Bericht der Auto Union akribisch vermerkt, daß Mercedes-Benz-Fahrer von Brauchitsch noch »betrunken vom Vorabend« seine Runden in alkoholisiertem Zustand absolviert habe. Indessen ist Nuvolari am Morgen doch noch per Zug in Belgrad eingetroffen.

Am Sonntag, dem 3. September 1939, fehlt von Brauchitsch beim Frühstück im Hotel. Der Rundfunk hat inzwischen die englische Kriegserklärung an das Deutsche Reich verkündet. Rennleiter Neubauer fährt zielsicher zum Belgrader Flugplatz und verhindert den Abflug seines Fahrers in die Schweiz. Von Brauchitsch kehrt an die Rennstrecke zurück.

Kurz vor 17 Uhr Ortszeit rollen alle vier deutschen Wagen wie vorgesehen an den Start. Mit dabei ist nur noch ein weiterer Teilnehmer, der jugoslawische Hobbyrennfahrer Milenkovic, der mit seinem alten Bugatti das 50-Runden-Rennen schließlich mit 19 Runden Rückstand als letzter beenden wird.

Noch einmal hetzen sich die deutschen Konkurrenten erbarmungslos. Ein hochgewirbelter Stein durchschlägt die Rennbrille von Lang, dessen Wagen übernimmt Ersatzfahrer Bäumer. Von Brauchitsch im zweiten Mercedes-Benz wird von den beiden Auto-Union von Nuvolari und Müller gejagt, dreht sich von der Strecke, nimmt seinerseits wieder die Verfolgung auf. Nach 65 Minuten ist das Spektakel vorbei. Nuvolari siegt vor von Brauchitsch. Doch auch auf der Rennstrecke herrscht Krieg: Mercedes-Benz will gegen die Wertung Protest wegen eines angeblichen Regelverstoßes beim Boxenstopp, von Nuvolari einlegen, Auto Union droht mit Gegenmaßnahmen und beschuldigt von Brauchitsch, »unerlaubte Hilfe« angenommen zu haben. Erst am späten Abend herrscht wieder Frieden zwischen den Konkurrenten, auch auf Druck der Funktionäre. Aber noch Tage später wechseln die Rennabteilungen der beiden Konzerne in dieser Angelegenheit sogar Briefe mit NSKK-Führer Hühnlein. Kleingeist, Egoismus, Ehrgeiz, Eitelkeit und Rechthaberei – bis zum bitteren Ende.

So klingt die kurze Silberpfeil-Ära der dreißiger Jahre aus. Jetzt herrscht Krieg. Grand-Prix-Rennen finden nicht mehr statt. Und die Wagen aus Untertürkheim und Zwickau werden nie mehr gegeneinander antreten. Auch wenn beide Rennabteilungen noch bis in das Jahr 1941 Subventionen von den Nazis erhalten.

Dichtung und Wahrheit

Sie wären alle noch so gerne weitergefahren, auch in Kriegszeiten. Direktor Sailer berichtet am 11. Januar 1940 »streng vertraulich« an den Vorstand der Daimler-Benz AG über eine Besprechung zwischen Vertretern von Mercedes-Benz, Auto Union und Alfa Romeo mit Adolf Hühnlein, dessen Adlatus von Bayer-Ehrenberg und deren italienischen Pendants Furmanik und Filippini in Meran. Ein gemeinsamer »Sport-Terminkalender 1940« wird erstellt, der auch Grand-Prix-Rennen in Monza und auf dem Großdeutschlandring vorsieht. Laut Hühnlein legen Hitler und von Ribbentrop größten Wert darauf, »trotz Krieg auch den Sport zu betreiben«.[331] Selbst Devisen würden dafür frei gemacht, der Reichsaußenminister regt an, Rennen in der Slowakei, im Protektorat Böhmen und Mähren, in Ungarn, Jugoslawien und Rumänien durchzuführen. Die Schweiz und Belgien kämen »wegen politischer und wirtschaftlicher Lage« leider nicht in Frage, ebenso Schweden, trotz anfänglicher »Geneigtheit«. Sailer bleibt skeptisch, wenn nicht genügend Geld fließe und mehr neue Wagen gebaut würden, könne man »unter Umständen alle die guten Erfolge der letzten Jahre mit einem Schlag auswischen«. Wilhelm Kissel entscheidet auf Wunsch von Hühnlein am 24. Januar 1940 dann doch, die Vorbereitungen aufzunehmen, ordnet sich am 15. März allerdings dem strikten Sparkurs unter, den Hühnlein zwei Tage zuvor gegenüber den am Rennsport beteiligten Konzernen angemahnt hat. So wie sich der Direktor der Daimler-Benz AG auch ganz anderen Zumutungen des NS-Regimes gebeugt hat. Wilhelm Kissel gehörte nicht von ungefähr der NSDAP und der SS an, selbst wohlwollende Historiker wie Neil Gregor sind nicht umhingekommen, ihm »eine gewisse Sympathie für das Regime und seine Ideologie«[332] zu attestieren. Tatsache ist aber auch, daß sich Wilhelm Kissel am 18. Juli 1942 das Leben genommen hat. Ob allein aus Verzweiflung über den Soldatentod seines Sohnes oder auch aus anderen Gründen muß Spekulation bleiben.

Der Verlauf des Krieges beendet ohnehin bald alle Planungen für weitere Einsätze der Silberpfeile. Das letzte Rennen mit deutscher Beteiligung findet am 28. April 1940 statt. Das NSKK beschickt gemeinsam mit der BMW AG die Mille Miglia, die auf einem Rundkurs bei Brescia ausgetragen wird. Der BMW-Mannschaft aus NSKK-Männern gehört außer dem italienischen Grafen Lurani auch SS-Hauptsturmführer Fritz Huschke von Hanstein an. Eine politische Entscheidung, denn die SS, die zuvor von Hansteins Renneinsätze in einem schwarzlackierten BMW 328 mit dem Kennzeichen SS-333 unterstützt hat, will bei dem spektakulären Auslandseinsatz gebührend vertreten sein. Der 29jährige Baron gewinnt im silbernen Werks-BMW-Coupé tatsächlich die Mille Miglia, überläßt aber kurz vor Rennende seinem NSKK-Kameraden Walter Bäumer das Lenkrad des 328er Sportwagens. Aus »Erschöpfung« oder weil auch Hühnleins Korps am Sieg beteiligt sein will? Auf von Hansteins Rennoverall prangen tatsächlich die SS-Runen, bei Bäumer helfen die Fotoretuscheure beim Siegerbild später nach und verpassen der Rennmontur des Co-Piloten ein prächtiges NSKK-Abzeichen.

Walter Bäumer kommt am 29. Juni 1941 bei einem Autounfall ums Leben, wir werden aber Huschke von Hanstein bald nach 1945 wieder auf den Rennstrecken in aller Welt antreffen. Wie so viele andere aus der einstigen Motorsportszene der NS-Zeit. Mit Glück, Geschick und der Hilfe von guten Freunden hat der größte Teil der in den Automobilrennsport involvierten Herrschaften den Zweiten Weltkrieg überlebt. Auch Huschke von Hanstein, der den jungen Ferry Porsche persönlich kennt. Man hatte Spaß an Technik, an Rennen und schnellen Autos, gehörte zufälligerweise auch der SS an. Der ehemalige Auto-Union-Rennleiter Dr. Feuereissen schreibt noch eine Empfehlung, und so landet von Hanstein 1950 bei Porsche in Stuttgart-Zuffenhausen. Der nach wie vor Rennen fahrende Baron macht den kleinen 356er Sportwagen auf VW-Basis in den »besseren« Kreisen bekannt, bald gilt es als chic, einen Porsche zu fahren. Der überaus sympathische und joviale von Hanstein steigt weltweit zum geschätzten Repräsentanten des deutschen Motorsports auf, übernimmt nach seiner Tätigkeit als Porsche-Rennleiter auch führende Verantwortung im Automobilclub von Deutschland AvD und beim Automobilweltverband.

Daß sich in Zuffenhausen auch noch andere ehemalige Kameraden treffen, wird erst publik, als der frühere Oberbannführer der Waffen-SS, Joachim Peiper, seinen 1957 bei der Porsche AG angetretenen Arbeitsplatz auf öffentlichen Druck hin wieder verlassen muß. Peiper gehörte ehedem dem persönlichen Stab Himmlers an, war zeitweise Kommandant an der Ostfront, wurde nach dem Krieg wegen Verantwortung für ein Massaker an belgischen Zivilisten im Gefolge der Ardennenoffensive beim sogenannten Malmedy-Prozeß zum Tode verurteilt. Die Strafe wurde dann jedoch in lebenslängliche Haft umgewandelt, ehe Peiper 1956 vorzeitig entlassen wurde und bei Porsche unterkam. Aus den Zeiten der NS-Diktatur haben sich bemerkenswerte Netzwerke und Freundschaften erhalten, überall in der deutschen Nachkriegsgesellschaft. Auch und gerade im angeblich doch so völlig unpolitischen Rennsport. Man hat halt nur die Pferde gewechselt.

Der große Rennsport mit Automobilen war vor den Nazis etwas Elitäres, ist während der NS-Diktatur popularisiert worden und kehrt nach 1945 wieder in die Hände der »besseren Kreise« zurück. Und alle sind sie sauber geblieben. Einer der besten Freunde von Hansteins ist Paul Fürst von Metternich. Der Grande von Spanien, Duca de Portella, Conde de Castillejo, Graf von Königswart, Herr und Landmann in Tirol und Großprior von Deutschland des Lazarus-Ordens hat für Franco im spanischen Bürgerkrieg gekämpft, war vor Madrid und auch bei der Einnahme von Toledo und Barcelona mit dabei gegen die kommunistische Gefahr.[333] Metternich hat auch den Zweiten Weltkrieg überstanden, beginnt Rennen zu fahren, wird AvD-Präsident und schließlich Chef des Automobilweltverbandes FIA. Dessen heutiger Präsident heißt übrigens Max Mosley, Rechtsanwalt, ehemaliger Formel-1-Rennstallbesitzer – und Sohn des britischen Faschistenführers Sir Oswald Mosley.

Zufälle? Alles konstruiert? Oder lockt der Rennsport nicht eben doch auch ganz besondere Freunde von Kampf, Nervenkitzel und Draufgängertum an? Der ehemalige Auto-Union-Werksrennfahrer Paul Pietsch begründet 1947 sein späteres Verlagsimperium, die Motorpresse Stuttgart, mit einer Automobilzeitschrift – und veröffentlicht mit großem Erfolg Bücher über Rennsport, vor allem aber über den Zweiten Weltkrieg. Titel wie »Holt Hartmann vom Himmel« und andere Erinnerungen an Kriegshelden und ihre Schlachten zu Wasser, zu Lande und in der Luft.

Nach 1945 geht alles ganz schnell weiter. Muß es wohl auch. Versäumte Jahre. Verdrängte Fragen. Und schon ein Jahr nach Kriegsende werden sie in Deutschland wieder Rennen organisieren. Trotz Benzinrationierung, Fahrverboten und alliierten Argwohns. Und man sucht auch bald nach neuen Rennstrecken, denn das Publikum kommt wieder in Scharen, um Ablenkung vom Nachkriegsalltag zu suchen. In Nürnberg wird am 18. Mai 1947 das ehemalige Reichsparteitagsgelände für ein Motorradrennen genutzt, als Werbemöglichkeit für die wiederaufstrebende Zweiradindustrie in Franken. Als »Norisring« bleibt der Kurs bis heute in Gebrauch.

Viele der großen Rennhelden von einst sind hier und andernorts wieder mit dabei. Stuck, von Brauchitsch, Meier, Müller – und auch Hermann Lang, der allerdings noch immer in einem Entnazifizierungsverfahren traktiert und schließlich in die Gruppe der »Mitläufer« eingereiht wird. Am 26. Mai 1948 verurteilt ihn die Spruchkammer 5 in Stuttgart zur Zahlung einer Geldbuße von 1000 Mark als »Sühnemaßnahme«.[334]

Am 30. Juli protestiert der Rennfahrer gegen diesen Bescheid, »da ich nicht einsehen kann, warum man im Grunde für sehr schnelles Auto- und Motorradfahren auf Rennen – die eigentliche Ursache meiner Beförderungen ehrenhalber – verurteilt werden soll«. Die Mühlen der Justiz mahlen langsam. Die Vollstreckungsbehörde bei der Zentralspruchkammer Nordwürttemberg teilt Lang am 2. Juni 1950 mit, den Sühnebetrag auf 219,45 DM zu reduzieren, zahlbar ab 1. Juli 1950 in Monatsraten zu 50 DM und einer Schlußrate von 69,45 DM: »Unter Berücksichtigung der geringen politischen Belastung und der erlittenen Verluste des Betroffenen stellen die Verfahrenskosten eine Härte dar. In gerechter Abwägung der vorliegenden Umstände erschien es daher gerechtfertigt, die Kostenschuld zu ermäßigen und Ratenzahlung zu gewähren.«

Langs ehemaliger Rennleiter Alfred Neubauer ist am 29. Dezember 1947 von der Spruchkammer Stuttgart-Nord ebenfalls unter die Rubrik »Mitläufer« eingeordnet und zu einer Geldbuße von 100 RM verurteilt worden. Neubauer wehrt sich am 11. Februar 1948 mit ausführlichem Schriftsatz gegen diesen Bescheid.[335] Seine Beförderung zum NSKK-Oberscharführer sei »ehrenhalber« erfolgt und »hatte ihren Grund nur darin, daß sich der Werksturm des NSKK der Daimler-Benz AG, zu dem ich ohne meinen Willen als förderndes Mitglied eingereiht wurde, bemüßigt fühlte, meine Leistungen als Rennleiter unserer jahrelang siegreichen Mannschaft besonders anzuerkennen«. Die Spruchkammer 6 in Stuttgart korrigiert daraufhin am 5. April 1948 tatsächlich den Bescheid und stellt das Verfahren gegen Neubauer ein. Der ehemalige Mercedes-Benz-Rennleiter kehrt wieder an seinen angestammten Arbeitsplatz zurück. Wie auch all die anderen Hauptdarsteller von Hitlers Rennschlachten. Anläßlich einer Tagung des Motorpresse-Clubs vom 8. bis 10. März 1949 auf Einladung der Goetze-Werke in Burscheid bittet Neubauer Direktor Haspel, doch noch mal wieder »Sieg – Rekord – Meisterschaft«, den letzten Rennfilm der Daimler-Benz AG aus der NS-Zeit, zeigen zu dürfen, »in Auslandsfassung in dieser geschlossenen kleinen Gemeinde«,[336] zu der wie vor 1945 die Herren Bretz, Doerschlag, Rosemann und Kollegen gehören. Es hat sich nichts geändert. »Ich habe auch erfahren, daß besonders in der englischen Zone viele Sportfilme mit nationalsozialistischem Hintergrund ohne irgendwelche Kritik vorgeführt wurden, da ja ein Zeitgeschehen nicht ausradiert werden kann«, schreibt Neubauer am 1. März 1949 an Haspel.

Der ehemalige Schriftleiter und emsige Journalist Hans Bretz, der 1937 im Rückblick auf zehn Jahre Nürburgring noch begeistert daran erinnerte, daß »im Jahre 1933 durch die befreiende und erlösende Tat des Führers der deutsche Kraftfahrsport eine Förderung erfuhr, die mit einem Schlage alle Hemmnisse beseitigte, mit denen er bis dahin zu kämpfen hatte!«, und dabei lobte, daß »aus der Vielzahl der Klubs [...] ein einziger Klub gebildet [wurde]: der Deutsche Automobil-Club (DDAC)«,[337] wird 1949 erst Vize-Präsident des wiedergegründeten ADAC und amtiert schließlich unangefochten von 1964 bis zu seinem Tod 1972 als Präsident des mächtigsten deutschen Automobilclubs. Bretz stilisiert nun die Arbeit des ehedem gleichgeschalteten ADAC als »zweifellos gewollte Demonstration gegen das selbstherrliche und parteibetonte Auftreten des NSKK in der nationalen und internationalen Kraftfahrt«.[338]

Fünfzehn Jahre zuvor hat derselbe Hans Bretz im Auftrag der Daimler-Benz AG ganz andere Lobeshymnen über die NS-Sportpolitik verbreitet, »die, stets aufs höchste Ziel gerichtet, immer neue und größere Leistungen versuchte und erreichte! Es ist das Verdienst des Führers des deutschen Kraftfahrsports, Korpsführer Hühnlein, diese inneren und äußeren Voraussetzungen geschaffen zu haben, einmal durch die Bereinigung des deutschen Klubwesens, die in der Schaffung des Deutschen Automobil-Clubs ihren beredten Ausdruck fand, sodann und vor allem in der konzentrierten Machtfülle, die sich das von ihm geführte Nationalsozialistische Kraftfahrkorps erobert hat. Bei den Männern des Korps ist der Motorsport nicht mehr in erster Linie persönliches Erfolgsstreben, vielmehr ein niemals ruhender Kampf um Erfolg und Ehre der Nation!«[339]

Ein anderer Kämpfer für den deutschen Rennsport und den Nürburgring taucht bis heute in den Reihen der Ehrenbürger von Ahrweiler auf: NSKK-Führer Adolf Hühnlein. Die Auszeichnung wurde Hühnlein offiziell nicht aberkannt, teilt eine Website des Vereins Alt-Ahrweiler mit, »da eine Ehrenbürgerschaft laut Satzung mit dem Tode erlischt«.

8.
Epilog

14. November 1998. Ein naßkalter Samstag. Die Zeit läuft gegen uns. Eine Stunde haben wir für unsere Fernsehaufnahmen. Höchstens. Auch wir werden ihn nicht zu fassen kriegen, bekommen aber wenigstens noch ein Interview, während sich im Werk Untertürkheim alles für *STARS & CARS* rüstet. Es gilt, Mika Häkkinens ersten WM-Titel im neuesten Silberpfeil zu feiern. Draußen wird das V10-Triebwerk im McLaren lautstark auf Temperatur gebracht. Und drinnen betritt die Legende das Konferenzzimmer. 93 Jahre ist Manfred von Brauchitsch. Der letzte Überlebende einer fernen Epoche. Ein kleiner alter Herr, der sehr laut und pointiert redet und immer noch glaubt, daß er damit jeden beeindrucken kann. »Die Rennerei damals und heute ist überhaupt nicht zu vergleichen«, beginnt er in einem Anklang von Offizierston zu dozieren: »Es ist was anderes. Es handelt sich noch immer um vier Räder, um ein Auto und Schnelligkeit, aber die Verbindung zwischen Fahrer und Fahrzeug ist eine vollkommen andere. Mit welcher Energie und welchem Krafteinsatz wir die schweren Wagen, das Lenkrad, den Schalthebel bewegen mußten. Na, es mußte ja auch von irgendwoher kommen, daß wir nach dem Rennen immer blutige Hände hatten.«

Und einmal warm geredet, sprudelt die Quelle in überschäumender Begeisterung: »Wir haben uns immer gesagt, entweder du fliegst raus oder du fliegst nicht raus, aber wann sind wir bei den Rennen eigentlich mal nicht rausgeflogen?« Zumindest Manfred von Brauchitsch ist zeit seines Lebens immer wieder auf die Füße gefallen. Ein altersweises Stehaufmännchen, das aus blauen Augen strahlt: »Wissen Sie, ich war immer ein Springer, ich habe sieben Lebensepochen übersprungen. Kaiserreich, Erster Weltkrieg, Weimarer Republik,

Nazizeit, Zweiter Weltkrieg, Bundesrepublik, DDR.« Fast alle seine Kameraden von einst hat er überlebt. Und sehr viele davon vor den Kopf gestoßen. Aber was zählt das noch, jenseits von 90 Jahren? Von Brauchitsch hat das Privileg, sich am Ende eines langen Lebens noch selbst als Legende inszenieren zu können. Arbeit am Mythos. Am Ende dann doch wieder im Dienste des Sterns von Untertürkheim. Wie war das damals beim Eifelrennen am 3. Juni 1934? Der W25 brachte statt der zulässigen 750 Kilogramm vier Pfund zuviel auf die Waage. Kein Start am Nürburgring? Da wären sie ja die Lackierten gewesen, soll von Brauchitsch am Vorabend des Rennens gesagt haben. Und dann wurde des Nachts die weiße Rennfarbe abgeschmirgelt und tags darauf sogleich gewonnen. Merkwürdig nur, daß keiner von den zeitgenössischen Berichterstattern etwas von dieser Geburt der Silberpfeile mitbekam. Nicht einmal der redselige von Brauchitsch hat es in seinen früheren Biographien für nötig befunden, diese doch außerordentliche Begebenheit zu erwähnen. Selbst ehemalige Mechaniker der Daimler-Benz AG äußern öffentlich Zweifel. Ein Sakrileg. Am Ende mag sich von Brauchitsch lieber für die Legende entschieden haben. Und so kratzen die Mercedes-Benz-Monteure und Haushistoriker bis heute noch den weißen Lack vom Silberpfeil.

Mit einer anderen Legende hat er allerdings aufgeräumt. Nein, der »ewige Pechvogel« ist er wirklich nicht gewesen. In den schnellsten Rennwagen der Epoche am großen Lenkrad drehen zu können, das war ein Privileg, von dem jeder damals geträumt und von dem er bis zum Lebensende gezehrt hat: Caracciola war erfolgreicher, Rosemeyer das absolute Fahrgenie, Lang der lästige Aufsteiger und unangenehm schnelle Konkurrent, Stuck der Grandseigneur. Aber spätestens dann kam Manfred von Brauchitsch. Überlebt hat er sowieso alle und dazu bei vielen Gelegenheiten Erste Preise gewonnen: AVUS-Rennen 1932, Eifelrennen 1934, Monaco 1937, Reims 1938. Immer noch eindrucksvoll genug, auch wenn die meisten Schlagzeilen von seinen grandiosen Niederlagen kündeten: Kann man den Großen Preis von Deutschland auf dem Nürburgring dramatischer verlieren als 1935 gegen Nuvolari? Mit zwei Reifenplatzern auf den letzten Kilometern? Nichts ist unmöglich: 1938 gibt es eine nicht minder spektakuläre Variante mit Fahrzeugbrand beim Boxenhalt, tollkühner Weiterfahrt samt endgültigem Abflug auf der Jagd nach Seaman. Hat sich der Bajonettverschluß am Lenkrad des W154 damals etwa doch gelöst? Fragen über Fragen, aber wen interessieren heute noch die Antworten? Selbst wenn sie dieses Mal stimmen sollten?

»Wir waren froh, daß das mit unseren Rennwagen immer so klappte und wir wieder das nächste Rennen fahren konnten. Aber das war eine der vielen kleinen Täuschungen damals«, sinniert die Legende: »Man ließ sich von einer kleinen Clique etwas diktieren. Leute, die sich wie Clowns anzogen, mit Schleifen, Reitstiefeln, schwarzen oder braunen Breeches-Hosen. Diese Welt war mir zu unaufrichtig.« Doch mit jedem Erfolg machte er auch das NS-Regime ein Stück populärer. Vielleicht unbeabsichtigt. Aber es lebte sich ganz gut. Und mit den Erfolgen kamen die Beförderungen. Am Ende war er NSKK-Sturmführer.

»Ich habe mich nie politisch bewegt und beteiligt«, sagt von Brauchitsch auch über die Jahre in der DDR. »ich hab' vielleicht auch ein wenig gelogen. Aber im Grunde war ich immer ehrlich.« In Ostdeutschland wurde er zur gefragten Person. Das, was er nach 1945 im Westen bald nicht mehr war. Seine Comeback-Versuche als Rennfahrer scheiterten, das Amt des AvD-Sportpräsidenten blieb Episode. Dafür bahnten sich Kontakte in die DDR an. Beim »Rennkollektiv Johannisthal« gab es Testfahrten, dann Besuche bei den DDR-Skisportmeisterschaften in Oberhof – und schließlich fungierte von Brauchitsch als westdeutscher Repräsentant für die Vorbereitung der kommunistischen Weltjugendfestspiele 1951 in Ost-Berlin. Die Kontakte zur SBZ wurden intensiver, er unterzeichnete SED-Aufrufe gegen die Remilitarisierung Deutschlands. Im Ostberliner Verlag der Nation erschien seine Biographie

Kampf um Meter und Sekunden, für die er angeblich auf Veranlassung Walter Ulbrichts 75 000 DM West erhalten hat.

»Mit Vollgas in die falsche Kurve«, titelt die Presse in der Bundesrepublik. Am 8. Mai 1953 wurde von Brauchitsch in seiner Villa am Starnberger See wegen Verdachts der Vorbereitung zum Hochverrat verhaftet: »Wenn man mich heute danach fragt, dann ist der Weg, der mich in die Einzelzelle in Stadelheim führte, schon sehr interessant. Ich habe das bewußt erlebt. Es war für alle, auch meine Wächter, unerfindlich, weshalb ich da einsaß.« Auf Ehrenwort kam er nach monatelanger Haft wieder frei, doch vor Beginn seines Prozesses setzte sich von Brauchitsch in die DDR ab. Im Westen wurde daraus »Der Fall Brauchitsch«, zumal seine erste Ehefrau Gisela sich das Leben nahm.

Ohne Kampf, kein Sieg hieß seine zweite Autobiographie, die in der DDR erschien. Noch immer ein lesenswertes Stück Zeitgeschichte, gerade im Vergleich zu Neubauers Anekdotensammlung. Die Legende lächelt geschmeichelt. Die kürzeste Verbindung zwischen zwei Punkten ist die Gerade. Aber Kurven sind interessanter. Im Rennsport wie im Leben. »Ich hatte immer einen Sinn für Gerechtigkeit«, hebt er noch einmal an. Doch die Zeit für unser Fernsehinterview ist längst abgelaufen. Manfred von Brauchitsch wird dringend für den Empfang mit Mika Häkkinen und David Coulthard benötigt. Aus und vorbei. Schnell werden noch ein paar Autogramme gegeben. Eine letzte Frage bitte noch: Wie war das beim Großen Preis von Belgrad 1939, seinem letzten Rennen in einem Silberpfeil, drei Tage nach dem deutschen Überfall auf Polen? Als sie ihn kurz vor dem Start noch aus einem Flugzeug herausholten, das in Richtung Schweiz starten sollte. »Nun, mein Freund Rudolf Caracciola wohnte doch in der Schweiz.« Und dann kommen die Herren von der Mercedes-Benz-Presseabteilung. Eine Frage noch, schnell: »Herr von Brauchitsch, hat sich's gelohnt …?« Aber zu spät, die Zeit ist vorbei. Da holen sie ihn und seine Legende ab. Aufs Podium, zu Mika und David.

Am 5. Februar 2003 ist Manfred von Brauchitsch an seinem Wohnsitz in Gräfenwarth im Alter von 97 Jahren gestorben. Fünf Tage später erschienen in der *FAZ* zwei bemerkenswerte Todesanzeigen. Zur Linken der letzte Gruß seiner zweiten Ehefrau Lieselotte an den Sportfunktionär und Motorsportler: »Ein Kämpferherz hat aufgehört zu schlagen. [...] Seine Leistungen als Automobilrennfahrer und sein Wirken für die Friedensidee des Sports werden unvergessen bleiben.« Genau daneben, auf der rechten Hälfte der Zeitungsseite, hat die DaimlerChrysler AG im selben Format ihre Anzeige geschaltet: »Manfred von Brauchitsch war ein prägendes Mitglied der Mercedes-Benz-Rennmannschaft der Silberpfeil-Ära in den dreißiger Jahren, der mit seinem Können und seinem begeisterten Einsatz entscheidend zum Erfolg der legendären Silberpfeile beitrug. [...] Manfred von Brauchitsch wird uns als außergewöhnlicher Rennfahrer unvergessen bleiben.«

Die Wahrheit liegt irgendwo zwischen diesen beiden Todesanzeigen – und das gilt nicht allein für Manfred von Brauchitsch, sondern für all die anderen großen und kleinen Helden von Hitlers Rennschlachten.

Anhang

Anmerkungen

1 Alfred Neubauer, *Männer, Frauen und Motoren*, Hamburg 1958; Alfred Neubauer, *Herr über 1000 PS. Erinnerungen des Rennleiters Alfred Neubauer aufgezeichnet von Harvey T. Rowe*, Hamburg 1959; Zit. aus: Harvey T. Rowe, *Männer, Frauen und Motoren. Die Erinnerungen des Rennleiters Alfred Neubauer*, 1. Aufl. [überarb., einbänd. Fass.] Stuttgart 1970, S. 10.

2 Victor Klemperer, *LTI. Notizbuch eines Philologen*, Leipzig 1996, S. 10.

3 Bertolt Brecht, *Der Kinnhaken und andere Box- und Sportgeschichten*, Frankfurt a. M. 1998, S. 98.

4 Horst Steffens, »Massensport, Leistungssport und Sportbegeisterung. Der gesellschaftliche Aufstieg des Sports in den 20er Jahren«, in: *Tanz auf dem Vulkan. Die Goldenen 20er in Bildern, Szenen und Objekten.* Begleitheft »Massensport«, Mannheim 1994, S. 3.

5 Rudolf Caracciola, *Mein Leben als Rennfahrer*, Berlin 1939, S. 51.

6 Vgl.: Fabian Müller, *Ferdinand Porsche*, Berlin 1999, S. 31; Reinhard Osteroth, *Ferdinand Porsche. Der Pionier und seine Welt*, Hamburg 2004, S. 93f.

7 Vgl. Hans Mommsen/Manfred Grieger, *Das Volkswagenwerk und seine Arbeiter im Dritten Reich*, Düsseldorf 1996, S. 72ff.

8 Zit. nach: Ulrich Kubisch/Gert Rietner, *Die AVUS im Rückspiegel. Rennen, Rekorde, Rückstaus*, Berlin (West) 1987, S. 44f.

9 Erich Maria Remarque, *Station am Horizont*, Köln 1998, S. 87.

10 Vgl. Bernard P. Bellon, *Mercedes in Peace and War: German Automobile Workers, 1903–1945*, New York/Oxford 1990, S. 226.

11 Werner Oswald, *Deutsche Autos*, Bd. 2, 1920–1945, Stuttgart 2001, S. 7.

12 Vgl. zu den wirtschaftpolitischen Hintergründen und Folgen der Fusion neben Neil Gregor, *Stern und Hakenkreuz, Daimler-Benz im Dritten Reich*, Berlin 1997, und Bellon, a. a. O., auch: Karl Heinz Roth, »Der Weg zum guten Stern des ›Dritten Reichs‹: Schlaglichter auf die Geschichte der Daimler-Benz AG und ihrer Vorläufer (1890–1945)«, in: *Das Daimler-Benz-Buch*, hg. v. der

Hamburger Stiftung für Sozialgeschichte des 20. Jahrhunderts, Nördlingen 1988, S. 27–389.

13 O.M.G.U.S. (Office of Military Government for Germany, United States Finance Division – Financial Investigation Section), *Ermittlungen gegen die Deutsche Bank 1946/47*, übers. u. bearb. v. d. Dokumentationsstelle zur NS-Politik Hamburg, Nördlingen 1985, S. 46.

14 Manfred von Brauchitsch, *Ohne Kampf kein Sieg*, Berlin (DDR) 1964, S. 67.

15 Mommsen/Grieger, a.a.O., Anm. 9, S. 74.

16 Das räumen nach dem Zweiten Weltkrieg selbst die Anwälte der Gegenseite ein, als Rosenberger vor dem Amtsgericht Stuttgart gegen Porsche ein sogenanntes Rückerstattungsverfahren anstrengt. Der in die USA emigrierte Ex-Rennfahrer sieht sich wegen seines jüdischen Glaubens von den Porsche-Leuten um seine rechtmäßigen Geschäftsanteile gebracht. Zit. aus: StA Ludwigsburg FL 300/33 BüRest S2682, Schriftsatz der Porsche-Rechtsanwälte Dr. Schwamberger, Dr. Lichtenstein und Dr. Kraiß v. 4. Januar 1950, Rückerstattungssache Rosenberger gegen Porsche beim Amtsgericht Stuttgart, S. 5.

17 DC, Best. Kissel, Rennen 12.24, Nibel-Notiz an Kissel v. 25. 5. 1932.

18 Joseph Goebbels, *Tagebücher 1924–1945*, hg. v. Ralf Georg Reuth, Bd. 2: 1930–1934, München 2003, S. 661 f.

19 DC, Best. Kissel, Rennen 12.24, Nibel an von Eltz-Rübenach 20. 6. 1932.

20 DC, Best. Kissel, Rennen 12.24, von Eltz-Rübenach an Nibel 30. 6. 1932.

21 Zahlenang. aus: Gregor, a.a.O., S. 58 f.

22 DC, Best. Kissel, Rennen 12.24, Schreiben an von Stauß, 15. 9. 1932, dort auch Begleitbrief von Juhasz.

23 DC, Best. Kissel, Rennen 12.24, von Stauß an Kissel v. 16. 9. 1932.

24 DC, Best. Kissel, Rennen 12.24, »Betrifft Rennwagen«, erstes Schreiben Kissel an von Stauß v. 19. 9. 1932.

25 DC, Best. Kissel, Rennen 12.24, sämtl. Zit. aus »Betrifft Rennwagen«, zweites Schreiben Kissel an von Stauß v. 19. 9. 1932.

26 DC, Best. Kissel, Rennen 12.24, Kalkulation des Baues von fünf Rennwagen, Schreiben Neubauer an Kissel v. 27. 9. 1932.

27 AU, Personalakte Dr. Richard Voelter, dort auch die parteipolitische Beurteilung Voelters v. 25. 6. 1936.

28 Den BDC-Akten zufolge ist Richard Voelter am 16. 7. 1925 der NSDAP beigetreten, Mitglied Nr. 10873; seine erste Ehefrau, Else Voelter, gehörte schon seit Mai 1925 der NSDAP an und führte daher auch die außergewöhnlich niedrige Mitgliedsnummer 3753. Beide Eheleute waren demzufolge Inhaber des Goldenen Parteiabzeichens. Eine Fülle von Details liefern die Entnazifizierungsakten von Els Voelter (StAL Best. EL 902/20 Az: 37/6/5671) und Richard Voelter (StAL Best. EL 902/20 Az: 37/1/6680) im Staatsarchiv Ludwigsburg. Während ihr schwer kriegsversehrter Ex-Mann als »Mitläufer« eingestuft, sein Spruchkammerverfahren aber am 20. April 1948 aufgrund der »Weihnachts-Amnestie« v. 5. 2. 1947 eingestellt wird, trifft es Els Voelter härter: Als »Hauptschuldige« wird sie zu dreieinhalb Jahren Arbeitslager verurteilt und ihr Vermögen als »Beitrag zur Wiedergutmachung« eingezogen.

29 Das Zit. stammt aus einer rechtfertigenden Lebensbeschreibung, die Werlin 1963f. verfaßt hat und die sich im Besitz der DaimlerChrysler AG befindet. Dem Autor wurde die Textstelle von Konzernarchivleiter Dr. Harry Niemann übermittelt.

30 Vgl. Hans Pohl/Stephanie Habeth/Beate Brüninghaus, *Die Daimler-Benz AG in den Jahren 1933 bis 1945. Eine Dokumentation*, Stuttgart/Wiesbaden 1986, S. 22.

31 Vgl. Gregor, a.a.O., S. 259ff.; zu Werlin auch: Bellon, a.a.O., S. 220f. und S. 312, Anm. 22.

32 Zit. und folg. Schilderungen zu Hitlers ersten beiden Benz-Wagen nach DC, Best. Werlin 7, 70–81, passim, beginnend mit Antwortbrief v. 12. 9. 1923, Verkauf Mannheim an Verkaufsbüro München (auf Werlins Schreiben v. 8. 9. 1923).

33 Christa Schroeder, *Er war mein Chef. Aus dem Nachlaß der Sekretärin von Adolf Hitler.* Hg. v. Anton Joachimsthaler, München 2002, S. 348, Anm. 187.

34 Vgl. Pohl/Habeth/Brüninghaus, a.a.O., S. 25, Anm. 49.

35 DC, Best. Werlin 7: Schreiben von Werlin an Hitler v. 24. 9. 1925.

36 Vgl. Pohl/Habeth/Brüninghaus, a.a.O., S. 17ff.

37 Vgl. Günther Molter, *Rudolf Caracciola. Titan am Volant*, Stuttgart 1995, S. 170f.

38 Rudolf Caracciola/Oskar Weller, *Rennen – Sieg – Rekorde!*, Stuttgart 1943, S. 142.

39 Vgl. Fritz Rumler, »Adolfs Lappen«, in: *Der Spiegel*, special, Heft 9/1997, S. 158.

40 Beatrice und Helmut Heiber (Hg.), *Die Rückseite des Hakenkreuzes. Absonderliches aus den Akten des Dritten Reiches*, München 1993, S. 26.

41 Hans Stuck, *Zweimal Hans Stuck. Ein Rennfahrer-Tagebuch*, Stuttgart 1972, S. 21.

42 Vgl. Anna Maria Sigmund, *Des Führers bester Freund. Adolf Hitler, seine Nichte Geli Raubal und der »Ehrenarier« Emil Maurice – eine Dreiecksbeziehung*, München 2005, S. 89f.

43 Stuck, a.a.O., S. 66f. Stuck nennt für dieses Treffen keine Jahreszahl, stellt es aber in Zusammenhang mit dem Ende der Rennaktivitäten von Austro-Daimler. Demnach hätte das Gespräch bei Hitler Ende 1930 oder Anfang 1931 stattgefunden.

44 Vgl. den Briefw. hins. der Abstammung Paula Stucks in: BArch NS 19/1057 Pers. Stab – Reichsführer SS, Unterl. betr. Hans Stuck.

45 Zit. aus dem Briefw. Werlin/Kissel wiedergegeben nach: Bellon, a.a.O., S. 219 und S. 311, Anm. 18.

46 von Brauchitsch, a.a.O., S. 26f.

47 Ebd., S. 28f.

48 Vgl. Ian Kershaw, *Der Hitler-Mythos. Führerkult und Volksmeinung*, München 2002, S. 317f.

49 Zit. nach: Mommsen/Grieger, a.a.O., S. 78; den zweiten Teil des Porsche-Telegramms ab »Ich hoffe ...« liefert: Guido Knopp, *Hitlers Manager*, München 2004, S. 291.

50 Die zusammen mit Porsche an der Gesprächsrunde teilnehmenden Stuck und von Oertzen erinnern sich an einen Termin Mitte März 1933. Auch Knopp, a.a.O., verlegt das Treffen in der Reichskanzlei in den März 1933. Tatsächlich hat die um Rennsubventionen für die AU bittende Herrenrunde erst am 10. Mai 1933 bei Hitler vorgesprochen, wie eine tags darauf gefertigte Aktennotiz des Staatssekretärs der Reichskanzlei belegt; vgl. Roth, a.a.O., S. 127f., und Mommsen/Grieger, a.a.O., S. 78, Anm. 21.

51 Stuck, a.a.O., S. 95.

52 DC, Best. Kissel, Rennen 12.24, Aktennotiz: Telefonanruf des Herrn Konsul Fritsch vom AvD v. 10. 3. 1933; ebd. auch der Brief an den AvD v. 14. 3. 1933 und die Briefe an den Reichsverkehrsminister und an Hitler, jew. v. 15. 3. 1933.

53 Kirchberg, *Grand-Prix-Report Auto Union 1934 bis 1939*, 2., durchges. Aufl. Berlin (Ost) 1984, S. 17, Faks. des Vertrages zwischen Auto Union und Porsche v. 17. 3. 1933.

54 Vgl. Kirchberg, a.a.O., S. 78, dort auch Zit. aus dem Brief von Ministerialdirektor Brandenburg v. 16. 5. 1936.

55 DC, Best. Kissel, Rennen 12.24, Schreiben des Reichsverkehrsministeriums v. 4. 4. 1933.

56 DC, Best. Kissel, Rennen 12.24, Schreiben Kissel v. 6. 4. 1933.

57 DC, Best. Kissel, Rennen 12.24, Schreiben Nibel v. 7. 4. 1933.

58 DC, Best. Kissel, Rennen 12.24, Schreiben Kissel an Carl Eduard v. 7. 4. 1933.

59 DC, Best. Kissel, Rennen 12.24, Antwortschreiben des pers. Referenten Carl Eduards an Kissel v. 11. 4. 1933.

60 DC, Best. Kissel, Rennen 12.24, Schreiben Kissel an Carl Eduard v. 20. 4. 1933.

61 DC, Best. Kissel, Rennen 12.24, Schreiben Kissel v. 7. 4. 1933, dort auch die folg. Zit.

62 Stuck, a.a.O., S. 97.

63 Hans-Rüdiger Etzold/Ewald Rother/Thomas Erdmann, *Auto Union. Im Zeichen der vier Ringe, 1873–1945*, Band 1, Ingolstadt 1992, S. 339. Von Oertzens Äußerungen in hochbetagtem Alter scheinen nicht immer ganz zutreffend zu sein. Mitunter steht auch Aussage gegen Aussage. Beispielsweise soll sich Hitler nicht mehr an Porsche erinnert haben, während umgekehrt Ferry Porsche versichert, daß es gerade Hitler selbst gewesen sei, der eine Begegnung mit Ferdinand Porsche am Rande des Solitude-Rennens 1926 erwähnt habe. Ein Treffen, das aber Porsche sen. angeblich längst vergessen hatte. Von Oertzen hat 1935 in Südafrika die dortige AU-Generalvertretung übernommen. Dies aber wohl nicht allein wegen seiner »nicht-arischen« Ehefrau, sondern auch wegen seiner möglichen Verwicklung in eine Schmiergeldaffäre in Zusammenhang mit der Ausschaltung des dänischen DKW-Gründers Rasmussen. Vgl. die Abschrift eines wohl 1934 verfaßten Briefes des AU-Abteilungsleiters Ernst Kleber, der als Anlage einem (leider nicht mehr vorh.) Protokoll v. 5. 4. 1937 beigefügt worden sein soll. Kleber würdigt die Leistungen Rasmussens, erhebt jedoch gegen von Oertzen, aber auch gegen dessen Vorstandskollegen Bruhn massive Korruptionsvorwürfe, »die der hohen Auffassung unseres Führers von nationalsozialistischer Wirtschaftsführung absolut widersprechen und in der Folge weiten Kreisen der Bevölkerung des Erzgebirges (vor allem Arbeitnehmern) den Glauben an das ehrliche Wollen des nationalsozialistischen Staates nehmen müssen«. In: AU, Nr. 5871, Streitigkeit um Korruptionsvorwürfe des Abtei-

lungsleiters Ernst Kleber. Vgl. zu diesen Anschuldigungen und zum Fall Rasmussen auch Etzold/Rother/Erdmann, a. a. O., S. 326 ff.

64 Zit. nach: Roth, a. a. O., S. 128.

65 Ebd., S. 127.

66 DC, Best. Kissel, Rennen 12.24, Schreiben Kissel an Heilig, Löw, Ruprecht, Neubauer, Seher v. 29. 4. 1933, dort alle weiteren Zit.

67 Nach pers. Angaben von Dr. Peter Kirchberg in einem Interv. für den SWR.

68 Vgl. DC, Best. Kissel, Rennen 12.25, Schreiben Direktor Haspel an Ministerialdirigent Ziehm, Oberkommando des Heeres, Abt. Preisprüfung v. 2. 2. 1940. Haspel verteidigt die Notwendigkeit einer »Renn-Umlage« damit, daß, nachdem »die Kriegsprogramme voll laufen«, das »Geschäft am freien Markt so gut als ausgefallen anzusehen« sei: »Es verbleiben uns ausser dem noch relativ kleinen Exportgeschäft, das ausserdem – wie bekannt ist – Zuschüsse erfordert, im grossen und ganzen lediglich die Aufträge für die Wehrmacht und Behörden.« Die unterliegen aber dem staatlichen Preisdiktat: »Wir haben infolgedessen keinerlei Möglichkeit mehr, in irgend einer Form etwaige nicht gedeckte Rennkosten unterzubringen.« Vor Beginn der Kriegswirtschaft scheint die interne Verlagerung der Kosten des Rennbetriebs also nicht nur möglich, sondern auch absolut üblich gewesen zu sein.

69 Vgl. Peter Kirchberg, »Offenes Visier: Geschichte 1934–1939«, S. 29–60, in: Peter Vann et al., *Neusilber. Die restaurierten Renn- und Rekordwagen der Auto Union*, Stuttgart 2001. Die Dokumentation von Pohl/Habeth/Brüninghaus, a. a. O., S. 110, kommt für die Rennaktivitäten von MB hingegen zu dem kühnen Schluß: »Die Aufwendungen der Auto-Union erreichten, sieht man von den Jahren 1937 und 1938 ab, einen ähnlichen Umfang«, wobei jedoch im Falle der Untertürkheimer die Kosten für deren Saison 1939 nicht aufgeführt werden. Addiert man indes schon allein diese unvollständigen Zahlen, so ergibt sich für MB ein Rennbudget von 15,947 Millionen RM, während sich für die AU eine Summe von 13,184 Millionen errechnet. Pohl et al. zitieren die Zahlen für die AU aus dem Band von Gianni Cancellieri/Cesare de Agostini/Martin Schröder, *Auto Union – Die großen Rennen 1934–1939*, Hannover 1979, freilich ohne den Hinweis, daß diese Angaben über die Rennbudgets der AU zuerst und bereits Mitte der siebziger Jahre von Peter Kirchberg ans Licht der Öffentlichkeit gebracht worden sind.

70 Wobei sich diese Zahlenang. obendrein unausgesprochen immer noch auf eine bereits aus dem Jahr 1974 stammende Diplomarbeit bezieht. Vgl. Wilfried Feldenkirchen, »Unternehmenspolitische Aspekte in der Geschichte des Motorsports bei der Daimler-Benz AG«, S.137, in: Harry Niemann/Wilfried Feldenkirchen/ Armin Hermann (Hg.), *Die Geschichte des Rennsports*, Wissenschaftliche Schriftenreihe des DaimlerChrysler Konzernarchivs, Bd. 5, Bielefeld 2002.

71 DC, Best. Kissel, Rennen 12.24, Schreiben Kissel an Hühnlein v. 1. 3. 1935.

72 DC, Best. Kissel, Rennen 12.24, Schreiben von Oertzen an Kissel v. 4. 3. 1935, dort als Anlage der Durchschlag des von-Oertzen-Briefs an Hühnlein, ebenfalls v. 4. 3. 1935.

73 DC, Best. Kissel, Rennen 12.25, Schreiben Kissel an Hühnlein v. 1. 3. 1935.

74 DC, Best. Kissel, Rennen 12.24, Schreiben Kissel an Heilig, Löw, Ruprecht, Neubauer, Seher v. 29. 4. 1933, S. 2.

75 Kirchberg, a. a. O., S. 20, dort auch die weit. Zit.

76 DC, Best. Kissel, Rennen 12.24, Direktions-Anweisung Kissel v. 2. 5. 1933.

77 AU, Personalakte Walb.

78 DC, Best. Kissel, Rennen 12.25, Schreiben Kissel an Neubauer v. 20. 10. 1937.

79 DC, Best. Kissel, Rennen 12.24, Schreiben des Reichsverkehrsministers v. 24. 5. 1933.

80 Zit. aus: Kirchberg, a. a. O., S. 22, das Antwortschreiben von Porsche auf S. 23.

81 DC, Best. Kissel, Rennen 12.24, Schreiben Kissel an Blinzig v. 30. 5. 1933.

82 Hans Bretz, »XI. Internationales ADAC-Eifelrennen«, in: *Der Nürburgring*, Jg. 8, Heft 4, Juni 1933, S. 2. In derselben Ausgabe findet sich auf den Seiten 5 bis 9 der ebenfalls in Auszügen zitierte Beitrag von Franz Guthausen »Preußens Führer beim Eifelrennen«, der im übrigen reich und sehr anschaulich mit Bildern von Göring und diversen SA- und SS-Aufmärschen illustriert ist.

83 Vgl. zu den Beziehungen zwischen italienischem Faschismus und Rennsport: Brock Yates, *Enzo Ferrari, Leben und Legende. Eine Biographie*, München 1992, S. 47ff. und 88; vor allem aber: Valerio Moretti, *Grand Prix Tripoli 1925–1940*, Mailand 1994.

84 Zit. Hühnlein-Brief in: Hans Stuck/Ernst Günther Burgaller (Hg.), *Das Autobuch*, Berlin 1933, S. 8. Dort findet sich auf den Seiten 11 f. auch die »Ehrentafel der *2000 Kilometer*« mit den Namen der in Sollzeit eingetroffenen Teilnehmer samt deren etwaiger Mitgliedschaft in NS-Organisationen.

85 Vgl.: *Der Nürburgring*, Jg. 8, Heft 4, Juni 1933, S. 10.

86 Emmy Herzog, *Leben mit Leo. Ein Schicksal im Nationalsozialismus*, Münster 2000, S. 25.

87 Vgl. GLA Karlsruhe, Abt. 480, Nr. 11122, Bd. 1 und 2: »Entschädigungssache Alan A. Robert (fr. Adolf Rosenberger)«.

88 StA Ludwigsburg FL 300/33 BüRest S2682, Schriftsatz der Robert/Rosenberger-Anwälte v. 30. 11. 1949.

89 John Bentley/Ferry Porsche, *Porsche. Ein Traum wird Wirklichkeit. Ein Auto macht Geschichte*, Düsseldorf/Wien 1980, S. 287.

90 GLA Karlsruhe, Abt. 480, Nr. 11122, Bd. 1 und 2: »Entschädigungssache Alan A. Robert (fr. Adolf Rosenberger)«; danach erlitt Rosenberger im August 1956 einen Herzinfarkt samt Schlaganfall und verbrachte sieben Wochen im Krankenhaus.

91 SWR-Fernsehinterv. mit Georg Meier 1998.

92 Vgl.: Stefan Klemp, »Wenn mein Revolver erzählen könnte …«, in: *Süddeutsche Zeitung*, Nr. 248 v. 28. 10. 1997, S. 8; Dorothee Hochstetter, *Motorisierung und »Volksgemeinschaft«. Das Nationalsozialistische Kraftfahrkorps (NSKK) 1931–1945*, München 2005.

93 *NSKK Deutsche Kraftfahrt, vereint mit DDAC Motorwelt*, Heft Juni 1940, S. 40.

94 SWR-Fernsehinterv. mit Paul Pietsch 1998.

95 Amtsgericht Starnberg, Spruchkammerakte von Brauchitsch, AZ 32/3340 Klageschrift, Urteile und Anlagen, Doerschlag-Brief v. 27. 10. 1946.

96 BArch (ehem. BDC) RS-Akte Kohlrausch, Nr. 2600001808, Best. RKK 900, Fragebogen zum Verlobungs- und Heiratsgesuch, ausgefüllt von Robert Kohlrausch am 12. 2. 1936; dort auch die Zit. aus dessen handschr. formuliertem Lebenslauf.

97 BArch (ehem. BDC) RS-Akte Rosemeyer, Nr. 6050000060 F-0003, Fragebogen zum Verlobungs- und Heiratsgesuch, ausgefüllt von Bernd Rosemeyer am 6. 7. 1936; dort auch dessen handschriftlicher Lebenslauf, in dem er ausdrücklich festhält, 1932 in die SS eingetreten zu sein. Von einer »geschlossenen Überführung« des Lingener Motorsportclubs mitsamt Rosemeyers in

die SS oder gar in eine SS-Reiterstaffel, wie dies Jahrzehnte später von Elly Beinhorn-Rosemeyer in einem Fernsehinterv. erinnert wurde, gibt es nach Lage der Akten keinen Hinweis. Himmlers Reiterstaffeln sind 1946 vom Nürnberger Militärgerichtshof von der pauschalen Einstufung der SS als verbrecherischer Organisation ausgenommen worden.

98 SWR-Fernsehinterv. mit Paul Pietsch 1998.

99 BArch (ehem. BDC) RS-Akte Rosemeyer, Nr. 6050000060 F-0003, SS-Karteikarte Rosemeyer; dort ist neben dessen relativ niedrigen Mitgliedsnummern unter Stab/XIV allerdings verzeichnet »SS-Anwärter Nov. 1933, SS-Mann 19. 6. 34, SS-Rottenführer 16. 9. 34, SS-Unterscharführer 16. 11. 34, SS-Hauptscharführer 9. 11. 35, SS-Untersturmführer 1. 1. 36, SS-Obersturmführer 14. 6. 36«. Ein Eintrag über Rosemeyers Beförderung zum SS-Hauptsturmführer fehlt.

100 E-Mail von Bernd Rosemeyer jun. v. 31. 7. 2003.

101 Zit. aus: Peter Kirchberg, »Die Entwicklung der Rennwagentechnik von den Anfängen bis 1939«, S. 48, in: Harry Niemann/Wilfried Feldenkirchen/Armin Hermann (Hg.), *Die Geschichte des Rennsports*, Wissenschaftliche Schriftenreihe des DaimlerChrysler Konzernarchivs, Bd. 5, Bielefeld 2002.

102 Goebbels, a. a. O., S. 840.

103 Zit. aus: Manfred von Brauchitsch, *Kampf um Meter und Sekunden*, Berlin (DDR) 1953, S. 72. Ähnlich auch Zeitzeuge und Journalist Ernst Rosemann in seinem Buch *Um Kilometer und Sekunden. Kämpfer im Rennwagen – Kämpfer für die Nation*, Stuttgart 1941, S. 22: »Ein silbergleißender Rennwagen wird ausgeladen, er fährt ein paar Mal über die 10 Kilometer lange Bahn […].« Dagegen behauptet vier Jahrzehnte später Karl Ludvigsen in seinem bis heute mehrfach aufgelegten Standardwerk – *Mercedes-Benz Renn- und Sportwagen*, Gerlingen 1982, S. 101 –, von Brauchitschs Rennwagen sei bei den ersten Testfahrten in Italien weiß lackiert gewesen.

104 DC, Best. Kissel, Rennen 12.24, Schreiben Kissel an den Reichsverkehrsminister v. 30. 1. 1934.

105 DC, Best. Kissel, Rennen 12.24, Schreiben Kissel an den Reichsverkehrsminister v. 22. 3. 1934.

106 Die Episode von Hennes Rettung folgt an dieser Stelle den Schilderungen, wie sie der Rennfahrer Chris Nixon berichtet hat und in *Racing the Silver Arrows. Mercedes-Benz versus Auto Union 1934–1939*, London 1986, S. 26f., kolportiert.

107 DC, Rennfahrer 172, Ernst Henne, Schreiben Nibel an von Stauß v. 12. 4. 1934.

108 DC, Rennfahrer 172, Ernst Henne, Zeitungsgespräch mit Josef M. Jurinek (München), in: *Dortmunder Zeit* v. 16. 5. 1934.

109 DC, Best. Kissel, Rennen 12.24, Schreiben Kissel an den Reichsverkehrsminister v. 26. 4. 1934.

110 Caracciola/Weller, a.a.O., S. 75.

111 Reportage vom Training auf der Berliner AVUS, DRA Frankfurt a. M. 2852565/3; Länge: 12:50 min.

112 Caracciola/Weller, a.a.O., S. 75f.

113 Vgl. die entsprechenden Aufnahmen in: George C. Monkhouse, *Mercedes-Benz Grand Prix 1934–1955*, Zürich/Schwäbisch-Hall 1985, S. 11 (Fagioli); Adriano Cimarosti, *Autorennsport*, Bern 1979, S. 108 (von Brauchitsch); Ludvigsen, a.a.O., S. 94 (von Brauchitsch). Monkhouse bezeichnet übrigens ein deutlich retuschiertes Werksfoto des Ur-W25 (mit rechts, außerhalb des Cockpits, herausragendem Handbremshebel und noch ohne stromlinienförmig verkleidete Kopfstütze) als »schneeweiß« lackiert (S. 11), präsentiert pikanterweise vorher (S. 9) genau diesen eindeutig silbern glänzenden Ur-W25 (mit der Original-Zulassungsnummer III A-27801 und ohne Kopfstütze) auf einem Foto, das wohl auf dem Untertürkheimer Fabrikgelände aufgenommen worden ist. Dieses Werksbild ist bereits im Mai 1934 in der *Allgemeinen Automobil-Zeitung* anläßlich eines Vorberichts für das AVUS-Rennen abgedruckt worden, ohne daß dabei die silberne Farbe mit einem Kommentar bedacht worden wäre. Auch in der folgenden Berichterstattung über die Resultate des Rennens finden sich in den Ausgaben der *Allgemeinen Automobil-Zeitung* mehrere Bilder, die eindeutig belegen, daß alle drei Mercedes-Benz-Wagen bei ihrem kurzen Gastspiel in Berlin in silberner Farbe angetreten sind. Auch hier gibt es keine Worte des Erstaunens, warum denn nicht in Weiß gefahren wurde. Trotzdem übernimmt ein halbes Jahrhundert später Monkhouse die Neubauer-Legende, daß kurz vor dem Start des Eifelrennens an den Rennwagen die weiße Farbe aus Gewichtsgründen abgekratzt worden sei. Der britische Fotograf, Kodak-Mitarbeiter, nicht zuletzt aber Freund und Landsmann des Rennfahrers Seaman, hatte von 1937 bis 1939 die Rennsportaktivitäten der Daimler-Benz AG begleiten dürfen, sein daraus entstandenes und 1938 in London veröffentlichtes Buch *Motor Racing with Mercedes-Benz* erwähnt die

von Neubauer erst Ende der fünfziger Jahre lancierte Schmirgel-Story natürlich nicht.

114 DC, Best. Kissel, Rennen 12.25, Schreiben Königs v. 25. 5. 1934.

115 DC, Best. Kissel, Rennen 12.25, Schreiben Kissel v. 30. 5. 1934.

116 Hans Bohrmann (Hg.), *NS-Presseanweisungen der Vorkriegszeit*. Edition und Dokumentation, Bd. 2: 1934, bearb. v. Gabriele Toepser-Ziegert, München 1985, S. 222f.

117 Entscheid der Film-Oberprüfstelle Berlin Nr. 6048, 10. 1. 1933; veröffentlicht als Anhang zur Zensurentscheidung über den Film *Kampf* auf der Homepage des Deutschen Filminstituts Berlin, http://www.deutsches-filminstitut.de/filme/f013205.htm.

118 Zit. nach: Kubisch/Rietner, a.a.O., S. 70; zum Rennsport als Bühne des NS-Staats vgl.: Adelheid von Saldern, »Cultural Conflicts, Popular Mass Culture, and the Question of Nazi Success: The Eilenriede Motorcycle Races, 1924–39«, in: *German Studies Review* 15 (1992), S. 317–338.

119 Telegrammtext aus: *BZ am Mittag*, Nr. 133 v. 4. 6. 1934.

120 In einem Telefonat mit dem Autor hat sich Rowe über die perfekte Vermarktung des Buchprojekts geäußert: »Neubauers Erinnerungen erschienen vorab in einer Serie in der Illustrierten *Quick*. Fast ein Jahr lang ununterbrochen«, schwärmt Rowe noch immer. Natürlich habe der operettenhaft auftretende Neubauer bei all seinen Erzählungen immer gewaltig übertrieben und einiges ausgeschmückt, aber vieles habe für das Buchprojekt in Interviews mit den Rennfahrern von damals geklärt werden können. Auch die Geschichte mit dem abgekratzten Lack? »Also die Geschichte schien mir durchaus glaubwürdig«, erinnert sich Rowe. »Warum sollte er so was erfinden?« Aber Neubauer hat in seinen Erinnerungen noch ganz andere Dinge erfunden und auch so manches verschwiegen. Etwa daß die AU-Wagen schon auf der AVUS in silberner Livree starteten. »Nun ja«, resümiert Rowe fast fünfzig Jahre später, »aber Neubauer ist ja nun mal dabeigewesen, ich habe ihm diese Geschichte schon geglaubt.« Andere waren damals auch beim Eifelrennen und haben nichts von der angeblichen Nacht-und-Nebel-Aktion bei Mercedes-Benz mitbekommen.

121 SWR-Interv. mit Dr. Peter Kirchberg 2004.

122 Zit. Friedrich aus: Kirchberg, a.a.O., S. 71f.

123 Olaf Schiller/Peter Kirchberg, *Die Geschichte der Audi Markenzeichen*, Bielefeld 2002, S. 127.

124 Information v. Jörg Reichle, dem Sohn des ehemaligen Rennmechanikers.

125 DC, Best. Kissel, Rennen 12.25, Schreiben von Eltz-Rübenach an Kissel v. 6. 6. 1934.

126 DC, Best. Kissel, Rennen 12.25, Schreiben Carl Eduard v. 15. 6. 1934.

127 DC, Best. Kissel, Rennen 12.25, Antwortschreiben Kissel v. 19. 6. 1934.

128 Neubauer, a. a. O., Ausg. 1958, S. 348

129 Vgl. Hochstetter, a. a. O., S. 69 f.

130 Goebbels, a. a. O., S. 716.

131 Goebbels-Zitat aus »Abschied von Adolf Hühnlein«, in: *Deutsche Kraftfahrt (NSKK) vereint mit Motorwelt (DDAC). Die Großzeitschrift der geeinten Kraftfahrt*, August 1942, S. 12a.

132 SWR-Fernsehinterv. mit Manfred von Brauchitsch 1998.

133 DC, Best. Kissel, Rennen 12.25, Schreiben Kissel v. 13. 7. 1934.

134 DC, Best. Kissel, Rennen 12.25, Antwort Reichsverkehrsministerium v. 25. 7. 1934.

135 Bezogen auf die ministerielle Liste »ausgewählter Rennen« sehen die Resultate der Daimler-Benz AG tatsächlich etwas besser aus, doch mit Blick auf *sämtliche* Starts der beiden Rennställe in der Saison 1934 hat die Auto Union einen Sieg mehr herausgefahren.

136 DC, Best. Kissel, Rennen 12.25, Niederschrift Telefonat Werlin an Kissel v. 10. 10. 1934.

137 Ebd.

138 DC, Best. Kissel, Rennen 12.25, Bericht Werlin an Kissel v. 11. 10. 1934.

139 DC, Best. Kissel, Rennen 12.25, Hühnlein an die Daimler-Benz AG v. 19. 1. 1935.

140 DC, Best. Kissel, Rennen 12.25, Kissel an von Oertzen v. 6. 3. 1935.

141 DC, Best. Kissel, Rennen 12.25, Schreiben Kissel an Hühnlein v. 1. 3. 1935.

142 DC, Best. Kissel, Rennen 12.25, Abschrift des von-Oertzen-Briefs an Hühnlein v. 1. 3. 1935.

143 DC, Best. Kissel, Rennen 12.25, Kissel an Werlin v. 5. 3. 1935.

144 DC, Best. Kissel, Rennen 12.25, Schreiben an Kissel v. 29. 4. 1935.

145 Mit Blick auf mögliche Rennabsagen und entsprechende Veränderungen an der vereinbarten Prämienliste schreibt Kissel am 1. Juni 1935 an Werlin: »Unbedingt bestehen bleiben müßte, daß

Bergrennen in die Erfolgliste nicht aufgenommen werden.« DC, Best. Kissel, Rennen 12.25.

146 Bohrmann (Hg.), a.a.O., Bd. 3/I: 1935, bearb. v. Gabriele Toepser-Ziegert, München 1987, S. 365; dort auch der Textauszug aus *Frankfurter Zeitung* v. 17. 6. 1935.

147 Die komplette Abschrift des Artikels v. 22. 7. 1935 findet sich im DC, Best. Werlin 5.56, und ist im Umfang noch um fast zwei Drittel länger als der hier veröffentlichte Text.

148 DC, Best. Kissel, Rennen 12.24, Schreiben Grüttefier an Kissel v. 9. 12. 1933.

149 DC, Best. Werlin, 5.56, Schreiben Hühnlein an Werlin v. 5. 10. 1935.

150 DC, Best. Werlin 5.56, Schreiben Werlin an Muff v. 12. 11. 1935.

151 DC, Best. Werlin 5.56, Schreiben Muff an Werlin v. 4. 12. 1935.

152 DC, Best. Werlin 5.56, Schreiben Muff an Werlin v. 6. 4. 1936.

153 Hans Bindert, »Großer Preis von Deutschland. Nuvolari der Sieger – v. Brauchitsch der Held«, in: *Deutsche Kraftfahrt, Das Organ des Nationalsozialistischen Kraftfahr-Korps*, Ausg. Mitte August 1935, S. 10.

154 Rudolf Caracciola, *Meine Welt*, Wiesbaden 1958, S. 171.

155 Zit. Caracciola aus »Deutschland ist Sportgroßmacht«, in: *Völkischer Beobachter* v. 26. 3. 1938.

156 Klemperer, a.a.O., S. 13f.

157 Im Gespräch mit dem englischen Motorsport-Journalisten Nigel Roebuck hat Dreyfus noch Ende der achtziger Jahre von Brauchitsch als »genuinely a Nazi sympathiser« charakterisiert. Vgl. den Artikel: »Nigel Roebuck's Legends: René Dreyfus«, in: *Motor Sport*, März 2005, S. 18f.

158 Komplette Rede von Manfred von Brauchitsch zur Eröffnung der 4. Internationalen Auto- und Motorradausstellung in Berlin am 15. 2. 1936, Abschrift des Original-Mitschnitts im Deutschen Rundfunkarchiv DRA, Frankfurt a. M., Kennziffer 2955841.

159 Alle folg. Zit. aus: Heiber (Hg.), a.a.O., S. 293f.: [Nr. 435a] Schreiben von Schirach v. 1. 4. 1936; S. 294f.: [Nr. 435b] Schreiben von Brauchitsch an Hitler v. 4. 9. 1936.

160 Amtsgericht Starnberg AZ 32/5340 Spruchkammerakte von Brauchitsch, schriftl. Erklärung v. 10. 10. 1946; in der Akte finden sich auch sämtl. zit. Dokumente und Protokolle des Verfahrens. In seinen 1964 erschienen Erinnerungen läßt von Brauchitsch den Vorfall noch etwas ausschmücken, da wird im Dorf wie am Stammtisch über »die amourösen Abenteuer der prominenten

Dame« geklatscht. Vgl. von Brauchitsch, a.a.O., S. 79. Eine Seite weiter, im Kapitel »Faust gegen Peitsche«, wehrt sich von Brauchitsch mutig gegen von Schirach: »Blitzartig, mit der Reaktion eines Rennfahrers, schlug ich ihm ins Gesicht.« Sein ehemaliger Rennleiter Neubauer weiß hingegen nichts von solch mutigem Widerstand zu berichten, beschreibt aber die Reaktion des Rennfahrers nach dem Vorfall: »Manfred tobt und flucht und schwört blutige Rache.« Angesichts der Aussichtslosigkeit dieses Unterfangens komme von Brauchitsch aber zur »Vernunft« und lasse sich in der Schweiz von »seinen beiden besten Freunden«, den Caracciolas, »die er *Brumm* und *Entlein* nennt«, trösten. Neubauer verlegt die gesamte Episode allerdings völlig unzutreffend in das Jahr 1939 und demonstriert dabei unfreiwillig einmal mehr seinen großzügigen Umgang mit Fakten. Vgl. Neubauer, a.a.O., Ausg. 1958, S. 468f.

161 Vgl. Doug Nye/Geoffrey Goddard, *Dick & George. The Seaman-Monkhouse Letters, 1936–1939*, London 2002, S. 96. Der Fachjournalist Nye hat fast siebzig Jahre später den Briefwechsel Seamans mit dessen britischem Freund Monkhouse herausgegeben. Monkhouse, Angestellter bei Kodak, passionierter Fotograf und Rennsportkenner, veröffentlicht 1938 mit Unterstützung der Daimler-Benz AG das Buch *Racing with Mercedes-Benz*. Sowohl Seaman als auch Monkhouse verfügen also über besten Einblick in den deutschen Werksrennstall. Die Briefe beschreiben die Atmosphäre bei den Rennen, die Animositäten zwischen den Fahrern, aber auch Seamans wachsende Entfremdung zu seiner Familie in England. Seine Mutter ist dagegen, daß ihr Sohn eine Deutsche heiratet, Erika Popp, die Tochter des BMW-Generaldirektors. Nicht allein, aber auch aus politischen Gründen lehnt die standesbewußte Upper-Class-Britin diese Ehe ab. Um so wohler fühlt sich Seaman bei seinen deutschen Rennfahrerfreunden, freut sich über den netten Empfang bei Direktor Kissel, der ein paar Wochen nach der Hochzeit das Brautpaar in Untertürkheim begrüßt. Besonders gefällt ihm, wie schön der Tisch mit kleinen Hakenkreuzflaggen und Union Jacks dekoriert worden ist. Seaman bleibt der Vorzeige-Brite, der bei Mercedes-Benz die Chance hat, Spitzenrennsport zu betreiben, sich ansonsten aber nur wenig und wenn – dann eher naive – Gedanken über die politische Situation macht. Daß es in seiner Heimat Diskussionen darüber gibt, ob und warum er als Engländer in Zeiten wie diesen noch

für einen deutschen Rennstall fährt, ist kein großes Thema. Als der Herzog von Windsor, also der ehemalige König Edward VIII., im Herbst 1937 einer persönlichen Einladung Hitlers folgt und Deutschland besucht, darf Seaman die britischen Gäste betreuen. Wie sein abgedankter Monarch gilt auch er in seiner Heimat als Freund der Deutschen. Wie weit diese Freundschaft gegangen ist oder noch gegangen wäre, muß offen bleiben, denn Seaman wird 1939 Opfer seiner Rennleidenschaft.

162 Richard von Frankenberg, *Die großen Fahrer unserer Zeit*, 1. Aufl. Stuttgart 1956, S. 113.

163 Stuck, a.a.O., S. 108f.

164 Bohrmann (Hg.), a.a.O., Bd. 3/I: 1935, bearb. v. Gabriele Toepser-Ziegert, München 1987, S. 403.

165 AU, Nr. 7413, 101, Schreiben Feuereissen an die ONS v. 16. 1. 1936.

166 AU, Nr. 7413, 101, Schreiben Feuereissen an den Vorstand der Auto Union v. 2. 4. 1936.

167 *Frankfurter Zeitung* v. 25. März 1936: »Fünf Automobil-Weltrekorde auf der Reichs-Autobahn«.

168 Vgl. Stuck, a.a.O., S. 144.

169 AU, Nr. 7413, 101, Wortlaut des Hühnlein-Telegramms am 26. 3. 1936 von Paula Stuck telefonisch an die Direktion der Auto Union weitergeleitet.

170 AU, 2481/419, Personalakte Stuck.

171 Mommsen/Grieger, a.a.O., S. 153; nachfolg. Zit. ebd., S. 147; die Angaben über Mitgliedschaft in NSDAP bzw. SS stammen aus dem BArch, im Fall von Ferdinand Porsche aus der NSDAP-Zentralkartei und der dünnen SS-Führerakte, im Fall von Ferry Porsche aus dessen SS-Führerakte.

172 Stuck, a.a.O., S. 163.

173 Ebd., S. 164. Stuck selbst erwähnt auf S. 124f. seiner Erinnerungen eine Wette zwischen Hitler und Todt, dem damaligen Generalinspekteur für das deutsche Straßenwesen. Demnach will der Rennfahrer wohl 1935 auf der eigens für ihn halbseitig gesperrten Autobahn die Strecke Berlin–München in zwei Stunden und siebzehn Minuten durchrast haben, um Todt zu beweisen, daß man diese Distanz von immerhin 420 Kilometern in weniger als drei Stunden Fahrzeit bewältigen könne. Selbst der Wettverlierer Hitler sei beeindruckt gewesen und habe Stuck ein Glückwunsch-Telegramm zukommen lassen. Tatsächliche Belege scheint es indes nicht zu geben.

174 DC, Best. Kissel, Rennen 12.25, Schreiben an den Reichs- und Preußischen Verkehrsminister v. 31. 7. 1936.

175 DC, Best. Kissel, Rennen 12.25, Brief Stuck an Kissel v. 17. 8. 1936.

176 DC, Best. Kissel, Rennen 12.25, Schreiben Hentig an Kissel v. 30. 9. 1936.

177 DC, Best. Kissel, Rennen 12.25, Brief Stuck an Kissel v. 21. 12. 1936.

178 DC, Best. Kissel, Rennen 12.25, Brief Kissel an Stuck v. 23. 12. 1936.

179 DC, Best. Kissel, Rennen 12.25, Brief Stuck an Kissel v. 25. 12. 1936.

180 DC, Best. Kissel, Rennen 12.25, Brief Kissel an Stuck v. 13. 1. 1937.

181 DC, Best. Kissel, Rennen 12.25, Brief Stuck an Kissel v. 20. 1. 1937.

182 DC, Best. Kissel, Rennen 12.25, Brief Stuck an Kissel v. 14. 3. 1937.

183 DC, Best. Kissel, Rennen 12.25, Brief Kissel an Stuck v. 24. 3. 1937.

184 Der bezeichnende Vertragstext lautet: »Herr Hans Stuck stellt sich der Auto Union für das Jahr 1937 ausschließlich und mit seinem ganzen Können für Rennen und Versuchsfahrten zur Verfügung. Von seinen weitergehenden Plänen hat die Auto Union, soweit dies im gegenwärtigen Zeitpunkt möglich ist, Kenntnis genommen, auch von der Erklärung des Herrn Hans Stuck, daß seine Betätigung im Sinne dieser anderweitigen Pläne voraussichtlich erst nach Beendigung der Rennsaison 1937 in Frage kommen werde. Sollten sich Gründe ergeben, die ein vorzeitiges Lösen des Vertrages zwischen Herrn Hans Stuck und der Auto Union notwendig oder zweckmäßig werden lassen, so soll über diese etwaige Lösung des Vertrages in freundschaftlicher Aussprache Beschluß gefaßt werden. Herr Hans Stuck wird seinerseits alle Möglichkeiten ergreifen, um ein vorzeitiges Bekanntwerden seiner weiteren Zukunftspläne zu verhindern. Insbesondere soll über das Propaganda-Ministerium ein Veröffentlichungsverbot für die deutsche Presse erreicht werden. Die Auto Union stelle sich Herrn Hans Stuck bei der Durchführung dieser Bemühungen zur Verfügung.« Zitiert nach: Kirchberg, a.a.O., S. 176.

185 DC, Best. Kissel, Rennen 12.25, Brief Stuck an Kissel v. 6. 4. 1937.

186 DC, Best. Kissel, Rennen 12.25, Kissel an Wörner v. 19. 7. 1937.

187 DC, Best. Kissel, Rennen 12.25, Aktennotiz Kissel v. 5. 11. 1937.

188 DC, Best. Kissel, Rennen 12.25, Stuck an Kissel, Abschrift eines Briefes v. 9. 11. 1937.

189 DC, Best. Kissel, Rennen 12.25, Brief Kissel an Stuck v. 13. 11. 1937.

190 Kirchberg, a.a.O., S. 177ff.

191 Ebd.

192 Ebd., S. 179f.

193 Faks.-Abdruck des Original-Telegramms und der Antwort von SS-Gruppenführer Wolff in: Kirchberg, a. a. O., S. 181.
194 Wobei dem Italiener allerdings noch zusätzlich 20000 RM als pauschale »Engagementssumme« ausbezahlt wurden. Vgl. Gianni Cancellieri/Cesare de Agostini/Martin Schröder, *Auto Union – Die großen Rennen 1934–1939*, Hannover 1979, S. 138f.
195 DC, Best. Kissel, Rennen 12.25, Brief Kissel an Hühnlein v. 24. 12. 1938.
196 DC, Best. Kissel, Rennen 12.25, Neubauer an Kissel v. 3. 6. 1939, dort zitiert Neubauer die Bitte v. 18. 2. 1939.
197 Ebd.
198 BArch NS 19/1057 Pers. Stab – Reichsführer SS, Unterl. betr. Hans Stuck; Mikrofiche Nr. 2: Hinkel an Wolff v. 30. 12. 1938.
199 AU, 1657/259-261 Aktennotiz Feuereissen v. 12. 7. 1939.
200 BArch NS 19/1057 Pers. Stab – Reichsführer SS, Unterl. betr. Hans Stuck; Mikrofiches Nr. 9–10: Wolff an Reichsministerium für Volksaufklärung und Propaganda v. 21. 9. 1939.
201 BArch NS 19/1057 Pers. Stab – Reichsführer SS, Unterl. betr. Hans Stuck; Mikrofiche Nr. 12: Hinkel an Brückner v. 28. 9. 1939.
202 BArch (ehem. BDC), RKK Hans Stuck.
203 Inf. von Dr. Peter Kirchberg.
204 BArch NS 19/1057 Pers. Stab – Reichsführer SS, Unterl. betr. Hans Stuck; Mikrofiches Nr.15–19: Stuck an Himmler und Wolff v. 13. 10. 1939; Mikrofiches Nr. 22–23: Kontoeröffnung in der Schweiz, Privatbank Hardy & Co. GmbH an Wolff v. 26. 10. 1939.
205 In den Erinnerungen des 1978 verstorbenen Rennfahrers liest sich das anders als in den Akten. Stuck habe den Worten von einem schnellen Sieg über Polen keinen Glauben schenken können und sei deshalb zurück in die Schweiz gereist. Dort habe ihn ein »Wirtschaftsexperte der Reichsregierung zur Beschaffung von Rohstoffen« aufgefordert, Großeinkäufe für Rohgummi und Lebensmittel zu tätigen. Stuck behauptet: »Nie habe ich so etwas gelernt, habe keinerlei Beziehungen und lehne glatt ab.« Einem angeblichen Angebot von Admiral Canaris, als deutscher Spion in Spanien tätig zu werden, will er sich ebenfalls verweigert haben. Vgl. Stuck, a. a. O., S. 182.
206 BArch (ehem. BDC), RKK Hans Stuck.
207 In seinen Erinnerungen schildert der Rennfahrer episodisch Begegnungen mit prominenten Nazis und Militärs auf »Truppen-

einsätzen« in Polen, Norwegen und Frankreich. Paula sei immer dabeigewesen, habe dann aber ausgerechnet gegenüber Luftwaffengeneral Galland Pläne der SS für eine eigene Abteilung bei den Luftstreitkräften ausgeplaudert – Interna, welche den Stucks von Sepp Dietrich, dem »Führer der Leibstandarte Adolf Hitler«, anvertraut worden waren. Woraufhin Paula von der Gestapo zum Verhör in die Prinz-Albrecht-Straße nach Berlin vorgeladen wurde. »Es gelingt mir, dank meiner Beziehungen, sie vor dem KZ zu bewahren«, schreibt ihr Ehemann: »Sie wird dazu verurteilt, eine Stellung mit niedrigster Dienstleistung anzunehmen. Auch da gelingt es mir, sie bei ihrer Mutter [Valeska Maria Antonie Pauline Molinari, geboren am 30. 5. 1869 in Breslau und im Jargon der Nazis »deutschblütig«] auf dem Gut Kunern als Gartenhilfe unterzubringen. Alle drei Monate wird sie dort kontrolliert. Der zuständige Ortsgruppenleiter verständigt mich immer rechtzeitig von seinem Besuch. Und so kann Paula sich einrichten und alle drei Monate einen Tag in der Gärtnerei arbeiten.« Vgl. Stuck, a.a.O., S. 188f.

208 Christoph Studt, *Das Dritte Reich in Daten*, München 2002, S. 199.

209 Inf. von Dr. Peter Kirchberg.

210 Ebenso süffisant wie maliziös beschreibt dies Richard von Frankenberg: »Den Krieg über war Hans Stuck zur *Wehrbetreuung* eingesetzt. Er hielt bei den Soldaten Lichtbilder-Vorträge und erzählte aus seiner Rennfahrerzeit. Er setzte sich dann rechtzeitig und geschickt nach Österreich ab und spielte nach 1945 in der Gegend von St. Anton ehemaliger Widerstandskämpfer. Er besaß noch aus seiner Austro-Daimler-Zeit die österreichische Staatsangehörigkeit neben der deutschen, und das verhalf ihm nun in der Nachkriegszeit sehr früh wieder zu einer internationalen Fahrerlizenz.« Richard von Frankenberg, *Die großen Fahrer von einst*, Stuttgart 1967, S. 115.

211 Vgl. Ian Kershaw, *Hitler 1936–1945*, München 2002, S. 7f.; Götz Aly, *Hitlers Volksstaat. Raub, Rassenkrieg und nationaler Sozialismus*, Frankfurt a. M. 2005.

212 Amtsgericht Starnberg AZ 32/5340 Spruchkammerakte von Brauchitsch, Erklärung Doerschlags v. 9. 3. 1947, drei Tage vor dem ersten Spruchkammerurteil in Sachen von Brauchitsch.

213 Alle folg. Zit. und Inf. aus Kissel-Briefen im Archiv der DaimlerChrysler AG, Best. Kissel, Rennen 12.24.

214 Hochstetter, a. a. O., S. 346.
215 Pohl/Habeth/Brüninghaus, a. a. O., S. 307, Dokument 52.
216 AU, Nr. 7412, 101, Abr. GP von Italien 9. 9. 1934, Blatt III.
217 Hochstetter, a. a. O., S. 128, Anm. 392.
218 Ebd., S. 345, Anm. 88.
219 Dargelegt u. a. in pers. Gespr. und SWR-Interv. m. d. A.; vgl. zur Thematik: Valerio Moretti, *Grand Prix Tripoli 1925–1940*, Mailand 1994, S. 112 ff., der sich eine – allerdings kleine – Option offenhält, wonach das Rennergebnis vielleicht regulär zustande gekommen sein könnte.
220 AU, 7433, 210, Schreiben Bayer-Ehrenberg ONS an Feuereissen v. 2. 5. 1936.
221 Neubauer, a. a. O., Ausg. 1958, S. 134 f.
222 Stuck, a. a. O., S. 127, dort auch alle weit. Äußerungen und Zit. Stucks über das Tripolis-Rennen.
223 AU, 7411, 101, Bericht über den GP von Tripolis, verfaßt am 11. 5. 1936.
224 Kirchberg, a. a. O., S. 82.
225 AU, 7433, 210, Schreiben von Bayer-Ehrenberg ONS an Rennleiter Feuereissen v. 28. 5. 1936.
226 Staatsarchiv Ludwigsburg, Spruchkammerakte Neubauer EL 902/20 AZ. 37/16/10835, Schreiben Neubauers an die Spruchkammer Stuttgart v. 11. 2. 1948.
227 Kirchberg, a. a. O., Protok. von Feuereissen über die NSKK-Sitzung am 18. 7. 1938, S. 185.
228 SWR-Fernsehinterv. mit Georg Meier 1998.
229 BArch NS 24/77, »Marschbefehl« Hühnleins v. 16. 6. 1938.
230 BArch NS 24/79, Bericht Kraus an Hühnlein v. 20. 6. 1939.
231 BArch NS 24/256, Brief Kraus an Oberstleutnant von Mühlenfels v. 24. 7. 1939.
232 DC, Best. Kissel 9.5, Schreiben Hühnlein an von Brauchitsch v. 11. 10. 1933.
233 Vgl. Neubauer, a. a. O., Ausg. 1958, S. 363, und von Brauchitsch, a. a. O., S. 59.
234 AU, 7411, 101, Rennbericht GP Tripolis v. 11. 5. 1936, Betr.: Fagioli-Caracciola.
235 Neubauer, a. a. O., S. 365.
236 Nye/Goddard, a. a. O., S. 127 f.
237 AU, 7411, 101, Rennbericht GP Tripolis v. 11. 5. 1936, Betr.: Fagioli-Caracciola.

238 AU, 7432, 210, Abschrift von Rosemeyer-Brief v. 17. 6. 1937.
239 AU, 675, Aktennotiz Vorstandssitzung v. 18.12.1937
240 BArch NS 24/81, Hühnlein an Popp 8.5.1939.
241 AU, 2805/1104, Aktennotiz Telefongespräch mit NSKK-Brigadeführer Bayer-Ehrenberg am 9. 3. 1939.
242 Vgl. Christopher Hilton, *Hitler's Grands Prix in England. Donington 1937 and 1938*, Sparkford 1999, S. 149ff.
243 Vgl. Hans Joachim Teichler, *Internationale Sportpolitik im Dritten Reich*, Schorndorf 1991, S. 190.
244 Vgl. Nye/Goddard, a.a.O., S. 277; Brief v. 4. 4. 1939: »Four communists [...] were put in the cooler during the race as a precaution!« Seaman berichtet auch, daß sich das Publikum trotz der politischen Spannung extrem gut benommen habe. Nur bei der Siegerehrung habe es anfangs ein paar Buhrufe gegeben, »as the boys gave the Nazi salute«, aber dann sei alles im Applaus untergegangen, erst recht als die Marseillaise gespielt wurde und Lang und von Brauchitsch wieder die rechte Hand zum Hitlergruß hochhielten.
245 Vgl. den Rennbericht aus Pau, verfaßt vom Chefkonstrukteur Eberan von Eberhorst am 13. 4. 1938, drei Tage nach dem von der AU nicht beschickten Rennen; in: Kirchberg, a.a.O., S. 137.
246 Vgl. AU, Personalakte Karl Kudorfer, Vermerk über Kontakt mit Faroux am 18. 2. 1939.
247 DC, Best. Kissel, Rennen 12.24, Antwort Kissel an Mertin, auf Anfragen im Anschluß an das Eifelrennen 1934.
248 Vgl. Cancellieri/de Agostini/Schröder, a.a.O., S. 138f.
249 Zit. aus: Hochstetter, a.a.O., S. 303.
250 Vgl. AU, 7443, Devisenbedarf für Varzi, Schreiben v. 17. 4. 1935; 7887, Auseinandersetzungen 1936/37 in der Steuersache Varzi, Streitigkeiten nach Vertragsende; 7412, Kosten Rennmechaniker und Deviseneinnahmen 1934.
251 DC, Best. Kissel, Rennen 12.25, Aktennotiz v. 22. 12. 1938.
252 DC, Best. Kissel, Rennen 12.25, Schreiben an Hühnlein v. 22. 12. 1938.
253 AU, 1657, Schreiben Hühnleins an den Vorstand v. 16. 2. 1939.
254 Zit. aus: Kirchberg, a.a.O., S. 52.
255 Ebd., S. 51.
256 Ebd., S. 61.
257 DC, Best. Neubauer, Bericht Neubauer über Prüfungsfahrten am 9. 10. 1935.

258 Feuereissen-Zitat aus: Kirchberg, a. a. O., S. 149.

259 Ebd., S. 171. Feuereissen selbst ist erst am 1. 6. 1940 (Antrag 15. 3. 1940) in die NSDAP eingetreten, Mitgliedsnr. 7673503.

260 Ebd., S. 149.

261 AU, 7431, Notiz eines Telefonats von Feuereissen v. 23. 8. 1939.

262 AU, Nr. 7413, Handschriftl. Brief von Toni K. aus Neuß v. 20. 6. 1935.

263 Zit. aus: »Bernd Rosemeyer, der deutsche Meisterfahrer«, in: *Heimatlese*, hg. v. NS-Lehrerbund Gau Weser-Ems, Heft 7, April 1938, S. 170f.

264 Ebd., S. 180.

265 Klemperer, a. a. O., S. 10.

266 Rosemeyer schreibt an seinen Freund und SS-Standartenführer Erich R. in Berlin: »Der vollständige arische Nachweis der Elly Beinhorn liegt im Reichs-Luftfahrt-Ministerium zur Einsicht bereit. Ich hoffe, daß das genügt und die SS keine Schwierigkeiten macht, das täte mir leid.« BArch (ehem. BDC) RS-Akte Rosemeyer, Brief ohne Datum, aber offenkundig im Sommer 1936 im Kurhaus Bad Mergentheim geschrieben.

267 Hermann Weiß (Hg.), *Biografisches Lexikon zum Dritten Reich*, Frankfurt a. M. 2002, S. 35.

268 Zit. aus: Bohrmann (Hg.), a. a. O., Bd. 1: 1936, bearb. v. Gabriele Toepser-Ziegert, München 1985, S. 205.

269 Zit. aus: *Deutschland-Berichte der Sozialdemokratischen Partei Deutschlands (Sopade)*, Jg. 3, Frankfurt a. M. 1936, S. 681.

270 Zit. aus: Cancellieri/de Agostini/Schröder, a. a. O., S. 83.

271 Hans Bretz, *Bernd Rosemeyer. Ein Leben für den deutschen Sport*, Berlin 1938, S. 77.

272 Vgl. Hans Bretz, »Zehn Jahre Nürburgring GmbH«, in: *Jahrbuch des Kreises Ahrweiler 1938*, S. 52f.

273 Bretz, a. a. O., S. 77.

274 Zit. aus: *Lingener Tagespost* v. 26. 6. 2001. Der Lingener Stadtarchivar Dr. Ludwig Remling, dem dieser Hinweis zu verdanken ist, berichtet auch von einem anderen jüdischen Emigranten, »dessen Familie im November 1940 von Berlin aus nach Buenos Aires ausgewandert ist. Er schrieb Anfang 2003 an die Stadt Lingen, woher seine Großeltern stammten, einen kurzen Brief und bemerkt am Ende: *Der frühere Rennfahrer Bernd Rosemeyer war öfters bei uns [in Berlin] mit seiner Frau Elly Beinhorn.*« (Brief Dr. Remling an den Autor v. 14. 4. 2003.)

275 Zit. aus dem Protokoll der Verhandlung v. 19. 4. 1937 in: Peter Kirchberg, a.a.O., S. 90.

276 AU, Nr. 7411, Bericht der Rennwagenabteilung über den Vanderbilt-Cup v. 22. 7. 1937, S. 2; auf S. 6f. die weiteren Zit.

277 Zit. aus: Elly Beinhorn-Rosemeyer, *Mein Mann, der Rennfahrer. Der Lebensweg Bernd Rosemeyers*, Berlin 1938, S. 149f.

278 Sämtl. Zit. des folg. Briefw. stammen aus den SS-Unterl. von Bernd Rosemeyer, in: BArch (ehem. BDC), RS-Akte Rosemeyer.

279 Zit. aus: Beinhorn-Rosemeyer, a.a.O., S. 172.

280 Kirchberg, a.a.O., S. 112.

281 Ebd., S. 114.

282 Zit. aus: Beinhorn-Rosemeyer, a.a.O., S. 199.

283 Ebd., S. 200; die Autorin zitiert auch aus Briefen von »Unbekannten«, verzichtet interessanterweise aber darauf, anteilnehmende Worte von Rennfahrerkollegen Rosemeyers wiederzugeben. Daß es solche Schreiben gegeben haben muß, belegen die Akten der AU, wo sich etwa auch ein Beileidstelegramm von René Dreyfus v. 31. 1. 1938 findet.

284 Vgl. eine Notiz im »Diensttagebuch« der Bremer SS-Motorsturmreserve »Bernd Rosemeyer« v. 24. 12. 1938, also fast elf Monate nach dem Tod des Rennfahreridols: »Betr. Gedenkstein für B.R. (...) teilt Auto Union AG mit, daß die Firma wohl die Absicht hatte, daß aber Korpsführer Hühnlein dieser Absicht vorläufig die Zustimmung verweigert hat.« In: BArch (ehem. BDC) RS-Akte Rosemeyer.

285 Zit. n. d. Hörfunk-Mitschnitt im Deutschen Rundfunkarchiv, DRA B 004892821.

286 Zit. aus Briefw. in: BArch (ehem. BDC) RS-Akte Rosemeyer.

287 Beinhorn, a.a.O., Ausg. 1987. »Seit Kriegsende, als mein Buch nicht mehr zu haben war«, schreibt sie im Vorwort, »erhielt ich immer wieder Anfragen, wo und wann man es wieder bekommen könne. Ehemalige Kriegsgefangene schrieben mir, es hätte ihnen in schwersten Jahren oft Kraft zum Durchhalten gegeben. Dazu kamen auch viele junge Menschen, die von glanzvollen Jahren des deutschen Auto-Rennsports, der Zeit der Silberpfeile, und insbesondere eines seiner berühmtesten Kämpfer erfahren wollten.«

288 Victor Klemperer, *Und so ist alles schwankend. Tagebücher Juni bis Dezember 1945*, Berlin 1996, S. 40.

289 Vgl. Artikel von Hundt über den französischen GP in der *Allgemeinen Automobil-Zeitung* und die Kritik daran in: AU, Nr. 7444.

Bei der AU-Direktion gilt Hundt als »Mitarbeiter bei Mercedes-Benz« (vgl. Nr. 2805), der Versuch eines »Versöhnungsgespräches« verläuft im Sande, dafür beschwert sich die AU nach dem GP von Deutschland auch noch über die Berichterstattung des *Stuttgarter Neuen Tagblatts*, aber auch in diesem Fall ohne Folgen (vgl. Nr. 672). Erfolg hatte die Intervention des Konzerns nur bei der *Deutschen Sportillustrierten*, die die Geschichte von Rosemeyers angeblich eingebeultem Rekordwagen aufgebracht hatte und sich deshalb einen »scharfen Verweis« einhandelte (vgl. Nr. 549). Das Propagandaministerium untersagte zudem »zum Schutz des Ansehens deutscher Technik« auch alle weiteren bildlichen wie schriftlichen Rekonstruktionen des Unfalls (vgl. Nr. 697).

290 Einen entsprechenden Vorschlag von SS-Oberführer Hans Hinkel läßt Himmler abschlägig bescheiden, weil »ein sportlich so auf der Höhe stehender Mann wie Schmeling dem deutschen Volke mehr nutzen kann, wenn er weder der SS noch der SA, dem NSKK oder sonst einer Gliederung angehört«. Zit. aus: Volker Kluge, *Max Schmeling. Eine Biographie in 15 Runden*, Berlin 2004, S. 280.

291 SWR-Fernsehinterv. mit Georg Meier 1998.

292 Hermann Lang, *Vom Rennmonteur zum Europameister*, München 1943, S. 27.

293 Lang, a.a.O., Ausg. 1952, S. 33.

294 SWR-Fernsehinterv. mit Georg Meier 1998.

295 Vgl. Lang, a.a.O., Ausg. 1943, S. 57: »Dabei bedeutete es bereits viel, daß ich nach solchen Fahrten Gutachten abzugeben hatte. Zum Beispiel, ob der Motor auf seine vorgeschriebene Drehzahl kam, richtigen Leerlauf und beim Gasgeben einen sauberen Übergang hatte. Ob die Übersetzung der Hinterachse richtig, die Lenkung ruhig, die Federung und die Stoßdämpfer usw. einwandfrei waren, kurzum, der Wagen einen guten Eindruck machte. Diese Gutachten wurden genau registriert und nach ihnen die Verbesserungen vorgenommen.«

296 BArch (ehem. BDC) NSDAP-Zentralkartei, Karteikarte Hermann Lang.

297 SWR-Fernsehinterv. mit Dr. Peter Lang 1998.

298 Hinweis von Winfried Seidel an den Autor.

299 Spruchkammerakte Lang, Staatsarchiv Ludwigsburg, Best. EL 902/20 AZ.37/12/26024, Schreiben v. 6. 5. 1946.

300 Ebd., Schreiben v. 30. 4. 1946.

301 Ebd., »Bescheinigung« des Betriebsrats der Daimler-Benz AG für Lang v. 15. 4. 1946. In der Spruchkammerakte finden sich auch Aussagen aus dem engeren Freundes- und Bekanntenkreis des Rennfahrers mit entsprechenden Folgerungen: »Lang hat sich nie um Politik bekümmert und sich auch nie im nationalsozialistischen Sinne betätigt. Das Amt eines NSKK-Staffelführers wurde ihm auf Grund seiner Leistungen als Rennfahrer übertragen. Er wird als ruhiger und jederzeit hilfsbereiter Mensch geschildert. [...] Lang war bei seinen Arbeitskameraden wegen seines bescheidenen und hilfsbereiten Wesens, welches er auch trotz seiner Berühmtheit beibehielt, sehr beliebt. Er hat in seinem Wirkungskreis nie Äußerungen getan, die auf eine nationalsozialistische Gesinnung schließen ließen, sondern er lebte nur für seinen Beruf.« Aus Bad Cannstadt springen ein Gastwirt und ein Cafébesitzer bei und attestieren Lang unisono, »daß er dort nie von Politik etwas wissen wollte, das Gegenteil ist zu bezeichnen, indem er immer sagte, er möchte Unterhaltung und keine Politik«.

302 Lang, a.a.O., Ausg. 1943, S.186.

303 Ebd., S. 185.

304 Alle Ang. aus den Beständen: BArch (ehem. BDC) NSDAP-Zentralkartei.

305 Vgl. Lang, a.a.O., Ausg. 1943, S. 111: »Ich wußte, daß auch wir Rennfahrer unseren schönen und stolzen Beruf dem Führer zu verdanken hatten, der anläßlich seiner Eröffnungsrede bei der Automobilausstellung 1933 auch die Wiederbelebung des damals vollkommen daniederliegenden Automobilrennsports in sein großes Aufbauprogramm aufgenommen hatte. Schon im Januar 1934 konnte ihm unser erster, eben fertiggestellter Rennwagen in München vorgeführt werden und seither hat der Führer die Erfolge der deutschen Rennfahrer immer mit größtem Interesse verfolgt und unsere Leistungen gewürdigt.«

306 Ebd., S. 78.

307 Ebd., S. 79.

308 Ebd., S. 80f.

309 Ebd., S. 91.

310 Ebd., S. 94.

311 DC, Best. Kissel, Rennen 12.25, August Christ am 9. 6. 1938 an Wilhelm Kissel.

312 DC, Best. Lang 226/2, Neubauer an Dr. Brennstuhl v. 10. 4. 1959.

313 Zumindest nennt von Brauchitsch exakt diese Summe in seinem Entnazifizierungs-Fragebogen, den er am 6. Mai 1946 ausgefüllt hat. Vgl. Amtsgericht Starnberg AZ 32/5340 Spruchkammerakte Manfred von Brauchitsch; im dortigen Fragebogen gibt von Brauchitsch seine Jahreseinkünfte nur für 1932 (60000 RM), 1934 (45000 RM), 1938 (70000 RM) und 1943 (24000 RM) an.

314 Lang, a.a.O., Ausg. 1943, S. 107.

315 Vgl. Bellon, a.a.O., S. 221.

316 Lang, a.a.O., Ausg. 1943, S. 111f.

317 Ebd., S. 165.

318 Zit. aus: *Motor und Sport*, Jg. 1939, Heft 27, S. 16.

319 Ebd., S. 16f.

320 Zitiert und übersetzt aus dem Zeitschriftenartikel »Nigel Roebuck's Legends – René Dreyfus«, in: *Motor Sport*, March 2005, S. 19.

321 Zit. aus: Ernst Rosemann, »Hermannsschlacht am Großglockner«, in: *Motor und Sport*, Jg. 1939, Heft 28, S. 21.

322 AU, Haus-Presse-Dienst 1939: Nr. 60 v. 26. 7. 1939; Nr. 62 v. 1. 8. 1939; Nr. 97 v. 7. 9. 1939.

323 AU, 2805/1104, Rennbericht GP Schweiz v. 20. 8. 1939.

324 AU, 2805/1104, Aktennotiz Dr. Feuereissen v. 28. 7. 1939.

325 Am 27. Mai 1939, knapp eine Woche nach Langs Sieg beim Eifelrennen, hat sich Caracciola in einem Brief an Kissel über mangelhafte Unterstützung durch die Rennmannschaft beschwert: »An der ganzen Lage sehe ich wenig Möglichkeit für eine Änderung. Von Herrn Sailer [dem für die Rennabteilung direkt verantwortlichen Vorstand] angefangen, über Neubauer bis zu den Mechanikern besteht die Langpsychose. Herr Neubauer gab Herrn von Brauchitsch unumwunden zu, daß er bei dem stehe, der Glück hat und dort ist, wo Sonne scheint.« Der in seiner eigenen Eitelkeit zutiefst gekränkte Caracciola versucht seine Verbalinjurien zwar noch etwas abzuschwächen: »Dies alles soll kein Abgriff gegen Lang sein, den ich als Fahrer schätze«, indes gilt für Caracciola aber auch: »Ich fahre die Rennen mit großer Freude und will noch lange fahren. Die Vorbedingung hierfür ist aber, daß ich mit gleichen Waffen wie meine Stallgefährten kämpfe. Da dieses in Zukunft schwer möglich sein wird, da fast alle Mechaniker und Motorenspezialisten der Rennabteilung auf Seiten Langs sind, der Württemberger ist, werden sie ihm natürlich das Beste geben nicht allein in der Arbeit, sondern auch in der Fabrik. Unter diesen Umständen ist es so

unerfreulich, darum sagte ich Ihnen, daß ich Ihnen meinen Posten zur Verfügung stelle. Sie werden meine Gefühle verstehen, ich habe immer mit größtem Einsatz unseren Stern vertreten und habe bei Ihnen immer großzügiges Verständnis gefunden. Mit Heil Hitler und besten Grüßen verbleibe ich Ihr ergebener Rudolf Caracciola.« Zit. aus: Molter, a.a.O., S.165f. Caracciolas großes Lamento hat zuvor schon in Seamans letztem Brief an den Freund Monkhouse v. 14. 6. 1939 Widerhall gefunden: Lang sei eben kein *sulky child*, kein »verwöhntes Kind«, wie die anderen Kollegen im Rennstall. Vgl. Nye/Goddard, a.a.O., S. 299.

326 Im werksinternen Bericht v. 23. 8. 1939 wird über Müllers Renneinsatz notiert: »Chassis gut. Wagen hat zweimal geschüttelt. Straßenlage auch bei Regen und Glätte im Rennen hervorragend. [...] Motor müde. Müller hatte von Anfang des Rennens an das Gefühl, daß der Motor kaputt ginge. Leerlauf ging nicht unter 3000 Touren. Dadurch hat Müller zusätzlich zu seiner leistungsschwachen Maschine an jeder Kurve nochmals Zeit verloren.« In: AU, 2805/1104, Bericht des Fahrers Müller über seinen Wagen während des Rennens. – Trotz dieses Handikaps übernimmt Müller im Verlauf des Hauptrennens aber sogar noch Rang vier von Nuvolari. Also wohl doch Stallregie.

327 Zit. aus: Hans Bohrmann/Gabriele Toepser-Ziegert (Hg.), *NS-Presseanweisungen der Vorkriegszeit*, Bd. 7/II, Quellentexte Mai bis August, bearb. v. Karen Peter, München 2001, S. 832.

328 SWR-Fernsehinterv. mit Mariele Müller am 28. 1. 2003.

329 Bis in die Gegenwart hinein verbreiten offizielle (*Illustrierte Chronik der Daimler-Benz AG*, Stuttgart 1998) wie offiziöse (Markus Bolsinger/Clauspeter Becker, *Silberpfeile Mercedes-Benz*, Bielefeld 2001) Publikationen aus dem Hause DaimlerChrysler ebenso unreflektiert wie ahnungslos, daß Lang 1939 Europameister geworden ist, und verzichten auf weitere Details. Nach dem Krieg wird sich Lang im persönlichen Gespräch stets wie selbstverständlich als Europameister bezeichnen, auch wenn er die Modalitäten der Titelvergabe geflissentlich unerwähnt läßt. Die Methode hatte Erfolg, massive Zweifel an der Europameisterschaft von Lang wurden erst in jüngster Zeit in Fachpresse und in Internet-Foren wie dem *Atlas F1 Bulletin Board* thematisiert.

330 *Stuttgarter Neues Tageblatt*, Morgen-Ausg. v. 2. 9. 1939

331 DC, Best. Kissel, Rennen 12.25, Brief Sailer v. 11. 1. 1940.

332 Gregor, a.a.O., S. 216.

333 »Er reiste sofort mit seinem Mercedes-Sportwagen nach Spanien, um seinen Vettern bei ihrem Lebenskampf zur Seite zu stehen. Dieses Erlebnis hat ihn sehr geprägt – fortan, durch Krieg, Wirren und Gefahr beeinflußt, wurde es sein Schicksal, seine *persönliche Legende* zu leben«, heißt es auf S. 140f. des von Johannes Hübner verfaßten Buches von Tatiana Metternich, *An der Rennstrecke. Erinnerungen an Paul Fürst Metternich*, München/Berlin 1995.

334 Schreiben v. 26. 5. 1946, in: Spruchkammerakte Hermann Lang, Staatsarchiv Ludwigsburg, Best. EL 902/20 AZ.37/12/26024. In diesem Aktenfaszikel finden sich auch die folgenden Angaben.

335 Vgl. Neubauers Spruchkammerakte im Staatsarchiv Ludwigsburg, Best. EL 920/20 AZ.37/16/10835. Dort auch die folgenden Inf. und Zit.

336 Konzernarchiv DaimlerChrysler, Best. Neubauer, Schreiben an Haspel v. 1. 3. 1949.

337 Hans Bretz, »Zehn Jahre Nürburgring GmbH«, in: *Jahrbuch des Kreises Ahrweiler 1938*, S. 52f.

338 Hans Bretz, *50 Jahre ADAC. Im Dienste der Kraftfahrt*, München/Frankfurt a. M. 1953, S. 109.

339 Hans Bretz, *Mannschaft und Meisterschaft. Eine Bilanz der Grand-Prix-Formel 1934–1937*, hg. v. der Daimler-Benz AG, Stuttgart/Köln 1938, S. 14.

Quellen- und Literaturverzeichnis

AU = Sächisches Staatsarchiv Chemnitz, Bestand Auto Union AG
BArch = Bundesarchiv Berlin
BArch (ehem. BDC) RS-Akte von Hanstein
BArch (ehem. BDC) NSDAP-Zentralkartei
BArch (ehem. BDC) RS-Akte Kohlrausch
BArch (ehem. BDC) RS-Akte Rosemeyer
BArch (ehem. BDC) RKK Hans Stuck
BArch NS 19/1057 Persönlicher Stab – Reichsführer SS, Unterlagen betr. Hans Stuck
BArch NS 24 Nationalsozialistisches Kraftfahrkorps
DC = Konzernarchiv DaimlerChrysler AG
DC Bestand Kissel, Rennen 12.24
DC Bestand Kissel, Rennen 12.25
DC Bestand Kissel, Rennen 12.28
DC Bestand Lang 226/2
DC Bestand Werlin, 5.56
DC Bestand Werlin, 7
Deutsches Rundfunkarchiv
Generallandesarchiv Karlsruhe GLA Abt. 480, Nr. 11122, Bd. 1 und 2: »Entschädigungssache Alan A. Robert (fr. Adolf Rosenberger)«
Staatsarchiv Ludwigsburg StAL Bestand EL 902/20 AZ.37/12/26024 – Spruchkammerakte Hermann Lang
Staatsarchiv Ludwigsburg StAL Bestand EL 902/20 AZ. 37/16/10835 – Spruchkammerakte Alfred Neubauer
Staatsarchiv Ludwigsburg StAL Bestand FL 300/33 BüRest S2682 – Entschädigungsverfahren Adolf Rosenberger gegen Porsche
Staatsarchiv Ludwigsburg StAL Bestand EL 902/20 Az: 37/6/5671 – Spruchkammerakte Els Voelter
Staatsarchiv Ludwigsburg StAL Bestand EL 902/20 Az: 37/1/6680 – Spruchkammerakte Dr. Richard Voelter
Amtsgericht Starnberg AZ 32/3340 – Spruchkammerakte Manfred von Brauchitsch

Tobias Aichele, *Huschke von Hanstein. Der Rennbaron*, Köln 1999
Götz Aly, *»Hitlers Volksstaat«. Raub, Rassenkrieg und nationaler Sozialismus*, Frankfurt a. M. 2005
Bernard P. Bellon, *Mercedes in Peace and War: German Automobile Workers, 1903–1945*, New York/Oxford 1990
Wolfgang Benz (Hg.), *Legenden, Lügen, Vorurteile. Ein Wörterbuch zur Zeitgeschichte*, München 1992
Wolfgang Benz, *Geschichte des Dritten Reiches*, München 2000
John Bentley/Ferry Porsche, *Porsche. Ein Traum wird Wirklichkeit. Ein Auto macht Geschichte*, Düsseldorf/Wien 1980
Manfred von Brauchitsch, *Kampf um Meter und Sekunden*, Berlin (Ost) 1953
Manfred von Brauchitsch, *Ohne Kampf kein Sieg*, Berlin (Ost) 1964
Hans Bretz, »Zehn Jahre Nürburgring GmbH«, in: *Jahrbuch des Kreises Ahrweiler 1938*
Hans Bretz, *Mannschaft und Meisterschaft. Eine Bilanz der Grand-Prix-Formel 1934–1937*, hg. von der Daimler-Benz AG, Stuttgart/Köln 1938
Hans Bretz, *Bernd Rosemeyer. Ein Leben für den deutschen Sport*, Berlin 1938
Hans Bretz, *50 Jahre ADAC. Im Dienste der Kraftfahrt*, München/Frankfurt a. M. 1953
Gianni Cancellieri/Cesare de Agostini/Martin Schröder, *Auto Union – Die großen Rennen 1934–1939*, Hannover 1979
Rudolf Caracciola, *Mein Leben als Rennfahrer*, Berlin 1939
Rudolf Caracciola/Oskar Weller, *Rennen – Sieg – Rekorde!*, Stuttgart 1943
Adriano Cimarosti, *Autorennsport*, Bern 1979
Uwe Day, *Silberpfeil und Hakenkreuz. Autorennsport im Nationalsozialismus*, Berlin 2005
William Court, *Grand Prix Requiem. A celebration of motor racing greats who paid speed's ultimate price*, Sparkford 1992
Cameron C. Earl, *Quick Silver. A facsimile of B.I.O.S. Report No. 1755 Investigation into the development of German Grand Prix Racing Cars between 1934 and 1939 (including a description of the Mercedes World's Land Speed Record Contender)*. First publ. by HMSO 1948, Repr. with a new introd. B. Karl E. Ludvigsen, London 1996
Hans-Rüdiger Etzold/Ewald Rother/Thomas Erdmann, *Auto Union. Im Zeichen der vier Ringe, 1873–1945*, Bd. 1, Ingolstadt 1992

Richard von Frankenberg, *Die großen Fahrer unserer Zeit*, Stuttgart 1956
Richard von Frankenberg, *Die großen Fahrer von einst*, Stuttgart 1967
Uwe Fraunholz, *Motorphobia. Anti-automobiler Protest in Kaiserreich und Weimarer Republik*, Göttingen 2002
Norbert Frei, *Vergangenheitspolitik. Die Anfänge der Bundesrepublik und die NS-Vergangenheit*, München 1996
Norbert Frei (Hg.), *Hitlers Eliten nach 1945*, München 2003
Neil Gregor, *Stern und Hakenkreuz. Daimler-Benz im Dritten Reich*, Berlin 1997
Sebastian Haffner, *Germany: Jekyll & Hyde. 1939 – Deutschland von innen betrachtet*, München 2001
Sebastian Haffner, *Geschichte eines Deutschen. Die Erinnerungen 1914–1933*, München 2002
Beatrice und Helmut Heiber (Hg.), *Die Rückseite des Hakenkreuzes. Absonderliches aus den Akten des Dritten Reiches*, München 1993
Emmy Herzog, *Leben mit Leo. Ein Schicksal im Nationalsozialismus*, Münster 2000
Christopher Hilton, *Hitler's Grands Prix in England. Donington 1937 and 1938*, Sparkford 1999
Dorothee Hochstetter, *Motorisierung und »Volksgemeinschaft«. Das Nationalsozialistische Kraftfahrkorps (NSKK) 1931–1945*, München 2005
Ernst Hornickel, *Wer wußte das von Rosemeyer? Ein Tatsachenbericht aus dem Werden eines Meisters*, Stuttgart 1937
Ernst Hornickel, *Das sind unsere Rennfahrer*, Stuttgart 1940
Ian Kershaw, *Der Hitler-Mythos. Führerkult und Volksmeinung*, München 2002
Ian Kershaw, *Hitler 1889–1936*, München 2002
Ian Kershaw, *Hitler 1936–1945*, München 2002
Peter Kirchberg, *Grand-Prix-Report Auto Union 1934 bis 1939*, Berlin (Ost) 1984
Peter Kirchberg, »Offenes Visier: Geschichte 1934–1939«, in: Peter Vann et al., *Neusilber. Die restaurierten Renn- und Rekordwagen der Auto Union*, Stuttgart 2001, S. 29–60.
Victor Klemperer, *Und so ist alles schwankend. Tagebücher Juni bis Dezember 1945*, Berlin 1996
Victor Klemperer, *LTI. Notizbuch eines Philologen*, Leipzig 1996
Volker Kluge, *Max Schmeling. Eine Biographie in 15 Runden*, Berlin 2004

Ulrich Kubisch/Gert Rietner, *Die AVUS im Rückspiegel. Rennen, Rekorde, Rückstaus*, Berlin (West) 1987
Hermann Lang, *Vom Rennmonteur zum Europameister*, München 1943
Hermann Lang, *Vom Rennmonteur zum Meisterfahrer*, München/Ulm 1952
Karl Ludvigsen, *Mercedes-Benz Renn- und Sportwagen*, 2. Aufl., Gerlingen 1982
Tatiana Metternich, *An der Rennstrecke. Erinnerungen an Paul Fürst Metternich*, München/Berlin 1995
Günther Molter, *Rudolf Caracciola. Titan am Volant*, Stuttgart 1995
Hans Mommsen/Manfred Grieger, *Das Volkswagenwerk und seine Arbeiter im Dritten Reich*, Düsseldorf 1996
Horst Mönnich, *BMW. Eine deutsche Geschichte*, Wien/Darmstadt 1989
Horst Mönnich, *BMW. Eine deutsche Geschichte*, erw. u. verb. Aufl. München 2004
Kurt Möser, *Geschichte des Autos*, Frankfurt a. M. 2002
George C. Monkhouse, *Mercedes-Benz Grand Prix 1934–1955*, Zürich/Schwäbisch-Hall 1985
Valerio Moretti, *When Nuvolari Raced …*, Dorset 1994
Valerio Moretti, *Grand Prix Tripoli 1925–1940*, Mailand 1994
Fabian Müller, *Ferdinand Porsche*, Berlin 1999
Alfred Neubauer, *Männer, Frauen und Motoren*, Hamburg 1958
Alfred Neubauer, *Herr über 1000 PS. Erinnerungen des Rennleiters Alfred Neubauer aufgezeichnet von Harvey T. Rowe*, Hamburg 1959
Harry Niemann/Wilfried Feldenkirchen/Armin Hermann (Hg.), *Die Geschichte des Rennsports*, Wissenschaftliche Schriftenreihe des DaimlerChrysler Konzernarchivs, Bd. 5, Bielefeld 2002
Chris Nixon, *Racing the Silver Arrows. Mercedes-Benz versus Auto Union 1934–1939*, London 1986
Doug Nye/Geoffrey Goddard, *Dick & George. The Seaman-Monkhouse Letters, 1936–1939*, London 2002
Reinhard Osteroth, *Ferdinand Porsche. Der Pionier und seine Welt*, Hamburg 2004
Werner Oswald, *Deutsche Autos*, Bd. 2, 1920–1945, Stuttgart 2001
Hans Pohl/Stephanie Habeth/Beate Brüninghaus, *Die Daimler-Benz AG in den Jahren 1933 bis 1945. Eine Dokumentation*, Stuttgart/Wiesbaden 1986
Ferry Porsche/Günther Molter, *Ferry Porsche. Mein Leben*, Stuttgart 1998

Hans Reh, *Der Meisterfahrer. Aus dem Leben Bernd Rosemeyers. Der deutschen Jugend erzählt*, Langensalza/Berlin/Leipzig 1941
Hans Reh, *Auf rasenden Achsen. Die Geschichte eines Rennfahrers*, Königsberg 1941
Erich Maria Remarque, *Station am Horizont*, Köln 1998
Mike Riedner, *Doppelsieg. Der Rennfahrer und Verleger Paul Pietsch*, Stuttgart 1991
Ernst Rosemann, *Um Kilometer und Sekunden. Kämpfer im Rennwagen – Kämpfer für die Nation*, Stuttgart 1941
Elly Rosemeyer-Beinhorn, *Mein Mann, der Rennfahrer. Der Lebensweg Bernd Rosemeyers*, Berlin 1938
Karl Heinz Roth, »Der Weg zum guten Stern des ›Dritten Reichs‹: Schlaglichter auf die Geschichte der Daimler-Benz AG und ihrer Vorläufer (1890–1945)«, in: *Das Daimler-Benz-Buch*, hg. v. der Hamburger Stiftung für Sozialgeschichte des 20. Jh, Nördlingen 1988
Harvey T. Rowe, *Männer, Frauen und Motoren. Die Erinnerungen des Rennleiters Alfred Neubauer*, Stuttgart 1970
Hans Ruesch, *Rennfahrer*, Übersetzung aus dem Amerikanischen von Arno Schmidt, Hamburg/Basel 1955
Reinhard Rürup (Hg.), *1936. Die Olympischen Spiele und der Nationalsozialismus. The Olympic Games and National Socialism*, Berlin 1999
Adelheid von Saldern, »Cultural Conflicts, Popular Mass Culture, and the Question of Nazi Success: The Eilenriede Motorcycle Races, 1924–39«, in: *German Studies Review* 15 (1992), S. 317–338
Ludwig Sebastian, *Hinter dröhnenden Motoren. Bernd Rosemeyers Monteur erzählt*, Wien/Heidelberg 1952
Hans Christoph Graf von Seherr-Thoss, *Die deutsche Automobilindustrie. Eine Dokumentation von 1886 bis heute*, Stuttgart 1974
Miranda Seymour, *The Bugatti Queen. In Search of a Motor-racing Legend*, London 2004
Olaf Schiller/Peter Kirchberg, *Die Geschichte der Audi Markenzeichen*, Bielefeld 2002
Rainald Schumann, *H. P. Müller. Meister aller Klassen*, Lemgo 2002
Anna Maria Sigmund, *Des Führers bester Freund. Adolf Hitler, seine Nichte Geli Raubal und der »Ehrenarier« Emil Maurice – eine Dreiecksbeziehung*, München 2005
Rainer Simons, *BMW 328. Vom Roadster zum Mythos*, München 1996
Paul Simsa, *Hitler, Käfer, Volksbetrug. Wie Ferdinand Porsche den »Führer« faszinierte*, Wallmoden 2004

Horst Steffens, »Massensport, Leistungssport und Sportbegeisterung. Der gesellschaftliche Aufstieg des Sports in den 20er Jahren«, in: *Tanz auf dem Vulkan. Die Goldenen 20er in Bildern, Szenen und Objekten*. Begleitheft »Massensport«, Mannheim 1994

Peter Stevenson, *Driving Forces. The Grand Prix Racing World Caught in the Maelstrom of the Third Reich*, Cambridge (USA) 2000

Hans Stuck/Ernst Günther Burgaller (Hg.), *Das Autobuch*, Berlin 1933

Hans Stuck, *Männer hinter Motoren. Ein Rennfahrer erzählt*, hg. v. Luftwaffenführungsstab Ic/VIII, Berlin o. J.

Hans Stuck, *Zweimal Hans Stuck. Ein Rennfahrer-Tagebuch*, Stuttgart 1972

Christoph Studt, *Das Dritte Reich in Daten*, München 2002

Hans Joachim Teichler, *Internationale Sportpolitik im Dritten Reich*, Schorndorf 1991

Erwin Tragatsch, *Das große Rennfahrerbuch*, Bern/Stuttgart 1970

Erwin Tragatsch, *Die großen Rennjahre 1919–1939*, Bern/Stuttgart 1973

Gerd R. Ueberschär/Winfried Vogel, *Dienen und Verdienen. Hitlers Geschenke an seine Eliten*, Frankfurt a. M. 1999

Hermann Weiß (Hg.), *Biografisches Lexikon zum Dritten Reich*, Frankfurt a. M. 2002

Hermann Heinz Wille, *PS auf allen Straßen der Welt. Das Buch vom Auto*, Leipzig/Jena/Berlin (Ost) 1964

Robert Wistrich, *Wer war wer im Dritten Reich*, München 1983

Brock Yates, *Enzo Ferrari, Leben und Legende. Eine Biographie*, München 1992

Bildnachweis

DaimlerChrysler: 1, 2, 4, 5, 7, 12, 15, 22, 23, 32, 33, 34, 36, 37, 40, 42, 43, 45, 46, 47, 50, 51, 54, 55, 56; Eberhard Reuß: 3, 10, 11, 17, 19, 57, 59; Audi: 6, 9, 13, 14, 25, 26, 28, 35, 41, 44, 48, 49, 53; Emmy Herzog: 8; Prof. Dr. Peter Kirchberg: 16, 18, 24, 27, 29, 30, 31; Porsche: 38, 39; Edith Meier: 52; BMW: 58.

Danksagung

Bei den Recherchen zu meinen Buchveröffentlichungen über die Geschichte des Grand-Prix-Rennsports und den sich daran anknüpfenden Dreharbeiten für meine SWR-Fernsehdokumentation *Die Helden der Rennschlacht – Der Nationalsozialismus und die Silberpfeile* (Erstsendung am 3. 7. 1999) hatte ich Gelegenheit, Interviews mit Manfred von Brauchitsch, Georg Meier, Paul Pietsch und Dr. Peter Lang, dem Sohn von Hermann Lang, zu führen. Seitdem habe ich mich im Rahmen meiner journalistischen Tätigkeit für SWR und ARD in Radio und TV sowie in Beiträgen für Fachmagazine und Tageszeitungen immer wieder mit dieser Thematik auseinandergesetzt und dabei zahlreiche Zeitzeugen befragen und interviewen können. Um sämtliche Helfer und Informanten bei diesem Buchprojekt namentlich aufzuführen, fehlt leider an dieser Stelle der Platz. Mein Dank gilt ihnen allen, auch wenn ich stellvertretend nur diese Unterstützer nenne: Günther Molter, ehemaliger Pressechef der Daimler-Benz AG; Harvey T. Rowe, Autor der Erinnerungen von Alfred Neubauer; Mariele Müller, Witwe Hermann Paul Müllers; Emmy Herzog, Witwe des Motorradrennfahrers Leo Steinweg; Edith Meier, Witwe von Georg Meier; Prof. Bernd Rosemeyer, Sohn des Auto-Union-Werksrennfahrers; Dieter und Heinz Herz, Söhne des NSU-Weltrekordfahrers und Rosemeyer-Freundes Wilhelm Herz; Jörg Reichle, Ressortchef bei der *SZ* und Sohn des ehemaligen Mercedes-Benz-Rennmechanikers Eugen Reichle; Hansjörg Götzl, Redakteur bei der *Motor-Klassik*; Tobias Aichele, Autor der Biografie Huschke von Hansteins; Winfried Seidel, kundiger Oldtimer-Sammler und profunder Kenner der historischen Rennszene bei Mercedes-Benz. Nicht zuletzt konnte ich stets auf die freundliche Unterstützung von Dr. Harry Niemann, dem Leiter des Konzernarchivs der DaimlerChrysler AG, und Prof. Dr. Peter Kirchberg, dem Wissenschaftlichen Berater bei Audi Tradition, zählen. Mein Dank geht außerdem an den Aufbau-Verlag und meinen Lektor Andreas Paschedag, vor allem aber an Claudia und Charlotte, die das Entstehen dieses Buches über Jahre hinweg mit außerordentlicher Geduld begleitet haben.

Personenregister